Die „Analytik des Schönen" und die Idee des *sensus communis*
in der *Kritik der Urteilskraft*

Europäische Hochschulschriften
Publications Universitaires Européennes
European University Studies

**Reihe XX
Philosophie**

Série XX   Series XX
Philosophie
Philosophy

Bd./Vol. 529

PETER LANG
Frankfurt am Main · Berlin · Bern · New York · Paris · Wien

Gustavo Leyva

Die „Analytik des Schönen" und die Idee des *sensus communis* in der *Kritik der Urteilskraft*

PETER LANG
Europäischer Verlag der Wissenschaften

Die Deutsche Bibliothek - CIP-Einheitsaufnahme

Leyva, Gustavo:

Die „Analytik des Schönen" und die Idee des *sensus communis* in der *Kritik der Urteilskraft* / Gustavo Leyva. - Frankfurt am Main ; Berlin ; Bern ; New York ; Paris ; Wien : Lang, 1997
  (Europäische Hochschulschriften : Reihe 20, Philosophie ; Bd. 529)
  Zugl.: Tübingen, Univ., Diss., 1996
  ISBN 3-631-31442-6

NE: Europäische Hochschulschriften / 20

Gedruckt mit Unterstützung des
Deutschen Akademischen Austauschdienstes.

D 21
ISSN 0721-3417
ISBN 3-631-31442-6
© Peter Lang GmbH
Europäischer Verlag der Wissenschaften
Frankfurt am Main 1997
Alle Rechte vorbehalten.

Das Werk einschließlich aller seiner Teile ist urheberrechtlich geschützt. Jede Verwertung außerhalb der engen Grenzen des Urheberrechtsgesetzes ist ohne Zustimmung des Verlages unzulässig und strafbar. Das gilt insbesondere für Vervielfältigungen, Übersetzungen, Mikroverfilmungen und die Einspeicherung und Verarbeitung in elektronischen Systemen.

Printed in Germany 1 2 4 5 6 7

Für meine Eltern

Inhaltsverzeichnis

Vorwort xi

§ 1. Bemerkungen zur Entstehung der neuzeitlichen Ästhetik und deren Zusammenhang mit der Geschmackslehre und dem Individualitätsproblem in der Neuzeit.. 1

§ 1.1. Baumgarten und die Entstehung der Ästhetik als Disziplin 1

§ 1.2. Der Geschmack als Hauptfrage der Ästhetik.. 3

§ 1.3. Der Geschmack und das Problem der Individualität bzw. der Subjektivität in der Neuzeit 8

§ 1.4. Von der Geschmackslehre zur Analyse des Geschmacksurteils 12

§ 2. Die moderne Kunst und die ästhetische Reflexion. Die Relevanz der Kantischen Ästhetik 14

§ 2.1. Der Begriff der "Moderne" und dessen Bedeutsamkeit für die Kunst.. 14

§ 2.2. Die Aporien der Werkästhetik vor der modernen Kunst 25

§ 2.3. Die Wende zur Wirkungsästhetik. Die Relevanz der Kantischen Analyse der ästhetischen Erfahrung und deren Ausdruck durch Urteile 43

§ 3. Das Grundproblem der *Kritik der Urteilskraft*: die Herstellung der Einheit zwischen der theoretischen und der praktischen Philosophie 55

§ 4. Die vermittelnde Leistung der Urteilskraft 67

§ 4.1. Die Urteilskraft in der *Kritik der reinen Vernunft* 71

§ 4.2. Die Urteilskraft in der *Kritik der Urteilskraft*. Die Unterscheidung zwischen der bestimmenden und der reflektierenden Urteilskraft 83

§ 4.3. Die Leistung der reflektierenden Urteilskraft: die systematische Einheit der Natur nach besonderen Gesetzen 85

§ 5. Die reflektierende Urteilskraft und das Prinzip der Zweckmäßigkeit der Natur 90

§ 6. Die reflektierende Urteilskraft, das Prinzip der Zweckmäßigkeit der Natur und das Gefühl der Lust und Unlust. 100

§ 7. Die ästhetische Beurteilung. 107

§ 8. Die Analyse des Geschmacksurteils 113

§ 8.1. Die Interesselosigkeit bzw. die Freiheit des Wohlgefallens am Schönen. 119

§ 8.1.1. Die Interessiertheit des Wohlgefallens am Angenehmen 119

§ 8.1.2. Die Interessiertheit des Wohlgefallens am Guten. 126

§ 8.2. Der subjektive bzw. intersubjektive Charakter der Allgemeingültigkeit des Wohlgefallens am Schönen und dessen Beurteilung 130

§ 8.3. Die Schönheit als die Beurteilung der formalen und subjektiven Zweckmäßigkeit ohne Zweck eines Gegenstandes. Der Unterschied zwischen dem Wohlgefallen am Guten und dem Wohlgefallen am Schönen 143

§ 8.4. Die Allgemeingültigkeit des Wohlgefallens am Schönen und dessen Beurteilung als *sensus communis* 159

§ 9. Die Erörterung des *sensus communis* als Grund des Geschmacksurteils. Die Doppelbetrachtung des *sensus communis* bei Kant 166

§ 10. Kurze geschichtliche und begriffliche Erläurterung des Terminus *sensus communis*. 182

§ 10.1. Einblick in einige Überlegungen über den *sensus communis* in der vorkantischen Philosophie. 182

§ 10.2. Die Kantische Auffassung des *sensus communis* 205

§ 11. Das Verhältnis Allgemeines/Besonderes in der ästhetischen Beurteilung 218

§11.1. Die Diskussion über die Rehabiliterung des Besonderen in der deutschen Philosophie des 18. Jahrhunderts 218

§ 11.2. Das neue Verhältnis Allgemeines/Besonderes im Geschmacksurteil unter dem Leitfaden des Exempels 228

§ 12. Die im *sensus communis* intendierte ästhetische Intersubjektivität und deren implizite Ethik 238

§ 13. Die Intersubjektivität und die Errichtung einer gemeinsamen Welt 254

Schlußbetrachtung 268

Bibliographie 284

Vorwort

Verschiedene Essayisten, Kunstkritiker und Kunstphilosophen haben sich intensiv mit der Herausforderung auseinandergesetzt, die die Entwicklung der Kunst im XX. Jahrhundert aufgeworfen hat. So ist darauf hingewiesen worden, wie sich eine Tendenz in der modernen Kunst erkennen läßt, die darauf abzuzielen scheint, den traditionellen, herkömmlichen Kunstbegriff radikal in Frage zu stellen. Insbesondere lenkt sich die philosophische Aufmerksamkeit auf die tradierte Kunstwerkkategorie, die nach der avangardistischen Kunst negiert bzw. überwunden zu sein scheint. Über die Konturen des Ästhetischen im engen Wortsinne hinaus, sieht man sich hierin mit einem ganz einzigartigen Phänomen konfrontiert, das unter anderem durch die Aufhebung der Grenzen zwischen Kunst und Wirklichkeit und somit durch den Bruch mit der mindestens seit der Renaissance vorherrschenden Ansicht über die Beziehungen Kunst/Künstler/Kunstwerk/Welt charakterisiert ist. Eine Konsequenz hieraus liegt darin, daß eine dem wirklichen Verlauf der Kunst und ihren Ansprüchen auf Autonomie passende Reflexion nicht so sehr den *Kunstwerk*begriff, sondern eher die *ästhetische Erfahrung* in den Mittelpunkt der Betrachtung stellt. In diesem Zusammenhang kann die von Immanuel Kant in der **Kritik der Urteilskraft** durchgeführte Analyse der ästhetischen Erfahrung für die Kunstphilosophie relevant werden. In der dritten Kritik beschäftigt Kant sich, wie man weiß, mit ästhetischen Fragen, die aber mit anderen Problemen und Reflexionen verflochten sind, die eher aus dem Horizont der Kantischen Philosophie in ihren systematischen Verknüpfungen her zu verstehen sind.

Die **Kritik der Urteilskraft** ist die letzte und, sowohl aufgrund ihrer Voraussetzungen, die auf die zwei anderen Kritiken und somit auf das ganze transzendentale Unternehmen überhaupt zurückweisen, als auch aufgrund der Probleme, die in ihr behandelt werden, vielleicht die schwierigste der drei Kantischen Hauptwerke. In ihr versucht Kant zunächst, die im Rahmen der **Kritik der reinen Vernunft** analysierte *allgemeine* Gesetzgebung der Natur durch eine Betrachtung zu ergänzen, die der Natur als einem System nach *besonderen* empirischen Gesetzen und deren systematischen Verknüpfungen im Zusammenhang der Erfahrung gerecht wird. Hierzu bedarf man Kant zufolge eines transzendentalen Prinzips, nach dem die unbegrenzte Mannigfaltigkeit der *besonderen* empirischen Gesetze unter andere, allgemeinere Gesetze zu einer Einheit der Erfahrung als System gebracht werden kann. Dieses Prinzip wird durch das Prinzip der *Zweckmäßigkeit der Natur* gegeben. Dieses Prinzip der Zweckmäßigkeit ist also darauf ausgerichtet, aus der unendlichen Mannigfaltigkeit empirischer Gesetze eine einheintliche und kohärente Erfahrung herzustellen[*]. Aus diesem systematischen Zusammenhang geht deutlich hervor, daß die zentrale Kategorie in der **Kritik der Urteilskraft** die der *Zweckmäßigkeit* ist. Im Ganzen betrachtet, ist dieses Werk als eine systematische Analyse der „*formalen Zweckmäßigkeit*" bzw. der „*Zweckmäßigkeit ohne Zweck*" in der *Kunst* und in der *Natur* aufzufassen. Die Behandlung der Zweckmäßigkeit entfaltet sich in der Kantischen Argumentation wiederum in enger Verknüpfung mit einer *Als-Ob Betrachtung*, die darauf ausgerichtet ist, den Ideen eine praktische Realität in *moralischer* Hinsicht zuzusprechen. Derzufolge könne man *theoretisch* die Wirklichkeit der Ideen *nicht* beweisen. Man sollte aber so handeln, *als ob* sie wirklich wären. Auf diese Weise versucht Kant, jene „Kluft" zwischen der *theoretischen* und der *praktischen* Vernunft zu überbrücken, die die zwei vorangehenden Kritiken hergestellt hatten. Trotz ihrer unbestreitbaren Relevanz sind aber diese Probleme nicht so sehr diejenigen, mit denen ich mich in der vorliegenden Arbeit auseinandergesetzt habe. Mir kommt es eher darauf an, die Analyse des Geschmacksurteils über das Schöne und die Behandlung des **sensus communis** in der dritten Kritik zu verfolgen, zu erhellen, in ihrer Zusammengehörigkeit und zugleich in ihrer Spannung zu verstehen und so daraus -dies wird in dieser Arbeit nur ansatzweise angedeutet und so als eine Aufgabe für eine zukünftige Arbeit hinausgeschoben- wichtige Einsichten für zeitgenössiche Diskussionen sowohl im Bereich der Ästhetik als auch im Bereich der praktischen Philosophie gewinnen zu können.

Ich werde in dieser Arbeit folgendermaßen verfahren. Zuerst werde ich einige Bemerkungen zur Entstehung der neuzeitlichen Ästhetik und ihren Zusammenhang mit der Geschmackslehre und dem Individualitäts- bzw. Subjektivitätsproblem in der Neuzeit machen, damit der Ort der Kantischen **Kritik der Urteilskraft** innerhalb dieses umfassenden Horizonts genauer erfaßt wird (§ 1). Zweitens werde ich mich dem Begriff der *Moderne* mit der Absicht zuwenden, daraus grundlegende Einsichten für ein adäquates Verständnis der modernen Kunst zu gewinnen (§2.1.) und dann auf diese Weise die neuzeitliche Ästhetik innerhalb der Spannung zwischen der *Werk*ästhetik und der *Wirkungs*ästhetik darzustellen, damit die Aporien der Werkästhetik angesichts der durch die Entstehung und Entfaltung der modernen Kunst gestellten Herausforderung eingesehen werden können (§2.2). Auf diese Weise wird die Relevanz der von Kant in der **Kritik der Urteilskraft** durchgeführte Analyse der ästhetischen Erfahrung deutlich werden (§ 2.3). Drittens werde ich versuchen, die Einheit der **Kritik der Urteilskraft** und den Gedankengang, der ihr zugrunde liegt, möglichst klar zu exponieren (§§ 3 bis 7), damit die

---

[*] Vgl., hierzu KU,E,V,184-185. Zu Zitierweise der Kantischen Werke siehe die zu Ende dieser Arbeit in der aufgelisteten Bibliographie angegebenen Sigeln.

Analyse des Geschmacksurteils, von dessen Darstellung in die vier Momente bis zu dessen Grund deutlich und klar wird (§ 8). Wie man weiß, bildet die Frage nach der Bedeutung und den Möglichkeitsbedingungen des Geschmacksurteils den zentralen Bestandteil der "Analytik des Schönen". Hierin versucht Kant, die verschiedenen Momente des Geschmacksurteils aufzudecken und theoretisch darzustellen, wobei diese Momente nach Anleitung der logischen Urteilsfunktionen bzw. nach de den vier, schon in der **Kritik der reinen Vernunft** zur Untersuchung der theoretischen Urteile behandelten Momenten, nämlich: *Qualität* (Vgl., §§ 8.1., 8.1.1. und 8.2.2.), *Quantität* (Vgl., § 8.2.), *Relation* (§ 8.3.) und, schließlich, *Modalität* (Vgl., § 8.4.), analysiert werden. Im Laufe dieser Analyse werden die Notwendigkeit und die Allgemeinheit des Geschmacksurteils bzw. des Wohlgefallens am Schönen auf ein subjektives Prinzip a priori zurückgeführt, das den Grund für seine Allgemeingültigkeit hinreichend erklären kann. Dieser Grund wird von Kant durch den Terminus **sensus communis** ausgedrückt. Hierin wird sich die zentrale Rolle zeigen, die Kant dem **sensus communis** in der "Analytik des Schönen" zuweist. Die Behandlung des **sensus communis** aber artikuliert und entfaltet sich in der Kantischen Argumentation an einer Zwischenstelle zwischen einer *transzendentalen* und einer *empirischen* Ebene. Auf der *transzendentalen* Ebene bezeichnet der **sensus communis** den Grund des Geschmacksurteils, der in einem allen Urteilenden gemeinsam mitgeteilten Gefühl liegt, das wiederum auf der Zweckmäßigkeit ohne Zweck und auf dem durch sie hervorgerufenen freien Spiel der Erkenntniskräfte zueinander basiert. Auf der *empirischen* Ebene scheint der **sensus communis** eine zentrale Bedeutung in der Kantischen Analyse zu besitzen, deren Umfang und Auswirkungen sich im Bereich der Anthropologie und der Ethik als besonders relevant erweisen. Mit diesen Fragen beschäftige ich mich im § 9. dieser Arbeit. Darauf biete ich eine kurze geschichtliche Erläuterung des Begriffs **sensus communis**, die erklären kann, in welchem Zusammenhang ein derartiger Begriff entstanden ist, wie er ursprünglich verstanden wurde, welche Bedeutung, Stelle, Funktionen ihm im Rahmen der Philosophie zuerkannt worden waren, usw. (§ 10.1.). Anschließend komme ich auf Kant wieder zurück, um die Erklärung, Stellung und Funktion des **sensus communis** in der Transzendentalphilosophie im Horizont einer Auseinandersetzung mit anderen Auffassungen desselben ausführlicher zu präzisieren (§10.2.). Hieraus geht hervor, daß der **sensus communis** als die die *Erschließung einer öffentlichen, gemeinsamen Erfahrung bzw. Beurteilung überhaupt, als die Stiftung eines gemeinsamen Weltverständnisses, das sich keineswegs nur auf die ästhetische Erfahrung bzw. Beurteilung einschränkt, sondern sich über die menschliche Erfahrung bzw. Beurteilung überhaupt hindurchzieht und sie als deren Möglichkeitsbedingung umfaßt*, interpretiert werden könnte. So betrachtet, bezieht der **sensus communis** sich auf eine allen Subjekte gemeinsame Erschließung der Welt, und zwar als einer

Welt, die die Subjekte als eine einheitliche bzw. gemeinsame Welt erfahren, zu der sie allgemeingültige Urteile formulieren und über die sie sich untereinander verständigen können. In den darauffolgenden Paragraphen (§§ 11., 11.1. und 11.2.) beziehe ich mich auf das Problem des Verhältnisses zwischen dem Allgemeinen und dem Besonderen, ein zentrales Problem der modernen Philosophie, auf das die **Kritik der Urteilskraft** mittels des Rückgriffs auf den **sensus communis** eine Antwort zu geben scheint. Dann ziehe ich den Charakter der Allgemeinheit der ästhetischen Urteile und der in ihr implizit formulierten Intersubjektivität als einer Idee bzw. als einer idealen Norm in Betracht. Dabei wird klar werden, inwiefern der **sensus communis** als Errichtung einer intersubjektiven Gemeinschaft in der ästhetischen Beurteilung auf die Möglichkeit hinweist, durch eine ästhetische Kultur des Geschmacks, die moralische Einstellung voranzutreiben und zu fördern (§12.). Dem Charakter dieser intersubjektiven Gemeinschaft versuche ich im Rahmen der Kantischen Philosophie im §13. weiter zu verfolgen. Hierzu scheint mir die sogenannte *Religionsschrift* einen unschätzbaren Beitrag zu leisten. Da wird die Frage nach der Voraussetzung, Errichtung und Erweiterung einer intersubjektiven Gemeinschaft unter den Figuren einer „ethischen Gesellschaft", einer *„sichtbaren Kirche"* bzw. einer *„unsichtbaren Kirche"* angesprochen. Diese Begriffe bezeichnen eine Konstellation, die sich auf jene intersubjektive Gemeinschaft bezieht, die sich innerhalb der Spannung zwischen einer *wirklichen* und einer *idealen* Gemeinschaft lokalisiert und entfaltet. So bringt diese Begriffskonstellation zwei Grundeinsichten zum Ausdruck, die für unsere Diskussion besonders relevant sind: zum einen die in der Kantischen Philosophie ansatzweise intendierte Intersubjektivität -diesmal als intersubjektive Verbindung der Menschen in einem öffentlichen Gemeinwesen-, zum anderen die Verankerung einer so intendierten Intersubjektivität in der wirklich existierenden Welt. Auf diese Weise werden wir von den Ausgangsfragen der Ästhetik zu der Ethik und von hier aus hin zu jenen der Rechtsphilosophie bzw. zu denen der politischen Philosophie geführt. Zum Schluß dieser Arbeit stelle ich eine Betrachtung an, die auf eine zukünftige Beschäftigung und Ausarbeitung dieser Problemen und Fragen hindeutet und deshalb eher als ein in der Zukunft einzulösendes Versprechen verstanden werden soll.

Herrn Roman Caspar-Lauter habe ich für Hilfe bei der Korrektur dieser Arbeit zu danken. Ferner möchte ich *Miriam* meine Dankbarkeit für ihre Unterstützung im Laufe der endgültigen Fassung dieser Arbeit zum Ausdruck bringen. Mein besonderer Dank gilt meinen Professoren an der Philosophischen Fakultät der Tübinger Universität, Herrn Prof. Dr. Günter Figal, Herrn Prof. Dr. Otfried Höffe, Herrn Prof. Dr. Manfred Frank und vor allem meinem Doktorvater, Herrn Prof. Dr. Rüdiger Bubner. Ohne ihre Vorlesungen, Seminäre und die im Rahmen ihrer Veranstaltungen gehaltenen Diskussionen hätten nicht die Anregungen und Anstößen entstehen können, dank deren die vorliegende Arbeit zustande kommen konnte. Desweiteren möchte ich dem *Deutschen Akademischen Austauschdienst* (DAAD) und der *Universidad Autónoma Metropolitana-Iztapalapa* (Mexiko Stadt) für ihre finanzielle und akademische Unterstützung, die mir einen langjährigen Aufenthalt zum Zweck meiner Promotion in Deutschland gewährleistet hat, danken.

Tübingen, im Juni 1996.   Gustavo Leyva

§ 1. Bemerkungen zur Entstehung der neuzeitlichen Ästhetik und deren Zusammenhang mit der Geschmackslehre und dem Individualitätsproblem in der Neuzeit.

§ 1.1. Baumgarten und die Entstehung der Ästhetik als Disziplin.

Es scheint ein Gemeinplatz in der Geschichte der Philosophie zu sein, daß Alexander Gottlieb Baumgarten (1714-1762) der Begründer der Ästhetik als philosophische Disziplin gewesen ist. 1735 hatte er in seinen **Meditationes philosophicae de nonnullis ad poema pertinentibus** eine neue Wissenschaft gefördert, die erst auszubilden war. 1742 wurde zum ersten Mal in der Geschichte der Philosophie ebenfalls von Baumgarten selbst eine Vorlesung zur Ästhetik in Frankfurt an der Oder gehalten. Daraus ist die 1750 veröffentlichte und nicht vollendete lateinische **Aesthetica** entstanden. Baumgarten kommt es in erster Linie darauf an, das Eigenrecht der sogenannten "sinnlichen Erkenntnis" gegenüber dem rationalen Denken zur Geltung zu bringen. Damit wollte er den Weg zu einer neuen Disziplin ebnen, die dem Wolffschen "unteren Erkenntnisvermögen" zuzurechnen und von der Logik deutlich zu unterscheiden war[1]. Diese Disziplin wurde von Baumgarten "**Ästhetik**" (**aesthetica**) genannt. Die Ästhetik wird vorerst als "Wissenschaft der sinnlichen Erkenntnis (**scientia cognitionis sensitivae**)" definiert[2]. Dabei folgte Baumgarten wohl der Grundbedeutung der griechischen Wörter $\alpha i\sigma\vartheta\eta\tau\acute{o}\varsigma$ (wahrnehmbar) bzw. $\alpha i\sigma\vartheta\eta\tau\iota\kappa\acute{o}\varsigma$ (der Wahrnehmung fähig, für die Sinne faßbar), die wiederum zur griechischen Notion $\alpha i\sigma\vartheta\acute{a}\nu\epsilon\sigma\vartheta\alpha\iota$ (durch die Sinne wahrnehmen, empfinden fühlen) gehören[3]. Noch vor der Veröffentlichung der **Ästhetik** Baumgartens hatte G.F. Meier, einer der bekanntesten Schüler Baumgartens, seine **Anfangsgründe aller schönen Wissenschaften** (1748) unter dem Einfluß der seit 1742 gehaltenen Vorlesungen seines

---

[1] Vgl., dazu Baumgarten, **Theoretische Ästhetik**, §§ 13 und 519.

[2] Baumgarten, **Theoretische Ästhetik**, §1.

[3] In diesem Sinne wurde dieses Wort z.B. bei Plato, **Timaios**, 67a und **Menon** 76d und bei Aristoteles, **Nikomachische Ethik** 1098a2, **De Anima** 431b22 und **Metaphysik** 999b4 benutzt (Vgl. dazu Liddell, H.G. und Scott, R., 1992; Kluge, 1989 und Pfeifer, 1993).

Lehrers publiziert. Dabei übte Meier eine Kritik am rationalen Erkenntnisideal der herkömmlichen und damals vorherrschenden Schulphilosophie Wolffs. Sowohl bei Baumgarten als auch bei Meier wurde die Ästhetik als eine Wissenschaft der sinnlichen Empfindung und Wahrnehmung verstanden. Wie bereits gesagt, war die Ästhetik als **gnoseologia inferior** dem Wolffschen "unteren Erkenntnisvermögen" zuzurechnen und zugleich als **logica facultatis cognoscitivae inferioris** von der Logik als Wissenschaft der Lenkung des Erkenntnisvermögens zur Erkenntnis der Wahrheit deutlich zu unterscheiden[4]. Baumgarten hatte es der Ästhetik zugleich zur Aufgabe gemacht, die Konfrontation zwischen Philosophie und Kunst zu überwinden, indem jene sich mit einem Bereich, dem der sinnlichen Wahrnehmung, zum ersten Mal beschäftigen und auf diese Weise die Wahrheit von Dichtung und Kunst mit der Wahrheit der Philosophie versöhnen könnte. Eine derartige Versöhnung sollte letztlich zu einer Art Erweiterung der Philosophie durch das Einbeziehen der Ästhetik, d.i. der **gnoseologia inferior** führen[5]. In diesem Rahmen hat Baumgarten die Notion des **felix aestheticus** skizziert. Darunter wird das Idealbild eines Menschen verstanden, der seelische Fähigkeiten wie Ahnungsvermögen und Phantasie spielerisch entwickelt und sich durch Übung (**exercicatio aesthetica**) und Einfluß einer ästhetischen Lehre besser und verständlicher ausdrücken kann[6]. Ähnlich wurde der menschliche "Ästhetiker" dem "schulfüchsischen und düsteren Creatur" des "Logicus" und "Stubengelehrten" von Meier gegenübergestellt[7]. Baumgarten und Meier wollten also den eher begrenzten Horizont der damals herrschenden Schulphilosophie, die sich im Rahmen eines von Descartes stark beeinflußten Rationalismus konstituiert hatte, durch eine an der Sinnlichkeit ausgerichteten Disziplin, d.i. die Ästhetik, ausdehnen. Auffallend ist, daß sich die Ästhetik sowohl bei Baumgarten als auch bei Meier im Horizont eher erkenntnistheoretischen Fragen artikuliert als Lehre vom niedrigen Erkenntnisvermögen. Eine Notion, die eine entscheidende Stelle in der so verstandenen Ästhetik einnimmt, nämlich die der Schönheit, wird ebenfalls innerhalb dieses erkenntnistheoretischen Hintergrundes aufgefaßt als sinnliche Vollkommenheit, die in Analogie zum rationalen Optimum des Verstandes steht.

Infolge der Überlegungen Baumgartens zur Ästhetik ist die Ansicht entstanden, daß es eine nicht begriffliche und folglich auch nicht argumentativ organisierte Erkenntnisweise gibt, die

---

[4]Vgl., dazu Baumgarten,**Theoretische Ästhetik**,§§1, 13 und 519; Meier, **Anfangsgründe**,§2.

[5]Vgl., dazu Baumgarten, **Meditationes**,§§4,115 und 533.

[6]Vgl.,dazu Baumgarten,**Theoretische Ästhetik**,§§55 und 47 uff.

[7]Vgl., dazu Meier, **Anfangsgründe**, §5.

nichtsdestoweniger legitim ist und eine eigentümliche Welterschließungskraft hat. Eine derartige Erkenntnisweise basiert auf Prinzipien, die durch eine philosophische Ästhetik freigelegt und exponiert werden können, die sich wiederum von der Logik der Erkenntnis abtrennt. Demzufolge gibt es neben der erkennenden Weltbeziehung ganz anders organisierte Weltbeziehungen, die in der Form von Emotionen, Gefühlen usw. erfolgen, aber zugleich eine welterschließende Kraft haben. Hier werden also ansatzweise wichtige Fragen aufgeworfen, mit denen sich die abendländische Ästhetik seit jeher konfrontiert sah. Als Beispiel dafür könnte man etwa an jene Fragen denken, ob das Ästhetische einen kognitiven Status hat, der dem theoretischen ebenbürtig oder sogar überlegen ist, oder ob das ästhetische Weltverhältnis auf die Subjektivität und auf Akten, die selbstzentriert sind, bezogen bleibt, oder wie sich die ästhetische und die begrifflich erkennende Weltbeziehung miteinander verbinden lassen, usw.[8]. Mit der Fundierung der Ästhetik als Disziplin durch Baumgarten werden also zugleich Fragen und Probleme gestellt, die über die erkenntnistheoretischen Fragestellungen, worum es eigentlich Baumgarten selbst ging, hinausgehen. Innerhalb dieses Rahmens wurden also entscheidende Fragen zum ersten Mal aufgeworfen, deren Bedeutung und Tragweite bis in die Kantische **Kritik der Urteilskraft** hineinwirkten und später einen Denker wie Jean Paul in dessen Vorrede zur ersten Ausgabe der **Vorschule der Ästhetik** (1804) zu sagen verleiteten: "Von nichts wimmelt unsere Zeit so sehr als von Ästhetikern"[9].

§ 1.2. Der Geschmack als Hauptfrage der Ästhetik.

Ursprünglich bezeichnete das Wort "Geschmack" das Vermögen zur wohlunterschiedenen Wahrnehmung. Die Verwendung des Ausdrucks in italienischer Sprache ist zur Zeit der Renaissance bereits belegt. So findet man **gusto** bei F. Rinuccini als Synonym für eine gerechte Beurteilung, bei Michelangelo und Ariosto wiederum in enge Verbindung mit der Schönheit[10]. Erst im XVII Jahrhundert und unter dem französischen bzw. spanischem Einfluß wird dem **gusto**

---

[8]Vgl., Henrich,1989.

[9]Jean Paul,**Vorschule der Ästhetik** (1804),13.

[10]Siehe F. Rinuccini, **Ricordi storici dal 1232 al 1460** (Florence, 1840), M. Buonarroti, **Le Rime** (Florence, 1863) und Ariosto, **Orlando Furioso** (1532), Canto XXXV,26.

eine bedeutsame Stelle in der italienischen ästhetischen Reflexion mit dem Werk Ettoris **Il buon gusto ne'componimenti rettorici** (1696) zugesprochen. Diese Reflexionslinie wird fortgesetzt von Muratori in dessen **Delle riflessioni sopra il buon gusto**...(1708). Dabei wird der Geschmack mit einer Beurteilung (**giudizio**) gleichgesetzt, die als Beurteilung besonderer Fälle ohne Rekurs auf allgemeine Regeln konzipiert ist. Es ist in Italien, wo sich eine Theorie des Geschmacks zuerst skizziert hat. Die Italiener sollen als Urheber des Geschmacksbegriffs und dessen Einführer in den philosophischen und ästhetischen Sinn betrachtet werden. So wird das Wort **Geschmack (buon gusto)** von Benedetto Croce beispielsweise in enger Verbindung mit **Lust, Gefallen** und sogar **Urteil** unter Verweisung auf Autoren wie Ariost, Varchi, Dolce, Michelangelo und Tasso behandelt[11]. Ein solcher Gebrauch vom Geschmack ist von der Reflexion des Spaniers Gracián deshalb beeinflußt, weil dieser vermutlich der erste gewesen sein dürfte, der den Geschmack als die gerechte Entscheidung in jeweils verschiedenen Umständen und als die Grundlage des zivilisierten Benehmens konzipiert hatte. Im XVII. Jahrhundert bediente Gracián sich des Geschmacksbegriffs im Rahmen einer Betrachtung, wo der Mensch mit Geschmack als der eigentliche Bruch mit der Renaissance dargestellt wird. In der Tat steht diese Vorstellung im umfangreicheren Zusammenhang des Ideals des in der Welt sich bewegenden und handelnden Menschen, das sich vom Ideal des Wissens der neuzeitlichen Naturwissenschaften absetzt. Bei Gracian bezeichnet die Notion **Gusto**, die geheimnisvolle und nicht lehrbare Fähigkeit, die richtige Entscheidung, die rechte Wahl, unter partikulären Umständen zu treffen. So verstanden macht der Geschmack keine nebensächliche Eigenschaft des Menschen aus, die der Psychologie verhaftet bliebe. Vielmehr ist er die treibende Kraft und Wurzel aller Kultur überhaupt. So interpretiert findet diese Notion ihre eigentümliche Sphäre im Bereiche der Ethik und der Politik und nicht so sehr in dem der Ästhetik[12].

In Frankreich wird der Begriff "Geschmack" (**goût**) im Zusammenhang mit dem der "Schönheit" verwendet von Guez de Balzac (1645), Molière (1659)[13] und La Fontaine (1668) verwendet[14]. La Rochefoucauld ist aber derjenige gewesen, der als erste in Frankreich eine ausführliche Reflexion über den Geschmack geliefert hat. In dessen posthumen Essay **Du goût** (1655)

---

[11]Croce, B. **Filosofia dello spirito**, I. Estetica, 3. Aufl., 1909, S.315. Zit. in Bäumler,1967,20.

[12]Vgl., Gracián, B. **El Criticón**, Parte I, Crisis III, in **Obras Completas**, Ed. del Hoyo, Madrid, 1960, S. 533a. Siehe dazu Borinski, K. **Baltasar Gracián und die Hofliteratur in Deutschland**, Halle, 1894.

[13]Molière, **Les precieuses ridicules**, Scene X.

[14]Vgl., J. de La Fontaine, **Fables** (1668), Livre V, 1.

4

charakterisiert er ihn zwar als etwas Unbeständiges und von partikulären Neigungen und Umständen Abhängiges. Der gute Geschmack (**bon goût**) wird von ihm aber als ein natürliches Vermögen der gerechten Beurteilung bezeichnet. So spricht er von ihm als ein **juger sainement, discernement, lumière naturelle**, der sowohl mit intellektuellen als auch mit moralischen und ästhethischen Angelegenheiten zu tun hat[15]. Dank der einflußreichen Rezeption der Gedanken Gracians bildet sich in der französischen Kultur eine angehende ästhetische Reflexion heraus, die sich von der herrschenden cartesischen Philosophie abhebt und sich der Ästhetik des Klassizismus entgegensetzt. Diese neuen unter dem Einfluß von Gracians Denken geprägten Ansätze im Bereiche der Ästhetik akzentuieren also die **délicatesse** und das **je ne sais quoi** im Gegensatz zu der **verité** und der **raison** der klassischen Ästhetik Boileaus. Jedoch gelangte diese Ästhetik der Delikatesse zu keiner eigentlichen Theorie des Geschmacks wie dies bei den Italienern der Fall gewesen ist.

1477 war das Wort "Geschmack" (**taste**) als Neigung (**inclination**) in England von Caxton benutzt. Erst im XVII. Jahrhundert taucht es in enge Verbindung mit dem Begriff der "Schönheit", etwa by Milton, auf[16]. Eine artikulierte Reflexion über den Geschmack bleibt aber in der englischen Sprache unbekannt bis auf das XVIII Jahrhundert mit Shaftesbury. In Deutschland bedient sich Ch. Thomasius des Ausdrucks **bon goût** zur Bezeichnung einer unerläßlichen Eigenschaft des Gentlemans[17]. Bei Bodmer taucht das Wort "Geschmack" auf als eine intellektuelle Beurteilung, die ein Gefühl ergibt. Gottsched wiederum definiert den "guten Geschmack" als eine gerechte Beurteilung der Sinne über die Schönheit, die, dabei der cartesischen Tradition folgend, klar aber nicht deutlich ist, und durch die Vernunft bestätigt wird[18]. Ähnlich drücken sich Baumgarten und Meier aus[19]. Dieser rationalistische Standpunkt wird erst von Mendelssohn in Frage gestellt. Er wird behaupten, der Geschmack sei unabhängig vom Verstand, eher relativ und auf das Erhabene bezogen. Man muß darauf aufmerksam machen, daß der oben erwähnte Ch. Thomasius derjenige gewesen ist, der Gracians Werke über seine französische Rezeption in Deutschland eingeführt hat. Stark geprägt durch den

---

[15]Vgl., F. de Marcillac de La Rochefoucauld, **Maximes et autres oeuvres morales** (1655), "Réflexions diverses, X, Du Goût", Ed. Borrot, Paris, 1949, S. 131.

[16]Milton, J. **Paradise regained** (1671), Book IV, Line 347.

[17]Vgl., Thomasius, Ch., **Discurs, welcher Gestalt man denen Frantzosen im gemeinen Leben nachahmen solle** (1687).

[18]Gottsched, **Versuch einer critischen Dichtkunst** (1730; Leipzig, 1751), 169 uff.

[19]Baumgarten, A.G., **Metaphysica** (Halle, 1739), §§ 607-608.

Einfluß der romanischen Kultur gelangte der Geschmacksbegriff zu Beginn des XVIII. Jahrhunderts nach Deutschland, so daß aus den Reflexionen Wolffs, Gottscheds, u.a. diejenige Entwicklung hervorgeht, die bis zur Kantischen **Kritik der Urteilskraft** führt und sich in diesem Werk vollendet. "Das deutsche Denken, das zuletzt die Arbeit an dem Begriff des Geschmacks aufnimmt, vertieft ihn in einer Entwicklung von etwa 60 Jahren (1727-1797) auf ungeahnte Weise und gibt ihm zugleich eine philosophische Begründung, die ein Problem von immerwährender Bedeutung löst"[20].

Aus dem oben Gesagten geht hervor, daß sich in der Notion "Geschmack", über die Grenzen des Ästhetischen im engen Sinne hinaus, die verfeinerte Empfindung des Gefallens, der geistige Zustand und die kulturelle Bildung des ganzen Menschen miteinander kreuzen. Zuerst auf das Schmecken, dann bereits seit der Antike auf das Erkenntnis- und Urteilsvermögen, auf die Rede und das Benehmen bezogen, wurde der Geschmack im Laufe des XVII. Jahrhunderts zu einem Begriff der Ethik und kurz darauf zu einem Begriff der Kunst- und Literaturkritik. So wurde er im XVIII Jahrhundert zum zentralen Begriff der Ästhetik in der europäischen Reflexion in diesem Bereich, ohne dessen Konnotationen auf der Ebenen der Erkenntnis bzw. der Moral einzubüßen. Als Naturanlage gelegentlich interpretiert bleibt der Geschmack jedoch konstitutiv gebunden an Erfahrung, Übung und Bildung. Dabei fällt auf, inwiefern er zunächst als ein **rezeptives** Vermögen verstanden wird. Dann aber wird diese Auffassung durch den Geniebegriff als Vermögen der freien Entdeckung bzw. der produktiven Hervorbringung, d.h. als die Gabe des schöpferischen Menschen und folglich als ein eher **produktives** Vermögen komplementär bzw. kritisch ergänzt. Das Interesse am Geschmack entfaltete sich in verschiedene Richtungen innerhalb der europäischen Reflexion. So wurde in Frankreich wie gesagt sowohl an der sensualistischen bzw. an einer durch die französische Klassik beeinflußten Tradition -wie etwa von Voltaire[21]- als auch an die cartesische bzw. rationalistische Vorstellung angeknüpft, wonach der Geschmack auf dem Verstand beruht -so z.B. bei La Bruyère, Montesquieu, Boileau, Diderot, D'Alembert, usw.[22]. Innerhalb dieser

---

[20]Bäumler,1967,23. Zum oben Gesagten, Vgl. Bäumler, 1967,18 ff.

[21]Vgl., Voltaire, **Le Temple du goût** (1733) und **Dictionnaire**.

[22]Innerhalb dieser Linie gibt es trotzdem wesentliche Unterschiede. So vertritt z. B. Diderot die Auffassung, daß der Geschmack ein Vermögen unmittelbarer Beurteilung sei, das durch wiederholte Erfahrungen erworben werden könnte. D'Alembert dagegen unterordnet ihn unter die Vernunft, so daß der Geschmack als **"fondé sur des princips incontestables et rationnels"** betrachtet wird. Montesquieu seinerseits besteht auf die Unabhängigkeit des Geschmacks von der Vernunft. Siehe dazu **L'Enciclopédie ou dictionnaire universel raisonné des arts, des sciences et des métiers** (Paris, 1757), Bd. VII, Art. **Goût** (von Voltaire, Montesquieu und D'Alembert) und **L'Enciclopédie ou dictionnaire universel raisonné des connaissances humaines** (Yverdon, 1773), Bd. XXII, Art. **Goût** (von D'Alembert und Mingard).

rationalistischen Tradition zeigt der Geschmack sich eng gebunden an streng kodifizierte Regeln, die vorschreiben, was sich von den ästhetischen Normen entfernt, sei es implizit oder explizit. Von dieser Linie aus gingen entscheidende Anregungen für die rationalistische Schule in Deutschland aus -z.B. für Gottsched. Hierin scheint es darum zu gehen, die Prinzipien des Geschmacks und die Regeln seiner Übung freizulegen und theoretisch zu exponieren, wenn gleich eine derartige Untersuchung sich nicht unbedingt als wissenschaftlich versteht. In England dagegen wird der Geschmacksbegriff durch die Überlegungen Shaftesburys und im Gefolge von ihm durch andere Denker wie Addison, Hutcheson, Hume, Burke, usw. zu einem leitenden Begriff der Ästhetik gemacht, der wiederum eine enge Verknüpfung mit den Fragen der Moral aufweist. Der Geschmack ist allererst als ein Sinn für die Schönheit interpretiert, der zum einen am Gemeinsinn (**common sense**) und zum anderen am moralischen Sinn (**moral sense**) gebunden ist[23]. Diesbezüglich hatte bereits Voltaire in dessen **Dictionnaire Philosophique** den ästhetischen und moralischen Sinn des Geschmacksbegriffs (**goût**) hervorgehoben. Hierin wird er als eine Art Tastunterscheidungsvermögen (**discernement tactile**) konzipiert, das sich, der Reflexion vorangehend, dem Angenehmen zuwendet und sich von dem Unangenehmen abwendet. Alle diese Reflexionen scheinen miteinander darin einig zu sein, den Geschmack als ein Vermögen zur Wahrnehmung und Unterscheidung durch Empfindung aufzufassen, das sich von der Rationalität der Begriffe des Verstandes absetzt, eher am Gefühl orientiert bleibt und eine sinnliche Vermittlung ständig leistet, zwischen dem Verstand und den Sinnen, dem Besonderen und dem Allgemeinen. Das ganze spielt sich im Rahmen der europäischen Höfe, wo sich eine Kultur des Geschmacks zuerst praktisch entwickelt hat. Von dort aus hat sich eine solche Kultur mittels der Kritik bzw. der ästhetischen Kritik ausgedehnt und auf diese Weise den Geschmack des Publikums gebildet. Hierbei wird die Kunst nicht mehr wie in der Antike oder im Mittelalter im Rahmen einer ethischen oder technischen Beurteilung verstanden. Der Vorrang des Geschmacks in der ästhetischen Beurteilung setzt also eine Säkularisierung des kulturellen Lebens voraus, die die Neuzeit wesentlich charakterisiert. Der Geschmacksbegriff ist also wesentlich modern. Er ist eng verknüpft mit dem Auftreten der neuzeitlichen Subjektivität. Im Laufe des XIX Jh. wird er an Bedeutung zugunsten des Géniebegriffs verlieren, der seinerseits die Reflexionen in der Ästhetik fortan deutlich markieren wird. Es ist aber klar, daß sich die Ästhetik der Neuzeit zuerst von jeder Art Reflexion über die Kunst in der Antike oder im Mittelalter eben dadurch unterscheidet, daß sie von vornherein als eine Lehre vom **Geschmack** definiert wird.

---

[23] Bei Shaftesbury liegt eine Übereinstimmung zwischen Geschmack (**taste**) und moralischem Sinn (**moral sense**) vor, genauso wie bei Hume eine enge Beziehung vom Geschmack zum Glück. Vgl. dazu Shaftesbury, A.A., **Characteristics of Men, Manners, Opinions, Times, etc.**

§ 1.3. Der Geschmack und das Problem der Individualität bzw. der Subjektivität in der Neuzeit.

Die Entstehung der Ästhetik muß innerhalb eines umfangreichen Prozesses verstanden werden, der sich im XVII und XVIII Jahrhundert hauptsächlich in Spanien, Italien, Frankreich, England und Deutschland abgespielt hat und mit der Kantischen **Kritik der Urteilskraft** zu einem besonders markanten Ausdruck geführt hat. Wie bereits A. Bäumler betonnt hat, kann dieser Prozeß, der in die Gestaltung der Ästhetik als eine autonome Disziplin mündet, als eine Art Nebenergebnis einer der wichtigsten Verwandlungen des europäischen Selbstbewußtseins überhaupt betrachtet werden[24]. Der Prozeß, um den es hier geht, ist der des Auftauchens des Individualitätsproblems in der westlichen Welt und in der abendländischen Reflexion. Innerhalb der mittelalterlichen Philosophie war die These der Unsagbarkeit des Individumms (**individuum est ineffabile**) im ontologischen bzw. logischen Sinne behauptet worden. Diesbezüglich hatte Thomas beispielsweise die bestimmte, durch Raum und Zeit konstituierte Materie als das **principium individuationis** verstanden[25]. Dabei war es klar, daß das **Individuum** ($\alpha\tau o\mu o\nu$) nach seiner **logischen** bzw. **ontologischen** Struktur als Einzelnes verstanden nur als **abstaktes** Einzelnes begriffen werden konnte, nie aber als **konkretes** "Dieses-da hier und jetzt". In der Linie einer aristotelisierenden Tradition war es also verständlich, daß es deshalb keine Metaphysik -oder noch stärker gesagt- keine Wissenschaft vom Einzelnen geben könnte, weil dieses sich aufgrund der Materialität seines Individualitätscharakters, die durch die Kontingenz wesentlich charakterisiert ist, weder durch Definition ($o\rho\iota\sigma\mu o\varsigma$) noch durch Beweis ($\alpha\pi o\delta\epsilon\iota\xi\iota\varsigma$) begreifen ließe[26]. Als **praktischer** Begriff interpretiert wurde das Individuum bzw. die Individualität vornehmlich auf den Menschen bezogen. Darin wurde er innerhalb einer Spannung artikuliert, zwischen der abstrakten Idee des Individuums und deren konkrete Realisierung in der Wirklichkeit, zwischen dem Allgemeinen und dem Besonderen und zwischen den Individuen zueinander. Diese Spannung wird teilweise ausgedrückt in jener inneren Umwandlung, dank

---

[24]Vgl., dazu Bäumler,1967,1.

[25]Vgl., Thomas, **De ente et essentia**.

[26]Vgl., dazu Aristoteles, **Metaphysik**,1039 b28. Erst später im XVIII und XIX Jh. wird die Individualität eine neue positive Bestimmung bei einigen Denkern wie Herder gewinnen. So wird er in dessen **Vom Erkennen und Empfinden der menschlichen Seele. Bemerkungen und Träume** (1778) sagen: "Der tiefste Grund unseres Daseins ist individuell so wohl in Empfindungen als Gedanken" (Herder,**Vom Erkennen und Empfinden der menschlichen Seele** (1778),207).

derer die Herrschaft der klassizistischen Theorie überwunden würde[27]. Diese Umwandlung entspricht wiederum der methodischen Wende, die sich auf der Ebene der Naturwissenschaften mit dem Übergang von Descartes auf Newton vollzogen hatte. Dabei geht es darum, sich von der unbedingten Vormacht der Deduktion zu befreien und so den Phänomenen, der unmittelbaren Beobachtung, Platz zu schaffen. Manchmal erfolgt diese Umwandlung über die Abwendung von der Erklärung bzw. von der Ableitung und zu der Zuwendung zu einer mehr oder weniger reinen Beschreibung der partikulären bzw. konkreten Phänomene. Im Bereich der Kunst hatte der strenge Klassizismus verworfen, was sich nicht den Regeln anpaßte. Nun rücken jene Phänomene, die die klassizistische Reflexion in der Peripherie des Ästhetischen verortet hatte, in den Mittelpunkt der ästhetischen Theorie. Nun handelt es sich beispielsweise "...nicht mehr bloß darum, der Einbildungskraft und dem Gefühl neben den Kräften des Verstandes Raum zu schaffen, sondern sie als eigentliche Grundkräfte zu erweisen und zu behaupten"[28]. Ähnlich treten andere Fragen, die die klassizistische Ästhetik vernachlässigt hatte, in den Vordergrund. Nun geht es nicht so sehr um Begriffe, sondern vielmehr um Gefühle; nicht um die Darstellung allgemeiner Regeln, sondern eher um die einzelnen Fälle der ästhetischen Phänomene; nicht so sehr um die Eigenschaften der Objekte, sondern um die Wirkung derselben auf das Subjekt. So beginnt die Ästhetik das Problem der in die sinnliche Erscheinung tretenden individuellen Wirklichkeit zu thematisieren.

Das Auftreten des Individualitätsproblems in der **Ästhetik** weist aber andere Profile auf, als die philosophische Reflexion bis dahin erkannt hatte. Einige Denker wie Jacob Burckhardt haben bereits darauf hingewiesen, daß die Entwicklung des Individuums als solches erst in der Renaissance in Italien in die abendländische Geschichte eingegangen sei[29] Demnach waren im Mittelalter die zwei Seiten des Bewußtseins -einerseits nach dem Äußeren der Welt und andererseits nach dem Inneren des Menschen selbst- vereignigt, dank der Kraft des "Glaubens, der Kindesbefangenheit und des Wahns"[30]. Welt und Geschichte waren durchzogen vom Hauch des Wunders und des Mytischen. Bestimmt durch die Zugehörigkeit zu kollektiven Instanzen wie Volk, Korporation oder Familie hatte sich der Mensch seinerseits noch nicht zum autonomen Individuum entwickelt. Erst in der italienischen Renaissance mit der Entstehung der Staaten und der Entwicklung der Städte erwacht ein individuelles und bewußtes Sich-Verhalten

---

[27] Zum folgenden siehe Cassirer,1932,397 uff.

[28] Cassirer,1932,405.

[29] Vgl., Burckhardt,1869.

[30] Vgl., Burckhardt,1869,161.

des Einzelnen dem Staat und dem Leben gegenüber, eine objektive Betrachtung und Behandlung des Staates und der weltlichen Angelegenheiten überhaupt. Da entfaltet und "erhebt sich mit voller Macht das **Subjektive**", so daß der Mensch zum autonomen Individuum wird und sich als solches erkennt[31]. So erinnert Burckhardt daran, daß mit Ausgang des XIII. Jahrhunderts bis hin zum XV. Jahrhundert Italien von Persönlichkeiten zu wimmeln beginnt. Hierzu gehören verschiedenen Figuren, von der des **Condottiero** über die des Dichters bis hin zu der des **uomo universale**. Da entstehen die persönliche Zielsetzung und die freie Lebensbestimmung, die Aufstellung eines persönlichen Lebenswerkes als Selbstzweck, die Ausbildung der Persönlichkeit durch bewußte Entwicklung aller Kräfte und Potenzen, das Bewußtsein persönlicher Autonomie und das Streben nach einem irdischen Glück. All diese Ereignisse gewinnen allmählich an Bedeutung[32]. Da ist die Geburtstunde des modernen Ruhms, der Biographik, und auch die Entdeckung der Landschaft zu lokalisieren[33]. Zu Recht hat Michelet dazu gesagt, daß die Renaissance zwei große Dinge gebracht hatte: **la decouverte du monde, la decouverte de l'homme**[34]. So könnte man sagen, daß das XVI. Jahrhundert von Columbus bis zu Kopernikus, von Kopernikus bis zu Galilei, von der Entdeckung der Erde zu der des Himmels einen umfassenden Prozeß markiert, innerhalb dessen sich der Mensch selber entdeckt hat. Vesalius und Servet, Luther und Calvin, Rabelais und Montaigne, Cervantes und Shakespeare enthüllen dem Mensch seine sittlichen Geheimnisse, seine ethische bzw. religiose Dimension, seine einzigartige Kondition[35].

In der Ästhetik handelt es sich nicht um dasjenige Problem des Individuums, das zwar bereits wie oben gesagt in der Renaissance erlebt worden, aber nicht zum Bewußtsein, zur Reflexion, gelangt war. In der Renaissance entfaltet sich zwar der Mensch in seiner ganzen natürlichen Freiheit und Fülle; es fehlt aber die **Reflexion** auf sich, die zur Behandlung des Individualitätsproblems in der Neuzeit wesentlich gehört[36]. Eine derartige Reflexion taucht eben mit der Entstehung der Ästhetik auf. Nun ist es wahr, daß die Renaissance mit dem Ursprung der ästhetischen Reflexion eng verknüpft ist. In dieser Hinsicht soll man bloß an die für die

---

[31] Vgl., Ebd.

[32] Vgl., Huizinga,1920,61.

[33] Vgl., Burckhardt,1869.

[34] Vgl., Michelet,1855.

[35] Vgl., Michelet,1855 und Huizinga,1920.

[36] Vgl., dazu Bäumler,1967,1.

Renaissance typische Persönlichkeit des Künstlers denken, deren spätere Fortsetzung das Genie ist. Hinter beiden Figuren versteckt sich aber die des schöpferischen Menschen überhaupt -entweder als Künstler, als Tatmensch, usw., dem die entsprechende Figur des rezeptiven ästhetischen Subjekts beigelegt sein wird. In diesem Sinne kann man sagen, daß, obwohl in der Antike oder im Mittelalter Ansätze und tiefsinnige Bemerkungen und Überlegungen über die Kunstwissenschaft, die Psychologie und Metaphysik des Schönen, Methoden der Kunst, usw., durchgeführt und verfaßt worden waren, solche Reflexionen deshalb als keine Ästhetik im modernen Sinne verstanden werden können, weil sie der grundlegenden Voraussetzung dieser Disziplin entbehren, nämlich der eines spezifisch ästhetischen Subjekts. "Erst wo ein schlechthin selbständiges ästhetisches Subjekt vorausgesetzt ist, kann der Gedanke an eine Ästhetik als eigene Wissenschaft gefaßt werden", sagt Bäumler zu Recht dazu[37]. Das Subjekt wird im ästhetischen Bereich eben durch das Erlebnis des **Geschmacks** konstituiert.

Das im Bereich der Ästhetik konstituierte Subjekt wird der abendländischen philosophischen Reflexion ein neues und besonders schwieriges Problem stellen; nämlich das des lebendigen und konkreten Menschen in seiner irreduziblen Individualität überhaupt. Als individuelles Wesen wird der Mensch erst im Bereich der Ästhetik anerkannt und thematisiert. Hierin zeigt sich der Mensch weder als eine unaussprechliche Entität, die sich der begrifflichen Erkenntnis überhaupt entziehen könnte und deren Realität in letzter Konsequenz auf eine andere jenseitige Instanz notwendigerweise verweisen würde (wie in der Religion), noch als ein theoretisch-abstraktes Wesen (wie in den modernen Naturwissenschaften), noch als ein den abstrakten ethischen oder politischen Normen und Gesetzen untergeordnetes Wesen, das allein in diesem Bereich sich als Person verwirklichen und leben könnte. Vielmehr erweist sich der Mensch im Bereich der Ästhetik als individuelles und konkretes Subjekt, sowohl als Schöpfer (Genie) als auch als genießender Betrachter. So verstanden ist der ästhetische Mensch die letzte Gegebenheit, die irreduzible "Tatsache", die als eine Art Grenze für die Denkweise der modernen Naturwissenschaften, der Ethik oder der Religion auftaucht, die den konkreten Menschen zu einer wortlosen, begriffslosen, alogischen und sogar mystischen Entität (**individuum est ineffabile**) gemacht hatten.

Die Ästhetik beschäftigt sich also mit der Frage nach der in die sinnliche Erscheinung tretenden individuellen Wirklichkeit. In der Kantischen **Kritik der Urteilskraft** kommt unter der Behandlung

---

[37] Bäumler,1967,2.

des Besonderen, das der **reflektierenden** Urteilskraft zugeschrieben wird, ein Problem zum Ausdruck, das in der **Kritik der reinen Vernunft** verborgen geblieben war, nämlich, das Problem des Konkreten, des Individuellen. Ausgehend vom Problem des Geschmacks mündet so die dritte Kritik in eine Auffassung des Gegenstandes, der sich jeder Doktrin, d.h. jeglicher a priori formulierbaren abstrakten Gesetzlichkeit, entzieht. So betrachtet sind die Probleme des Schönen und des Organischen, d.i., die charakteristischen Probleme der dritten Kritik, nichts anderes als Sonderfälle eines letztlich umfassenderen Gegenstandes, nämlich, des der Individualität zu verstehen. Die Ästhetik und die Lehre vom Organischen der dritten Kritik können also unter dem Gesichtspunkt dieses Problems, das beide vereinigt, gelesen werden. Weder der schöne Gegenstand noch der lebende Organismus sind unter Verweisung auf allgemeine Gesetze, d.h. auf die **bestimmende** Urteilskraft zu erfassen. Durch die ganze Epoche der Ästhetik hindurch bis in die Kritik der Urteilskraft hinein, kündigt sich diese Thematisierung des Individualitätsproblems, das weder mit den Begriffen des reinen theoretischen Verstandes noch mit denen der praktischen Vernunft begreifbar ist, durch Termini und Ausdrücke wie **reflektierende Urteilskraft, Geschmack, Gefühl, Genie,** usw.

§ 1.4. Von der Geschmackslehre zur Analyse des Geschmacksurteils.

Wie A. Bäumler dazu bemerkt hat, wissen wir von Kants Ästhetik vor dem Jahre 1770 recht wenig. Aus den in den fünfziger Jahren niedergeschriebenen Notizen zu Meiers Vernunftlehre geht hervor, daß Geschmack mit einer sinnlichen Beurteilung der Vollkommenheit verbunden ist[38]. In eine ähnliche Richtung gelangt eine Definition der ästhetischen Erkenntnis, in der diese Art Erkenntnis einerseits mit der sinnlichen Urteilskraft und andererseits mit dem Vollkommenheitsbegriff verknüpft wird[39]. Diese Behandlung des Geschmacks steht also in enger Verbindung mit der ästhetischen Vollkommenheit, und zwar in einer Weise, in der diese letzte insbesondere von Meier abgehandelt worden war. In den sechziger Jahren ist nicht so viel

---

[38]"Eine sinnliche Beurteilung der Vollkommenheit heißt Geschmack"(Rx,1748 und 1774).

[39]"Eine Erkenntnis, die von der sinnlichen Urteilskraft als vollkommen erkannt wird, heißt ästhetisch" (Rx., N.1748).

vom Geschmack als vom Gefühl die Rede[40]. Eine Umwandlung des Geschmacksbegriffs in den der Beurteilungskraft, in der diese beiden zur engen Verknüpfung miteinander gebracht werden, hat sich durch einen Prozeß gezogen, der Einflüsse und Denkanstöße seitens Gottscheds und Baumgartens umfaßt. Wie bereits oben gesagt, hatte Baumgarten die Ästhetik "aus dem Geist der Logik" entfaltet. Eine derartige Entfaltung deckte zugleich die immanente Grenze der rationalistischen Schulphilosophie auf. Cartesisch gesagt strebte Baumgarten eine Erkenntnis vom "Undeutlichen" an. Wie Cassirer es treffend gesagt hat, kam es Baumgarten nicht so sehr darauf an, die Wissenschaft in den Kreis der Sinnlichkeit hinabzuziehen, sondern vielmehr das Sinnliche zum Range des Wissens emporzuheben und jenes durch dieses zu erhellen[41]. So kann man sagen, daß die Anwendung einer nicht mehr psychologischen Betrachtungsweise auf das Problem des Geschmacks vielleicht die wichtigste Anregung gewesen ist, die Kant von Baumgarten und Meier im ästhetischen Gebiet übernommen hat[42]. Der Kantische Ausdruck **Geschmacksurteil** und dessen Einrückung in den Mittelpunkt der philosophischen Analyse kann ebenfalls als ein späteres Ergebnis aus dieser Reflexionslinie betrachtet werden[43]. Darauf werden wir zurückkommen. Nun werde ich mich dem Problem zuwenden, wie der Kantische Ansatz in der neuzeitlichen Diskussion zur Ästhetik am angemessensten zu lokalisieren und zu verstehen ist.

---

[40]In dieser Hinsicht könnten die folgenden Werke und Schriften als ein gutes Beispiel dafür angeführt werden: "Untersuchung über die Deutlichkeit der Grundsätze der natürlichen Theologie und der Moral" (1763), insbesondere I,§ 3. "Gefühl des Erhabenen und des Schönen" und, selbsverständlich, die "Beobachtungen über das Gefühl des Erhabenen und des Schönen" (1766). Die Verwendung des Terminus "Gefühl" ist zu dieser Zeit etwa dieselbe, die später in der **Kritik der Urteilskraft** zum Ausdruck kommen wird. Bäumler zufolge ist der französische Sentimentalismus, der über Rousseau Kant erreichte, der die Verwendung dieses Ausdrucks am stärksten beinflußt hat.

[41]Vgl., Cassirer,1932, 456 uff.

[42]Vgl.,Bäumler,1967,95.

[43]Vgl., Bäumler,1967,94 ff.

§ 2. Die moderne Kunst und die ästhetische Reflexion. Die Relevanz der Kantischen Ästhetik.

§ 2.1. Der Begriff der "Moderne" und dessen Bedeutsamkeit für die Kunst.

Der Begriff **modern** -aus dem lateinischen **modo**, "nur", "eben", "erst", "gleich", "jetzt"; als Adjektiv **modernus** -"derzeitig", "Jetzt", "neu"- ist literarisch zuerst am Ende des V. Jahrhunderts bei Gelasius belegt[44]. Jedoch war ein derartiger Ausdruck im allgemeinen Sprachgebrauch seit längerem geläufig gewesen. So erscheint er bei Cassiodor (487-583) als Gegensatz zu **antiquus** als reiner Zeitbegriff, ohne irgend einen stofflichen Inhalt zu haben. Auffallend ist hier aber, daß dieses Wort in der Zeit eines Übergangs, nämlich des vom alten Rom zur neuen christlichen Welt, erscheint. So kommt **modernus** als ein Zeitbegriff vor, der der einzige unter den Zeitbegriffen überhaupt sein und jene Funktion erfüllen kann, ausschließlich das historische Jetzt der Gegenwart zu bezeichnen[45]. "So erscheint es 494/495", sagt Jauss, "in den **Epistolae pontificum** bei Gelasius, der das Wort verwendet, um jüngste Ereignisse, d.h. die Dekrete (**admonitiones modernas**) der letzten römischen Synode, von der **antiquis regulis** abzuheben"[46].

Nach seiner Entstehung in der Spätantike wird dem Terminus **"modernus"** in der karolingischen Zeit eine ganz besondere Bedeutung zugewiesen. Unter Rekurs auf ihn versucht man, die eigene Epoche von der Antike in allen ihren Erscheinungen zu unterscheiden. So wird zum wesentlichen Teil der Bedeutung des Ausdrucks die Bezeichnung des Gegensatzes der christlichen Gegenwart zur heidnischen Antike, der sich zuerst im Gelehrtenkreis um Karl den Großen und dann in der sogenannten "Renaissance des 12. Jahrhunderts" ankündigt. Hier bewegt und entfaltet sich die Bedeutung des Wortes **modern** zwischen einer **Zeitgrenze** und

---

[44] Vgl., Kohlschmidt/Mohr, **Reallexikon der deutschen Literaturgeschichte**, 1965 uff.

[45] Vgl., Freund, 1957 und Jauss, 1970, 16.

[46] Jauss, 1970, 16.

einer **Epoche**[47]. In den historischen und politischen Schriften des XI. und XII. Jahrhunderts wurde der Ausdruck **modern** dazu verwendet, innerhalb der eigenen Geschichte Zeitperioden zu unterscheiden. So löste er sich aus dem Bezug zur antiken Geschichte. Hingegen behielt **modernus** in der Wissenschafts- und Literatursprache des XII. Jahrhunderts die antithetische Abgrenzung von der Antike bei. Chenu hat verschiedene Bedeutungen von **moderni** im XIII. Jahrhundert unterschieden, nämlich, erstens als Bezeichnung der christlichen Autoren im Gegensatz zu den griechisch-römischen Autoren; zweitens, als Bezeichnung der Christen im Gegensatz zu den Gläubigen des Alten Bundes; drittens, als Bezeichnung für die verschiedenen Rezipienten der aristotelischen Logik, wobei sich Boetius als **antiquus**, Abaelard hingegen als **modernus** erwiesen; viertens, als Kennzeichnung für die unmittelbar vorangehende scholastische Generation[48]. In dieser Hinsicht wurde seit dem 14. Jahrhundert der Begriff der **via moderna** auf den ockhamistischen Nominalismus bezogen.

In der Renaissance gewann der Ausdruck **moderni** vor allem in den Naturwissenschaften -als Beispiel hierfür sei Galilei zu nennen- eine wesentliche Wendung, so daß er zum Ausdruck eines fortschrittlichen Denkens wurde, das sich von jeder Art theologischer Unterstützung ablöste und sich der vorurteilslosen, direkten Betrachtung der Natur hingab. Der Metaphorik der Rennaissance liegt das Bewußtsein einer Modernität zugrunde, die dadurch charakterisiert ist, daß sie nicht nur etwas Eigentümliches ist, sondern daß sie auch ihre Vergangenheit, die sie hinter sich gelassen hat, den Charakter einer selbständigen Epoche aberkennt, um sich konstituieren zu können. So gesehen werden die Humanisten der italienischen Renaissance von ihren mittelalterlichen Vorgängern nicht nur dadurch getrennt, daß die Menschen der Renaissance das Selbstgefühl hatten, einer neuen Zeit anzugehören, sondern vor allem dadurch, daß sie über ein neues Bewußtsein einer historischen Distanz zwischen der Antike und der eigenen Gegenwart verfügten.

Erst im XV. Jahrhundert ist im Französischen das Wort **moderne** als **neu** literarisch belegt. Im Englischen hingegen trat es auf, als Bezeichnung des **jetzt existierenden**. Erst am Ende des XVII. Jahrhunderts erschien es lexikalisch im Deutschen in **Manuale juridico-politicum** (Frankfurt, Gotha 1684) und Sperander (**A la Mode-Sprach der Teutschen**, Nürnberg 1727). Im deutschen Bereich wurde der französischer Ausdruck unterschiedlich als **neu**, oder als **heutig**, **neuest**, **heutigtägig** (Klopstock), **nach heutigem Geschmacke, von neuerer Hand, in neuer**

---

[47] Vgl. Jauss, 1970, 18.

[48] Vgl., dazu Chenu, 1928, S.82-94.

Kunst, usw. übersetzt. Wie das französische **antique** seit dem frühen 18. Jahrhundert sowohl als Adjektiv als auch als Sustantiv zur Bezeichnung der gesamten historischen und kulturellen Tradition des Altertums der **Alten** historisch und typologisch wurde, so wurde ebenfalls **moderne** zum passenden und zur Antike antithetisch entgegengesetzten Begriff für die gesamte Neuzeit als eine historische und kulturelle Einheit, und zugleich zu einem normativen Geschmacksbegriff, der sich vom schlechten Geschmack -bei Diderot z.B. mit der gotischen Architektur identifiziert- radikal abgrenzte.

Der Begriff **modern** wurde jedoch in der europäischen Ästhetik und Kulturphilosophie erst geläufig durch die sogenannte **Querelle des anciens et des modernes**, die 1687 Charles Perrault in der Sitzung der **Académie Française** vom 27. Januar 1687 auslöste, als er in einem Gedicht, **Le Siècle de Louis le Grand**, die bis dahin nicht angezweifelte Autorität der Schrifsteller der Antike angriff und ihnen gegenüber einen unhabhängigen Wertanspruch, eine eigentümliche Legitimität, ja sogar eine Überlegenheit der neuzeitlichen französischen Literatur nachdrücklich hervorhob. Diese **Querelle** stellte so die Vorbildlichkeit der Antike, ja der Tradition überhaupt und den Sinn ihrer Nachahmung radikal in Frage. So wurde z.B. der neuzeitliche Begriff der schöpferischen Kunst gegen das antike Prinzip der Nachahmung der Natur hervorgehoben. Darüber hinaus aber kritisierten in diesem Streit die **Modernes** unter dem Leitgedanken eines aus der neuzeitlichen Wissenschaft und Philosophie herausgebildenten Fortschritts an den **Anciens** und deren Glauben an die zeitüberdauernde Vorbildhaftigkeit der Antike. An den Gedanken der Selbständigkeit gegenüber der Antike, der Entfernung und Ablösung von den Nachahmung derselben, schloßen sich die Gedanken der Ebenbürtigkeit und des zeitlosen Vollkommenheitsanspruchs der Moderne an.

Im Laufe des 18. Jahrhunderts tritt das Wort **moderne** in einer ganz besonderen Konstellation mit anderen Wörtern bzw. Begriffen auf. Diese Bedeutungsverschiebung spiegelt die epochale Wendung wider, die in diesem Jahrhundert stattgefunden hatte. So ist es auffallend, wie das Wort **moderne** sich allmählich aus der Antithese zu **ancien** löst und als Gegensatz zu anderen Wörtern auftritt. Allmählich übernimmt der Begriff **antique** die Funktion, an Stelle des bestritenen **ancien** den geschichtlichen Abstand der alten zur modernen Welt aufzuweisen. So z.B. in der Auflage von 1799 der **Encyclopédie** bildet **moderne** nicht mehr einen absoluten Gegensatz zu **ancien** in Geschmackssachen, sondern eher zu dem, was **de mauvais gout** sei, wie die gotische Architektur beispielsweise. Später, nach der Jahrhundertwende, wird sich die neue Modernität als **romantisch** verstehen und so ihren Gegensatz zur Antike mit einem Wort, nämlich **klassisch**, bezeichnen. Das geschichtliche Selbstverständnis dieser Epoche, ihre

Modernität, artikuliert sich hier also in einem Begriff, nämlich **le romantisme**, der die Gegenwart mit ihrem eigenen Ursprung, mit ihrer eigenen Legitimität, zum Ausdruck bringt und sich zugleich vom klassischen Altertum als einer nicht mehr zurückholbaren, historisch gesehenen Vergangenheit unterscheidet. Hier tritt aber ein Prozeß in Gang, innerhalb dessen das Zeitverständnis der Gegenwart zugleich das Bewußtsein der Distanz und der mehr oder weniger radikalen Kritik derselben aufzeigt. So beginnt man die vom nachahmbaren Vorbild zum historischen Gegenbild gewordene Antike auf verschiedene Weisen als das Andere zur modernen Welt zu betrachten: sei es als plastische Verkörperung der **simplicité** und **naivité**, oder als kräftige Urpoesie bzw. mächtiges Leben des Archaischen und Barbarischen, oder als heroisierte Vorstellung der griechischen Antike, oder als melancholische Schönheit der Ruinen[49].

Im 19. Jahrhundert nimmt das Bewußtsein der Modernität eine eigentümliche Entwicklung. Der Ausdruck **Moderne** löst sich von der durch A. Schlegel, aber auch von anderen Autoren, etablierten Gleichsetzung mit dem Romantischen. Dies wird durch die Feststellung ermöglicht, wie schnell das Romantische von heute zum Romantischen von gestern und somit zum Klassischen wird. Damit verliert der Gegensatz zwischen dem Alten und dem Neueren, der Antike und der Moderne, seine Geltung. Zu dieser Zeit fand in der romanischen, hauptsächlich französischen Welt, eine Umdeutung des Begriffspaars **romantique** und **classique** statt, die die Bedeutungsverschiebung des Ausdrucks **modernité** vorbereitete. Wesentliche Bedingung dafür ist ein verändertes Gegenwartsbewußtsein, das wiederum durch das, was Koselleck als **Erfahrung der Beschleunigung der Zeit** nennt, charakterisiert ist. Dieser Erfahrung ist die Einsicht eigen, daß jede neue Modernität dazu bestimmt ist, sich selbst zu überholen. Diesbezüglich ist der Essay von Stendhal **Racine et Shakespeare** (1823-1825) besonders wichtig. Dort vertritt Stendhal die Meinung, seit 1789 stünde die Geschichte im Gegensatz zur ganzen bisherigen Geschichte. Die Französische Revolution wird hier als ein Ereignis verstanden, das die Generation vor der Revolution von seiner Generation radikal getrennt habe.

---

[49]Wie Jauss sagt, ist dieser Prozeß am deutlichsten in der Geschichte anzutreffen, die sich "als Bild der verlorenen Natur einer anderen, fremd gewordenen und uns gleichwohl vertrauten Zeit" konstituiert (Jauss,1970,49). Auch in der Natur -und in dieser Hinsicht sei auf die Natur als Landschaft zu verweisen- sucht das romantische Zeitbewußtsein nicht das Gegenwärtige, sondern ein Fernes, Abwesendes, das sich der Nähe, dem Anwesenden, radikal entgegensetzt. "In dieser Einstellung, die im Fernen der Historie das Wahre einer gewesenen Natur, im Nahen der umgebenden Natur hingegen das abwesende Ganze, die verlorene Kindheit des Menschen sucht, rücken Geschichte und Landschaft in ein wechselseitiges Verhältnis zusammen. Auf ihm gründet das Selbstgefühl einer Generation, die ihre Modernität paradoxerweise nicht mehr als Gegensatz zum Alten, sondern als Zwiespalt mit der gegenwärtigen Zeit erfuhr" (Jauss,1970,49-50). Dieses Ungenügen an der eigenen Gegenwart vollzieht sich aber nicht nur "Rückwärts", nach der fernen Vergangenheit, sondern auch "Vorwärts", in eine Zukunft, die entweder mit Hoffnungen oder mit Befürchtungen belegt ist. In einem oder im anderen Fall wird es also klar, daß es hier darum geht, die neue Zeit, die Moderne, in einem anderen Verhältnis zur Geschichte zu verstehen.

Dadurch hätte sich also ein Zeitbewußtsein herauskristallisiert, das den vollzogenen Sprung vom Alten zum Neuen als einen radikalen Bruch wahrnimmt, als ob die Revolution den Faden zwischen Vergangenheit und Gegenwart durchgeschnitten hätte. Die moderne Gesellschaft sei Stendhal zufolge so vom **Ancien Régime** nicht nur durch ihre neue Verfassung, Denk- und Lebensweise usw. zu unterscheiden, sondern auch durch ihren Geschmack, oder genauer gesagt, durch ein anderes Verhältnis zum Schönen. Demzufolge sei das Schöne nicht mehr auf feste Werte hin festzulegen, die über eine ewige Gültigkeit verfügten. Vielmehr sei das Schöne eines Kunstwerkes unmittelbar nur für das erste Publikum, für das jenes hervorgebracht worden sei. Demzufolge sei das Kunstwerk insofern schön, als es die jeweilige Aktualität suchte und erreichte. So gelang Stendhal zu einer Definition des Romantischen, die einen Bruch mit dem darstellt, was bisher unter **romantisch** verstanden worden war und sogar zu dessem Gegenteil wurde. Demnach liegt das Romantische nicht mehr in dem, was die Gegenwart entweder auf die Vergangenheit oder auf die Zukunft hin transzendiert, sondern vielmehr im **Aktuellen**. Bei Stendhal hört also **romantique** auf, einen Epochenbegriff zu bezeichnen. Zugleich tritt es nicht mehr in dieser Art historischer Antithese zum Klassischen auf. Wie Jauss bemerkt, übernimmt Stendhals Begriff des Romantischen die ursprüngliche Bedeutung vom lateinischen **modernus**, nämlich, **das historische Jetzt der Gegenwart**. Im Unterschied zur bisherigen Tradition des Begriffs **moderne** setzt sich das Romantische bei Stendhal -als das **Aktuelle**, als das **Jetzt der Gegenwart** verstanden- nicht mehr einer **antiquitas**, der Vergangenheit, entgegen. Genauso wie in der Erfahrung der Geschichte die Revolution von 1789 die Zeit danach als eine aus sich selbst heraus neu begonnene und die Zeit davor als eine zurückgebliebene, stillstehende Vergangenheit wahrgenommen worden waren, so stand die im stendahlschen Sinne verstandene Modernität, bei ihm wie gesagt mit dem Romantischen identisch, keinem Alten, keiner Vergangenheit mehr gegenüber. Hier distanziert sich das Bewußtsein der Modernität nur von sich selbst, läßt das heute Aktuelle zum Romantischen von gestern und damit per se zum Klassischen werden. Die **modernité** besteht so aus dem unaufhörlichen Umschlag vom Aktuellen zum Klassischen, und zwar in einer ständigen Bewegung, in der die **modernité** in **antiquité** ständig umschlägt.

Derartige Einsichten kommen bei Baudelaire wieder zum Ausdruck. In seinem **Peintre de la vie moderne** (1859) hat er die Idee vertreten, daß jede Vergangenheit sich selbst als Gegenwart und ihre Kunst als modern erlebt haben muß ("**Il y a eu une modernité pour chaque peintre ancien**"). Daraus schließt er, daß **modern** und **Modernität** nicht, wie noch die Romantiker in ihrer Verwendung dieser Ausdrücke vorausgesetzt hatten, die Besonderheit einer jüngsten Epoche, die sich von der Vergangenheit radikal trennte, sondern eher das in verschiedenen

Epochen jeweils **Vergängliche** bezeichnete: **"La modernité"**, sagt er, **"c'est le transitoire, le fugitif, le contingent"**. Eine derartige Auffassung von **modernité**, wonach diese auf das Vorübergehende und Vergängliche bezogen bleibt, darf also nicht mehr der **antiquité** als dem Wesen einer Vergangenheit, sondern nur dem **Unvergänglichen**, dem **Ewigen** entgegengesetzt werden. Beide Prinzipien, das **Vorübergehende** und das **Ewige**, ergänzen sich Baudelaire zufolge in der **Doppelnatur des Schönen**, denn einerseits genügt die Schönheit dem ständig wechselnden Ideal der **nouveauté** und entspricht also dem **Einmaligen**, dem **Flüchtigen**, der gegenwärtigen Zeit im Spiegel der Kunst. Anderseits aber kann sie ihren eigenen Gegensatz insofern bilden, als sie als etwas **Unvergängliches**, im ständigen Wechsel beharrend, als etwas **Ewiges** erscheint. Hier geht es um eine **"théorie rationelle et historique du beau"**, die Baudelaire der konventionellen Ästhetik entgegengesetzt. So ließe sich das Schöne am besten durch das Beispiel der Mode verstehen, sobald man sieht, wie ein Maler wie Constantin Guys sich darum bemüht hat, **"de dégager de la mode ce qu'elle peut contenir de poétique dans l'historique, de tirer l'eternel du transitoire"**[50]. So wie die Mode verkörpert das Schöne das Poetische im Historischen, das Ewige im Vorübergehenden, das Beharrende im Flüchtigen. Die Mode zeigt also das auf, was Baudelaire als "Doppelnatur des Schönen" bezeichnet und begrifflich, in einer Linie, die direkt auf Stendhal zurückzufüren ist, mit **modernité** gleichsetzt: **"La modernité, c'est le transitoire, le fugitif, le contingent, la moitié de l'art, dont l'autre moitié est l'eternel et l'immuable"**[51]. Baudelaire zufolge benennt die Modernität dieses Doppelgesicht des Schönen, in dem sich die in der Malerei von Guys gezeichnete **vie moderne** des geschichtlichen Alltags und der politischen Aktualität dem Verständnis erschließt. Wie Jauss es zu Recht sagt: "...ästhetische und geschichtliche Erfahrung der **modernité** fallen für Baudelaire in eins" (Jauss,1970,55)[52]. Wie bereits bei Stendhal hört die Vergangenheit ebenfalls bei Baudelaire auf, den Gegensatz zur **modernité** auszumachen. Da sich das Moderne bei Baudelaire -wie das Romantische bei Stendhal- im

---

[50]Baudelaire, Ch. **La peintre de la vie moderne**, in **Oeuvres Completes**, Paris, 1950, S.884.

[51]Baudelaire, Ch. Ebd.

[52]So kann man z.B. die Interpretation der Baudelaireschen **Fleurs du Mal** durch Benjamin verstehen. Derzufolge ist ein derartiges Gedicht nicht als Ausdruck einer Ästhetik des **L'art pour l'art**, als Rückzug der Poesie auf sich selbst, sondern eher als Zeugnis einer geschichtlichen Erfahrung, als deren Poesie, als Poesie der aus dem Leben in der modernen Großstadt resultierenden geschichtlichen Erfahrung, zu verstehen. Benjamin wollte die ästhetische Grunderfahrung -die Konstellation Zeit/Ewigkeit im authentischen Kunstwerk- in ein historisches Verhältnis zurückübersetzen. So bildete er den Begriff **Jetztzeit**, der sich gegen die Vorstellung einer homogenen und leeren Zeit (Fortschrittsglauben usw.) wendet und das Kontinuum der Geschichte durch den authentischen Augenblick aufzusprengen anstrebte innerhalb einer eindrucksvollen und raffinierten philosophischen Konstruktion, wo Motive der jüdischen Mystik und des surrealistischen Schocks einhergehen.

Laufe der geschichtlichen Erfahrung von sich selbst löst, muß jede **modernité** also notwendigerweise zur **antiquité** werden. "Wie für den produzierenden Künstler das Vorübergehende, Momentane, Historische nur die eine Hälfte der Kunst ist, aus der das Dauernde, Unveränderliche, Poetische als ihre andere Hälfte erst destilliert werden muß, so schließt die Erfahrung der **modernité** auch für das geschichtliche Bewußtsein den Aspekt des Ewigen als sein Gegenüber ein"[53]. Hier geht es aber nicht um eine neue Version der traditionellen Anthitese von Zeit und Ewigkeit, denn das "Ewige" nimmt hier die Stelle ein, die in der früheren Geschichte des Begriffs "Moderne" von der Antike oder vom Klassischen besetzt war. So ist das zeitlose Schöne nichts anderes als die Idee des Schönen im Vergangenseins. Im Flüchtigen und Zufälligen ist ein Element des unvergänglichen Schönen enthalten. Dieses **"element transitoire, fugitif, dont les métamorphoses sont si fréquentes"** (Baudelaire) gehört konstitutiv dem Schönen an. Wie Baudelaire sagt, wo dies fehle, gerate das Kunstwerk unweigerlich in den leeren Raum einer Schönheit, die so abstrakt und unbestimmbar bleibe wie die Schönheit der einzigen Frau vor dem Sündenfall[54].

Grundüberzeugung von Baudelaire ist also, daß die Moderne ihre eigene Klassizität ständig schafft. Dieses ständige Umschlagen der heutigen Moderne bzw. der Aktualität in die von gestern ist zerstörerisch, destruktiv und zugleich schöpferisch, konstruktiv. Das moderne Zeitbewußtsein richtet sich **zerstörerisch** gegen die vermutliche Normativität eines Kunst- und Geschichtsverständnisses, das auf der Nachahmung der aus der Antike tradierten Vorbilder basierte. So steht das moderne Zeitbewußtsein in Opposition zur tradierten Geschichte, zur überlieferten Zeit. Deshalb nimmt es in seinen extremsten Ausdrücken die Form einer Aufsprengung des Kontinuums der Geschichte, einer Suche nach dem Barbarischen und Wilden, nach dem Archaischen und dem ganz Anderen, nach dem Unmittelbaren und nach der "wahren Präsenz" (Octavio Paz) ein. Hierin führt eine derartige Suche jenseits der etablierten Normen, der leistungsorientierten materialistischen Gesellschaft und deren Nüztlichkeitsprinzip, ja sogar des moralisch Guten. Dabei setzt sich das moderne Zeitbewußtsein dem Plötzlichen, dem Schokierenden, dem Unbekannten aus. Es schließt also eine **schöpferische** Aufwertung des Augenblicklichen, des Transitorischen, des Fluchtigen. Deshalb konnte Adorno sagen, daß die Explosion eine Invariante der Moderne ist: "Antitraditionalistische Energie wird zum verschlingenden Wirbel. Insofern ist Moderne Mythos, gegen sich selbst gewendet; dessen

---

[53] Jauss,1970,56.

[54] "**En le supprimant [cet element transitoire usw. GL], vous tombez forcément dans le vide d'une beuaté abstraite et indéfinissable, comme celle de l'unique femme avant le premier péché**" (Baudelaire, Ch. **La peintre de la vie moderne**, in **Oeuvres Completes**, Paris, 1950, S.884).

Zeitlosigkeit wird zur Katastrophe des die zeitliche Kontinuität zerbrechenden Augenblicks"[55]. Das moderne Zeitbewußtsein drückt sich also im ästhetischen Bereich durch das Ausscheren der Zeit- und Raumstrukturen des Alltags, den mehr oder weniger radikalen Bruch mit den tradierten Konventionen und den etablierten bzw. vorherrschenden Wahrnehmungs-, Vorstellungs- Denk und Lebensweisen aus. Dabei wird deutlich, inwiefern einerseits das Schöne der Kunst sich vom Wahren der Wissenschaft sowie vom Guten des praktischen Handelns abgelöst hat und andererseits auf welche Weise die ästhetische Erfahrung sich gegen den Rationalismus der begrifflichen Erkenntnis und Logik abgehoben hat.

Im oben skizzierten Sinne verstanden ist die Moderne charakterisiert durch das unweigerliche Auseinandertreten der antiken metaphysischen bzw. religiösen Weltbilder in drei Momenten, die nicht mehr zusammengehalten werden können, nämlich das Gute bzw. die Moral, das Wahre bzw. die Wissenschaft und das Schöne bzw. die Kunst. So betrachtet ist die Moderne durch eine Art Polyteismus gekennzeichnet, der uns wissen läßt, "...daß etwas heilig sein kann nicht nur: obwohl es nicht schön ist, sondern **weil** und **insofern** es nicht schön ist[...] und daß etwas schön sein kann nicht nur: obwohl, sondern: in dem worin es nicht gut ist, das wissen wir seit Nietzsche wieder, und vorher finden Sie es gestaltet in den **Fleurs du mal**, wie Baudelaire seinen Gedichtband nannte; -und eine Alltagsweisheit ist es, daß etwas wahr sein kann, obwohl und indem es nicht schön, und nicht heilig und nicht gut ist. Aber das sind nur die elementarsten Fälle dieses Kampfes der Götter der einzelnen Ordnungen und Werte...Es ist wie in der alten, noch nicht von ihren Göttern und Dämonen entzauberten Welt, nur in anderem Sinne: wie der Hellene einmal der Aphrodite opferte und dann dem Apollon und vor allem jeder den Göttern seiner Stadt, so ist es, entzaubert und entkleidet der mytischen, aber innerlich wahren Plastik jenes Verhaltens, noch heute. Und über diesen Göttern und in ihrem Kampf waltet das Schicksal, aber gewiß keine 'Wissenschaft'"[56]. Innerhalb dieses umfassenden Prozeßes muß so die bereits in der Reinassance eintretende Autonomisierung der Kunst verstanden werden, infolge deren Literatur, bildende Kunst und Musik sich als ein Bereich konstituieren und unter Abwendung von deren höfischen bzw. sakralen Verbindungen sich als etwas Autonomes institutionalisieren. Eben hier setzen sowohl die künstlerischen Ansätze eines extrem ästhetizierten Bewußtseins -so wie sie unter dem Motto **l'art pour l'art** beispielsweise zum Ausdruck kommen- und dessen Rebellionsversuche gegen das überlieferte Kunstverständnis,

---

[55] Adorno,ÄT,41.

[56] Weber,"Wissenschaft als Beruf" (1919),603-604.

der etablierten Moral und in Extremfällen gegen das Bestehende überhaupt[57], als auch dessen Plädoyer für eine ästhetische Gestaltung des Lebens bzw. der Gesellschaft, genauso wie die Anfänge einer radikalen Reflexion der Kunst über ihre eigenen Mittel und Verfahren, also über sich selbst[58] und über ihre Beziehungen zu anderen Künstgattungen[59] ein. Im Bereich der Literatur führt diese Autonomisierung der Kunst unter anderem zu einer Poesieauffassung, wonach sich die Sprache, mit der die Poesie arbeitet bzw. experimentiert, von jeder Art Repräsentation der Wirklichkeit loslöst. Hier geht es also nicht mehr darum, die Art der Verbindung zwischen dem Zeichen und dessen Bedeutung in der äußerlichen Welt zu untersuchen. Dies bedeutet eine Abwendung von der Kategorie der Repräsentation, wonach die Zeichen etwas außerhalb ihrer selbst, also in der Welt, vorstellen müßten. Vielmehr handelt es sich hier um eine Literatur- bzw. Sprachauffassung, in der die Sprache weder auf die Welt bzw. auf die Natur noch auf das Subjekt bzw. auf den Autor bezogen ist. Hier stehen wir also vor einer Literatur bzw. Sprachkonzeption, die für sich selbst in einem Schreibakt auftaucht, der nichts anders als sich selbst bezeichnet. Dem Dichter kommt es darauf an, sprachliche Gebilde hervorzubringen, die nicht mehr auf die Bedeutung der Wörter angewiesen sind. So hatte Mallarmé beispielsweise von einem **Wortklavier** gesprochen. Dadurch erhält die dichterische Sprache den Charakter eines Experiments, in dem der Sinn nicht so sehr als etwas zu verstehen ist, das im voraus geplant ist, sondern vielmehr als etwas, das erst im Gedicht selbst durch die Bewegung der Wörter und deren Beziehungen zueinander erzeugt wird. Dabei treten die herkömmlichen Wörter in ungewohnten Bedeutungen auf. So wird die Sprache dunkel, kryptisch, verschlüsselt. Sie nennt nicht direkt die Gegenstände. Diese werden vielmehr suggeriert, d.h. aus dem bloß durch das poetische Wort hergestellten Zusammenhang evoziert, wobei sich diese Absenz der Dinge als Voraussetzung für die Epiphanie ihrer Idee in der

---

[57] Hier braucht man bloß an die Figur des Dichters als Genies und Führers zu denken, der jenseits vom Wahren und Falschen, vom Guten und Bösen situiert ist, die Grenzen der normalen etablierten Gesellschaft überschreitet und sogar gegen sie Verstoß begeht. Dem gelegentlich mit visionärer Gewalt ausgestateten Genie wird die Kraft bzw. das Recht zugesprochen, jede Regel -sowohl im künstlerischen, als auch im sozialen Bereich- zu brechen.

[58] Es sei hier auf den Satz zu verweisen, mit dem Adorno seine **Ästhetische Theorie** anfängt:

"Zur Selbstverständlichkeit wurde, daß nichts, was die Kunst betrifft, mehr selbsverständlich ist, weder in ihr, noch im Verhältnis zum Ganzen, nicht einmal ihr Existenzrecht" (Adorno,ÄT,9).

[59] Dazu bemerkt H. Friedrich, daß bereits bei den **Salons** Diderots eine Würdigung der Malerei anzutreffen ist. So hatte er einen Vergleich zwischen dem Verhältnis des Tons zum Vers in der Dichtung und der Beziehung von der Farbe zum Bild in der Malerei gemacht. Diese Gemeinsamkeit charakterisierte er als eine **rhytmische Magie**, die Ohr, Auge und Phantasie zugleich trifft. Diese Vernetzung zwischen Dichtung, Reflexion über die Dichtung und über die Beziehungen derselben zu anderen Kunstgattungen - in diesem

Sprache durch das poetische Wort erweist. Wie Friedrich am Beispiel Mallarmés treffend sagt, die Dichtung will bei ihm der einzige Ort sein, an dem sich das Absolute und die Sprache einander begegnen können[60]. In diesem Aufeinandertreffen der Sprache und des Absoluten wird jene auf die Materialität -auf den Schrei, auf den Körper oder auf das Fleisch- auf das absolute Andere und dessen Grenzerfahrungen -auf das Groteske, das Häßliche, den Wahnsinn, das Unbekannte, das Ungedachte überhaupt- auf das Fragmentarische oder sogar auf das Schweigen -vielleicht eine Metapher für den Ursprung oder für den Tod- zurückverwiesen, und zwar in einer Bewegung, innerhalb deren -und unter Abwendung jeder Art mimetischer Nachahmug der Natur- die Bezogenheit der Sprache sowohl auf die Welt als auch auf das Subjekt derart verschwunden sind, daß das Sein der Sprache an den Grenzen der abendländischen Kultur und in ihrem Herzen ohne Anfang, ohne Endpunkt und ohne Verheißung erneut glänzen kann[61]. Hier sieht es also so aus, als ob der Sprache die Aufgabe zugewiesen worden wäre, die **Eternité** im **fugitiv** wieder zu schaffen. Hier nimmt ihren Ausgangspunkt eine umfangreiche Bewegung, die die Grundlagen der bis dahin bekannten Kunst hinsichtlich deren Formen, Mittel, Funktionen und Ausdruckweisen tief erschüttert hat.

Was oben zur Literatur bzw. Poesie gesagt worden ist, trifft auf die moderne Kunst überhaupt zu. Die gegenstandlose Kunst, die atonale Musik Alban Bergs und Arnold Schönbergs, die abstrakte Malerei von Kandinski, die kubistische Formzersplitterung von Picasso und Juan Gris, die Auflösung des naiven Ich-Erzählers bei James Joyce und Marcel Proust, das in einer Analogie zu Gott den Vorgängen zusieht und zum Audruck bringt, die Brechung des selbstverständlichen Flußes der Melodie, der Einheit einer Bildvorstellung, der beschreibenden Haltung im lyrischen Gedicht, der Abkehr von der illusionistischen Bühne des Naturalismus im Theater, also die Revolution der modernen Kunst überhaupt, die gegen Anfang des XX. Jahrhunderts einsetzte, haben eine radikale Herausforderung an die philosophische Ästhetik dargestellt. Hier scheinen Willkür und Experimentiersucht zu herrschen und jede Verständnismöglichkeit abgewiesen zu sein. Die Interpretation, die der Künstler zu dessen eigenem Werk anbietet, gibt auch keinen richtigen Zugang zu ihm. Die alten ästhetischen Begriffe, unter denen man das Wesen der Kunst bis dahin verstanden hatte, erweisen sich nun hinsichtlich ihrer Gültigkeit als unzureichend. So ist beispielsweise mit den Begriffen der

---

Fall zur Malerei- ist bei Baudelaire beispielsweise wieder zu finden und kommt bei den modernen Dichtern beispielsweise immer vor (Vgl., Friedrich, 1956,26 ff.).

[60]Vgl., Friedrich,1956,96.

[61]Vgl., Foucault, 1966,77.

Nachahmung (gr. μίμησις, imitatio als lateinische Übersetzung durch die Vermittlung Ciceros) und des **Ausdrucks** (lat. **expressio**) geschehen. Den Begriff **Mimesis** hatte Plato aus der Musikästhetik des V Jahrhundert übernommen[62]. Im X Buch von **Politeia** hatte er seine berühmte Dichterkritik mit Hilfe des Mimesisbegriffs geübt. Demzufolge waren alle Künste (τεχναι) des Menschen als Nachahmung von Vorgängen in der Natur zu verstehen. So waren die Dichtung und alle anderen Künste als bloße Nachahmungen dritten Ranges der Ideen einzustufen, die Nachahmung selbst als Negativum zur μεθέξις abzutun und die Dichter bzw. die Dichtkunst zu degradieren[63]. Dem Begriff der **Mimesis** begegnen wir ebenfalls bei Aristoteles. Die Mimesis ist bei ihm nicht mit einem bloßen Kopieren des Äußeren der Natur und auch nicht mit der Darstellung der individuellen Züge eines Menschen zu verwechseln. Aristoteles zufolge ist es ein natürlicher Drang des Menschen, nachzuahmen. Demnach gibt es eine natürliche Freude des Menschen am Nachahmen. Diese Freude wiederum ist aber zugleich eine Freude am Wiedererkennen. Dieses Wiedererkennen, in der mit dem Wiedererkennen die Selbsterkenntnis und damit die Vertrautheit mit der Welt tiefer werden, macht den großen Antrieb in allem mimischen Verhalten und Darstellen aus. Nach Aristoteles hat dieses Wiedererkennen zur Voraussetzung, daß eine verbindende Tratition besteht, in der sich alle verstehen und in der sie sich begegnen. So konzipiert begegnet uns das Mimetische vor allem im Theater oder in kultischen Festen, sei es mit Mitleid oder mit Furcht. Die Objekte der Mimesis sind die Charaktere ($\tilde{\eta}\vartheta\eta$), die Erfahrungen ($\pi\acute{a}\vartheta\eta$) und die Handlungen ($\pi\rho\tilde{a}\xi\varepsilon\iota\varsigma$) von Personen. Die Mittel, die zur Mimesis zur Verfügung stehen, sind das Wort (λόγοσ), die Harmonie (ἁρμονία) und der Rhytmus ($\acute{\rho}\upsilon\vartheta\mu\acute{o}\varsigma$)[64]. Ein Begriff antiken Ursprungs, der Mimesisbegriff erreichte seinen hohen Punkt in der Ästhetik des französischen Klassizismus des XVII. und frühen XVIII. Jahrhunderts (Boileau) und wirkte von dort aus in den deutschen Klassizismus (Gottsched) hinein. Dabei wurde der Lehre von der Kunst als Nachahmung der Natur eine wesentliche Rolle zuerkannt. Demzufolge treten im vollendeten Kunstwerk die Naturgestalten selber in ihrer reinsten Erscheinung vor dessen Zuschauer. So verstanden ist der Begriff der **Nachahmung** (**Mímesis**) aber nicht ausreichend für das Verständnis moderner Kunst, die sich, wie im Fall der gegenstandslosen Malerei, radikal von jeglicher Nachahmung der Natur abkehrt.

---

[62]Vgl., zum folgenden: Koller,1954 und Auerbach,1952.

[63]Vgl., Plato, **Politeia**, 597b-598d.

[64]Vgl., Aristoteles, **Poetik**, 1447a22-1449b26.

Der Begriff des **Ausdrucks** seinerseits profilierte sich zuerst gegen den Begriff der Nachahmung und setzte sich dann im Laufe des XVIII Jahrhundert insbesondere in der Musikästhetik durch. Mittels dieses Begriffs versuchte man, das Kunstwerk als eine Art sinnliche Erscheinung innerer, psychischer oder geistiger Vorgänge, als Objektivation der Erlebnisse bzw. Erfahrungen des Künstlers zu verstehen und gegen den Hintergrund dessen Ausdruckskraft zu legitimieren[65]. Die traditionelle Ästhetik, die auf Begriffe wie Nachahmung oder Ausdruck basiert, sieht sich hinsichtlich der modernen Kunst mit unüberwindbaren Schwierigkeiten konfrontiert. Wie bereits oben gesagt, hat die durch die moderne Kunst betriebene Form- und Einheitszertrümmerung ebenfalls alle jene ästhetischen Ansätze in Frage gestellt, die die Kunst als Darstellung einer idealisierten Naturgestalt oder als Repräsentation einer expressiv sich entladende Innerlichkeit auffassen [66]. Andere Leitbegriffe der Ästhetik sind auch zerbrochen oder mindestens radikal bezweifelt worden infolge der durch die moderne Kunst hervorgebrachten Revolution. Darunter gibt es einen Begriff, dessen Behandlung für die Zwecke unserer Reflexion besonders wichtig ist, nämlich den **Werk**begriff.

§2.2. Die Aporien der Werkästhetik vor der modernen Kunst.

Aristoteles hat einen Unterschied gemacht zwischen dem Gegenstandbereich apodiktischer Wissenschaften, der sich "so und nicht anders verhält" und der Sphäre, die sich "so und auch anders" verhalten kann. Dieser letzten Sphäre sind ποίησις und πρᾶξις zuzuordnen[67]. **Hervorbringen (Poiesis)** und **Handeln (Praxis)** sind Aristoteles zufolge insofern voneinander verschieden, als das erste ein hervorbringendes Verhalten aufgrund richtiger Planung und Berechnung (ἕξις μετά λόγου ἀληθοῦς ποιητική) ist, das zweite aber ein praktisches Verhalten

---

[65]Diese Richtung scheinen mir, schon im XX. Jahrhundert einige Reflexionen wie die von R.G. Collingwood und B. Croce geschlagen zu haben (Vgl., Collingwood, 1938 und Croce, 1902).

[66]Vgl., zum oben Gesagten: Gadamer,1967,SS. 25 uff.

[67]Vgl., Aristoteles, **Nikomachische Ethik**, 1139b 20 uff.

aufgrund richtiger Überlegung (ἕξις μετά λόγου ἀλετθοῦς...πρακτική) auf menschliche Güter der Lebensführung. Während das Handeln (Πρᾶξις) mit der Sphäre der Tugend zu tun hat, macht das Hervorbringen (Ποίεσις) den Bereich aus, wo der Kunst (gr. τέκνη, lat. **ars,** eng. **art,** fr., ital. und sp. **arte**) anzusiedeln ist. Als Hervorbringung betrachtet, zeichnet die Kunst sich im Rahmen dieser Auffasung dadurch aus, daß sie ein Produkt hinterläßt -so wie beispielsweise der Maler ein Gemälde oder der Bildhauer eine Skulptur hinterlassen. Das Hervorbringen, die Fähigkeit zur Hervorbringung, die nötigen technischen Anleitungen zur Hervorbringung und das infolge dieser Hervorbringung als deren Resultat produzierte Werk bestimmen also das Feld, wo sich das aristotelische Verständinis der Kunst artikuliert[68].

In einer Gedankenlinie, die direkt oder indirekt letztlich auf eine aristotelesierende Auffassung zurückführt, wird das **Kunstwerk** (gr. ἔργον, lat. **artificium, opus,** ital. **artificio, opera d'arte,** fr. **oeuvre d'art,** eng. **work of art,** sp. **obra de arte**) als ein technisch Hergestelltes, eine Art zweite Wirklichkeit verstanden, in der die Natur nachgeahmt wird. Ein derartiger Ansatz hat sich durch einen beträchtlichen Teil der Reflexion über die Kunst im Abendland durchgezogen. So begegnen wir diesem Gedanken in Verbindung mit der christlichen Schöpfungstheologie in den mittelalterlichen Überlegungen zur Kunst. Im **Alten Testament** wird der Mensch in seiner Beziehung zu Gott als Schöpfer angesehen, dem der Mensch Gehorsam schuldet. Dieser letzte ist Gottes Abbild (**Gen.**, 1,27) und in gewissem Sinn Herr der übrigen Schöpfung (**Gen.**, 1,26; **Ps.**,8,7 uff.). Die Schöpfung bringt also zum Ausdruck die Unausweichlichkeit der Gottbezogenheit des Menschen. Der Schöpfungsbericht (**Gen.**, 1,26) spricht aber zugleich davon, daß sich der Mensch, als Gottes Ebbenbild betrachtet, durch einige Eigenschaften ebenfalls auszeichnet, die wiederum Gott charakterisieren. Insbesondere wären die Schilderungen von Gott als dem bewußten, selbstmächtigen und sich selbst entscheidenden Willen hervorzuheben. Diese Charakteristika würden auf dessen Geschöpf quasi übertragen. So sei der Mensch ausgezeichnet durch die Willensfreiheit, die ihm ermöglichen würde, dem Drängen der Sünde auf der Ebene des moralischen Verhaltens beispielsweise zu widerstehen oder, und dies hat mit unserer Überlegung zur Kunst zu tun, ähnlich wie Gott eine Art "zweite" Wirklichkeit durch dessen schöpferische Tätigkeit hervorzubringen. Innerhalb dieses theologischen Rahmen ist es leicht zu verstehen, wie das Verhältnis des künstlerischen Geistes sowohl zu seinen inneren Vorstellungen als auch zu seinen äußeren Werken in eine parallele Beziehung gesetzt wird, zum Verhältnis des göttlichen Intellekts zu seinen inneren Ideen bzw. zur von ihm geschaffenen Welt. "So hat in der Tat die mittelalterliche Philosophie", sagt

---

[68]Vgl. Aristoteles, **Physik**, 194a 21 und **Poetik**,4.

Panofsky zu Recht, "den künstlerischen Schaffensvorgang dargestellt -nicht freilich, als ob sie durch den Vergleich des Künstlers mit dem **"deus artifex"** oder **"deus pictor"** der Kunst eine Ehre erweisen wollte, als vielmehr, um dadurch das Verständnis für das Wesen und Wirken des göttlichen Geistes zu erleichtern, oder, in selteneren Fällen, die Auflösung anderer theologischer Fragen möglich zu machen"[69].

Es gibt Faktoren, die unter anderem durch die Umkehrung in der Lehre der Rolle des Menschen in der Schöpfung im alttestamentarischen Ursprungsmythus -wonach dem Mensch eine Teilnahme an der Schöpfungsarbeit Gottes als deren Mitschöpfer und Vollender zugeschrieben wird, so daß sich die Kunst z.B. als Spielraum schöpferischer Tätigkeit und als eine Art Paradigma der Schaffung einer menschlichen Welt erweisen kann- zu einem neuen Kunstverständnisses führen, in dem das Werk des Künstlers nicht so sehr als bloß nachgeahmte Natur, sondern vielmehr als eine Art von zweiter Weltschöpfung konzipiert wird. Solche Ideen können bei Denker wie Giovanni Pico della Mirandola angetroffen werden. In seiner Rede **De hominis dignitate** (1486) wird die Idee dargestellt, daß Gott selbst dem Menschen die Freiheit gänzlicher Selbstbestimmung läßt. Pico della Mirandola zufolge charakterisieren sich alle anderen Geschöpfe eben dadurch, daß sie ein göttliches Gesetz in sich tragen und sich demgemäß verhalten. Im Unterschied dazu ist der Mensch als einziger ohne Gesetz geschaffen. Damit wird er zum Schöpfer seiner selbst[70]. Auf die Ebene der Kunst

---

[69]Panofsky,1959,20.

[70]Die für uns relevante Stelle an dieser Rede lautet wie folgt:

> "Schon hatte Gottvater, der höchste Baumeister (**summus Pater architectus Deus**), dieses Haus, die Welt, die wir sehen, als erhabensten Tempel der Gottheit nach den Gesetzen verborgener Weisheit errichtet [...] Aber als das Werk (**opere**) vollendet war, wünschte der Meister (**artifex**), es gäbe jemanden, der die Gesetzmäßigkeit eines so großen Werkes genau erwöge, seine Schönheit liebte und seine Größe Bewunderte. daher dachte er, als schon alle Dinge (wie Moses und Timaios bezeugen) vollendet waren, zuletzt an die Erschaffung des Menschen [...]"

Und weiter unten:

> "Also war er zufrieden mit dem Menschen als einem Geschöpf von unbestimmter Gestalt, stellte ihn in die Mitte der Welt und sprach ihn so an: 'Wir haben dir keinen festen Wohnsitz gegeben, Adam, kein eigenes Aussehen noch irgendeine besondere Gabe, damit du den Wohnsitz, das Aussehen und die Gaben, die du selbst dir aussiehst, entsprechend deinem Wunsch und Entschluß habest und besitzest. Die Natur der übrigen Geschöpfe ist fest bestimmt und wird innerhalb von uns vorgeschriebener Gesetze begrenzt. Du sollst dir deine ohne jede Einschränkung und Enge, nach deinem Ermessen,

übertragen bedeutet dies, daß der Künstler mit der Fähigkeit ausgestattet ist, von sich aus eine Art Synthesis des objektiv Gegebenen zu vollziehen und auf diese Weise die Wirklichkeit zur Idee umzubilden. Dabei bedarf er nicht jener a priori gültigen bzw. empirisch begründeten Regeln -z.B. der mathematischen Gesetze oder der Zeugnisse der Autorität antiker Schriftsteller. Vielmehr ist es sein Recht und sogar seine Pflicht, aus eigener Kraft die "**perfetta cognizione dell'obietto intelligibile**" zu erwerben[71]. So findet man später bei Giordano Bruno die Auffassung, daß allein der Künstler Urheber der Regeln sei, und wahre Regeln überhaupt nur insofern und nur in solcher Anzahl existierten, als es wahre Künstler gebe[72]. So ist es verständlich, wie der Künstler in der Renaissance zu einer Art **alter Deus** wird (so hat z.B. Scaliger den Dichter geschätzt, der als **alter deus** eine **natura altera** begründet) innerhalb einer Auffasung, die die Renaissancepoetik prägt und deren Auswirkungen bis ins 18. Jahrhundert hinein kommen -und in diesem Sinne wäre der Geniebegriff zu verstehen[73].

---

dem ich dir anvertraut habe, selber bestimmen. Ich habe dich in die Mitte der Welt gestellt, damit du dich von dort aus bequemer umsehen kannst, was es auf der Welt gibt. Weder haben wir dich himmlisch noch irdisch, weder sterblich noch unsterblich geschaffen, damit du wie dein eigener, in Ehre frei entscheidender, schöpferischer Bildhauer (**quasi arbitrarius honorariusque plastes et fictor**) dich selbst zu der Gestalt ausformst, die du bevorzugst. Du kannst zum Niedrigeren, zum Tierischen entarten; du kannst aber auch zum Höheren, zum Göttlichen wiedergeboren werden, wenn deine Seele es beschließt (**poteris in superiora quae sunt divina ex tui animi sententia regenerari**)" (Pico della Mirandola, **De hominis dignitate**,4 uff.).

[71]Vgl., Panofsky,1959,23 uff.

[72]So z.B. an der folgenden Stelle:

"Cicada: Es ist so, daß Homer in seiner Gattung kein der Regeln anhängender Dichter war sondern Ursache der Regeln (**non fu poeta che pendesse da regole, ma è causa delle regole**), die nun jene dienen, die besser zum Nachahmen (**imitare**) als zum Erfinden (**inventare**) geeignet sind [...]

Tansillo: Deine Folgerungen sind richtig: die Poesie wird nicht aus den Regeln geboren (**la poesie non nasce da le regole**) -von unbedeutenden Ausnahmen abgesehen- sondern die Regeln werden aus der Poesie genommen [...]" (Giordano Bruno, **Eroici Furori**, I,1).

Allerdings gehört diese Betonnung der künstlerischen Genialität mit einem "Ideal"-Begriff zusammen. Dabei wird der Widerspruch aufgelöst zwischen Genie und Regel bzw. Genie und Natur. Die zu dieser Epoche betriebene Umdeutug des Begriffs "Idee" versöhnt diese Gegensätze, so daß die Freiheit des künstlerischen Geistes und die Natur, zu der jener sich in dessen künstlerischer Tätigkeit nachahmend und dennoch verbessernd verhält, in ihrer Komplementarität zusammen gedacht werden können (Vgl., Panofsky,1959,25 uff.).

[73]Vgl., Blumenberg, H. 1981.

Es ist in der deutschen Philosophie des XIX. Jahrhunderts die Auffassung anzutreffen, derzufolge in der Kunst die Forderung ausgesprochen ist, daß die Idee und ihre Gestaltung als konkrete Wirklichkeit einander vollendet adäquat gemacht sind. Diesbezüglich ist **Hegel** zu erwähnen. Nach der Auffassung Hegels ist die Kunst eine Vermittlung von Innen und Außen, also eine vom Geist vollzogene Versöhnung von Gegensätzen. Die Kunst aber steht nach Hegel unter Religion und Philosophie. Die Kunst, sagt er, ist "...erst wahrhafte Kunst und löst dann ihre **höchste** Aufgabe, wenn sie sich in den gemeinschaftlichen Kreis mit der Religion und Philosophie gestellt hat und nur eine Art und Weise ist, das **Göttliche**, die tiefsten Interessen des Menschen, die umfassendsten Wahrheiten des Geistes zum Bewußtsein zu bringen und auszusprechen"[74]. In den Kunstwerken wird also "das Höchste sinnlich dargestellt" und wird den Sinnen und den Empfindungen nähergebracht[75]. Kunst ist "...das erste versöhnende Mittelglied, zwischen dem bloß Äußerlichen, Sinnlichen und Vergänglichen und dem reinen Gedanken, zwischen der Natur und endlichen Wirklichkeit, und der unendlichen Freiheit des begreifenden Denkens"[76]. Ähnlich wie Religion und Philosophie gehört die Kunst also zum Bereich des absoluten Geistes. Ihre Zugehörigkeit zu der Sphäre des absoluten Geistes basiert auf deren Bezogenheit auf die Idee der Schönheit. Das Schöne ist laut Hegel ein sinnliches Scheinen der Idee. Der eigentliche Inhalt, das Wesen der Kunst kann nach Hegel nur in bezug auf die Idee als deren sinnlicher Schein erfaßt werden. Kunst gilt als die unmittelbare Erscheinungsform des absoluten Geistes. "Doch der **Schein** selbst" sagt Hegel "ist dem **Wesen** wesentlich, die Wahrheit wäre nicht, wenn sie nicht schiene und erschiene [...] Deshalb kann nicht das **Scheinen** im allgemeinen, sondern nur die besondere Art und Weise des Scheins, in welchem die Kunst dem in sich selbst Wahrhaftigen Wirklichkeit gibt, ein Gegenstand des Vorwurfs werden"[77]. Der Unterschied zwischen Kunst und Philosophie bezieht sich also auf das Modus des Auftretens jenes gemeinsamen geistigen Wesens, das Kunst, Religion und Philosophie gemeinsam charakterisiert. Anders als Religion und Philosophie aber bleibt die Kunst der Welt der Äußerlichkeit verhaftet, an Materie gebunden. Ihre Werke sind individuell, singulär und insofern endlich. Kunst leistet im Äußeren, in anschaulicher Weise, jene Vermittlung zwischen Außen und Innen, Form und Materie, Realität und Begriff, Subjekt und Objekt, die erst die Philosophie begrifflich ausarbeitet und konzeptuell erklärt.

---

[74] Hegel,Ästhetik,I,21.

[75] Hegel,Ästhetik,I,21.

[76] Hegel,Ästhetik,I,21.

[77] Hegel,Ästhetik,I,21.

Anders als Hegel hat **Schelling** versucht, nicht nur die Begründung der Ästhetik als selbständige Disziplin bis zu Ende zu führen, sondern auch dieser Wissenschaft die höchsten Ansprüche auf Wahrheit zu überlassen. Bei ihm übernimmt die Kunst die Aufgabe, eine jenseits der begrenzten theoretischen Ansprüche der modernen Naturwissenschaften liegende Wahrheit und eine Natur, die durch die für die Moderne bestimmende Wende zur Subjektivitätsphilosophie an Bedeutung verloren hätten, auf eine ästhetische Weise wieder zurückzugewinnen. Im Gegensatz zu Hegel spricht Schelling der Kunst einen Vorrang über das begriffliche Denken zu, hinsichtlich der Frage, wie das Absolute zu erfassen sei. Wie man weiß, hatte Schelling in seiner Indentitätsphilosophie Natur und Geist auf einen gemeinsamen Ursprung zurückführen wollen, der beide Sphären umgreift und zugleich an sich selbst gegen deren Scheidung indifferent bleibt. Die von der Philosophie postulierte Einheit von Natur und Geist wird eben im Kunstwerk bewiesen. Die Philosophie stellt, oder, genauer gesagt, postuliert eine Aufgabe -nämlich die Vereinigung von Natur und Geist zu vollziehen- wozu sie eigentlich keine Lösung anbieten darf. Diese Lösung wird nur durch die Kunst erbracht. Darin werden bewußte und unbewußte Tätigkeiten bzw. das Unbegreifliche mit dem Begrifflich-Bewußten vereinigt. In der "ästhetischen Welt", in der "idealischen Welt der Kunst" wird "beurkundet, was die Philosophie äußerlich nicht darstellen kann, nämlich das Bewußtlose im Handeln und Produzieren und seine ursprüngliche Identität mit dem Bewußten"[78]. Religion und Philosophie werden nicht mehr der Kunst übergeordnet. Erst und allein die Kunst bringt jene Möglichkeit zur Verwirklichung so, daß Innen und Außen zu einer Einheit zusammenkommen können. So wird die Kunst zu einem "Organon" und "Dokument" der Philosophie[79]. Bei Schelling wird die Kunst also nicht so sehr als besonderer Bereich des Seienden konzipiert, sondern eher "...als ein Vorbild dafür, wie Seiendes **überhaupt** hervorgeht und erkannt werden kann"[80]. Hier wird klar, daß das Interesse an der Kunst bei Schelling nicht ästhetisch bedingt ist. Eher wird sie hinsichtlich ihrer Wahrheitsfunktion betrachtet. Diese Funktion der Kunst bleibt so im Rahmen einer philosophischen, metaphysischen Fundierung. Deshalb ist die Kunst in einem philosophischen Gesamtentwurf geortet und auf eine ihr zugesprochene höhere Wahrheitsfunktion wesentlich bezogen.

---

[78]Schelling,STI, 627.

[79]Schelling,STI, 349 und 627.

[80]Jähnig,1966,I,9.

Bei **Schopenhauer** und **Nietzsche** wird der Kunst eine Entlastungsfunktion vom Druck einer gemäß dem Diktat der Vernunft errichteten Welt zugewiesen. Diese Entlastung kann entweder als eine Art Flucht aus der Misere einer nicht mehr als sinnhaft konzipierten Welt (Schopenhauer) oder als paradoxe Bejahung der Sinnlosigkeit der Welt im Ganzen (Nietzsche) aufgefaßt werden. So wird die Kunst als Gegenzug zur rationalen Weltansicht verstanden und im Rahmen einer radikalen Kritik bzw. einer Negierung der Vernunftmetaphysik begründet. "Nicht bloß die Philosophie, sondern auch die schönen Künste arbeiten im Grunde darauf hin, das Problem des Daseins zu lösen", sagt **Schopenhauer** in seinem Hauptwerk **Die Welt als Wille und Vorstellung**[81]. Ihm zufolge versagt die abstrakte und ernste Reflexion, wenn es darum geht, eine Antwort auf die Frage "Was ist das Leben?" anzubieten. Hingegen liefert jedes Kunstwerk eine Antwort darauf. "Ihre Antwort", sagt Schopenhauer, "ist daher nur ein flüchtiges Bild; nicht eine bleibende allgemeine Erkenntnis[82]. Nietzsche seinerseits unternimmt den Versuch, unter Rückgriff auf die Kunst die Welt zu rechtfertigen und auf diese Weise Kunst und Welt in einen Zusammenhang zu bringen. So hat **Die Geburt der Tragödie** sich zur Aufgabe gemacht, "...die Wissenschaft unter der Optik des Künstlers zu sehn, die Kunst aber unter der des Lebens"[83]. Hierbei steht die Überzeugung fest, daß "...nur als ästhetisches Phänomen das Dasein der Welt gerechtfertigt ist"[84]. Nietzsche zufolge eröffnet die Kunst den Weg zum "innersten Kern der Dinge". So ist die Kunst eine "zum Weiterleben verführende Ergänzung und Vollendung" des Daseins und deshalb kein "blosses Quietiv des Lebens", wie Schopenhauer es wollte, sondern "das große Stimulanz des Lebens", also Lebenssteigerung, wie Nietszche selbst es später sagen wird[85]. Hier wird der Kunst ebenfalls eine herausragende Rolle insofern zuerkannt, als sie eine über die Maßstäbe der Vernunft stehende Einsicht in die letzten Gründe bzw. Abgründe des Seins vermittelt.

Heidegger seinerseits hat die Ansicht vertreten, nach der die Kunst und nicht so sehr das begriffliche Denken einen wesentlichen Zugang zum Sein erschließen kann. Im Horizont der von ihm angestrebten Verwindung der abendländischen Metaphysik arbeitete Heidegger seine Grundansicht über die Kunst aus, wonach das Wesen der Kunst ein "Sich-ins-Werk-setzen der

---

[81] Schopenhauer,WWV,III,463.

[82] Ebd.

[83] Nietzsche,GT,14.

[84] Nietzsche,GT,17.

[85] Nietzsche,NF(Mai-Juni 1888),XIII,521.

Wahrheit des Seienden" sei[86]. Dazu sagt Heidegger selbst, daß genauso im Griechentum wie im Mittelalter: "Jedesmal brach eine neue und wesentliche Welt auf. Jedesmal mußte die Offenheit des Seienden durch die Fest-stellung der Wahrheit in die Gestalt, in das Seiende selbst, eingerichtet werden. Jedesmal geschah Unverborgenheit des Seienden. Sie setzt sich ins Werk, welches Setzen die Kunst vollbringt"[87]. Die Kunst läßt also die Wahrheit entspringen[88]. Das Wesen der Kunst ist also nicht mehr unter Rekurs auf Kategorien wie "Schein" und derartiges zu verstehen. Eher gilt es sie als ein Wahrheitsgeschehen aufzufassen. "Wahrheit" aber besagt bei Heidegger weder etwas Objektives noch etwas Subjektives, sondern vielmehr ein Grundgeschehen, dem alles Seiende unterliegt. Dieses Geschehen ist wiederum durch ein Spiel von Entbergung und Verbergung charakterisiert. In der Kunst zeigt sich unmittelbar also die unvordenkliche Wahrheit einer Zusammengehörigkeit von Entbergung und Verbergung. Demzufolge spielt sich im Kunstwerk etwas ab, das über die Grenzen einer bloß ästhetischen Betrachtung und Bewertung hinausginge. Dabei käme also diejenige Wahrheit zum Ausdruck, die sich den theoretischen Reflexionsmitteln der Wissenschaft entziehen würde, die also über die begrenzten Möglichkeiten der bewußten Reflexion hinausginge.

In eine ähnliche Richtung als die von Heidegger hat sich **Gadamer** darum bemüht, die Fundierung der Ästhetik auf der Subjektivität in Frage zu stellen oder, noch stärker gesagt, zu negieren. Gadamer geht es zunächst darum, die Kunst aus der Sphäre des Erlebnisses oder, noch genauer gesagt, der Subjektivitätsphilosophie herauszureißen. Entgegen der subjektivistischen Auffassung der neueren Ästhetik versucht Gadamer, das eigentliche Kunstgeschehen mit Hilfe des **Spiel**begriffs zu verstehen[89]. So entwickelt er eine Art Ontologie des Kunstwerks, wo dieses am Leitfaden des Spiels interpretiert wird. Hierin sind aber nicht so sehr die Spielenden, sondern eher das Spiel selbst von Bedeutung: "Hier wird der **Primat des Spieles gegenüber dem Bewußtsein des Spielenden** grundsätzlich anerkannt"[90]. Kunst als Spiel zu verstehen ist ähnlich wie bei Heidegger als ein Geschehen zu konzipieren, wo sowohl die Subjektivität des Betrachters und des Produzenten als auch die Objektivität des Kunstwerks im Rahmen eines umgreifenden Geschehens überwunden werden. Kunst offenbart auf diese

---

[86]Vgl., Heidegger,UK,65.

[87]Vgl., Heidegger, Ebd.

[88]Vgl., Ebd.

[89]Vgl., Gadamer,WM,107 uff.

[90]Vgl., Gadamer,WM,110.

Weise eine Wahrheit[91]. In ihr, "...in der Darstellung des Spieles, kommt heraus, was ist"[92]. In der Welt des Kunstwerks "erkennt ein jeder: so ist es". Dadurch entsteht zugleich eine Art Selbsterkenntnis des Zuschauers[93]. So bietet Gadamer letztlich eine hermeneutische Deutung der Kunst, innerhab deren sich die ästhetische Erfahrung ebenfalls als eine hermeneutische Erfahrung, also als eine Weise des Sich-Verstehens erweist. So wird die Ästhetik in der Hermeneutik gegründet, die den Weltbezug und den Subjektbezug im Verstehen innerhalb eines Horizonts zu artikulieren versucht und zugleich dem Sein einen Vorrang vor dem reflektierenden Bewußtsein zuspricht. Ähnlich wie bei Heidegger wird hierin die Kunst unter ein Wahrheitsgeschehen subsumiert.

Aus der Seite der kritischen Theorie wird die Kunst in deren direkten oder indirekten Beziehung zur Emanzipation bzw. zu einer nur augenblicklich erreichbaren Versöhnung betrachtet. So hat **Bloch** beispielsweise die Kunst als Darstellung des Ideals als schönen Schein konzipiert: "Jede gute Kunst freilich beendet in gestaltender Schöne ihre Stoffe" sagt er "trägt Dinge, Menschen, Konflikte in schönen Schein aus"[94]. Dieser Scheincharakter wird zugleich dialektisch als **Vor**schein auf die Wirklichkeit perspektivisch bezogen: "Wegen dieses Vor-Scheins ist auch die Kunst durchaus nicht ein Ganzes, sondern überall nur Perspektive darauf, eine in den dargestellten Gegenständen selber herausgearbeitete Perspektive auf die immanente Vollendung dieser Gegenstände"[95]. Das große Kunstwerk kann also als eine Art Chiffre verstanden werden: es ist ein noch nicht vewirklichtes Ideal; es bezeugt derart eine noch nicht realisierte Zukunft, daß in ihm das noch nicht Wirkliche zur Wirklichkeit drängt. So aufgefaßt ist die Kunst eine Art Transzendierung des Gegebenen in Richtung auf eine zu antizipierende Zukunft. Dieses utopische-antizipatorische Moment der Kunst ist deren wesentliches

---

[91]So fragt sich Gadamer:

"Soll in der Kunst keine Erkenntnis liegen? Liegt nicht in der Erfahrung der Kunst ein Anspruch auf Wahrheit, der von dem der Wissenschaft gewiß verschieden, aber ebenso gewiß ihm nicht unterlegen ist? Und ist nicht die Aufgabe der Ästhetik darin gelegen, eben das zu begründen, daß die Erfahrung der Kunst eine Erkenntnisweise eigener Art ist, gewiß verschieden von derjenigen Sinneserkenntnis, welche der Wissenschaft die letzten Daten vermittelt, aus denen sie die Erkenntnis der Natur aufbaut, gewiß auch verschieden von aller sittlichen Vernunfterkenntnis und überhaupt von aller begrifflichen Erkenntnis, aber doch Erkenntnis, daß heißt Vermittlung von Wahrheit" (Gadamer,WM,103).

[92]Vgl., Gadamer,WM,118-119.

[93]Vgl., Gadamer,WM,118-119.

[94]Bloch,PH,I, 242.

[95]Bloch,PH,II, 947.

Konstituens: "...jedes große Kunstwerk [ist] außer seinem manifesten Wesen, auch noch auf eine **Latenz der kommenden Seite** aufgetragen, soll heißen: auf die Inhalte einer Zukunft, die zu seiner Zeit noch nicht erschienen waren, ja letzhin auf die Inhalte eines noch unbekannten Endzustands"[96]. Kunst ist so als Vorschein und das große Kunstwerk als Abglanz, als ein Stern der Antizipation zu verstehen[97]. Von einer ontologischen Seite her gesehen wird in der Kunst die im Existierenden selbst angelegte Tendenz zum erhofften Endzustand der Geschichte ausgedrückt. Zugleich -und diesmal nicht ontologisch, sondern eher anthropologisch betrachtet- deuten die im Menschen auftauchenden Tagträume in Form von Hoffnungen, Wünsche, usw., darauf hin, daß der vorerst in den Kunstwerken ausgedrückte Schein zur Wirklichkeit kommen kann.

Ähnliche Überlegungen zur Kunst sind bei **Adorno** anzutreffen. Adorno und Horkheimer hatten sich in der **Dialektik der Aufklärung** (1944) zur Aufgabe gemacht, eine Analyse zu liefern, warum die Aufklärung nicht zur Emazipation des Menschen, sondern vielmehr zu einer neuen Art von Barbarei geführt hatte oder, anders gesagt, warum die Aufklärung in Mythologie zurückgefallen war[98]. Im Rahmen dieser Analyse wurde gezeigt, "wie die Unterwerfung alles Natürlichen unter das selbstherrliche Subjekt zuletzt gerade in der Herrschaft des blind Objektiven, Natürlichen gipfelt"[99]. Es ging also um das Umschlagen der aufklärerischen Vernunft in eine rationale Herrschaft, die die Naturbeherrschung zum leitenden und organisierenden Prinzip unter die Figuren der Berrechenbarkeit, Verfügbarkeit und Herrschaft gemacht hatte. In dieser wirkunsmächtigen Verwandlung war nach Adorno und Horkheimer der rationalen Begrifflichkeit eine entscheidende Rolle zuzuerkennen. Im Rahmen einer instrumentell verkürzten Rationalität waren das Besondere und Nicht-Identische mittels des begrifflichen Denkens ausgestoßen worden. Entgegen dieser intrumentellen Rationalität hat der spätere Adorno auf die Kraft des Mimetischen aufmerksam gemacht. Bei Adorno bezeichnet die Mimesis zunächst ein Verhältnis zur Natur, das der Logik der rationellen Herrschaft über sie entgeht und stattdessen an sie anzugleichen versucht. Hierin handelt es sich um eine Teilhabe an einem Geschehen, die sich der begreifenden Herrschaftbeziehung entgegensetzt und das Besondere und Nichtidentische wieder in ihr Recht setzt bzw. bewahrt. Diese mimetische Dimension war Adorno zufolge insbesondere im Bereich der Kunst aufzuzeigen: "Mimesis ist in

---

[96] Bloch,PH,I,110.

[97] Bloch,GU,151.

[98] Adorno/Horkheimer,DA,16 und 19.

[99] Adorno/Horkheimer,DA,22.

der Kunst das Vorgeistige, dem Geist Konträre und wiederum das, woran er entflammt. In den Kunstwerken ist der Geist zu ihrem Konstruktionsprinzip geworden, aber genügt seinem Telos nur dort, wo er aus dem zu Konstruierenden, den mimetischen Impulsen, aufsteigt, ihnen sich anschmiegt, anstatt daß er ihnen souverän zudiktiert würde"[100]. In den Kunstwerken wird also eine Überwindung der durch die technische Rationalität organisierten Welt vollzogen: "Darum entfalten sich die Werke, außer durch Interpretation und Kritik, auch durch Rettung: sie zielt auf die Wahrheit falschen Bewußtseins in der ästhetischen Erscheinung. Große Kunstwerke können nicht lügen"[101]. Die Kunstwerke erschließen einen Ort, an dem Setzung und Negation in ihrer Zusammengehörigkeit zusammenauftreten, und zwar auf eine Weise, die der theoretischen Reflexion, die immer dem identifikatorischen Denken verhaftet ist, zugesperrt bleibt. Der ästhetische Schein wird so zu einer Art Gegeninstanz zur Unwahrheit des Bestehenden. In der Kunst wird so eine Rettung durch den Schein vollzogen. Auf diese Weise entzieht die Kunst sich nach Adorno dem Verblendungszusammenhang des bestehenden Gesellschaftsverhätnisse und leistet eben dadurch einen Widerstand gegen das falsche Bewußtsein der verdinglichten Welt der technischen Rationalität. So könnte die Kunst ebenfalls eine Kritik am Bestehenden artikulieren und üben, die für die theoretische Reflexion nicht möglich ist. Ferener wird die Kunst als eine Art Chiffre des Anderen konzipiert, das sich in diskursiver Sprache nicht immer ausdrücken läßt. Hierzu kommt die philosophische Ästhetik zur Hilfe der Kunst. Diese braucht die "...Philosophie, die sie interpretiert, um zu sagen, was sie nicht sagen kann, während es doch nur von Kunst gesagt werden kann, indem sie es nicht sagt"[102]. Durch die Kunst könnte also die Wahrheit richtiger, nicht durch die Gewalt vermittelter, gesellschaftlicher Verhältnisse auf eine nicht mehr begriffliche, sondern vielmehr ästhetische Weise zum Ausdruck kommen. Ein Versprechen, das gebrochen werden kann, das scheint die Kunst zu sein: "Kunst ist das Versprechen des Glücks, das gebrochen wird"[103].

Die oben kurz angesprochenen Beispiele von Denkern und Philosophen in bezug auf deren Herangehensweise der ästhetischen Fragen zeigen, inwiefern die in der abendländischen Tradition herrschenden ästhetischen Reflexion dem **Werkbegriff** einen deutlichen Vorrang gegeben und zugleich das Kunstwerk als eine Art Träger der Wahrheit interpretiert hat. Damit ist zugleich die **Autonomie** der Kunst, die wie schon gesagt zur Moderne konstitutiv gehört,

---

[100] Adorno,ÄT,180.

[101] Adorno,ÄT,196.

[102] Adorno,ÄT,113.

[103] Adorno,ÄT,205.

wesentlich beeinträchtigt worden[104]. So haben wir gesehen, wie Hegel zum Beispiel die Kunst unter Religion und Philosophie stellt. Da wird die Kunst als sinnlicher Schein der Idee, der in anschaulicher Weise die Vermittlung zwischen Realität und Begriff, Subjekt und Objekt leistet, eine Vermittlung, die erst die Philosophie konzeptuell erklärt. Anders als Hegel wies Schelling der Kunst einen Vorrang über das begriffliche Denken zu, bezüglich der Frage nach der Erfaßbarkeit des Absoluten. Die von der Philosophie nur postulierte Einheit von Natur und Geist wird im Kunstwerk betrachtet. So wurde die Kunst zu einem "Organon" der Philosophie im Horizont einer eher metaphysischen Begründung. Schopenhauer und Nietzsche wiederum hoben die Rolle der Kunst hervor, um eine Kritik an einer gemäß der Vernunft errichteten Welt zu üben. Dabei haben sie der Kunst eine mehr oder weniger akzentuiert erschließende Kraft zu einer Einsicht in die letzten Gründe bzw. Abgründe des Seins zuerkannt. Heidegger seinerseits hat der Kunst eine privilegierte Rolle als welterschließende Kraft ebenfalls zugesprochen, wo die Kunst einen Vorrang vor dem begrifflichen Denken aufweist. Ähnlich hat Gadamer versucht, eine Art Ontologie des Kunstwerks am Leitfaden des Spielsbegriffs zu liefern, wo die Subjektivität des Betrachters und des Produzenten und zugleich die Objektivität des Kunstwerks in ihrer Zugehörigkeit zueinander im Rahmen eines umgreifenden Geschehens verschmolzen und integriert werden. Die ästhetische Erfahrung wird als eine hermeneutische Erfahrung aufgefaßt; die Ästhetik also in der Hermeneutik fundiert und die Kunst unter ein Wahrheitsgeschehen subsumiert. Bloch hat die Kunst in deren Bezogenheit auf die Emanzipation betrachtet. Der ästhetische Schein wird als Vorschein in Beziehung zu einer zu antizipierenden Zukunft gesetzt. Hierin wir die Kunst durch ein utopisches, antizipatorisches Moment wesentlich gekennzeichnet. Schließlich hat Adorno die mimetische Dimension der Kunst betont, mittels deren diese einen der theoretischen Reflexion gesperrten Ort erschließt, der sich wiederum der Logik der Herrschaft durch eine mit dem Mythos intim vernetzte aufklärerische Vernunft entziehen und so auf eine immer labile und nicht vollständig erreichbare Versöhnung hindeuten kann.

Man könnte also in all diesen kurz behandelten Ansätze zur ästhetischen Reflexion zwei wesentliche Bestandteile bzw. Hauptvoraussetzungen antreffen, die über diese Denker hinaus eine prägende und einflußreiche Rolle in der abendländischen Ästhetik gespielt haben. Diese zwei Bestandteile sind: erstens, die Unterwerfung der Kunst unter die Ansprüche der Philosophie bzw. eine Wahrheit, die sich nicht auf die theoretische Reflexion reduzieren läßt. Damit wird ebenfalls die Autonomie und Eigentümlichkeit der Kunst und der ästhetischen

---

[104]Vgl., §2.1. dieser Arbeit.

Reflexion als ein wesentlicher Zug und als eine entscheidende Leistung der Moderne übersehen; zweitens, der ständige Rekurs auf einen Kunstwerkbegriff als Träger der Wahrheit, der wiederum der wirklichen Entwicklung der modernen Kunst des 20. Jahrhunderts überhaupt nicht gerecht wird. Wie wir sehen werden, sind diese zwei Komponenten eng miteinander verknüpft.

Zur ersten Voraussetzung kann man sagen, daß im größten Teil der für die westliche Tradition prägende ästhetische Reflexion die Kunst auf die eine oder andere Weise den noch höheren Ansprüchen der Philosophie bzw. der Wahrheit unterliegt. Dabei werden aber weder die Kunst noch die Reflexion über sie **autonom** artikuliert und gedacht, sondern von vornherein von der Philosophie, von deren Aufgaben, Problemen und ihrer Terminologie derart vorbestimmt, daß Kunst und Ästhetik als **heteronom** betrachtet werden. Wir haben aber bereits gesehen, daß die Autonomie der Kunst eine Erscheinung der Moderne gewesen ist. Dies bedarf einer kurzen Erläuterung. Die Auffassung, wonach Kunst einen intrinsischen Wert hat und kein Mittel zu einem äußeren Zweck ist, ist bereits in der Antike bei Horaz anzutreffen[105]. Ähnlich bezeichnet es Lukian im II. Jahrhundert n. Chr. als alten Spruch, daß Dichter und Maler niemandem verantwortlich seien. Erst in der Renaissance begann die Verselbständigung der "schönen Künste", die sich allmählich von den nur nützlichen Künsten trennen. Dies geschieht innerhalb eines umfangreichen Prozeßes, in dem die Kunst sich von Kult und vom Sakralen ablöst und sich auf den Weg zu deren eigenen **Autonomie** macht[106]. Dies besagt, daß sich die Kunst nach und nach von den Forderungen und Gesetzen von anderen Bereichen wie Religion oder Moral loszulösen und als einen aus dem Zusammenhang der Lebenspraxis herausgelösten besonderen Bereich zu konstituieren anfängt. Die künstlerischen Ausdrücke, Leistungen und Werke, die zunächst im religiösen Kult als Kirchenschmuck, als ritueller Tanz oder Gesang, als Inszenierung heiliger Texte oder als Darstellung kultischer Grundereignisse, also im Sakralen integriert waren, beginnen sich unter den Bedingungen der zunächst höfisch-mäzenatischen und dann bürgerlichen Kunstproduktion zu verselbständigen. Losgebunden von der Religion und deren sakralen Charakter, allmählich befreit von den Zwängen der Darstellung der

---

[105] Die für uns relevante Stelle lautet wie folgt:

> "'Doch ja Malern wie Dichtern immer schon das denkbar Kühnste verstattet' (**pictoribus atque poetis quidlibet audendi semper fuit aequea potestas**). Ganz recht; und diese Freiheit erbitten wir, vergönnen wir uns wechselseitig"(Horaz,**Ars Poetica**,9 uff).

[106] Diese Lösung der Künste aus dem vorwiegend kirchlichen Bezug und ihre Neuformierung auf eine Laienkultur hin kann z.B. in der Entstehung des Individualporträts oder in den neuen musikalischen Formen beobachtet werden (Vgl.,Panofsky,1933).

höfischen Gesellschaft entfaltet die Kunst als besonderer Bereich ihre Eigensetzlichkeit innerhalb eines Prozeßes, der erst später in die Einrichtung des Kunstbetriebes mündet, der wiederum durch die Entstehung und Institutionalisierung eines kunstgenießenden Publikums und der Kunstkritik als eine Art vermittelnde Instanz zwischen Kunstproduzenten und - rezipienten charakterisiert wird und schließlich zu einem Punkt führt, wo die Prozesse und Mittel der Kunstherstellung reflexiver und die Verfahren der Kunst zum Thema der Kunst selbst werden[107]. In der Kunsterfahrung der Neuzeit wird die bereits erwähnte Emanzipation der ästhetischen Erfahrung, der Kunst und deren Reflexion durchgeführt; und zwar auf eine Weise, die sich von der platonischen Metaphysik des Schönen nachdrücklich abwendet. Die Vollendung dieses Bruchs zeigt sich, wie bereits oben gesehen, am schärfsten bei Baudelaire, der sich auf die berühmte, in letzter Konsequenz platonische, Doktrin von der unauflösbaren Einheit des Schönen, Wahren und Guten, als die von der nachromantischen Moderne unwiderruflich in die Vergangenheit verwiesene klassische Ästhetik bezieht[108]. Dabei wird es deutlich, inwiefern einerseits sich das Schöne der Kunst vom Wahren der Wissenschaft sowie vom Guten des praktischen Handelns abgelöst hat und andererseits auf welche Weise die ästhetische Erfahrung als **cognitio sensitiva** sich gegen den Rationalismus der begrifflichen Erkentnis bzw. der Logik abgehoben hat. Dieser Prozeß der Entstehung und Konsollidierung der Autonomie der Kunst wird also übersehen, wenn, wie in den oben erwähnten Reflexionen, die Kunst und die ästhetische Erfahrung unter einem Wahrheitsgeschehen, unter der emanzipierenden Utopie, also unter den vermütlich höheren Ansprüchen der Philosophie unterworfen werden. Derartige Reflexionen werden also der Eigentümlichkeit der Kunst in der

---

[107]Vgl., Bürger,1974,49 uff. Ähnlich hat Jürgen Habermas sich ausgesprochen:

> "Dieser Eigensinn des Ästhetischen, also das Objektivwerden der dezentrierten, sich selbst erfahrenden Subjektivität, das Ausscheren aus den Zeit-und Raumstrukturen des Alltags, der Bruch mit den Konventionen der Wahrnehmung und der Zwecktätigkeit, die Dialektik von Enthüllung und Schock, konnte erst mit der Geste des Modernismus als Bewußtsein der Moderne hervortreten, nachdem zwei weitere Bedingungen erfüllt waren. Das ist einmal die Institutionalisierung einer vom Markt abhängigen Kunstproduktion und eines durch Kritik vermittelten, zweckfreien Kunstgenusses; und zum anderen ein ästhetizistisches Selbstverständnis der Künstler, auch der Kritiker, die sich weniger als Anwalt des Publikums verstehen, sondern als Interpreten, die zum Prozeß der Kunstproduktion selbst gehören. Jetzt kann in Malerei und Literatur eine Bewegung einsetzen, die einige bereits in den Kunstkritiken Baudelaires vorweggenommen sehen: Farben, Linien, Laute, Bewegungen hören auf, primär der Darstellung zu dienen; die Medien der Darstellung und die Techniken der Herstellung avancieren selber zum ästhetischen Gegenstand. Und Adorno kann seine "**Ästhetische Theorie**" mit dem Satz beginnen: 'Zur Selbstverständlichkeit wurde, daß nichts, was die Kunst betrifft, mehr selbstverständlich ist...' "(Habermas,1980,456-457).

[108]Vgl., Baudelaire,**Théophile Gautier** in **Oeuvres Complètes**, S. 103 ff.

Moderne nicht gerecht. Dies führt uns zur zweiten Hauptvoraussetzung dieser Art ästhetischer Reflexionen.

In den oben angesprochenen Ansätzen zur Ästhetik -und, wie gesagt, dies taucht in der ästhetischen Reflexion überhaupt wiederholt auf- werden dem Kunstwerk bestimmte Aufgaben und Leistungen von der Philosophie zugeschrieben, so daß es als ontologischer Ort des Sich-Zeigens einer jenseits der theoretischen Reflexion stehenden Wahrheit verstanden wird. So sollte man H.R. Jauss rechtgeben, wenn er sagt, daß ein letztlich platonisches Erbteil sich in der Kunstphilosophie der Gegenwart ausdrückt, sofern man den Vorrang auf eine vermutete Wahrheit des Kunstwerks vor die ästhetische Erfahrung setzt[109]. Dieses platonische Erbteil läßt sich in der fundamentalen Entgegensetzung von Kunsterfahrung als Wahrheitsereignis und ästhetischem Bewußtsein als der sich selbst genießenden Subjektivität in Ansätzen wie denen von Heidegger und Gadamer beispielsweise deutlich finden. Hierbei werden dem Kunstwerk derartige Wahrheitsansprüche zugewiesen, daß es sich weder als ein bloßes Objekt der Natur noch als eine reine Äußerung des subjektiven Geistes erweist, sondern vielmehr als Träger einer Wahrheit, die sich nicht auf die logisch gefaßte Wahrheit der Aussagen reduzieren,

---

[109] H.R. Jauss vertritt die These, daß in Bezug auf die noch geltende und prägende platonische Kunstlehre die größten philosophischen Ausnahmen in der philosophischen Tradition in der Antike die aristotelische **Poetik**, in der Neuzeit Kants **Kritik der Urteilskraft** seien -jene als Lehre von Katharsis und diese als eindringliche Aufhellung der ästhetischen Wirkungen. Der Ansatz von Jauss besteht allerdings darin, die ästhetische Erfahrung als das Ergebnis von der Beteiligung drei verschiedener Instanzen, nämlich Autor, Werk und Publikum zu verstehen, wobei die beiden Seiten der Produktion und der Rezeption in ihrer Vermittlung durch den Prozeß der Kommunikation dargestellt und interpretiert werden müssen (Vgl.,Jauss,1991,17 ff.):

"Nicht das Allheilmittel perfekter Taxonomien, geschlossener Zeichensysteme und formalistischer Beschreibungsmodelle, sondern eine Historik, die von der produktiven Arbeit des Verstehens ausgeht, um das Werk aus seiner Wirkung und Rezeption, die Geschichte einer Kunst als Prozeß der Kommunikation zwischen Autor und Publikum, Vergangenheit und Gegenwart zu begreifen..." (Jauss,1991,20).

Indem sein ursprüngliches Ziel darin liegt, wieder die Sprachlichkeit menschlicher Welterfahrung und damit die Kommunikation als unerläßliche Bedingung des Sinnverstehens zur Geltung zu bringen, richtet sich der Versuch von Jauss sowohl gegen den für den Positivismus konstitutiven Objektivismus als auch gegen die der Komparatistik, die den Vergleich für sich selbst zu einer Art Hypostase erhoben hätte, gegen die Ästhetik der Negativität Richtung Adornos, und gegen eine vermutliche Metaphysik der **Ecriture**, die die kommunikative Seite der ästhetischen Erfahrung außer Betracht gelassen hat. In diesem letzten Sinne wären z.B. Jacques Derrida oder Roland Barthes zu benennen, der Jauss zufolge den "insularen Charakter" der einsamen Lektüre und den anarchistischen Aspekt der ästhetischen Lust abhebt und damit den Dialog zwischen Leser und Text außer Betracht gelassen oder überhaupt geleugnet hätten"...und damit auch die Makrostruktur der kommunikativen Lesesituation ausklammert, so daß sich der Leseprozeß auf die Wahrnehmung von Mikrostrukturen reduziert, bleibt dem Leser nunmehr eine passive, rein empfangende Rolle und fällt seine imaginierende, erprobende und bedeutungsstiftende Tätigkeit als Quelle des Vergnügens unter den Tisch" (Vgl.,Jauss,1991,80 ff.).

sondern als Offenheit, durch die das Seiende selbst anwesend sein, zum Erscheinen kommen kann, verstehen läßt. Ähnlich hält T. Adorno am Objektivationscharakter der Kunstwerke fest, und schreibt einigen von diesen einen Wahrheitsgehalt zu, der sich antithetisch zur Welt der instrumentellen Rationalität verhält. In all diesen philosophischen Bemühungen spielt die Kunstwerkkategorie eine zentrale Rolle. Die Kunstwerkkategorie selbst aber ist durch die wirkliche Entwicklung und Entfaltung der Kunst im 20. Jahrhundert heftig bestritten worden. Vor langer Zeit als ein wesentlicher Zug der traditionellen Bestimmung der Ästhetik betrachtet, ist der Werkbegriff durch den Aufbruch der modernen Kunstbewegungen im XIX. und XX. Jahrhundert in Frage gestellt worden. Dies bedarf einer kurzen Erläuterung.

Die europäischen Avantgardebewegungen sind vorerst durch den Impuls konstitutiv animiert, den Status der Kunst in der bürgerlichen Gesellschaft anzugreiffen. Hierbei wurde nicht so sehr eine voraufgegangene Ausprägung der Kunst, d.h. ein besonderer Stil oder eine gewisse Richtung in Frage gestellt. Vielmehr ging es den Avantgardisten darum, die Institution Kunst als eine von der Lebenswelt der Menschen abgehobene Sphäre zu attackieren, die individuelle Kunstproduktion und die davon getrennte Kunstrezeption zu negieren und von der Kunst aus eine neue Lebenspraxis zu organisieren[110], d.i., wie der mexikanische Essayist Octavio Paz bezüglich der surrealistischen Bewegung treffend gesagt hat, "...das Leben in Dichtung zu verwandeln"[111]. Infolge dieser Bewegungen wurden die Grenzen zwischen Kunst und Nicht-Kunst gelockert und der Kreis der Kunstproduzenten bzw. Kunstrezipienten wurde ebenfalls verschoben -so wurde z.B. die Figur des einzelnen Künstlers in Frage gestellt; zugleich war nicht nur eine Elite von gebildeten Kunstkennern durch die Kunst angesprochen, usw. In ihren extremen Manifestationen haben sich die Avantgardisten auf die Kunstwerkkategorie negativ bezogen. Damit wurde eine Kunstauffassung, die sich -wie oben bereits behandelt- seit der Renaissance herausgebildet hatte, radikal in Frage gestellt. Nach dieser Konzeption war die Kunst als Ergebnis eines individuellen Schaffens einmaliger, in sich geschlossener und vollendeter Werke zu verstehen. Man brauchte aber bloß an die zweifelhaften Gegenstände der Dada-Bewegung, an die Konstruktionen des Kubismus oder des Futurismus, an die Duchamps **Ready-mades**, an die Konfrontation des Betrachters mit dem **objet ambigu**, usw., zu denken, damit sich eine deutliche Tendenz erkennen ließe. Diese Tendenz zielte darauf ab, die traditionelle und gewöhnliche Werkeinheit -z.B. durch die Einbeziehung von Beständen der Umwelt ins Kunstwerk oder durch die Aufhebubg der Unterschiede zwischen Kunstwerk und

---

[110] Vgl., Bürger,1974.

[111] Paz,1956,320.

Objekten aus dem Alltagsleben und die daraus ergebene Nivellierung- zu überwinden und zu sprengen. Diesbezüglich könnte man einige Beispiele ästhetischer Phänomene bzw. Experimente erwähnen, die die Kunst des XX. Jahrhunderts seit den Avantgardebewegungen entschieden geprägt haben: die Zersetzung der Wirklichkeit durch den surrealistischen Humor; die surrealistischen Schockserfahrungen als Akte der Zersprengung der Werkeinheit; die Benutzung der Collage bei Künstler wie Man Ray oder Max Ernst als das Sammelfeld heterogener Realitätsbrüche; die Loslösung von den Strukturen und Bedingtheiten des herkömmlichen Romans, insbesondere vom allwissenden Erzähler und von einem von bestimmten Gestalten getragenen Handlungsverlauf im Roman des XX. Jahrhunderts ausgehend von Proust und Joyce bis hin zum französischen **Nouveau Roman**; die Wendung in der Literatur zum Dokumentarismus; die Auflösung der Grenze zwischen Bühne und Realität und damit die Verunklärung der Rollen von Schauspieler und Zuschauer im Theater Meyerholds oder Pirandellos; die Malerei Rauschenbergs oder Duchamps, in deren Bilder alles eindringen und als **Ready-Made** oder als **objet trouvé** Gegenstand künstlerischer Inszenierung werden kann; das Einbeziehen des Zufalls in der **Action-painting** Pollocks, wo die Farben nicht mehr auf die Leinwand aufgetragen, sondern eher gespritzt, geschleudert und geschoßen werden; die Relativierung des in sich geschlossenen und vollendeten Kunstwerkes durch den Prozeß dessen Produktion wie bei Picasso, bei dem die Bilder gelegentlich zu keinem fertigen, endgültigen Bild führen, sondern nur als vorübergehende Momente eines endlosen Kreationsprozeßes gelten; die Benutzung des Tonbandes und der Kamera zur puren Reproduktion der Faktizität durch Warhol; die Fragmentierung, Auseinanderreissen, Zerstörung und neue Zusammenfügung der Realität durch den Film mit seinen wechselnden Kameraeinstellungen, Fahrten, Überblendungen und insbesondere durch den Schnitt -es sei hier vor allem auf den eklatanten Verstoß Godards in **À Bout de Souffle** gegen die bis dahin geltenden Regeln des Erzählkinos durch die Drehung nicht im Studio sondern auf der Straße, auf dem Lande, um das Leben dort zu filmen, "wo es ist" (Godard); das intentionslose Konzert von John Cage, usw.

Die oben erwähnten Phänomene sollen in einen umfangreicheren und wirkungsmächtigen geschichtlichen Prozeß gestellt werden. So wird klar, daß seit ihrer Entbindung von der Religion und im Prozeß ihrer fortschreitenden Autonomie die Kunst sich den individuellen Menschen, die Landschaft, das alltägliche Leben, das bürgerliche Interieur, das Stilleben, das Tier und die Arbeit zum Gegenstand bis zu einem Punkt gemacht hat, an dem alle Gegenstände in Gleichwertigkeit als Anlässe der Kunst gelten könnten[112]. So wird der alte Unterschied von

---

[112] Vgl., Wellershoff,1976,28 uff.

höheren und niedrigen Gegenständen und Bereichen verwischst. Das vermeintlich Unbedeutende, Unwürdige, das Banale genauso wie das Pathologische, das Obszöne genauso wie das Triviale, das Wahnhafte, das Traumhafte oder das Absurde, alles wird zum Gegenstand künstlerischer Gestaltung. Hier handelt es sich von einem Verlust der Transzendenz. Bereits Walter Benjamin hatte diese Scheinlosigkeit, diesen Verlust der Aura der modernen Kunst am Beispiel des Surrealismus thematisiert. Die entauratisierte Kunst macht uns klar, "...daß wir das Geheimnis nur in dem Grad durchdringen, als wir es im Alltäglichen wiederfinden, kraft einer dialektischen Optik, die das Alltägliche als undurchdringlich, das Undurchdringliche als alltäglich erkennt"[113]. Schock und Überrraschung sind im Rahmen der profanen Erleuchtung durch eine entauratisierte Kunst angebracht. Diese Kunst ist keine "...Kunst im traditionellen Sinne" sagt Dieter Wellershoff treffend und fährt so fort, "also keine Welt des Als-Ob, des ästhetischen Scheins, der symbolvermittelten Darstellung der Realität, die dem Leben als Abbild oder Sinnbild gegenübersteht, sondern sie versucht, direkt ins Leben überzugehen und mit ihm zu verschmelzen"[114]. Gemäß der Intention der Avantgarde kommt es darauf an, die ästhetische Erfahrung ins Praktische zu wenden, die Kunsterfahrung in Lebenspraxis zurückzuübersetzen[115]. Dabei werden aber eine Entgrenzung des ästhetischen Bereichs, eine Aufhebung der Barrieren zwischen Kunst und Wirklichkeit, zwischen Kunst und Leben, zwischen Fiktion und Praxis, also eine Selbstaufhebung der Kunst und zugleich eine "Ästhetisierung der Wirklichkeit" (Wellershoff) vollzogen. Hierzu hat Octavio Paz am Beispiel des Surealismus gesagt: "Der Surrealismus stellt die Werke in Frage. Jedes Werk ist eine Annäherung, ein Versuch, etwas zu erfassen. Aber wenn Dichtung von jedermann geschaffen werden kann, sind Gedichte und Bilder unnötig. Wir alle können sie machen. Mehr noch: alle können wir Gedichte sein...[hier geht es um] das Verschwinden der dichterischen Werke, da sie mit dem Leben eine Einheit bilden"[116]. Dies markiert einen Bruch mit der herkömmlichen Konzeption der Beziehungen zwischen dem Kunstwerk als zweiter Wirklichkeit und der gegebenen Wirklichkeit und somit einen Bruch mit der mindestens seit der Renaissance in der ästhetischen Reflexion herrschenden Vorstellung der Verhältnisse Künstler/Kunstwerk/Welt. Eine der äußersten Konsequenz daraus ist es, "das Kunstwerk zur Leerstelle, zum bloßen Erwartungshorizont zu machen..."[117]. Das moderne Kunstwerk vereint nicht mehr alle seine Elemente in einer geschlossenen, vollendeten und

---

[113]Benjamin, **Der Surrealismus**,307.

[114]Wellershoff,1976,11.

[115]Vgl., Bürger,1974,35 uff.

[116]Paz,1956,322-323.

[117]Wellershoff,1976,43.

verbindlichen Gestalt. Vielmehr entwirft es eine offene Konstellation von Spannungen, Gegensätzen und Differenzen in einem vieldeutigen Feld offener Möglichkeiten. Es ist weder als etwas abgeschloßenes noch als etwas angefertigtes zu verstehen, sondern eher als ein permanenter Prozeß zu schaffen und zu interpretieren. Zu Recht hatte Adorno an dessen Analyse zu Arnold Schönberg festgestellt: "Die einzigen Werke heute, die zählen, sind die, welche keine Werke mehr sind"[118].

Die oben kurz skizzierte Entwicklung der modernen Künste ist also nicht mehr durch die traditionelle Darstellungsästhetik und ihren Rekurs auf den Werkbegriff adäquat begreifbar. In der modernen Kunst hat sich eine Wendung zur Entgegenständlichung vollzogen, die dazu geführt hat, die Schränke zwischen Kunstwerk und außerkünstlerischer Wirklichkeit überhaupt abzubauen[119]. Daraus kann geschlossen werden, daß die durch die Avantgardebewegung der Kunst im XX. Jahrhundert zustandegebrachte Krise des Werkbegriffs ein derart wesentliches Zeichen der Moderne ausmacht, daß eine ästhetische Reflexion, die nicht aufmerksam auf die Auflösung der Werkeinheit in den prägnantesten Ausdrücken der modernen Kunst wird, sich der Gefahr aussetzt, nicht Rechenschaft über die moderne Kunst überhaupt geben zu können[120].

§ 2.3. Die Wende zur Wirkungsästhetik. Die Relevanz der Kantischen Analyse der ästhetischen Erfahrung und deren Ausdruck durch Urteile.

Die im vorigen Paragraph kurz behandelten Vorschläge, eine ästhetische Reflexion zu entfalten, in der erstens der Kunst besondere Aufgaben von der Philosophie zugewiesen werden, jene dieser unterworfen wird und dadurch ihre Ansprüche auf Selbständigkeit und Autonomie verliert, und zweitens der Werkbegriff emphatisch hervorgehoben wird, indem das Kunstwerk als

---

[118] Adorno,PNM,37.

[119] Vgl. Jauss,1991,119.

[120] Vgl., Bubner,1973,33 uff.

vermutlicher Träger eines Wahrheitsgeschehens bzw. einer höheren und besonderen Wahrheit anerkannt wird; die zuvor angesprochenen Versuche also haben sich als unzureichend und höchst bestreitbar für eine Reflexion erwiesen, die sowohl der Autonomie der Kunst als eigentümlicher Leistung der Moderne als auch dem wirklichen Gang der modernen Kunst im XX. Jahrhundert, insbesondere dem der Avantgarde, gerecht wird. Als Alternativen zu solchen Reflexionen ist im Laufe dieses Jahrhunderts an vielerlei Ansätze gedacht worden. So haben einige Denker ihre theoretischen Bemühungen darauf konzentriert, die Natur des künstlerischen Prozeßes zu erhellen oder eine Erläuterung des ästhetischen Urteils zu liefern. Andere wiederum haben die Bedingungen untersucht, unter denen Kunst als solche rezipiert wird, seien es die individuellen im ästhetischen Perzeptionsakt, seien es die institutionellen, die die Kunst einen bestimmten Platz in gewissen Selbstintegrations- und Verständigungsprozeßen einer Gesellschaft geben[121]. Die Vorschläge und Ansätze, die aus den Beschränkungen der herkömmlichen Ästhetik angesichts der Herausforderung der modernen Kunst entstanden sind, sind also zahlreich. Unter ihnen scheint mir aber ein Ansatz vielversprechend zu sein. Dieser Ansatz ist durch die doppelte Bemühung gekennzeichnet, zum einen der Entwicklung der Kunst und deren Ansprüche auf Autonomie angemessen sein bzw. gerecht zu werden, und zum anderen nicht mehr den Kunstwerkbegriff, sondern vielmehr die **ästhetischen Erfahrung** als seinen Ausgangspunkt zu nehmen. Hierin gilt die ästhetische Erfahrung als eine Art nicht zu bezweifelndes und unhintergehbares Faktum des ästhetischen Phänomens überhaupt, das nicht auf bestimmte Kunstgattungen beschränkt, sondern vielmehr auf die Kunsterfahrung überhaupt bezogen bleibt. Man könnte zwei verschiedene Ansätze unterscheiden, wie an die ästhetische Erfahrung heranzugehen ist:

Der erste Ansatz folgt dem wissenschaftlichen Vorgehen einer durch die Sprachanalyse bzw. die Kommunikationstheorie stark beeinflußte Philosophie. Als methodische Ausgangspunkte werden die Semiotik, die Informationstheorie und die Sprachanalyse angeboten. So ist versucht worden, die ästhetischen Phänomene mit Hilfe eines semiotischen Modells in einer pragmatischen Richtung zu verstehen, wo die Zeichen bzw. die Zeichenverwendung eine primäre Dimension definieren, innerhalb deren Subjekt und Objekt überhaupt einen Ort und eine Möglichkeit zur Artikulation haben können. Das Ästhetische wird hier ausgehend von einer besonderen Art der Zeichenverwendung als Ikon, die sich selbst bezeichnet, bestimmt[122]. Die Kunst könnte auch als eine symbolische Form, d.i. als Setzung einer "Welt des Sinnes"

---

[121] Zum vorigen siehe Henrich, 1982.

[122] Es sei hier vor allem auf Ch. W. Morris **"Aesthetics and the Theory of Signs"** (veröffentlicht in **Journal of Unified Science**, 8, 1939, SS. 131-150) verwiesen.

konzipiert werden[123]. Oder im Rahmen einer Bedeutungstheorie, die einen Platz für die Kunst schafft, dank der Unterscheidung zwischen referentiellen und emotionalen Komponenten in den elementaren Bedeutungsbegriffen. Ferner ist der Versuch unter dem Einfluß des späteren Wittgensteins gemacht worden, den Diskurs über die Kunst im Horizont verschiedener Verwendungsweisen von Reden bzw. Wörtern zu erläutern. Andere haben vorgeschlagen, Kunst als ein Symbolsystem unter anderen Symbolsysteme aufzufassen, wobei die Leistung jedes Symbolsystems darin gesehen wird, Welt bzw. Welten auszubilden bzw. zu erzeugen[124].

Der zweite Ansatz ist nicht so sehr durch die Ansicht bestimmt, daß dieser Rückgriff auf die Sprache die Probleme der Philosophie auf einmal lösen bzw. die Rätsel der ästhetischen Erfahrung aufschließen kann. Dieser Ansatz mißtraut zugleich jeglichen metaphysischen Gesamtentwürfen, die eher als überholt angesehen werden und geht stattdessen von dem Subjekt aus, das eben die Kunsterfahrung durchführt und austrägt, d.i. vom empirischen Subjekt im Gegensatz zu einem überzeitlichen, oder, genauer gesagt, transzendentalen Subjekt. Diese Auslegung der ästhetischen Erfahrung zeigt zunächst zwei grundlegende Einsichten. Erstens: die Einheit eines Kunstwerks und in gewissem Maße seine Objektivität werden erst im Rahmen der Erfahrungsprozeße desselben seitens des Subjekts konstituiert, und zweitens: dieser Erfahrungsprozeß ist durch ein Zusammenspiel von Anschauung und Reflexion gekennzeichnet. Diese zwei Einsichten wiederum bringen zum Ausdruck zwei Charakteristika, durch die sich die moderne Kunst, wie bereits oben gesehen, auszeichnet. Wir werden davon ausführlicher reden.

Dank des Rückgriffs auf die ästhetische Erfahrung werden die traditionellen Formen der Produktion- und Darstellungsästhetik und deren Emphase auf die Kunstwerkkategorie überwunden, die als ein Überbleibsel längst überholter Substantialismen gelten können. Stattdessen entwirft die ästhetische Erfahrung ein Spiel, einen Spannungszustand von Anschauung bzw. Unmittelbarkeit und Reflexivität. Aufgrund dieser konstitutiven Spannung ist und bleibt die ästhetische Erfahrung immer unabgeschlossen. Das Kunstwerk -und diesbezüglich erweist sich dieser von der ästhetischen Erfahrung ausgehende Ansatz auf der Höhe der modernen Kunst- ist kein bestimmtes und abgeschlossenes Objekt der Welt, das

---

[123]So z.B. in den an die Reflexion Ernst Cassirers anknüpfende Arbeit von Susanne K. Langer (**Philosophy in a new key. A Study in the Symbolism of Reason, Rite and Art**, Harvard Univ. Press, 1942).

[124]Vgl., Nelson Goodmans "**Art and Inquiry**" in **American Philosophical Association. Proceedings and Addresses**, Vol. 41, 1967/1968, SS. 5-19.

durch den Künstler abgebildet worden wäre. Vielmehr wird dessen Objektivität erst im Erfahrungsprozeß selbst konstituiert. Dieser Rückgriff auf die ästhetische Erfahrung verzichtet also sowohl auf jegliche Behandlung ontologischer Aspekte der Kunst als auch auf positive oder negative Aussagen über den Wahrheits- und Wirklichkeitsbezug der Kunst sowie auf soziale und gesellschaftliche Deutungen, zugunsten der Hervorhebung der **Subjektivität**. Das erfahrende bzw. rezipierende Subjekt wird also in den Mittelpunkt der Analyse der ästhetischen Erfahrung gebracht. Die Subjektivität wird hier aber nicht mehr als Träger einer Begründungsfunktion betrachtet. Vielmehr wird sie als das unmittelbare Phänomen konzipiert, als faktische Gegebenheit, von der her die Kunsterfahrung am adäquatesten zu analysieren ist. Der Ausgang von der ästhetischen Erfahrung, d.i., von der **Wirkung**, die vom ästhetischen Phänomen ausgeht und auf das Subjekt ausgeübt wird, verzichtet von vornherein auf jede zusätzliche ontologische Voraussetzung, darunter die der Hyposthase des Werks, des substanziellen Werkbegriffs. Ferner macht eine deratige Herangehensweise an die Kunst die Einsicht geltend, daß die ästhetische Reflexion nicht dazu dienen darf, bloß eine Art Vergewisserung dessen zu liefern, was der Kunst von irgend einem anderen Bereiche -sei es von dem der Wissenschaft, oder der Ethik, oder, insbesondere, von dem der Philosophie- her zugewiesen und zuerkannt wird. In diesem Fall würde die Autonomie der Kunst zum Opfer der Erkenntnis, der theoretischen oder praktischen Rationalität, den noch höheren Ansprüchen der Philosophie, usw. fallen.

Eine Analyse der ästhetischen Erfahrung, die der Hyposthase des Werkbegriffs und deren Substantialismus entgeht und zugleich zu den Ansprüchen der Kunst auf Autonomie paßt, wird von **Kant** in der **Kritik der Urteilskraft** systematisch durchgeführt. Bei Kant handelt es sich weder darum, was als Kunst objektiv zu bezeichnen sei, noch darum, was unter dem Werkbegriff zu verstehen sei, wobei dieser letzte wiederum als Ausgangspunkt der Analyse zu betrachten wäre. Stattdesen nimmt Kant die Kunst erfahrende Subjektivität als Ausgangspunkt seiner Reflexion. Ferner geht es bei der von ihm in der **Kritik der Urteilskraft**, oder genauer gesagt in der "Analytik des Schönen" der "Kritik der **ästhetischen** Urteilskraft", durchgeführten Untersuchung um eine Analyse der **ästhetischen Erfahrung**, d.i., dessen, was dabei eigentlich geschieht[125]. Ihm kommt es also darauf an, nach jenen Strukturen und Bedingungen zu forschen, durch die die ästhetische Erfahrung überhaupt bestimmt ist.

---

[125]Vgl., Bubner,1989,7 ff.

Die Analyse der ästhetischen Erfahrung wird von Kant derart durchgeführt, daß deren eigentümlicher Charakter sowohl von der den erkenntnis-theoretischen Ansprüchen gemäß gefaßten Erfahrung als auch von der "praktischen Erfahrung" eines nach den Prinzipien der praktischen Vernunft handelnden Subjekts hervorgehoben wird. Wie wir sehen werden, besteht Kant bereits in der **Einleitung in die Kritik der Urteilskraft** darauf, daß die ästhetische Beschaffenheit der Vorstellung eines Objekts von deren logischen Gültigkeit prinzipiell unterschieden ist. Während diese zur objektiven Bestimmung der Erkenntnis dient, bleibt jene bloß auf das erfahrende Subjekt bezogen (Vgl., dazu KU,E,VII,188-189). Die ästhetische Erfahrung wird ferner vom Angenehmen und vom sittlich Guten sorgfältig abgesetzt und zugleich in deren Besonderheit nicht mehr als etwas unaussprechliches bezeichnet, sondern in ihrer Eigentümlichkeit wesentlich geklärt. Eine derartige Analyse, die sich bloß mit der ästhetischen Erfahrung beschäftigt, ohne den Ansprüchen irgend einer anderen Instanz -z.B. denen der Wissenschaft, der Ethik, usw.- zu verfallen, bietet gerade deswegen die Möglichkeit einer ästhetischen Reflexion, die zu den Ansprüchen der Kunst auf Autonomie paßt. Gleichzeitig kommt bei der Kantischen Analyse ebenfalls zum Ausdruck der Verzicht auf den Werkbegriff anhand der These, daß vom Schönen kein objektskonstitutiver Begriff abgegeben werden kann, und zwar deshalb weil sonst ein solcher Begriff der Begriff eines Gegenstandes, folglich diese Erfahrung eine gemäß den Bedingungen der theoretischen Erkenntnis kategorisierte Erfahrung und somit keine ästhetische Erfahrung im eigentlichen Sinne sein müßte[126]. Hierdurch kommt die Ausschaltung des Rekurses auf die Entität namens Werk emphatisch zur Geltung. So läßt sich das Bestehen Kants darauf verstehen, daß zu einer derartigen Erfahrung kein Objekt als deren Ursache angegeben werden kann. Von daher konzentriert er seine Erörterung bloß auf die Wirkungen auf das Bewußtsein des Subjekts innerhalb der ästhetischen Erfahrung, ohne auf eine jenseits dieser Erfahrung liegende ontologische Ebene weiter zu verweisen. Dabei zeigt sich, daß das, "...was die ästhetische Erfahrung erfährt, konstituiert sich nämlich in der Erfahrung und durch die Erfahrung"[127].

Die Analyse der ästhetischen Erfahrung wird von Kant unter der Leitung des Begriffs **reflektierender Urteilskraft** durchgeführt. Wie wir sehen werden[128], ist die reflektierende Urteilskraft im Unterschied zur **bestimmenden Urteilskraft** -die bei theoretischer Erkenntnis am Werk ist und deren eigentümlicher Leistung darin liegt, ein Besonderes (d.i. eine einzelne

---

[126]Siehe dazu z.B. KU, §6.

[127]Bubner,1989,35.

[128]Siehe unten §§4.1., 4.2 und 4.3. dieser Arbeit.

Vorstellung, Anschauung, usw) unter ein Allgemeines (d.h. einen Begriff) zu subsumieren- dadurch gekennzeichnet, daß sie ein gegebenes Besondere auffaßt und daraus eine Suche nach einem passenden Allgemeinen hervorbringt. Diese Suche aber kann nie an irgendein Ziel gelangen. Sie bleibt prinzipiell unabgeschlossen. Hierbei wird also keine Bestimmtheit erreicht. Die Urteilskraft schwankt zwischen einem unbestimmbaren Besonderen und einem weder verfügbaren noch erreichbaren Allgemeinen, so daß in dieser Schwankung oder, besser gesagt, in diesem Schweben, die eigentliche Leistung der reflektierenden Urteilskraft liegt. Eben auf diese Weise arbeitet die ästhetische reflektierende Urteilskraft, deren Leistung die der ästhetischen Erfahrung ebenfalls ist. Veranlaßt durch die Vorstellung eines Gegenstandes beginnt sie eine Suche, die nie aufhört, nach einem passenden Allgemeinen. Diese Suche mündet also in keinen gegenständlich-konstitutiven Verstandesbegriff, gelangt, wie oben gesagt, an kein Ziel. Anders gesagt, die ästhetische reflektierende Urteilskraft bewegt sich in der Spannung zwischen Anschauung und Begriff, im Schweben von Unmittelbarkeit und Reflexivität, ohne es zu jener vom Begriff geschaffenen Einheit bringen zu können. Aufgrund dieser konstitutiven Spannung ist und bleibt die ästhetische Erfahrung immer unabgeschlossen. Dieses Schweben, für das Kant den Ausdruck "Spiel" benutzt, ist also eine Suche, die einerseits von der besonderen Anschauung ausgeht und andererseits sich zum allgemeinen Begriff hinrichtet, aber niemals durch den letzteren endgültig bestimmt werden kann. Die ästhetische Erfahrung besteht bloß aus dieser nie abschließenden Bewegung, in der vielseitige Beziehungen erzeugt werden, in denen sich eine Einheit des Werkes gewissermaßen darstellen läßt, die nicht mehr unter dem traditionellen Werkbegriff deshalb verstanden werden kann, weil diese Einheit keine statische ist, sondern sich eben im Prozeß der oben exponierten Bewegung konstituiert. Die ästhetische reflektierende Urteilskraft, die ästhetische Erfahrung überhaupt, läßt sich also als eine nach den oben genannten Charakteristika aufgefaßte Leistung verstehen. Diese Leistung ist gerade durch eine Spannung zwischen **sinnlicher Rezeptivität** und **schöpferischer Aktivität** charakterisiert. So hat sich Kant diese Bewegung gelegentlich als eine **Belebung der Erkenntniskräfte**, als eine Anregung des **Lebensgefühls** bezeichnet. Dadurch wird auf der Ebene der rezeptiven Empfindung, ohne Begriff, die Leistung der reflektierenden Urteilskraft dargestellt. Zugleich aber kann allein dadurch eine derartige Analyse einen der eigentümlichen Züge der ästhetischen Erfahrung wiedergewinnen, nämlich ihre prinzipielle Bereitschaft zum Unvorhergesehenen, die sich unter keine Theorie subsumieren läßt. Nur eine solche Analyse kann also dem gerecht werden, daß ein Kunstwerk weder ein Fall unter eine allgemeine Regel noch eine Instanz unter einen allgemeinen Typus, sondern jederzeit etwas besonderes, singuläres, einzigartiges ist[129].

---

[129]Vgl., Bubner,1989, 59 uff. und 90 uff.

Kant ist zugleich ebenfalls -und das macht meiner Meinung nach eine Hauptthese der in der "Analytik des Schönen" durchgeführten Analyse aus- davon überzeugt, daß sich die ästhetische Erfahrung und das Wohlgefallen, das man daran findet, nicht bloß in Exklamationen und Interjektionen erschöpfen lassen. Bereits Baumgarten vertrat die Ansicht, daß die Ästhetik neben einer Theorie sinnlicher Erkenntnis auch eine Theorie des Ausdrucks enthalten sollte. Ähnlich scheint Kant die Auffassung zu teilen, daß es in der ästhetischen Erfahrung nicht ausschließlich eine "sprachlose Intensität" (M. Seel) geht. Die ästhetische Wahrnehmung findet nicht nur in einem Bereich diesseits bzw. jenseits der Sprache statt. Im Rahmen der Kantischen Analyse läßt sich die ästhetische Erfahrung weder mit einem besonderen und letztlich gegenüber der theoretischen Erkenntnis überlegenen Erkennen des Seins noch mit einer reinen Erfahrung des Unsagbaren, die nicht zur Sprache gebracht werden könnte, identifizieren. Die Kantische Einsicht ist eher die, daß die ästhetische Erfahrung und das an ihr gebundene Wohlgefallen **sich in Urteilen ausdrücken** könne bzw. lasse[130]. Der Sinn der Kantischen Analyse kann also jetzt genauer und präziser formuliert werden, indem wir sagen, daß es dabei darum geht, aufzuklären, was es bedeutet, ein Urteil der Art "x ist **schön**" zu fällen, also ein Urteil, in dem einem **x**, das nicht als "ontologischer Gegenstand", sondern bloß als Gegenstand einer Art Urteil verstanden werden kann, ein Prädikat, in diesem Falle das Prädikat **schön**, zugeordnet wird. Wie wir sehen werden[131], ist die von Kant in der **Kritik der Urteilskraft** vorgelegte Analytik des Schönen keine Analyse der Vielfalt der schönen Gegenstände, sondern vielmehr im eigentlichsten Sinne des Wortes eine Analyse der Urteile, in denen das Prädikat **schön** den Gegenständen im Rahmen von Urteilen zugesprochen wird. Diese Urteile werden von Kant eben als **Geschmacksurteile** bezeichnet. Dann ist es klar, daß nach den Konturen des in der **Kritik der reinen Vernunft** durchgeführten Unternehmens es bei Kant keineswegs darum geht, eine physiologische oder psychologische, und somit **empirische**, Erklärung der Bedingungen, nach denen diese Urteile ausgedrückt werden können, abzugeben, sondern vielmehr darum, eine **transzedendentale** Erläuterung derselben auszuliefern, also der Bedingungen, die als Bedingungen der Möglichkeit solcher Urteile überhaupt vorausgesetzt und

---

[130] So würde Kant sich dem Diktum Goethes vom Leser, das selbstverständlich auf das Wohlgefallen an der Kunst überhaupt und auf das dazugehörige Urteil ausgedehnt werden könnte, sehr wohl anschließen:

> "Es gibt dreierlei Art Leser: eine, die ohne Urteil genießt, eine dritte, die ohne zu genießen urteilt, die mittlere, die genießend urteilt und urteilend genießt; diese reproduziert eigentlich ein Kunstwerk aufs neue" (Goethe, J. W., **Gedenkausgabe der Werke, Briefe und Gespräche. Briefe der Jahre 1814-1832**, Hrsg., v. E. Beutler, Artemis Verlag, Zürich, 1951, S. 337).

[131] Siehe unten §§ 7. und 8. dieser Arbeit.

erfüllt werden müßen, um ein derartiges Urteil, also ein Urteil der Art "x ist schön", d.i. ein Geschmacksurteil, fällen zu können. Wie Kulenkampff zutreffend dazu bemerkt hat, bildet die Logik des ästhetischen Urteils über das Schöne, also die Frage nach seiner Bedeutung und den Bedingungen seiner Möglichkeit, den zentralen Aspekt der **Kritik der Urteilskraft**[132]. Hierzu versucht Kant, die verschiedenen Momente des Geschmacksurteils aufzudecken und theoretisch darzustellen, wobei diese Momente "nach Anleitung der logischen Funktionen zu urteilen" (bzw. die vier schon in der **Kritik der reinen Vernunft** zur Analyse der **theoretischen** Urteile behandelten Momente, nämlich: Quantität, Qualität, Relation, Modalität) entdeckt werden. In dieser Analyse wird die Besonderheit des Geschmacksurteils gegenüber dem des erkenntnistheoretischen oder praktischen hervorgehoben, indem Kant darauf widerholt besteht, daß ein derartiges Urteil einen Anspruch auf allgemeine und notwendige Gültigkeit für jederman ohne Begriff macht, wobei dieser Anspruch auf allgemeine und notwendige Gültigkeit auf einem ganz besonderen Grund basiert, der im Unterschied zu dem der theoretischen Urteile bloß subjektiv ist. Wie wir zeigen werden, wird ein solcher Grund im Moment der Modalität in Kants Analyse unter Verweisung auf den Begriff **sensus communis** dargestellt und erklärt.

Bevor wir uns der **Kritik der Urteilskraft** zuwenden, sollte man einige kritische Bemerkungen zur Kantischen Analyse der ästhetischen Erfahrung vorab anstellen. Drei scheinen mir besonders von Bedeutung zu sein:

1. Zuerst fällt bei der Kantischen Thematisierung auf, daß die von ihr gelieferte Analyse der ästhetischen Erfahrung bzw. des Geschmacksurteils nicht rein bzw. autonom zum Ausdruck kommt. Sie ist mit anderen Gedanken, Thesen und Überlegungen vermischt. Insbesondere sollte man sich klarmachen, daß sowohl die Darstellung als auch die Begründung der Analyse des ästhetischen Urteils in einem Zusammenhang auftreten, in dem der Ästhetik mit einer Teleologie. Die ästhetischen Einsichten der **Kritik der Urteilskraft** galten für Kant als eine Sonderform der "Zweckmäßigkeit ohne Zweck". Die Behandlung der Zweckmäßigkeit artikuliert sich in der Kantischen Analyse im Rahmen der systematischen Bemühung um eine Teleologie, die zum einen auf den Aristotelismus und dessen Vier-Ursachen Lehre zurückgeht, zum anderen aber mit der Überbrückbarkeit der Kluft zwischen Natur und Freiheit, Verstand und Vernunft, theoretischer und praktischer Philosophie, folglich mit der ganzen Architektonik der kritischen Philosophie, zu tun hat. In diesem Sinne ist daran zu erinnern, daß diese Zweckmäßigkeit im Horizont einer **Als-Ob** Betrachtung verortet ist. Eine derartige Betrachtung

---

[132] Siehe Kulenkampff, 1978, 1.

funktioniert als transzendental-notwendiges Prinzip der Vernunft für die reflektierende Urteilskraft, das es ermöglicht, den Ideen praktischer Realität in moralischer Hinsicht zu sichern. Derzufolge können wir theoretisch die Wirklichkeit von Gott und der Freiheit zwar nicht beweisen. Wir handeln aber, **als ob** sie wirklich wären. So werden Natur und Geschichte auf eine Weise angesehen, **als ob** sie von Zwecken bestimmt wären. Diese auf die Teleologie und die Einheit zwischen Natur und Moralität, theoretischer und praktischer Vernunft bezogenen teleologischen Fragen, für sich selbst sehr wohl ein wichtiges Thema, sind aber ganz unabhängig von den ästhetischen Problemen, um die es uns hier geht. Diese letzten sollen also von deren Verflechtung mit dem Teleologieproblem abgelöst werden, damit die ästhetische Erfahrung frei und autonom analysiert werden kann.

2. Durch die Kantische Analyse hindurch wird es deutlich, inwiefern sich die Kantische Ästhetik auf zwei Leitbegriffe stützt, nämlich dem des Schönen und dem des Erhabenen, die heutzutage nicht mehr als die Leitbegriffe der Ästhetik gelten können. Diesbezüglich sollte man sich bloß jene Diskussion im XIX. Jahrhundert vergegenwärtigen, die die Überwindung der klassischen Ästhetik vorwegnahm. Als herausragendes Beispiel dafür wäre Victor Hugo zu nennen. Bereits Diderot in seinem **Neveu de Rameu** hatte die ästhetische Kategorie des Grotesken behandelt. Später wurde ein derartiges Motiv von Victor Hugo in der Vorrede zu dessen **Cromwell** (1827) als Bestandteil einer Dramentheorie aufgenommen. Solche Überlegungen könnten mit denen von F. Schlegels Ansätze zum Witz, zur Ironie, zum Fragment usw. verknüpft werden. Hier wird der Bereich der ästhetischen Analyse derart erweitert, daß die Groteske, das Bizarre, das Verzerrte genauso wie das Häßliche, das Unvollständige, das Unstimmige, das Unharmonische, das Absurde und das Schwarze einen zentralen Platz in der Ästhetik fortan einnehmen konnten. Auf dieser Basis konnte das 1870 von Lautréamont in dessen **Poésies** skizzierte Bild der kommenden Literatur als aufschlußreich und angesichts der nachherigen Entwicklung der Kunst überaus treffend gelten, unter deren Kennzeichnungen folgende zu zählen waren: Ängste, Wirrnisse, Entwürdigungen, Grimasse, Herrschaft der Ausnahme und des absonderlichen, Dunkelheit, wühlende Phantasie, das Finstere und Düstere, Zerreißen in äußerste Gegensätze, Hang zum Nichts, Desorientierung, Auflösung des Geläufigen eingebüßte Ordnung, Inkohärenz, Fragmentarismus, Umkehrbarkeit, Reihungsstil, entpoetisierte Poésie, Zerstörungsblitze, schneidende Bilder, brutale Plötzlichkeit, Dislozieren, astigmatische Sehweise, Verfremdung, usf[133]. Hier nimmt eine umfangreiche Bewegung ihren Anfang, die die Grundlagen der bis dahin bekannten Kunst hinsichtlich deren Formen, Mittel, Funktionen und Ausdruckweisen tief

---

[133]Vgl., Friedrich,1956,21 uff. Siehe auch Lautréamont, **Poésies**.

erschüttert hat. Interessant für unsere jetzige Diskussion ist es aber, daß all dies eine Rehabilitierung anderer Motive bzw. Stoffe einschloß, die vom Bereich einer meist am Schönen orientierten Kunst bis dahin ausgeschlossen worden waren[134]. Dies bedeutete wiederum eine Infragestellung der Autonomie des Schönen bzw. des Erhabenen in einer bis dahin vom Kanon des Klassischen stark geprägten ästhetischen Reflexion, innerhalb deren sich Kant zu befinden scheint[135]. Stattdessen ist es inzwischen klar geworden, daß sich die Ästhetik mit einer Mannigfaltigkeit von Qualitäten und verschiedenen Beurteilungsarten auseinandersetzt, die sich nicht im eigentlichen Sinne auf die Kategorien des Schönen oder des Erhabenen reduzieren lassen, so daß eine Theorie des ästhetischen Urteils, die sich ausschließlich auf die obigen zwei Prädikate konzentriert, nicht mehr operiert und auch nicht als vollständig und ausreichend angesichts einer eher erweiterten Auffasung der ästhetischen Beurteilung gelten kann[136].

3. Wir haben oben bereits darauf hingewiesen, daß sich der Kantische Ansatz besonders adäquat erweist, hinsichtlich der radikalen Infragestellung des Kunstwerkbegriffs, die die moderne Kunst vollzogen hat. Wie schon gesagt liegt der Ausgangspunkt des Kantischen Ansatzes nicht mehr in einem emphatischen Kunstwerkbegriff, sondern vielmehr in der ästhetischen Erfahrung. Anders gesagt ist die Kantische Ästhetik keine Werkästhetik, sondern eine Wirkungsästhetik, die angesichts der durch die moderne Kunst vollzogenen bzw. tendierten Zersprengung des traditionellen Werkbegriffs fruchtbar gemacht werden kann, um der modernen Kunst und deren eigentlichen Autonomie gerecht zu werden. Die zerstörerische Kraft der modernen Kunst scheint aber -und etliche Kunstphilosophen und -kritiker haben bereits darauf hingewiesen- mittelerweile an einem Endpunkt gekommen zu sein. Die innovative

---

[134]In diesem Sinne ist es an das Pionierwerk von Karl Rosenkranz **Ästhetik des Häßlichen** (1853) zu erinnern. Zu erwähnen sei ebenfalls die von der Gruppe **Poetik und Hermeneutik** durchgeführte Reflexion, die mittlerweile als Buch unter dem Titel **Die nicht mehr schönen Künste** (Wilhelm Fink Verlag, München, 1968) veröffentlicht wurde.

[135]Jene Stellen, an denen Kant diese Fragen beiläufig behandelt, scheinen dies zu bestätigen. So etwa im §48 der **Kritik der Urteilskraft**:

> "Die schöne Kunst zeigt darin eben ihre Vorzüglichkeit, daß sie Dinge, die in der Natur häßlich oder mißfällig sein würden, schön beschreibt. Die Furien, Krankheiten, Verwüstungen des Krieges, u.d.gl. können, **als Schädlichkeiten**, sehr schön beschrieben werden, ja sogar im Gemälde vorgestellt werden; nur eine Art Häßlichkeit kann nicht der Natur gemäß vorgestellt werden, ohne alles ästhetische Wohlgefallen, mithin **die Kunstschönheit**, zu Grunde zu richten: nämlich diejenige, welche Ekel erweckt. Denn, weil in dieser sonderbaren, auf lauter Einbildung beruhenden Empfindung der Gegenstand gleichsam, als ob er sich zum Genüsse aufdränge, wider den wir doch mit Gewalt streben, vorgestellt wird..." (KU,§48,312-313).

[136]Vgl., Kulenkampff,1978,3.

Energie der Avantgarde scheint erschöpft zu sein. Die Avantgarde ist heute bereits historisch. "Die Modernität negiert sich schließlich selbst [...] Wir erleben das Ende der Idee der modernen Kunst" hat Octavio Paz treffend gesagt[137]. Hierin ist es für unsere Reflexion besonders wichtig hervorzuheben, daß die postavangardistische Kunst des XX. Jahrhunderts die Kunstwerkkategorie wieder restauriert und zugleich erweitert hat. "Das **objet trouvé**, das Ding, das gerade nicht Resultat eines individuellen Produktionsprozesses ist, sondern zufälliger Fund [...] ist heute als **Kunstwerk** anerkannt [...] wird autonomes Werk neben anderen in Museum", sagt zu Recht Peter Bürger[138]. Ein wichtiges Ergebnis daraus für eine zeitgemäße Reflexion auf der ästhetischen Ebene ist das, daß eine umformulierte bzw. erweiterte Kunstwerkkategorie wieder hineingeführt werden muß. Dies legt offen, inwiefern die Probleme des Kunstwerks, des Kunstproduzenten und des Weltbezuges der Kunst in der Kantischen Analyse ausgeklammert worden sind. "Kunst wird also in gewisser Weise noch einmal subjektiviert", sagt zu Recht Walter Schulz dazu[139]. Die philosophische Analyse der Kunst wird also entschieden eingeengt, wenn nur die ästhetische Erfahrung thematisiert wird. In diesem Sinne wird in der Kantischen Ästhetik vom rezipierenden Subjekt derart ausgegangen, daß zwei wesentliche Bestimmungen jeder philosophischen Betrachtung der Kunst, nämlich die des Kunstproduzenten und die des Kunstwerks ausgeblendet bleiben, aufgrund dieser prinzipiellen Orientierung an der ästhetischen Erfahrung. Nun kommt es darauf an, die Kunstphilosophie in einen größeren Rahmen zu stellen, wo Weltbezug und Subjektbezug, Kunstproduzent und Kunstrezipient, Kunstwerk und ästhetische Wirkung in deren Zusammenspiel bzw. in deren Zusammenhang miteinander angesehen werden können.

Trotz der oben erwähnten Probleme behält die Kantische Analyse ihre Bedeutung und Relevanz mindestens in dreierlei Hinsicht. Erstens: sie wird derart durchgeführt, daß sie der Eigentümlichkeit der ästhetischen Erfahrung, ihrer Autonomie und Irreduzibilität gegenüber der Wissenschaft, Ethik, Philosophie usw., gerecht wird. Zweitens: durch ihre Wendung zur ästhetischen Erfahrung bietet die Kantische Analyse einen philosophischen Rahmen an, für die Erhellung einer wesentlichen Bestimmung des ästhetischen Phänomens überhaupt, nämlich die der ästhetischen Wirkung bzw. die des rezipierenden Subjekts. Diesbezüglich behält der Kantische Ansatz immer noch seine Aktualität und Relevanz. Drittens: durch die in ihr vollzogene Verknüpfung zwischen ästhetischer Erfahrung, ästhetischem Wohlgefallen und

---

[137]Paz,1967,329.

[138]Bürger,1974,78-79.

[139]Schulz,1985,111.

ästhetischen Urteilen wird in der Kantischen Reflexion eine Beziehung zwischen Ästhetik und Rationalität angedeutet, die sich als ein wirksames Motiv in der zeitgenössischen Debatte über Ästhetik erwiesen hat[140]. Um solche Probleme deutlicher einzusehen und sowohl die Leistung, den Verdienst und die Relevanz der Kantischen Analyse überhaupt als auch insbesondere die Rolle, die die These des **sensus communis** dabei spielt, und die Stelle, an der diese These in der gesamten Argumentation auftritt, besser bewerten zu können, werde ich versuchen, eine klare und deutliche Darstellung bzw. Rekonstruktion der Argumentation anzubieten, die den allgemeinen Rahmen für die Hauptprobleme und -fragen der **Kritik der Urteilskraft** entwerfen kann und so den Gedankengang, der diesem Werk zugrunde liegt, möglichst klar und ausführlich zu exponieren, damit die Analyse des Geschmacksurteils, von dessen Darstellung in den vier obergenannten Momenten bis zu dessen Grund -dem sogenannten **sensus communis**- deutlich und verständlich wird. So werde ich zuerst das Allgemeinproblem dieses Werks ansprechen. Dazu werde ich mich auf die Darstellung desselben sowohl in der **Ersten Fassung** der Einleitung als auch in derselben **Einleitung** in dieses Werk stützen.

---

[140]Demzufolge sei die Frage nach der Logik des ästhetischen Urteils zugleich eine Frage nach der eben auf derartigen Urteilen basierenden ästhetischen Argumentation und somit nach einer vermutlichen Rationalität im Bereich der Ästhetik. Eine derartige Logik der ästhetischen Argumentation, bzw. Rationalität, sei selbstverständlich unterschiedlich von der der praktischen oder der der theoretischen Argumentation. Deshalb bedürfte sie einer erweiterteren Rationalitätsauffassung, wonach sich diese mitnichten weder auf die gemäß den Naturwissenschaften aufgefaßte Rationalität noch auf die praktische reduzieren ließe. Eine solche Rationalität des Ästhetischen sollte aber zugleich darauf achten, daß der eigentümliche Bereich des Ästhetischen nicht seinen Anspruch auf Autonomie erlöschen könnte. Hier ginge es nicht darum, auf anderem Wege an einem besonderen Wahrheitsanspruch der Kunst festzuhalten, der sich von der ontologischen Ebene der Werke auf die sprachliche Ebene der ästhetischen Argumentation über dieselbe verschoben hätte, wobei die ästhetische Erfahrung wieder erkenntnistheoretisch auf Kosten ihrer Autonomie belastet würde. Vielmehr handelte es sich darum, verschiedene Typen der Rationalität (d.i. ästhetische, praktische und erkenntnistheoretische) anzuerkennen, die, erstens, innerhalb der verschiedenen Arten der Argumentation beheimatet seien, zweitens, sich nicht auf die naturwissenschaftliche Rationalität, bzw. Argumentation, begrenzen ließen, somit in Spannungsverhältnissen zueinander stünden und, drittens, gleichzeitig der Autonomie ihres jeweiligen Bereiches gerecht würden. Es ist auf jeden Fall klar, daß ein solcher Ansatz einer genaueren und ausführlicheren Behandlung notwendigerweise bedarf (Vgl. die von der Habermaschen Reflexion beflügelten Ansätze dazu, insbesondere die von A. Wellmer (Vgl., Wellmer, 1983), M. Seel (Vgl, Seel,1985) und Ch. Menke-Eggers (Vgl., Menke-Eggers,1988).

§ 3. Das Grundproblem der *Kritik der Urteilskraft*: die Herstellung der Einheit zwischen der theoretischen und der praktischen Philosophie.

In der **Ersten Fassung** der Einleitung in die **Kritik der Urteilskraft** macht Kant vier im Verhältnis zueinander stehenden Unterscheidungen, die sich als besonders wichtig für die Entwicklung der Hauptargumentation dieses Werks erweisen werden[141]:

---

[141]Zum Zweck der Veranschaulichung des Kantischen Argumentationsgang habe ich ihn mit Hilfe folgender Tabelle dargestellt. Die fettgeschriebenen Teile sind diejenigen, die Kant hier hervorheben will:

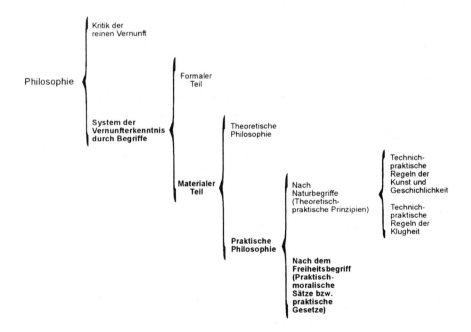

1. Die erste Unterscheidung ist die zwischen der Philosophie als System der Vernunfterkenntnis durch Begriffe und der Kritik der reinen Vernunft, die nicht zu jenem System gehört. Zunächst ist diese letzte eine philosophische Untersuchung über die Möglichkeit der Erkenntnis überhaupt (KU,EF,I,195). Zuerst widmet Kant sich der Philosophie als System der Vernunfterkenntnis durch Begriffe und dann macht er innerhalb der so verstandenen Philosophie die zweite Unterscheidung, nämlich

2. die Unterscheidung, die, wie schon gesagt, innerhalb der Philosophie als System der Vernunfterkenntnis durch Begriffe realisiert wird, zwischen ihrem **formalen** und ihrem **materialen** Teil. Der formale Teil beschäftigt sich mit der bloßen **Form** des Denkens in einem System von Regeln, ohne auf die Vielfältigkeit der von ihm befaßten Objekte zu achten. Er kann also mit der **Logik** identifiziert werden. Der andere, der **materiale, reale**, Teil, auf den sich Kant sich nun konzentriert, betrachtet systematisch die Gegenstände, über die gedacht wird, und zwar insofern, als eine Vernunfterkenntnis derselben durch Begriffe möglich ist (KU,EF,I,195).

3. Die dritte Unterscheidung, die innerhalb des **materialen** Teils der Philosophie als System der Vernunfterkenntnis durch Begriffe gemacht wird, ist diejenige zwischen dem, was Kant als **theoretische Philosophie** bezeichnet, und dem, was er selbst **praktische Philosophie** nennt. Kant zufolge bezieht sich diese dritte Unterscheidung auf die ursprünglichen Unterschiede ihrer Objekte und auf die darauf beruhende wesentliche Verschiedenheit der Prinzipien der jeweiligen Wissenschaft (KU,EF,I,195). In diesem Sinne, wie er selber in der **Einleitung in die Kritik der Urteilskraft** bemerkt, gibt es nicht mehr als zwei Arten von Begriffen, die ihrerseits eine große Verschiedenheit von Prinzipien enthalten können: einerseits die **Naturbegriffe** und andererseits der **Freiheitsbegriff**. Während der erste Begriff eine **theoretische Erkenntnis** nach Prinzipien a priori ermöglicht, errichtet der zweite **praktische** Grundsätze a priori für die **Willensbestimmung**. Kant ist davon überzeugt, daß genauso wie die **theoretische Philosophie** mit der **Naturphilosophie** identifiziert werden kann, die **praktische Philosophie** unter die **Moralphilosophie** eingereiht werden kann (KU,E,I,171-172).

4. Die vierte und letzte Unterscheidung bezieht sich auf die **praktischen Prinzipien** für die Willensbestimmung. Zunächst macht Kant die Bemerkung, daß man glaubt, jede Handlung oder jeden Grundsatz als **praktisch** bezeichnen zu können, bloß weil sie eine Art und Weise des Handelns in der Welt oder des Tuns in ihr -und zwar im Gegensatz zur bloßen Erkenntnis derselben- zum Ausdruck bringen würden. So neigt man dazu, einen Grundsatz oder eine bloße Aussage, die uns Anweisungen dazu gibt, wie eine theoretische Erkenntnis in die Praxis

umgesetzt werden könnte, als **praktisch** zu bezeichnen. Demgegenüber vertritt Kant die Auffassung, daß eine Aussage oder ein Grundsatz als **praktisch** im engen Sinne erklärt werden kann, nur wenn sie von praktischen Prinzipien, die nicht aus **Naturgesetzen**, sondern vielmehr aus **Freiheitsgesetzen** stammen, bestimmt werden:

"Es herrscht aber ein großer und selbst der Behandlungsart der Wissenschaft sehr nachteiliger Mißverstand in Ansehung dessen, was man für praktisch, in einer solchen Bedeutung zu halten habe, daß es darum zu einer praktischen Philosophie gezogen zu werden verdiente. Man hat Staatsklugheit und Staatswirtschaft, Haushaltungsregeln, imgleichen die des Umgangs, Vorschriften zum Wohlbefinden und Diätetik, so wohl der Seele als des Körpers, (warum nicht gar alle Gewerbe und Künste?) zur praktischen Philosophie zählen zu können geglaubt; weil sie doch insgesamt einen Inbegriff praktischer Sätze enthalten. Allein praktische Sätze sind zwar Vorstellungsart, darum aber nicht dem Inhalte nach von den theoretischen, welche die Möglichkeit der Dinge und ihre Bestimmungen enthalten, unterschieden, sondern nur die allein, welche die Freiheit unter Gesetze betrachten" (KU,EF,I,195-196).

Aus dem Grund, die den an dieser Stelle vorgeführte Argumentation erkennen läßt, nämlich das Praktische in einem eher **technischen** Sinne und das Praktische im engen **moralischen** Sinne auseinanderzuhalten, zieht Kant nun eine deutliche Unterscheidungslinie, die folgendermaßen dargestellt werden kann[142]:

---

[142] Man sollte daran erinnern, daß Kant bereits in der **Grundlegung zur Metaphysik der Sitten** zwei verschiedene Arten von Imperative unterschieden hatte, nämlich: die **hypotethischen** IMperative und den **kategorischen** Imperativ im engen Sinne des Wortes. Kant zufolge stellen die **hypotetischen** Imperative die praktische Notwendigkeit einer möglichen Handlung als **Mittel** zur anderen zu gelangen vor. Der **kategorische** Imperativ hingegen stellt eine Handlung als **für sich selbst**, ohne Beziehung auf einen anderen Zweck als **objektiv-notwendig** vor (Vgl.,G,414-415). Diese Unterscheidung läuft parallel zu der hier vorgelegten in der **Ersten Fassung** der **Einleitung** in die **Kritik der Urteilskraft**. So während hierin sich das Praktische nach dem Naturbegriff auf das Praktische im Bereich der hypotetischen Imperative bezieht und mithin auf ein innerhalb eines Verhältnisses Mittel-Zweck strukturiertes Handlungsnetz hinweist, wäre das Praktische nach dem Freiheitsbegriff auf den kategorischen Imperativ ohne Zweifel zu beziehen.

4.1. Das **Praktische** nach **Naturbegriffen**, wobei die Begriffe, die die Regel der Kausalität des Willens angeben, -wobei sich der Wille selber als Begehrungsvermögen versteht und sich als eine von mancherlei Naturursachen affizierte Instanz in der Erscheinungswelt erweist- nichts anderes als **Naturbegriffe** sind[143]. In diesem Falle verfügen wir aber über **theoretische-praktische Prinzipien**, die aber einen bloßen **technischen** Charakter haben. Darunter können also alle **technisch-praktischen Regeln** verstanden werden, die die Möglichkeit der Erzeugung der Gegenstände durch einen Willen betreffen, der nach **theoretischen** Begriffen bzw. nach **theoretischer** Erkenntnis entweder von der Natur oder vom Subjekt handelt. Solche **technisch-praktische Regeln** können also zweierlei Art sein:

4.1.1. zum einen die technisch-praktischen Regeln der **Kunst und Geschicklichkeit überhaupt**, die nichts anderes als die Anwendung der Theorie dessen ausdrücken, was zur Natur der Dinge gehört. Hierbei wird diese Anwendung danach zustande gebracht, wie die Dinge vom Subjekt selber nach einem Prinzip erzeugt werden können (KU,EF,Anmerkung zu I,195-196), d.i., durch eine willkürliche Handlung[144];

---

[143]Zur Kantischen Terminologie der gesamten Vermögen der Vernunft siehe die Fußnote 152.

[144]Man soll bloß an alle diese praktischen Formeln denken, die entweder auf einem theoretischen Satz beruhen oder daraus gezogen werden können und in letzter Konsequenz nichts anderes als einen **praktischen** Satz ausdrücken. Solche Formel ermöglichen uns, durch eine willkürliche Handlung bestimmte Gegenstände nach Regeln zu erzeugen, wobei sich diese Regeln auf Naturgesetze gründen können. Was Kant abheben will, ist also die Möglichkeit der Erzeugung, der Hervorbringung, eines neuen Gegenstandes in der Natur durch das Handeln eines Willens, dessen Bestimmungsregel auf **theoretischen** Prinzipien beruht (z.B. ein technischer Eingriff in die Welt, in dem ein Gesetz der Mechanik angewandt würde), und aus denen ein so bestimmter Wille die Regeln zieht, nach denen er in der Natur handeln kann (Vgl., KU,EF,Anmerkung zu I,195 ff.). Die Handlungsweise eines solchen Willens weist also in letzter Konsequenz eine **technische** Handlungsart auf, die innerhalb eines Verhältnisses Mittel-Zweck artikuliert wird. Den Bemerkungen der **Grundlegung der Metaphysik der Sitten** zufolge stehen wir in diesem Falle vor **Imperativen der Geschicklichkeit**, bei denen es überhaupt nicht darum geht, zu wissen, ob der verfolgte Zweck **vernünftig** und **gut** ist, sondern bloß darum, was man tun muß, um ihn erreichen zu können. Dazu bemerkt Kant, daß jede Wissenschaft irgend einen praktischen Teil besitzt, der daraus besteht, uns mögliche Zwecke und Ziele und derartige Imperative abzugeben, die uns erklären können, wie es möglich ist, einen bestimmten Zweck zu erreichen (z.B. die Vorschriften für einen Arzt, um seinen Patient gesund zu machen, usw.) (Vgl. G, 415).

4.1.2. zum anderen die technisch-praktischen Regeln der **Klugheit** als einer Geschicklichkeit, entweder Menschen und ihren Willen oder sich selbst zu beeinflussen (Vgl.,KU,E,I,172)[145].

Die beiden oben angefürten Regeln scheinen das gemeinsam zu haben, Vorschriften und Anweisungen abzugeben, die wiederum ermöglichen, bereits bestimmte **theoretische** Kenntnisse -entweder über die Natur, wie im ersten Falle, oder über den Menschen und die Gesellschaft, wie im zweiten- in die Praxis umzusetzen. Folglich geht es hier nach Kant nicht um **praktische** Sätze, die den Willen nach Gesetzen, die aus dem **Freiheitsbegriff** gezogen werden, bestimmen können, sondern vielmehr um **technische,** die den Willen durch **theoretische** Begriffe (entweder des Menschen bzw. dessen Natur oder der Natur überhaupt) bestimmen und somit den menschlichen Willen in letzter Konsequenz von der Natur abhängig machen. Deswegen bemerkt Kant dazu, daß uns beide Arten von Regeln **praktische Vorschriften** aber nie **praktische Gesetze** im engsten Sinne des Wortes liefern. Die praktischen Gesetze basieren Kant zufolge überhaupt auf keinem Naturbegriff, sondern eher lediglich auf dem **Freiheitsbegriff.** Dies führt uns direkt zum zweiten Teil unserer vierten Unterscheidung:

4.2. Das **Praktische** dem **Freiheitsbegriff** gemäß, wo der Begriff, der der Kausalität des Willens die Regel liefert, kein anderer als der **Freiheitsbegriff** ist. Kant vertritt nachdrücklich die Auffassung, daß man nur in diesem Fall mit Recht über **praktische moralische** Sätze sprechen kann.

---

[145] In dieser Hinsicht hebt Kant die Rolle der Vorschriften zur Versteigerung der **Glückseligkeit** hervor. Ähnlich wie der oben behandelte Fall drücken diese Vorschriften ebenfalls eine Formel, einen praktischen Satz, aus, der Regel(n) ausliefert (z.B. eine bestimmte Lebensart gemäß entweder der Befriedigung oder der Schwächung der Neigungen zu führen), der von einem Willen gefolgt werden soll, um einen bestimmten Zweck zu erreichen (z.B. hier die Glückseligkeit), und zwar, wie oben bereits erwähnt, innerhalb eines Mittel-Zweck Handlungsgewebes. Hierin besteht Kant wieder darauf, daß dabei der Wille nach gewissen **theoretischen** Begriffen handelt (z.B. dem der menschlichen Natur) (Vgl., KU,EF,Anmerkung zu I,196-197). Mit der Sprache der **Grundlegung...** gesagt, geht es hier um **assertorische** Imperative, d.i. um diese besondere Untergattung der **hypothetischen** Imperative, die die **praktische** Notwendigkeit einer Handlung als bloßes **Mittel** zur Beförderung der Glückseligkeit vorstellen. Nach Kant kann diese Geschicklichkeit in der richtigen Wahl der Mittel zum größtem Wohlsein als **Klugheit** im engsten Sinne bezeichnet werden (Vgl., G,415-416).

Die Kantische Stellung zu den beiden obengenannten Arten von Prinzipien, bzw. **theoretisch-praktischen** und **praktisch-moralischen** Prinzipien -d.i. jene, die jeweils unter 4.1 und 4.2 angesprochen worden sind- ist allerdings klar: jene werden als Teil der **theoretischen** Philosophie betrachtet und nur die letzte der **praktischen** Philosophie im engen Sinne zugewiesen:

"So wenig die Auflösung der Probleme der reinen Geometrie zu einem besonderen Teile derselben gehört, oder die Feldmeßkunst den Namen einer praktischen Geometrie, zum Unterschiede von der reinen, als ein zweiter Teil der Geometrie überhaupt verdient: so, und noch weniger, darf die mechanische oder chemische Kunst der Experimente, oder der Beobachtungen, für einen praktischen Teil der Naturlehre, endlich die Haus-, Land-, Staatswirtschaft, die Kunst des Umganges, die Vorschrift der Diäthetik, selbst nicht die allgemeine Glückseligkeitslehre, sogar nicht einmal die Bezähmung der Neigungen und Bändigung der Affekte zum Behuf der letzteren, zur praktischen Philosophie gezählt werden, oder die letzteren wohl gar den zweiten Teil der Philosophie überhaupt ausmachen; weil sie insgesamt nur Regeln der Geschicklichkeit, die mithin nur technisch-praktisch sind, enthalten, um eine Wirkung hervorzubringen, die nach Naturbegriffen der Ursachen und Wirkungen möglich ist, welche, da sie zur theoretischen Philosophie gehören, jene Vorschriften als blossen Korollarien aus derselben (der Naturwissenschaft) unterworfen sind, und also keine Stelle in einer besonderen Philosophie, die praktisch genannt, verlangen können" (KU,E,I,172-173).

Zu den oben überaus präzis gemachten Unterscheidungen läßt sich also zusammenfassend sagen, daß nur diese letzte besondere Art **moralisch-praktischer** Vorschriften, die auf dem **Freiheitsbegriff** beruhen und jede andere aus der Natur begründete Willensbestimmung ausschließen, als **praktische Gesetze** bezeichnet werden und somit der **praktischen Philosophie** im engen Sinne angehören dürften[146].

---

[146] So sagt Kant: "Mit einem Worte: alle praktischen Sätze, die dasjenige, was die Natur enthalten kann, von der Willkür als Ursache ableiten, gehören insgesamt zur theoretischen Philosophie, als Erkenntnis der Natur, nur diejenigen, welche der Freiheit das Gesetz geben, sind dem Inhalte nach spezifisch von jenen unterschieden. Man kann von den erstem sagen: sie machen den praktischen Teil einer Philosophie der Natur aus, die letztern aber gründen allein eine besondere praktische Philosophie" (KU,EF,I,196-197).

Den oben dargestellten Unterscheidungen wird eine andere hinzugefügt, die Kant innerhalb unseres gesamten Erkenntnisvermögens unter Berücksichtigung der Anwendung von Begriffen a priori zieht. Kant zufolge habe unser gesamtes Erkenntnisvermögen zwei verschiedene Gebiete, an denen es sich als a priori gesetzgebend erweise: einerseits, das der Naturbegriffe und, andererseits, das des Freiheitsbegriffs[147]. Kant ist davon überzeugt, man könnte eine Beziehung herstellen zwischen:

a) jedem dieser Gebiete,

b) einem jeweiligen subjektiven Erkenntnisvermögen -nach der in der **Kritik der reinen Vernunft** vorgelegten transzendentalen Analyse des menschlichen Gemüts und, schließlich,

c) einem spezifischen Feld von Gegenständen, auf dem jedes Erkenntnisvermögen handelt.

Während so die Gesetzgebung durch Naturbegriffe vom **Verstand** realisiert wird und sich mithin als eine nur **theoretische** Gesetzgebung bestimmt, die wiederum auf das Feld der **Erscheinungen** begrenzt wird, wird die andere Gesetzgebung durch den **Freiheits**begriff durchgeführt und durch die **Vernunft** bestimmt. Hier geht es nicht mehr um eine theoretische, sondern vielmehr um eine **praktische** Gesetzgebung auf dem Feld des **Übersinnlichen**, des Dinges an sich (Vgl., KU,E,II,175-176). Auf diese Weise üben Verstand und Vernunft jeweils eine Gesetzgebung -bzw. eine theoretische und eine praktische- aus, und zwar auf einem und demselben Boden der Erfahrung, ohne daß eine der anderen Eintrag tun darf (Vgl.,KU,E,II,175). Dies besagt, daß genauso wie die Naturbegriffe keinen Einfluß auf die praktische Gesetzgebung der Vernunft vermittels des Freiheitsbegriffs ausüben könnten, übt der Freiheitsbegriff ebenfalls keinen Einfluß auf die theoretische Gesetzgebung der Natur durch den Verstand aus[148].

---

[147] Siehe hinzu das in der Fußnote 152 angeführte Schema.

[148] So schreibt Kant:

Wenn man der obengenannten Argumentation sorgfältig folgt, bemerkt man, daß eine Trennlinie gezogen worden ist, oder, mit Kant zu sprechen, daß es eine unübersehbare Kluft gibt, zwischen dem Gebiet der **Naturbegriffe** -unter der **theoretischen** Gesetzgebung des **Verstandes** und nur auf das sinnliche Feld der **Erscheinungen** bezogen- und dem Gebiete des **Freiheitsbegriffs** -wo die **Vernunft** sich als die **praktische** gesetzgebende Instanz erweist, deren Feld das **übersinnliche** Feld der Dinge an sich ist. Diese Kluft ist so gebaut worden, daß es anscheinend keinen möglichen Übergang vom Gebiet der Naturbegriffe zum Gebiet des Freiheitsbegriffs gibt, "...gleich als ob es so viel verschiedene Welten wären, deren erste auf die zweite keinen Einfluss haben kann" (KU,E,II,176)[149]. Es sieht also so aus, als ob diese Gebiete

---

"Denn so wenig der Naturbegriff auf die Gesetzgebung durch den Freiheitsbegriff Einfluss hat, eben so wenig stört diese die Gesetzgebung der Natur" (KU,E,II,175).

Hierzu bemerkt er, daß die Möglichkeit, das Zusammenbestehen beider Gesetzgebungen und die entsprechenden Vermögen in demselben Subjekt sich wenigstens ohne Widerspruch zu denken, bereits in der **Kritik der reinen Vernunft** erörtert und bewiesen worden sei (Vgl., KU,E,II,175). Damit weist er freilich auf die "Transzendentale Dialektik" hin.

[149]Diese Kluft wird durch jene konstitutive Spannung der Vernunft hergestellt, die in der **Kritik der reinen Vernunft** bereits angesprochen worden war. Hierzu sollte man sich bloß jene Stelle in der Vorrede zur ersten Auflage der **Kritik der reinen Vernunft** vergegenwärtigen, an der sich Kant darauf bezieht, wie sich die Vernunft aufgrund ihrer eigentümlichen Natur gewisse Fragen stellen muß, "...die sie aber nicht beantworten kann, denn sie übersteigen alles Vermögen der menschlichen Vernunft" (KrV,AVII). Dieses Paradoxon kommt deutlich zum Ausdruck in einer Bewegung, innerhalb derer die Vernunft einerseits Grundsätze im Laufe der Erfahrung unvermeidlich und legitim gebraucht, andererseits aber mit derartigen Grundsätzen immer höher, zu weiter entfernten Bedingungen steigt, und das in einer nicht aufzuhörenden Dynamik. So macht die Vernunft Gebrauch von Grundsätzen über jede mögliche Erfahrung hinaus und gerät dadurch in Dunkelheiten und Widersprüche, deren Grund sie weder entdecken noch anerkennen kann, weil die Grundsätze, deren sie sich bedient, über die Grenze aller Erfahrung hinausgehen und so keinen Probierstein der Erfahrung mehr anerkennen. So gesehen ist die Vernunft durch zwei aus ihrer eigenen Natur entspringenden und sich ergänzenden Bewegungen gekennzeichnet: einerseits muß sie das **Bedingte** auf etwas **Unbedingtes** zurückführen; andererseits muß sie zugleich jede Bedingung wiederum als bedingt ansehen. Die "**Kritik der reinen Vernunft**" machte Kant zufolge also klar, daß unsere Erkenntnis von den Sinnen ausgeht, von da zum Verstand geht und bei der Vernunft endet, "...über welche nichts Höheres in uns angetroffen wird, den Stoff der Anschauung zu bearbeiten und unter die höchste Einheit des Denkens zu bringen" (KrV, A299-300/B355). So kann Kant den "eigentümlichen Grundsatz der Vernunft überhaupt (im logischen Gebrauch)" folgendermaßen ausdrücken: "...zu dem bedingten Erkenntnis des Verstandes das Unbedingte zu finden, womit die Einheit desselben vollendet wird" (KrV, A307/B364). Dieses Unbedingte kann aber nicht in der Welt der Erscheinungen, sondern schlechterdings nur in den Dingen an sich angetroffen werden. Dieses Unbedingte ist gerade das, was die Vernunft dazu treibt, über die Grenze der Erfahrung und aller Erscheinungen hinauszugehen. Dieses Unbedingte ist etwas, "welches die Vernunft in den Dingen an sich selbst notwendig und mit allem Recht zu allem Bedingten, und dadurch die Reihe der Bedingungen als vollendet verlangt" (KrV,BXX). Wenn die Vernunft sich aber nicht bloß, zum Gebrauche der Verstandesgrundsätze, auf Gegenstände der Erfahrung bezieht, sondern jene über die Grenze der letzteren hinaus ausdehnt, so entspringen vernünftelnde Lehrsätze, die in der Erfahrung weder Bestätigung noch Widerlegung finden können. So erklärt sich die Entstehung eines unauflösbaren Widerstreits von zwei Aussagen ("**Thesis**" und "**Antithesis**"), sogenannter **Antinomien**, die sich beide gleich gut begründen lassen (Vgl. **Prolegomena**, §52b, A147). Dies ist genau der Bereich dessen, was Kant zufolge als **Metaphysik** zu bezeichnen ist (KrV, AVIII). Eben hier sollte die **Kritik** (griech.

κριτικη) mit seinen Ableitungen umfaßt dieser Stamm die Bedeutungen von **Scheidung, Entscheidung, Beurteilung**) der reinen Vernunft ansetzen. "Die Urteilskraft des Zeitalters" -sagte Kant und meinte damit offensichtlich das Zeitalter der **Aufklärung**- fordert aber die Vernunft dazu auf, ihre eigene Selbsterkenntnis zu übernehmen, und "einen Gerichtshof einzusetzen", der die gerechten Ansprüche der Vernunft von deren grundlosen Anmaßungen klar und deutlich abtrennt. Diese Selbserkenntnis, diese Art Selbstaufklärung der Vernunft über sich selbst, um die Grenze zwischen deren legitimen und deren illegitimen Ansprüchen scharf zu ziehen, heißt bei Kant **"Kritik der reinen Vernunft"** selbst (KrV,AXII):

> "Ich verstehe aber hierunter nicht eine Kritik der Bücher und Systeme, sondern die des Vernunftvermögens überhaupt, in Ansehung aller Erkenntnisse, zu denen sie, unabhängig von aller Erfahrung, streben mag, mithin die Entscheidung der Möglichkeit oder Unmöglichkeit einer Metaphysik überhaupt und die Bestimmung sowohl der Quellen, als des Umfanges und der Grenzen derselben, alles aber aus Prinzipien" (**KrV**,AXII).

Die **konstruktive** Aufgabe dieser **Kritik** liegt in der **transzendentalen Analytik** -als demjenigen Teil der transzendentalen Logik, der die Elemente der reinen Verstandeserkenntnis vorträgt, und sich mit den Prinzipien, ohne welche kein Gegenstand gedacht werden kann, beschäftigt, und folglich als eine **Logik der Wahrheit** zu verstehen ist. Hingegen wird die **destruierende Aufgabe** der **Kritik** vor allem in der **transzendentalen Dialektik** durchgeführt. "**Dialektik**" meinte hier aber weder eine Theorie des Wissens, die aus der Diskussion gegenteiliger Meinungen entspringt, noch den richtigen Umgang mit der Rede im Gespräch überhaupt, wie sie als διαλεκτική ursprünglich zu verstehen war. "Dialektik" besagt hier also nicht diejenige Methode, die beim Reden von dem beachtet werden soll, der auf der Suche nach der Erkenntnis durch das intersubjektive Gespräch ist (Vgl., Plato, **Sophistes** 235c, **Philebos** 15 d-17a; **Parmenides**, 135 a-c). Bei Kant wird "Dialektik" auch nicht als eine Methode verstanden, die sich, im Gegensatz zur strengen deduktiven Methode der Wissenschaft, mit den pragmatischen Erfordernissen der Rhetorik beschäftigt, wobei die **dialektische** Argumentation aus den vorwissenschaftlichen Gemeinplätzen erfolgt, indem gewisse **"Topoi"** (griech. τοποι) -d.h. allgemeine Gesichtspunkte rationalen Denkens (wie z.B. die Gleichheit und Verschiedenheit, usw.)- herangezogen und beachtet werden, um durch sie die über eine bestimmte Frage bestehenden und herrschenden Meinungen entweder zu verneinen oder zu bestätigen (Vgl. Aristoteles, **Rhetorik**, I,1; **Topik** I,1,100a,18-20 und I,4,101b,11-15). "**Transzendentale Dialektik**" besagt bei Kant vielmehr eine **"Kritik des dialektischen Scheins"** (KrV,A64/B88), der unvermeidlich entspringt, wenn wir uns unserer reinen Verstandeserkenntnisse und Grundsätze über die Grenzen der Erfahrung hinaus bedienen. So betrachtet Kant die **transzendentale Dialektik** "...nicht als eine Kunst, dergleichen Schein dogmatisch zu erregen [...] sondern als eine Kritik des Verstandes und der Vernunft in Ansehung ihres hyperphysischen Gebrauchs, um den falschen Schein ihrer grundlosen Anmaßungen aufzudecken, und ihre Ansprüche auf Erfindung und Erweiterung, die sie bloß durch transzendentale Grundsätze zu erreichen vermeinet, zur bloßen Beurteilung und Verwahrung des reinen Verstandes vor sophistischem Blendwerke herabzusetzen" (KrV,A63-64/B88). So verstanden mußte diese **Kritik** "den Punkt des Mißverstandes der Vernunft mit ihr selbst" entdecken (KrV,AXII), die durch deren erfahrungsfreien Gebrauch von Grundsätzen ermöglichte Entzweiung der Vernunft mit sich selbst auflösen, und sie dadurch zu ihrer "**völligen Befriedigung**" (KrV,AXIII) führen. Die von Kant durchgeführte Kritik hatte also ein Doppelgesicht. Indem sie den Gebrauch der Grundsätze, mit denen die spekulative Vernunft über ihre eigene Grenze hinausgeht, auf den Bereich der Sinnlichkeit beschränkt, erbringt die Kritik deshalb ein **negatives** Ergebnis, weil sie die Ansprüche der spekulativen Vernunft begrenzt. Indem sie aber zugleich zeigt, daß "...es einen schlechterdings notwendigen praktischen Gebrauch der reinen Vernunft (den moralischen)" gibt, "in welchem sie [d.i. die Vernunft, GL] sich unvermeidlich über die Grenzen der Sinnlichkeit erweitert" (KrV,BXXV), wird aus der Kritik deswegen ein **positives** Ergebnis gezogen, weil dadurch Freiheit, und mit ihr Sittlichkeit, sich ohne Widerspruch denken lassen und einen Platz neben dem des Naturmechanismus haben können. So sagt Kant zusammenfassend:

> "Ich kann also Gott, Freiheit, und Unsterblichkeit zum Behuf des notwendigen praktischen Gebrauchs meiner Vernunft nicht einmal annehmen, wenn ich nicht der spekulativen Vernunft zugleich ihre Anmaßung überschwenglicher Einsichten benehme, weil sie sich, um zu diesen zu gelangen, solcher Grundsätze bedienen muß, die indem sie in der Tat

voneinander gänzlich abgetrennt wären durch die große Kluft, welche das Übersinnliche von den Erscheinungen trennt. "Der Freiheitsbegriff -sagt Kant- bestimmt nichts in Ansehung der theoretischen Erkenntnis der Natur; der Naturbegriff eben sowohl nichts in Ansehung der praktischen Gesetze der Freiheit: und es ist in sofern nicht möglich, eine Brücke von einem Gebiet zum andern hinüberzuschlagen" (KU,E,IX,195-196)[150]. Kant unternimmt also den Versuch, einen Übergang zwischen den getrennten Gebieten zu ermöglichen, eine Brücke einzuschlagen, die diese beiden Gebiete in Verbindung setzen kann. Der Weg, den Kant geht, um diese Brücke einschlagen zu können, ist ein Doppelweg, der folgendermaßen dargestellt werden kann:

1) Einerseits ist ein solcher Übergang zu erfassen, indem man jene Weise abhebt, in der die der Gesetzgebung der Vernunft unterliegende übersinnliche Welt denjenigen Zweck, den die auf dem Freiheitsbegriff beruhenden praktischen Gesetze setzen, in der sinnlichen Welt der Erscheinungen zustande bringen soll; ein solcher Übergang basiert auf einer Art **ethischer** Argumentation, die auf die notwendige Umsetzung und Verwirklichung der letzten praktischen Zwecke der Vernunft in die Welt der empirischen Erscheinungen besteht, und zwar durch einen Willen, dessen Auftreten und Handeln in der empirischen Welt durch praktische moralische Gesetze, die auf dem Freiheitsbegriff beruhen, bestimmt werden;

---

bloß auf Gegenstände möglicher Erfahrung reichen, wenn sie gleichwohl auf das angewandt werden, was nicht ein Gegenstand der Erfahrung sein kann, wirklich dieses jederzeit in Erscheinung verwandeln, und so alle praktische Erweiterung der reinen Vernunft für unmöglich erklären. Ich mußte also das Wissen aufheben, um zum Glauben Platz zu bekommen..." (KrV,BXXX).

[150]Obwohl Kant diese unübersehbare Kluft zwischen den beiden Gebieten sieht, bemerkt er selber -und das wäre eine gewisse Schattierung der vermutlichen Unübersehbarkeit dieser Kluft-, daß es zwar wahr ist, daß die Kausalität nach dem Freiheitsbegriff und den darin enthaltenen praktischen Regeln keineswegs von der Natur bestimmt seien, so daß das Sinnliche nie das Übersinnliche im Subjekte bestimmen könne. Zugleich aber sei es doch möglich, einen gewissen Einfluß in die umgekehrte Richtung zu denken, nämlich vom Übersinnlichen im Subjekte auf die sinnliche Natur. Kant zufolge ist es also möglich -und ein zureichender Beleg dafür ist die Behandlung der dritten Antinomie in der **Kritik der reinen Vernunft** (Vgl., dazu KrV,A44/B471 uff.)-, eine Bestimmung des Sinnlichen (der Natur) durch das Übersinnliche (die Freiheit) zu begreifen, wobei die Bedingung für die Möglichkeit einer solchen Bestimmung bereits im Begriff einer Kausalität durch Freiheit enthalten ist. Hier geht es jedoch um eine ganz besondere Kausalität in dem Maße, als deren Wirkungen in der sinnlichen Ordnung, in der nach dem Kausalitätsgesetz strukturierten Welt, in der Natur, geschehen. Diese Bestimmung des Sinnlichen durch das Übersinnlichen bezieht sich also auf nichts anders als auf die **Wirkungen** der **freien** menschlichen Handlungen auf die empirische Erscheinungswelt (Vgl. KU,E,IX,195-196). In diesem Moment möchte ich mich beschränken auf diese sicher unzureichende Bemerkung zu diesem Problem, das freilich eine noch kompliziertere und wichtigere Rolle in der Kantischen Philosophie spielt.

2) Andererseits kann dieser Übergang aber auch so begriffen werden, daß die Natur so verstanden wird, daß sie sich irgendwie nach jedem Ziel richtet, das mit denjenigen praktischen Zwecken, die in dieselbe Natur verwirklicht bzw. umgesetzt werden sollen, übereinstimmt. Das heißt, hier geht es um die Bestimmung der möglichen Existenz eines Grundes für eine **Einheit** zwischen

2.1) dem Übersinnlichen, das der Natur zugrundeliegt, und

2.2) dem, was der Freiheitsbegriff als **Praktisches** in sich selbst enthält.

Eben der Begriff eines solchen Grundes -trotz der Ünmöglichkeit, über irgendeine theoretische oder praktische Erkenntnis von ihm zu verfügen- ermöglicht den erwünschten Übergang von einem Gebiet zum anderen. In dieser zweiten Alternative wird auf einen Übergang, der von anderer Art als der erste in 1) ist, hingewiesen. Dieser Übergang stützt sich auf eine Art **teolologisches** Argument, das eine einzigartige Übereinstimmung hervorhebt, zwischen einerseits der Bewegung eines Willens, der nach auf dem Freiheitsbegriff beruhenden praktischen moralischen Gesetzen handelt und die von der Vernunft vorgeschriebenen Zwecke in die empirische Welt der Erscheinungen umsetzen und verwirklichen will bzw. soll (Vgl., 2.2), und andererseits derjenigen zweiten Bewegung einer Natur, die von einer anderen Perspektive her als der der theoretischen Begriffe unter der Gesetzgebung des Verstandes betrachtet wird, so daß sie sich ebenfalls nach dem Zweck richtet, der durch die praktische Vernunft gesetzt und vorgeschrieben worden ist. So werden eine **praktische Zweckmäßigkeit** und eine besondere **Zweckmäßigkeit der Natur**, die die Natur so darstellt, **als ob** sie nicht nur für einen bloß **technischen** Eingriff in sie, sondern vor allem für das **moralische Handeln** eingerichtet wäre, miteinander in Verbindung gesetzt. In der **Kritik der Urteilskraft** wird also die Natur anders als in der **Kritik der reinen Vernunft** dargestellt, so daß sie mit den höchsten Forderungen der Moralität übereinstimmen kann. Zum größten Teil wird die **Kritik der Urteilskraft** dem Versuch gewidmet, die Einheit zwischen dem Gebiet der Naturbegriffe unter der theoretischen

Gesetzgebung des Verstandes und nur auf das sinnliche Feld der Erscheinungen bezogen und dem Gebiet des Freiheitsbegriff unter der praktischen Gesetzgebung der Vernunft und auf das übersinnliche Feld der Dinge an sich bezogen, zu begreifen und zu begründen[151].

---

[151] Der Ort der **Kritik der Urteilskraft** innerhalb der kritischen Philosophie überhaupt könnte also vom Kantischen Anspruch her erklärt werden, daß dieses Werk zeigen sollte, wie die Urteilskraft eine vermittelnde Verbindung zwischen dem Erkenntnisvermögen und dem Begehrungsvermögen, dem Verstande und der Vernunft, der Natur und der Freiheit, herstellt. Die **Kritik der reinen Vernunft** und die **Kritik der praktischen Vernunft** hatten sich mit zwei verschiedenen Gebieten -bzw. der empirischen Welt der Erscheinungen unter dem Kausalitätsgesetz und der noumenischen Welt unter der Gesetzgebung des Freiheitsbegriffs- befasst. Das in der **Kritik der Urteilskraft** gestellte Problem ist das Problem der möglichen Einheit zwischen beiden Gebieten. Wie wir sehen werden, betrachtet Kant die **Urteilskraft** gerade als dasjenige Vermögen, das eine solche Einheit zustande bringen kann. So begreift er die **Kritik der Urteilskraft** als einen gelungenen Versuch, die zwei oben genannten Gebiete und somit die zwei Teile der Philosophie (bzw. theoretischer und praktischer) in ein Ganzes zu artikulieren und so zur Einheit zu bringen (Vgl.,KU,E,III,176-177). Kant hatte in der **Kritik der reinen Vernunft** bereits bewiesen, daß der Verstand konstitutive Prinzipien der Erkenntnis a priori enthält; ähnlich wurde schon in der **Kritik der praktischen Vernunft** gezeigt, daß die Vernunft Prinzipien a priori für das Begehrungsvermögen enthält. Hauptproblem in der **Kritik der Urteilskraft** ist also eine Antwort auf jene Frage zu geben, ob die Urteilskraft, die sich auf der Ebene des Erkenntnisvermögens als eine vermittelnde Verbindung zwischen dem Verstand und der Vernunft erweist, ebenfalls Prinzipien a priori für sich selbst enthält und, wenn ja, ob diese letzte regulativ oder konstitutiv sind, ob sie dem Gefühl der Lust und Unlust ein Regel a priori liefern können, usw. (Siehe dazu die Fußnote 152). Wie A. Bäumler es zu Recht bemerkt hat, werden in der **Kritik der Urteilskraft** allerdings diese Probleme im Zusammenhang mit anderen behandelt, die auf die bereits behandelte Diskussion über die Grundlegung der Ästhetik im deutschen Bereich zurückführen und durch die sich ein gewisses Interesse am Irrationalen ankündigt, das sich durch Ausdrücke wie Geschmack, Gefühl, Urteilskraft, Genie, Geist, usw., beobachten läßt (Vgl., dazu §§1. uff. dieser Arbeit).

§ 4. Die vermittelnde Leistung der Urteilskraft.

Bei der Suche nach der Verbindung zwischen dem Gebiet der Naturbegriffe und dem Gebiet des Freiheitsbegriff und mithin zwischen dem Verstand, der der Natur Gesetze a priori gibt, und der Vernunft, die Freiheitsgesetze liefert, wendet Kant sich einem Vermögen zu, das sich als ein Vermittelndes zwischen den obigen Gebieten erweist, nämlich: der Urteilskraft[152]. Im ersten Schritt seiner Argumentation äußert Kant seine Überzeugung, daß es zureichende Gründe dafür gibt, eine doppelte Analogie anzunehmen, nämlich:

a) eine Analogie zwischen der Urteilskraft als Mittelglied zwischen dem Verstand und der Vernunft und diesen beiden Erkenntnisvermögen -bzw. dem Verstande und der Vernunft; und

b) eine Analogie zwischen derselben Urteilskraft und den Seelenvermögen -d.i. dem Erkenntnisvermögen und dem Begehrungsvermögen (Vgl., KU,E,III, 176-177 ff.ss.).

---

[152]Die Beziehung zwischen den gesamten Vermögen des Gemüts, den Erkenntnisvermögen, deren Prinzipien a priori und deren Anwendungsbereich im Rahmen der Transzendentalphilosophie wird von Kant selbst folgendermaßen verdeutlicht:

Gesamte Vermögen des Gemuts	Erkenntnisvermögen	Prinzipien a priori	Anwendung auf
Erkenntnisvermögen	Verstand	Gesetzmäßigkeit	Natur
Gefühl der Lust und Unlust	Urteilskraft	Zweckmäßigkeit	Kunst
Begehrungsvermögen	Vernunft	Endzweck	Freiheit

(Siehe dazu KU, E, IX, 198 und KU, E, III, 178)

Anhand einer Analyse dieser doppelten Analogie erörtert Kant den Charakter bzw. die Leistung der Urteilskraft:

1. Zur ersten Analogie zwischen der Urteilskraft und den oberen Erkenntnisvermögen -d.h. dem Verstand und der Vernunft- bemerkt Kant, daß genauso wie diese zwei Vermögen die Urteilskraft ebenfalls eine eigene Gesetzgebung und mithin ein eigenes Prinzip a priori -in diesem Falle aber nicht objektiv, sondern bloß **subjektiv**- enthalten darf, so daß sie auch Gesetze a priori bestimmen kann (Vgl.,KU,E,III,176-177). Obwohl die Urteilskraft über kein Feld der Gegenstände als ihr Gebiet verfügt, kann ihr Prinzip a priori doch einen Boden, für den dieses Prinzip gültig sein kann, haben. Dieser ersten Analogie zufolge soll die Urteilskraft sowohl ein Prinzip a priori als auch einen Boden, für den ein solches Prinzip eine unbedingte und allgemeine Gültigkeit haben soll, besitzen;

2. Hinsichtlich der zweiten Analogie zwischen der Urteilskraft und den Seelenvermögen -d.i. dem Erkenntnisvermögen und dem Begehrungsvermögen- äußert Kant seine Überzeugung, daß, während das Erkenntnisvermögen, als theoretisches Erkenntnisvermögen betrachtet und allein auf die Natur als eine Gesamtheit von Erscheinungen bezogen, jederzeit den Verstand als Gesetzgeber der Natur anhand Begriffe a priori voraussetzt, das Begehrungsvermögen, als oberes Begehrungsvermögen betrachtet[153], d.i. als Begehrungsvermögen nach dem Freiheitsbegriff, eine Gesetzgebung seitens der Vernunft voraussetzt. So wird von Kant das Gefühl der Lust und Unlust als Mittelglied und Verbindungspunkt zwischen den obengenannten Seelenvermögen eingeführt, und zwar auf eine ähnliche Weise, auf der die Urteilskraft dieselbe vermittelnde Rolle zwischen den Erkenntnisvermögen -bzw. dem Verstand und der Vernunft- spielte. So werden hinsichtlich ihrer gemeinsam mitgeteilten vermittelnden Rolle die **Urteilskraft** einerseits und das **Gefühl der Lust und Unlust** andererseits derart in Verbindung miteinander gesetzt, daß jene diesem sein grundlegendes Prinzip a priori abgeben darf:

---

[153] Man sollte daran erinnern, daß Kant eine doppelte Betrachtung des Begehrungsvermögens im Auge hat:

    1) Als **oberes** Vermögen nach dem Freiheitsbegriff, für das allein die Vernunft Gesetzgeberin ist, und wo die Lust eben aus der Bestimmung dieses Vermögens **durch das moralische Gesetz** her entstammt;

    2) Als **unteres** Vermögen, wo die Lust demjenigen Prinzip, das das Begehrungsvermögen führt und bestimmt, vorausgeht (Vgl., KU,E,III,178).

Siehe hierzu ferner das Schema in der vorigen Fußnote 152.

"Nun hat das Erkenntnisvermögen nach Begriffen seine Prinzipien a priori im reinen Verstande (seinem Begriffe von der Natur), das Begehrungsvermögen in der reinen Vernunft (ihrem Begriffe von der Freiheit) und da bleibt noch unter den Gemütseigenschaften überhaupt ein mittleres Vermögen oder Empfänglichkeit, nämlich das Gefühl der Lust und Unlust, sowie unter den obern Erkenntnisvermögen ein mittleres, die Urteilskraft, übrig. Was ist natürlicher, als zu vermuten, daß die letztere zu dem ersten eben so wohl Prinzipien a priori enthalten werde" (KU,EF,III,207-208).

Aus dem oben Gesagten könnte also folgendes als Schlußfolgerung gezogen werden:

i) Die Urteilskraft verfügt sowohl über ein Prinzip a priori als auch über einen Boden, für den ein solches Prinzip allgemeingültig ist (siehe dazu das, was zur ersten Analogie gesagt wurde); und

ii) Aufgrund ihres gemeinsamen vermittelnden Charakters können die Urteilskraft und das Gefühl der Lust und Unlust miteinander in Beziehung gesetzt werden, so daß die erste dem letzten ein Grundprinzip a priori liefern kann. Oder wie Kant selber sagt: "...wenn Urteilskraft überall etwas für sich allein bestimmen soll, es wohl nichts anders als das Gefühl der Lust sein könnte und umgekehrt, wenn dieses überall ein Prinzip a priori haben soll, es allein in der Urteilskraft anzutreffen sein werde" (KU,EF,III,208); in diesem Sinne fügt Kant hinzu, daß, da das Gefühl der Lust und Unlust mit dem Begehrungsvermögen verbunden ist und zugleich dasselbe Gefühl in Verbindung mit der Urteilskraft steht, es möglich ist, einen Übergang vom reinen Erkenntnisvermögen zum Begehrungsvermögen, d.i., vom Gebiet unter der Gesetzgebung der Naturbegriffe des reinen Verstandes zum Gebiete unter der Gesetzgebung des Freiheitsbegriffs der Vernunft, zu erfassen[154].

---

[154] Hierzu muß man anmerken, daß bisher Kant allein das Bestehen einer Beziehung zwischen dem Gefühl der Lust und Unlust und dem Begehrungsvermögen und vermittels dieser Verbindung ein Verhältnis dieses letzten Vermögens zur Urteilskraft gezeigt hat. Er hat aber noch keine ähnliche Verbindung zwischen demselben Gefühl der Lust und Unlust und dem Erkenntnisvermögen im engen Sinne bewiesen. Seiner Analogie folgend und von der Ebene der Erkenntnisvermögen her betrachtet wäre die einzige Verbindung, die bis zu dieser Phase der Argumentation mit Recht gesetzt werden könnte, die zwischen der Urteilskraft und der Vernunft, aber noch nicht eine zwischen der Urteilskraft und dem Verstand. Siehe dazu das in der Fußnote 152 eingefügte Schema.

Wie wir später noch ausführlich sehen werden, hat diese Verbindung der Urteilskraft mit dem Gefühlsvermögen Kant die Möglichkeit gegeben, jenes Problem zu lösen, welches 1787 in einem bekannten Brief an Reinhold noch unerledigt war, nämlich das Problem der Beziehung des Schönheitsgefühls auf das Lustgefühl, das durch die subjektive Zweckmäßigkeit hervorgerufen wird, zu bestimmen[155].

---

[155]Es sei hier auf die Entstehung der Beschäftigung Kants mit ästhetischen Problemen kurz hinzuweisen. Wie 1901 Schlapp dazu bereits bemerkt hatte, sind die **Kritik der Urteilskraft** und die **Anthropologie** neben den **Beobachtungen über das Gefühl des Schönen und des Erhabenen** die Hauptquellen für die Kenntnis von Kants Ästhetik. Hinzu kommen die von Starke, Jäsche und Pölitz veröffentlichten Nachschriften der Anthropologie, Logik und Metaphysik. Ferner fällt auf, daß Kant keine Vorlesung der Ästhetik bzw. ästhetischen Probleme gewidmet hat, "...obwohl, wie es scheint", merkt Schlapp, "für diesen Zweck seit dem Anfang der siebziger Jahre es ihm kaum an Material gefehlt haben dürfte. Er hat die früh geplante Geschmakskritik vielmehr im Zusammenhang mit seinen Vorträgen über Logik, Anthropologie und Metaphysik behandelt. Aus diesen ästhetischen Excursen hat sich dann schliesslich seine 'Kritik der Urteilskraft' in ihrer jetzigen Form niedergeschlagen und so gut es ging zusammenkrystallisiert" (Schlapp,1901,8). Erst in diesem Zusammenhang wird der vielzitierte Brief an Reinhold relevant. Im selben Jahr der Veröffentlichung der zweiten Ausgabe der **Kritik der reinen Vernunft** (1787) schrieb Kant einen Brief an K.L. Reinhold, in dem er ihm sein Projekt über eine Kritik des Geschmacks und deren Stelle in der gesamten kritischen Philosophie mitteilte:

> "So beschäftige ich mich jetzt mit der Kritik des Geschmacks, bei welcher Gelegenheit eine neue Art von Prinzipien a priori entdeckt wird, als die bisherigen. Denn der Vermögen des Gemüts sind drei: Erkenntnisvermögen, Gefühl der Lust und Unlust und Begehrungsvermögen. Für das erste habe ich in der Kritik der reinen (theoretischen), für das dritte in der Kritik der praktischen Vernunft Prinzipien a priori gefunden . Ich suchte sie auch für das zweite, und ob ich es zwar sonst für unmöglich hielt, dergleichen zu finden, so brachte das Systematische, was die Zergliederung der vorher betrachteten Vermögen mir im menschlichen Gemüte hatte entdecken lassen und welches zu bewundern und womöglich zu ergründen mir noch Stoff genug für den Überrest meines Lebens an die Hand geben wird, mich doch auf diesen Weg, so daß ich jetzt drei Teile der Philosophie erkenne, deren jede ihre Prinzipien a priori hat, die man abzählen und den Umfang der auf solche Art möglichen Erkenntnis sicher bestimmen kann -theoretische Philosophie, Teleologie und praktische Philosophie, von denen freilich die mittlere als die ärmste an Bestimmungsgründen a priori befunden wird. Ich hoffe, gegen Ostern mit dieser unter dem Titel der Kritik des Geschmacks...fertig zu sein" (K,313,31-XII-1787).

Wie Adickes dazu treffend gesagt hat, bedingt die Art und Weise, wie man diese Stelle interpretiert, zugleich die Rekonstruktion der Entwicklung, welche Kants ästhetische Ansichten in der zweiten Hälfte der achtziger Jahre durchmachten. Daraus geht zweierlei hervor, nämlich, erstens, daß eine Beziehung zwischen der Urteilskraft und dem Gefühl der Lust und Unlust damals noch nicht hergestellt worden war und, zweitens, daß der Schwerpunkt bereits damals noch nicht auf der ästhetischen, sondern auf der teleologischen Seite lag -und dies wird durch die Verwendung des Begriffs "Teleologie" hinreichend bewiesen (Vgl., Adickes,1887,152 uff.). So, sagt Adickes hierzu, "...setze ich in dem Punkte der Entwicklung von Kants Ästhetik ein, wo systematische Rücksichten mitzuwirken begannen. Es scheint dies erst im Laufe des Jahres 1778 der Fall gewesen zu sein, denn in der zweiten Auflage der "Kritik der reinen Vernunft" heisst es noch, dass die "Regeln oder Kriterien" der kritischen Beurteilung des Schönen "ihren vornehmsten Quellen nach empirisch" sind und nie "zu bestimmten Gesetzen a priori dienen" können. Erst nachdem die 'Kritik der praktischen Vernunft' in Wesentlichen fertig gestellt war, wird Kant sich intensiver mit dem dritten der geistigen Vermögen, dem Vermögen der Lust und Unlust, beschäftigt haben. Bisher war sein Streben dahin gerichtet, notwendige und allgemeine Urteile, und damit Wissenschaft zu ermöglichen. Für das Erkenntnis- und Begehrungsvermögen waren seine Bemühungen mit grossem Erfolge gekrönt gewesen. Sollte das Vermögen der Lust und Unlust wirklich berechtigt sein, als besondere

§ 4.1. Die Urteilskraft in der *Kritik der reinen Vernunft*.

In der **Kritik der reinen Vernunft** hatte Kant die Funktion des Urteilens in enge Verknüpfung mit der Analyse einer der drei Gemütsvermögen, nämlich der des Verstandes, behandelt. So hatte er die für die sogenannte metsphysische Deduktion der Kategorien zentrale These aufgestellt, daß die Verstandesbegriffe dazu benutzt werden, Urteile zu formulieren, die wiederum eine mittelbare Erkenntnis von Objekten liefern. So verstanden, war das Urteilen ein Vermögen, das entweder positiv als Erkenntnis vermittels der Begriffe oder negativ als nichtsinnliches Erkenntnisvermögen beschrieben werden könnte. So äußerte Kant seine Grundüberzeugung:

"Wir können aber alle Handlungen des Verstandes auf Urteile zurückführen, so daß der Verstand überhaupt als ein Vermögen zu urteilen vorgestellt werden kann" (KrV, A69/B94)[156].

In der **Kritik der reinen Vernunft** erwies das Urteilen sich also als eine Handlung des Verstandes, anhand derer man eine besondere Vorstellung als enthalten in einem allgemeinen Begriff denken kann[157], also als die Urteilskraft (**casus datae legis**) wie dasjenige Vermögen,

---

Geisteskraft aufgeführt zu werden, so musste es auch irgend ein Princip a priori besitzen" (Adickes,1887,153-154). Siehe dazu ferner Adickes,1887,160 uff.

[156] Wie bereits erwähnt, macht diese These eine Grundannahme der sogenannten **metaphysischen** Deduktion der reinen Verstandesbegriffe bzw. Kategorien aus. Dies wird von Kant selbst folgendermaßen klar ausgedrückt:

"Die Funktionen des Verstandes können also insgesamt gefunden werden, wenn man die Funktionen der Einheit in den Urteilen vollständig darstellen kann" (KrV, A69/B94).

[157] Dazu sagt Kant selber:

"Das Urteil ist also die mittelbare Erkentnnis eines Gegenstandes, mithin die Vorstellung einer Vorstellung desselben. In jedem Urteil ist ein Begriff, der für viele gilt, und unter diesem Vielen auch eine gegebene Vorstellung begreift, welche letztere denn auf den Gegenstand unmittelbar bezogen wird... Alle Urteile sind demnach Funktionen der Einheit unter unsern Vorstellungen, da nämlich statt einer unmittelbaren Vorstellung eine höhere, die diese und mehrere unter sich begreift, zur Erkenntnis des Gegenstandes gebraucht, und viele möglichen Erkenntnisse dadurch in einer zusammengezogen werden"(KrV,A69/B94).

Nach dieser Stelle ist es klar, daß dasjenige, das in jedem verschiedenen Fall die Rolle einer Vorstellung spielt, jederzeit durch etwas anders vertreten werden kann. So z.B. kann eine Vorstellung, eine Empfindung oder eine Anschauung oder sogar ein Begriff sein.

"...unter Regeln zu subsumieren, d.i. zu unterscheiden, ob etwas unter einer gegebenen Regel stehe oder nicht" (KrV, A133/B172). Der Analyse der **Kritik der reinen Vernunft** zufolge sind die von den Verstandesbegriffen bzw. Kategorien vorgeschriebenen Regeln das, was uns ermöglicht, das Mannigfaltige der Anschauungen zu organisieren. Dadurch wird eine objektive Erkenntnis erreicht, die sich eben anhand der Urteile ausdrückt und damit jedermann mitgeteilt werden kann. Diese Probleme werden in den dem Schematismus gewidmeten Passaggen in der **Kritik der reinen Vernunft** ausführlicher behandelt. So begegnet man einer überaus präzisen Behandlung der Urteilskraft in der "Analytik der Grundsätze" innerhalb der Transzendentalen Analytik. Nun komme ich kurz darauf.

Zu Beginn der **Transzendentalen Logik** hatte Kant bereits zwischen der **Ästhetik** als Wissenschaft der Regeln der **Sinnlichkeit** überhaupt und der **Logik** als Wissenschaft der **Verstandesregeln** überhaupt unterschieden (Vgl.,KrV,A52/B77) [158]. Jede von diesen beiden

---

[158] Zur Verdeutlichung des Orts der Transzendentalphilosophie, an dem wir uns jetzt befinden, könnte die folgende Übersichtstabelle nützlich sein:

Wissenschaften befasst sich jeweils mit den zwei nicht aufeinander reduzierbaren Grundquellen des Gemüts, aus deren Zusammenarbeit nur unsere Erkenntnis entspringen kann. Ferner hatte Kant dort zur Logik bemerkt, daß sie unter einem doppelten Gesichtspunkt gesehen werden konnte: einerseits als Logik des **allgemeinen** Verstandesgebrauchs -und als solche betrachtet, beschäftigt sie sich, über jede Art von Besonderheit der verschiedenen Gegenstände hinaus, mit den notwendigen Regeln des Denkens, ohne die kein Gebrauch des Verstandes erfolgen kann- anderseits als Logik des **besonderen** Verstandesgebrauchs -und so gesehen hat sie die Regeln zum Gegenstand, durch die man über eine gewisse Art von Gegenständen richtig denken kann (Vgl.,KrV,A52/B77). Kant hatte aber ebenfalls von einer Logik gesprochen, die insofern unterschieden von der Logik des allgemeinen Verstandesgebrauchs ist, als sie zum Gegenstand hat, "...daß und wie gewisse Vorstellungen (Anschauungen oder Begriffe) lediglich a priori angewandt werden..." (Vgl., KrV,A56/B80). Eine derartige Logik sollte Kant zufolge als **transzendentale** Logik deshalb bezeichnet werden, weil sie "...bloß mit den Gesetzen des Verstandes und der Vernunft zu tun hat, aber lediglich so fern sie auf Gegenstände a priori bezogen wird, und nicht wie die allgemeine Logik, auf die empirischen so wohl, als reinen Vernunfterkenntnisse ohne Unterschied" (Vgl.,KrV,A57/B82-83)[159].

Nun bezieht Kant sich wieder auf die **allgemeine** Logik. Ihm zufolge ist sie auf einer Basis erbaut, die mit der Einteilung der oberen Erkenntnisvermögen -d.i. **Verstand, Urteilskraft** und **Vernunft**-. übereinstimmt. So behandelt die **Analytik** dieser allgemeinen Logik die Begriffe, Urteile und Schlüße, d.i. die Funktionen und die Ordnung von jeweils **Verstand, Urteilskraft** und **Vernunft**. Als bloß **formale** Logik abstrahiert diese Logik aber von jedwedem Inhalt der Erkenntnis und konzentriert sich ausschließlich auf die **Form** des Denkens (Vgl.,KrV,A131-

---

[159]Der Unterschied zwischen den zwei Arten von Logik und deren Verhältnis zueinander könnte also folgendermaßen dargestellt werden:

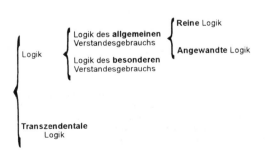

132/B170-171). Deshalb kann in der **Analytik** dieser **formalen** Logik sogar der Kanon für die **Vernunft** miteinbezogen werden. Da aber die **transzendentale** Logik einen **Inhalt**, nämlich den der reinen Erkenntnisse a priori, hat, kann sie **nicht** der Einteilung der formalen Logik folgen. Insbesondere ist hervorzuheben, daß anders als in der **formalen** Logik in der **transzendentalen** Logik die **Vernuft** mit deren Versuchen, die Erkenntnis über die Grenzen der möglichen Erfahrung zu erweitern, **nicht** zur **Analytik**, sondern vielmehr zur **Dialektik** gehört[160]. Der dreifachen Einteilung unserer Gemütskräfte zufolge können also nur **Verstand** und **Urteilskraft**, aber niemals die **Vernunft**, zur Analytik der **transzendentalen** Logik gehören. Zu Anfang der transzendentalen Analytik hatte Kant ebenfalls eine Teilung innerhalb der Analytik durchgeführt, nämlich die zwischen der **Analytik der Begriffe** und der **Analytik der Grundsätze**. In der **Analytik der Begriffe** untersuchte er die Möglichkeit und den Gebrauch der Begriffe a priori im **Verstand** (Vgl.,KrV,A65-66/B90). Nun soll die jetzt behandelte **Analytik der Grundsätze** ein Kanon für die **Urteilskraft** sein. Es ist an der Stelle, an der Kant "die transzendentale Urteilskraft überhaupt" kurz abhandelt. Nun wende ich mich dieser Behandlung zu.

Im Unterschied zum Verstand als Vermögen der Regeln bzw. reinen Begriffe wird hier die Urteilskraft als "...das Vermögen, unter Regeln zu subsumieren, d.i. zu unterscheiden, ob etwas unter einer gegebenen Regel (**casus datae legis**) stehe oder nicht"(KrV,A132/B171). Hier aber stoßen wir deshalb auf eine Schwierigkeit, weil die **allgemeine** Logik gar keine Vorschrift für die Urteilskraft enthält bzw. enthalten kann. Wie oben gesagt, beschäftigt sie sich bloß mit der **Form** der Erkenntnis, mit deren Begriffen, Urteilen, Schlüßen und deren analytischen Verhältnissen zueinander, um daraus bloß **formale** Regeln jedes Verstandesgebrauchs zu ziehen und darzustellen. Wollte sie darstellen, wie etwas unter einer Regel zu subsumieren sei, könnte sie nichts anderes als eine andere neue Regel dazu darbieten. Die Darstellung der Adäquatheit dieser Regel würde uns aber wieder zur Urteilskraft führen. Hierin bedürfen wir also nicht allgemeiner Regeln, sondern Urteilskraft, die nicht als ein Vermögen der Regeln, die belehrt werden können, sondern vielmehr als ein **Talent**, das **geübt** sein will, zu verstehen ist (KrV,A133/B172). So verstanden, liegt die Leistung der Urteilskraft eben darin, ob und wie ein **Fall in concreto** unter dem **Allgemeinen in abstracto** zu subsumieren ist. Dafür verfügt die

---

[160] Diesbezüglich muß man in Erinnerung halten, daß die **transzendentale Analytik** als derjenige Teil der transzendentalen Logik definiert worden ist, "...der die Elemente der reinen Verstandeserkenntnis vorträgt, und die Prinzipien, ohne welche überall kein Gegenstand gedacht werden kann" (KrV,A62-63/B87). Hingegen wurde die **transzendentale Dialektik** als "Kritik des Verstandes und der Vernunft in Ansehung ihres hyperphysischen Gebrauchs" charakterisiert (KrV,A63/B88).

Urteilskraft über nichts anders als über die **Beispiele**. Sie sind, sagt Kant, "der Gängelwagen der Urteilskraft, welchen derjenige, dem es am natürlichen Talent desselben mangelt, niemals entbehren kann" (KrV,A133/B172)[161].

Anders ist die Rolle bzw. Funktion der Urteilskraft in der **transzendentalen** Logik. Kant sagt, daß es der **transzendentalen** Logik zusteht, "die Urteilskraft Im Gebrauch des reinen Verstandes, durch bestimmte Regeln zu berichtigen und zu sichern" (KrV,A135/B174). Diese Rolle bzw. Funktion der Urteilskraft in der **transzendentalen** Logik ist deshalb anders als in der **formalen** Logik, weil, wie oben bereits erwähnt, die **transzendentale** Logik außer der Regel bzw. der **allgemeinen** Bedingung der Regeln, die in den reinen Begriffen des Verstandes gegeben werden, zugleich a priori **den Fall**, das **Besondere** anzeigen kann und muß, worauf jene Regeln **angewandt** werden sollen. Außer der Funktion des Verstandes in der Kategorie müssen die reinen Begriffe a priori noch Bedingungen der Sinnlichkeit -genauer gesagt, des inneren Sinns, wie wir später noch sehen werden- a priori enthalten, welche die allgemeine Bedingung enthalten, unter der die Kategorie allein auf irgend einen Gegenstand **angewandt** werden kann (Vgl.,KrV,A139-140/B179). Hier liegt aber das Eigentümliche an der **transzendentalen** Philosophie, denn sie handelt zwar von Begriffen, die sich auf ihre Gegenstände a priori beziehen sollen; anders aber als irgendwelche bloß formale Disziplin muß sie zugleich "...die Bedingungen, unter welchen Gegenstände in Übereinstimmung mit jenen Begriffen gegeben werden können, in allgemeinen aber hinreichenden Kennzeichen darlegen, widrigenfalls sie ohne allen Inhalt, mithin bloße logische Formen und nicht reine Verstandesbegriffe sein würden" (KrV,A136/B175). Eine nicht **formale**, sondern **transzendentale** Doktrin der **Urteilskraft** soll also zweierlei behandeln, nämlich:

1. einerseits die sinnliche Bedingung, unter welcher reine Verstandebegriffe allein gebraucht werden können. Das ist eben der Stoff des **Schematismus des reinen Verstandes**;

---

[161]Kant ging so weit zu sagen:

"Der Mangel an Urteilskraft ist eigentlich das, was man Dummheit nennt, und einem solchen Gebrechen ist gar nicht abzuhelfen" (**KrV**, Anmerkung,A134/B173).

2. andererseits die synthetischen Urteile, die aus reinen Verstandesbegriffen unter den oben erwähnten Bedingungen entspringen, und allen übrigen Erkenntnissen a priori zugrundeliegen. Dies sind die **Grundsätze des reinen Verstandes**.

Hierin ist die Funktion des Schematismus der reinen Verstandesbegriffe als ein Hauptteil der transzendentalen Doktrin der Urteilskraft einzuführen und zu verstehen. Kant zufolge liegt die dem Schematismus zugesprochene Aufgabe eben darin, zu erklären, wie die Kategorien, "die nicht zur Anschauung und zur Sinnlichkeit, sondern zum Denken und Verstande gehören" (KrV,A64/B89), auf Anschauungen bzw. sinnliche Erscheinungen angewandt werden können. Eine derartige Aufgabe spiegelt die bereits zu Anfang der **Transzendentalen Logik** dargestellte Kantische Grundthese wieder, daß es eine grundlegende Unterscheidung zwischen Sinnlichkeit und Verstand als den zwei Erkenntnisquellen gibt[162]. Hierzu soll daran erinnert werden, daß die **reinen** Kategorien, wie in der metaphysischen Deduktion erörtert, in völliger Abstraktion von den Modis der Sinnlichkeit, allein aus Erfordernissen des Verstandes, dem Vermögen der Begriffe, deduziert wurden. "Daher müssen wir", sagt Peter Strawson hierzu, "um die tatsächliche Bedeutung der Kategorien in ihrer Anwendung auf die Erfahrung wahrzunehmen, die Kategorien in Begriffen der allgemeinen Form sinnlicher Anschauung interpretieren. Denn Erfahrung erfordert die Kooperation von Verstand **und** Sinnlichkeit. Die Rolle dieser Interpretation übernimmt der Schematismus. Er macht den Übergang von reinen Kategorien zu Kategorien-in-Gebrauch, indem er die ersteren in Begriffen der Zeit interpretiert..."[163]. Im Schematismus geht es also darum, die Begrifflichkeit und die Sinnlichkeit, die von vornherein völlig verschiedene Erkenntnisquellen sind, miteinander zu **vermitteln**. Anders gesagt handelt es sich hierbei um die Frage nach den Bedingungen, unter denen Sinn bzw. Bedeutung den Kategorien zugesprochen werden kann oder, noch einfacher gesagt, nach den Bedingungen, unter denen die **Anwendung** des **Allgemeinenen** (die reinen Begriffe) auf das **Besondere** (die empirischen Anschauungen) erfolgen kann.

Kant beginnt eine Erklärung des Schematimus der reinen Verstandesbegriffen mit der Behauptung, daß alle **Subsumtion** der Vorstellung eines Gegenstandes unter irgendeinen Begriff, also die **Anwendung** des letzteren auf jene, eine Bedingung erfüllen muß. Diese Bedingung ist eben die **Gleichartigkeit** zwischen denselben. Das besagt, daß der Begriff

---

[162]Vgl., Allison,1983,174.

[163]Strawson,1973,25.

dasjenige enthalten muß, was in dem darunter zu subsumierenden Gegenstande vorgestellt wird. Nur dann können wir sagen, daß der Gegenstand **unter einem Begriffe enthalten** sei.

Anders ist aber der Fall bei den **reinen** Verstandesbegriffe, denn im Vergleich mit den **empirischen** bzw. **sinnlichen** Anschauungen sind sie ganz **ungleichartig** und können niemals in irgendeiner Anschauung angetroffen werden. Kant zufolge ist es aber klar, "...daß es ein Drittes geben müsse, was einerseits mit der Kategorie, andererseits mit der Erscheinung in Gleichartigkeit stehen muß, und die Anwendung der ersteren auf die letzte möglich macht. Diese vermittelnde Vorstellung muß rein (ohne alles Empirische) und doch einerseits intellektuell, andererseits sinnlich sein. Eine solche ist das transzendentale Schema" (KrV,A138/B178). Um dieses **transzendentale Schema** zu definieren, erinnert Kant uns zunächst daran, daß in der den transzendentalen Deduktion gewidmeten Paragraphen bereits gezeigt wurde, daß der Verstandesbegriff eine reine synthetische Einheit des Mannigfaltigen überhaupt enthält. Die transzendentale Ästhetik aber hatte gezeigt, daß **die Zeit** als formale Bedingung des Mannigfaltigen des inneren Sinnes und folglich der Verknüpfung aller Vorstellungen ein Mannigfaltiges a priori in der reinen Anschauung enthält[164]. Eine **transzendentale Zeitbestimmung** ist also insofern gleichartig mit dem **reinen Begriff**, als sie einerseits **allgemein** ist und andererseits **auf einer Regel a priori** basiert. Zugleich ist aber diese transzendentale Zeitbestimmung mit der **sinnlichen Anschauung** insofern gleichartig, als die Zeit in jeder empirischen Vorstellung des Mannigfaltigen enthalten ist. **Daher wird die Anwendung der Kategorie auf Erscheinungen durch die transzendentale Zeitbestimmung möglich.** Als Schema der Verstandesbegriffe vermittelt also diese transzendentale Zeitbestimmung die Subsumtion der sinnlichen Anschauungen unter die Kategorien. Diese transzendentale Zeitbestimmung als reine und formale Bedingung, unter der die Kategorie allein

---

[164]Hier sollte man sich die von Kant zu Ende der transzendentalen Ästhetik vorgelegten **Schlüsse** vergegenwärtigen:

"Die Zeit ist die formale Bedingung a priori aller Erscheinungen überhaupt. Der Raum, als die reine Form aller äußeren Anschauung ist als Bedingung a priori bloß auf äußere Erscheinungen eingeschränkt. Dagegen, weil alle Vorstellungen, sie mögen nun äußere Dinge zum Gegenstande haben, oder nicht, doch an sich selbst, als Bestimmungen des Gemüts, zum inneren Zustande gehören; dieser innere Zustand aber unter der formalen Bedingung der inneren Anschauung, mithin der Zeit gehöret: so ist die Zeit eine Bedingung a priori von aller Erscheinung überhaupt, und zwar die unmittelbare Bedingung der inneren (unserer Seelen) und eben dadurch mittelbar auch der äußeren Erscheinungen. Wenn ich a priori sagen kann: alle äußeren Erscheinungen sind im Raume, und nach den Verhältnissen des Raumes a priori bestimmt, so kann ich aus dem Prinzip des inneren Sinnes ganz allgemein sagen: alle Erscheinungen überhaupt, d.i. alle Gegenstände der Sinne, sind in der Zeit und stehen notwendiger Weise in Verhältnissen der Zeit" (KrV,A33-34/B50-51).

auf irgend einen Gegenstand angewandt werden kann, wird von Kant das **Schema** dieser Kategorie genannt. **Die transzendentalen Schemata der Kategorien sind also Zeitbestimmungen**. Gleichermaßen bezeichnet Kant das Verfahren des Verstandes mit diesen Schemata als **Schematismus des reinen Verstandes** (Vgl.KrV,A140/B179).

Das Schema an sich selbst, sagt Kant, ist nur ein Produkt der Einbildungskraft und deren synthetischen Leistungen zum Zwecke der Einheit in der Bestimmung der Sinnlichkeit[165]. Hierin muß man das **Schema** von einem **Bild** der Einbildungskraft, also von einem Bild als sinnlicher Vorstellung eines Begriffs (so wie z.B. fünf hintereinander gesetzte Punkte ein Bild von der Zahl fünf anbieten können) unterscheiden. Diesbezüglich ist Kant klar: mehr als ein bloßes **Bild** ist das Schema eher die Vorstellung von einem allgemeinen Verfahren der Einbildungskraft, einen gewissen Begriff in einem Bild vorzustellen, d.i. ihm sein Bild zu verschaffen. Um den Unterschied zwischen dem **Schema** eines **reinen Verstandesbegriffes** und einem bloßen **Bild** bzw. einer **Gestalt** deutlich zu machen, bezieht sich Kant nun auf die Schemata und Bilder bzw. Gestalten der **reinen sinnlichen** Begriffe (1), dann auf die der **empirischen** Begriffe (2). Schließlich markiert er den wesentlichen Unterschied derselben mit dem Schema eines **reinen Verstandesbegriffes** (3):

1) Kant ist der Ansicht, daß unsere **reinen sinnlichen Begriffe** nicht Bilder der Gegenstände, sondern vielmehr Schemata als Grundlagen haben. Als Beispiel hierfür erwähnt er den Begriff von einem Triangel überhaupt. Es ist klar, daß einem derartigen allgemeinen, reinen Begriff kein Bild desselben jemals adäquat entsprechen könnte. Ein Bild des Triangels würde also niemals die Allgemeinheit des Begriffs von einem Triangel erreichen, weil die Allgemeinheit dieses Begriffs besagt, daß dieser für alle, recht-, oder schiefwinklichte usw. gilt. Dagegen bleibt das Bild des Triangels immer lediglich auf einen Teil der ganzen Sphäre der Triangeln überhaupt begrenzt. Kant zufolge ist ein Schema unserer reinen sinnlichen Begriffe, z.B. einer

---

[165] Im §24 der **Kritik der reinen Vernunft** hatte Kant sich auf zwei verschiedene Arten von Synthesis bezogen, nämlich die **figürliche** (die **synthesis speciosa**) und die **intellektuelle** Synthesis (**synthesis intellectualis**). Die erste ist eine Synthesis des Mannigfaltigen der **sinnlichen Anschauung**, die zweite aber eine Synthesis des Mannigfaltigen **einer Anschauung überhaupt in der bloßen Kategorie**. Beide Synthesen sind Kant zufolge a priori, transzendental, "nicht bloß weil sie selbst a priori vorgehen, sondern auch die Möglichkeit anderer Erkenntnis a priori gründen" (KrV,B151). Im Unterschied aber zur bloßen intellektuellen Verbindung der Synthesis des Verstandes charakterisierte Kant die figürliche Synthesis als die **transzendentale Synthesis der Einbildungskraft**, wobei diese letzte wiederum als das Vermögen, "einen Gegenstand auch ohne dessen Gegenwart in der Anschauung vorzustellen", definiert wurde (KrV,B151). Hierin soll es klar sein, daß das **Schema** als Produkt der **reinen Einbildungskraft** a priori, der **figürlichen Synthesis** derselben entspricht.

geometrischen Figur, eine **Methode zur Kostruktion** der jeweiligen Figur[166]. Das Schema des Triangels kann also niemals anders als in Gedanken existieren und impliziert immer "eine Regel der Synthesis der Einbildungskraft, in Ansehung reiner Gestalten im Raume" (KrV,A141/B180).

2) Die **empirischen** Begriffe ihrerseits beziehen sich jederzeit unmittelbar auf das Schema der Einbildungskraft, als eine Regel der Bestimmung der Anschauung gemäß eines gewissen allgemeinen Begriffes. So z.B. bedeutet der Begriff von einem Hunde eine Regel, nach der die Einbildungskraft die **Gestalt** eines vierfüßigen Tieres **allgemein** zeichnen kann, ohne auf irgend eine einzige besondere **Gestalt** beschränkt zu sein.

3) Die zwei oben angesprochenen Fälle zeigen, daß jedes **Bild** bzw. jede **Gestalt** ein Produkt des **empirischen** Vermögens der produktiven Einbildungskraft ist. Hingegen aber ist das **Schema** ein Produkt der **reinen** Einbildungskraft a priori, wonach und wodurch sogar die Bilder möglich werden können. Das **Schema** eines **reinen Verstandesbegriffes** unterscheidet sich von den oben angesprochenen Fälle also dadurch, daß es **in gar kein Bild gebracht werden kann**. Das Schema eines reinen Verstandesbegriffes ist nur "...die reine Synthesis gemäß einer Regel der Einheit nach Begriffen überhaupt, die die Kategorie ausdrückt und ist ein transzendentales Produkt der Einbildungskraft, welches die Bestimmung des inneren Sinnes überhaupt, nach Bedingungen seiner Form (der Zeit), in Ansehung aller Vorstellungen, betrifft, so fern diese der Einheit der Apperzeption gemäß a priori in einem Begriff zusammenhängen sollten" (KrV,A142/B181). Demzufolge verweisen die Kategorien und die sinnlichen Erscheinungen letztlich auf Zeitbestimmungen, die die Vermittlung zwischen den beiden und die Anwendung der ersteren auf die letzteren ermöglichen. Die transzendentalen Schemata der Kategorien fungieren also als **transzendentale Zeitbestimmungen.** So ordnet Kant den Kategorien der **Quantität** die Erzeugung der Zeit in einer **Zeitreihe**, den Kategorien der **Qualität** die Erfüllung der Zeit durch einen **Zeitinhalt,** den Kategorien der **Relation** die Bestimmung des Zeitverhältnisses von Wahrnehmungen in einer **Zeitordnung** und den Kategorien der **Modalität**

---

[166]So könnte man die folgende Stelle interpretieren:

"So, wenn ich fünf Punkte hintereinander setze ....., ist dieses ein Bild von der Zahl fünf. Dagegen, wenn ich eine Zahl überhaupt nur denke, die nun fünf oder hundert sein kann, so ist dieses Denken mehr die Vorstellung einer Methode, einem gewissen Begriffe gemäß eine Menge (z.E. Tausend) in einem Bilde vorzustellen, als dieses Bild selbst..." (KrV,A140/B179).

die Bestimmung der Zugehörigkeit von Gegenständen der Erfahrung zur Zeit in einem Zeitbegriff zu. (Vgl.,KrV, A145/B184-185)[167].

Als Beispiele für solche Schemata wären folgende zu nennen: das Schema der **Substanz** als einer Kategorie der **Relation** ist die Beharrlichkeit des Realen in der Zeit, das ist, die Vorstellung des Realen als eines Substratums einer **Zeitbestimmung** überhaupt, welches bleibt, während alles andere wechselt. Die Substanz als das Unwandelbare im Dasein korrespondiert also der Zeit, die selbst unwandelbar und bleibend ist. Das Schema der **Ursache und der Kausalität**

---

[167]Der Zusammenhang des Kantischen konzeptuellen Instrumentariums könnte folgendermaßen dargestellt werden:

TAFEL DER URTEILSFORMEN (KrV, A70/B95)	TAFEL DER KATEGORIEN (KrV, A80/B106)	SCHEMATA (KrV, A145/B184-5)
QUANTITÄT	**QUANTITÄT**	
Allgemeine	Einheit	
Besondere	Vielheit	**Erzeugung** der Zeit in einer Zeitreihe
Einzelne	Allheit	
QUALITÄT	**QUALITÄT**	
Bejahende	Realität	
Verneinende	Negation	**Erfüllung** der Zeit durch einen Zeit**inhalt**
Unendliche	Limitation	
RELATION	**RELATION**	
Kategorische	Inhärenz und Subsistenz (substantia et accidens)	
Hypothetische	Kausalität und Dependenz (Ursache und Wirkung)	**Bestimmung des Zeitverhältnisses** von Wahrnehmungen in einer Zeit**ordnung**
Disjunktive	Gemeinschaft (Wechselwirkung zwischen dem Handelnden und Leidenden)	
MODALITÄT	**MODALITÄT**	
Problematische	Möglichkeit-Unmöglichkeit	**Bestimmung der Zugehörigkeit** von Gegenständen der Erfahrung in einem Zeit**begriff**
Asertorische	Dasein-Nichtsein	
Apodiktische	Notwendigkeit-Zufälligkeit	

eines Dinges überhaupt ist das Reale, worauf **jederzeit** etwas anderes folgt. Dieses Schema besteht also in der Sukzession des Mannigfaltigen, insofern diese Sukzession einer Regel unterworfen ist. Das Schema der Wirklichkeit ist das Dasein in einer **bestimmten Zeit**. Das Schema der Notwendigkeit ist das Dasein eines Gegenstandes zu **aller Zeit**, usf. Aus diesen Beispielen wird klar, daß die Schemata nichts anders als **Zeitbestimmungen a priori nach Regeln** sind. Sie **vermitteln** zwischen den Kategorien und den Anschauungen und ermöglichen die **Anwendung** der ersteren auf die letzteren. So gesehen, **realisieren** die Schemata die Kategorien, indem sie diese **restringieren**, d.i. auf Bedingungen, die nicht mehr im Verstande selbst, sondern eher in der Sinnlichkeit liegen, einschränken (Vgl., KrV,A147/B185-186). Ohne Schemata blieben die Kategorien bloße leere Funktionen des Verstandes zum Begreifen, ohne irgendeinen Gegenstand vorstellen zu können. Erst durch die Schemata können die **allgemeinen** reinen Begriffe mit den **besonderen** empirischen Anschauungen **vermittelt** bzw. jene auf diese **angewandt** werden, so daß die Kategorien eine **Bedeutung** bzw. **Sinn** von der Sinnlichkeit her eben dadurch gewinnen können. "Diese Bedeutung, schließt Kant, kommt ihnen [den Kategorien, GL] von der Sinnlichkeit, die den Verstand realisiert, indem sie ihn zugleich restringiert" (KrV,A147/B187). So gesehen wird erst im Schematismuskapitel die Aufgabe, nämlich wie die reinen Verstandesbegriffe sich auf Gegenstände der Erfahrung beziehen können, zu Ende geführt, die der transzendentalen Deduktion usprünglich zugesprochen worden war.

Nach der oben rekonstruierten Analyse der Urteilskraft in der **Kritik der reinen Vernunft** geht hervor, daß die von Kant der Urteilkraft zuerkannten Bestimmungen entweder von **psychologischen,** oder von **logischen** oder, schließlich, von **transzendentalen** Gesichtspunkten her jeweils verstanden werden könnten. In ihrem **psychologischen** Sinne aufgefaßt, erweist sich die Urteilskraft als ein eher psychologisches Vermögen, als "ein besonderes Talent", daß bei verschiedenen Menschen in verschiedenen Maßen vorhanden sein kann. Demzufolge ist die Urteilskraft ein Unterscheiden-Können, ob etwas ein Fall einer gegeben Regel sei, oder nicht. Auf diese von einer psychologischen Perspektive her verstandene Urteilskraft bezieht sich Kant, wenn er sagt, das Vorhandensein der Urteilskraft beim Menschen heißt "Reife", der Mangel an derselben aber "Dummheit" (Vgl., KrV, Anmerkung,A134/B172-3). Etwas anderes ist die Urteilskraft unter einem **logischen** Gesichtspunkt. Zwar hat sie unter dieser Perkspektive ebenfalls mit einem Vermögen zur Subsumtion des Besonderen unter ein Allegemeines zu tun. Der Prozeß aber, worum es hier geht, ist keineswegs faktisch bzw. psychologisch zu verstehen. Hierin kommt es vielmehr darauf an, auf das **logische** Verhältnis zwischen dem Besonderen und dem ihm übergeordneten

Allgemeinen die philosophische Aufmerksamkeit zu lenken. Es ist in diesem nicht mehr psychologischen, sondern eher **logischen** Sinne, an den Kant denkt, als er sich in der "Analytik der Grundsätze" der **Kritik der reinen Vernunft** auf die drei oberen Erkenntnisvermögen - d.i.Verstand, Urteilskraft und Vernunft- bezieht und die den drei Hauptbegriffen -d.h. jeweils Begriff, Urteil und Schluss- der Logik zuordnet (Vgl.,KrV,A130/B169). In demselben Sinne taucht dieser logische Gesichtspunkt an einer Stelle der **Transzendentalen Dialektik** auf. Als Beispiel hierfür sei etwa an die folgende Stelle zu denken:

"In jedem Vernunftschlusse denke ich zuerst eine Regel (maior) durch den Verstand. Zweitens subsumiere ich ein Erkenntnis unter die Bedingung der Regel (minor) vermittelst der Urteilskraft. Endlich bestimme ich meine Erkenntnis durch das Prädikat der Regel (Conclusio), mithin a priori durch die Vernunft" (KrV,A304/B360).

In ihrem logischen Sinne wird die Urteilskraft also im Rahmen einer vermittelnden Funktion zwischen Verstand und Vernunft aufgefaßt. Zu diesem logischen hat Kant einen **transzendentalen** Sinn der Urteilskraft ebenfalls hinzugefügt. Hierin wird die Leistung der Urteilskraft im Horizont der Bedingungen der Möglichkeit der Erfahrung überhaupt angesehen. Demzufolge zeigt sich die Urteilskraft als das Vermögen, das Mannigfaltige der Anschauungen unter die reinen Verstandesbegriffe bzw. die Kategorien zu subsumieren. Diese Subsumtion ist freilich nicht als ein psychologischer Prozeß zu verstehen. Eher handelt es sich hier um ein bestimmtes Verhältnis des mannigfaltigen Besonderen der Anschauung zu den apriorischen Verstandesbegriffen, auf welchem die objektive Gültigkeit unserer Erkenntnisse überhaupt basiert. Wie bereits oben dargestellt, geben eben die sogenannten "Schemata der reinen Verstandesbegriffe" die allgemeinen Bedingungen dieser Subsumtion bzw. dieses Verhältnisses an. In der **Kritik der Urteilskraft** wird der Begriff der Urteilskraft aber von Kant selber durch die Einführung der "**reflektierenden** Urteilskraft" erweitert. Nun werde ich mich dieser Erweiterung im nächsten Paragraph zuwenden.

§ 4.2. Die Urteilskraft in der *Kritik der Urteilskraft*. Die Unterscheidung zwischen der bestimmenden und der reflektierenden Urteilskraft.

In der **Kritik der Urteilskraft** definiert Kant die **Urteilskraft überhaupt** als das Vermögen, das Besondere enthalten unter dem Allgemeinen zu denken (Vgl.,KU,E,IV,179-180). Hierin wird eine neue Variante der Urteilskraft eingeführt, indem diese Beziehung zwischen dem Allgemeinen und dem Besonderen zwei verschiedene Modalitäten annehmen kann, denen zwei verschiedene Arten der Urteilskraft zukommen, nämlich:

1) Die **bestimmende** Urteilskraft, wo das Allgemeine einer Regel, eines Gesetzes, eines Prinzips, usw., bereits gegeben ist, so daß man versucht, darunter das Besondere zu subsumieren. "Ist das Allgemeine (die Regel, das Prinzip, das Gesetz) gegeben, so ist die Urteilskraft, welche das Besondere darunter subsumiert...bestimmend" (KU,E,IV,178-179). In diesem Fall kann die Urteilskraft als ein Vermögen, einen zugrundeliegenden Begriff durch eine gegebene empirische Vorstellung zu bestimmen, betrachtet werden (Vgl., KU,EF,V,210-211), wobei der zugrundegelegte Begriff vom Objekt der Urteilskraft die Regel abgibt und sich also als Prinzip erweist;

2) **Reflektierende** Urteilskraft, wo allein das Besondere gegeben ist, so daß man ein passendes Allgemeines dazu zu finden versucht. In diesem Fall kann die Urteilskraft als Beurteilungsvermögen (**facultas diiudicandi**) über eine bereits gegebene Vorstellung nach einem gewissen Prinzip begriffen werden (Vgl.,KU,EF,V,210 ff.)[168].

---

[168]Diese Unterscheidung war bereits in die in der **Kritik der reinen Vernunft** gemachte Differenz zwischen dem **hypothetischen** und dem **apodiktischen** Gebrauch der Vernunft vorweggenommen. Die für uns relevante Stelle lautet wie folgt:

"Wenn die Vernunft ein Vermögen ist, das Besondere aus dem Allgemeinen abzuleiten, so ist entweder das Allgemeine schon an sich gewiß und gegeben, und alsdenn erfordert es nur Urteilskraft zur Subsumtion, und das Besondere wird dadurch notwendig bestimmt. Dieses will ich den apodiktischen Gebrauch der Vernunft nennen. Oder das Allgemeine

Nun wird diese zweite Art der Urteilskraft in der **Kritik der Urteilskraft** in den Mittelpunkt der Betrachtung gestellt. So merkt Kant in der **Ersten Fassung der Einleitung** in dieses Werk an, daß in seinen allgemeinsten Bestimmungen das Reflektieren jederzeit voraussetzt, gegebene Vorstellungen entweder mit anderen, oder mit dem Erkenntnisvermögen, in Beziehung auf einen möglichen Begriff, zu vergleichen und zusammen zu halten (KU,EF,V,210-211). So betrachtet, bedarf die Reflexion immer eines Prinzips, einer Regel, eines Gesetzes. Hinsichtlich der gegebenen Gegenstände der Natur heißt dieses Prinzip, daß sich empirisch bestimmte Begriffe zu allen Naturdingen finden lassen, d.i., daß man in den Objekten der Natur eine Form, die nach allgemeinen, für uns erkennbaren Gesetzen möglich ist, voraussetzen kann. Ein solches Prinzip soll deshalb als Grund für die Behandlung aller unserer empirischen Vorstellungen erfasst werden, weil sonst jedes Reflektieren darüber blind und zufällig würde und man somit auf jede gegründete Erwartung ihrer Zusammenstimmung mit der Natur verzichten mußte (Vgl., KU,EF,V,211-212). Hinsichtlich der allgemeinen Naturbegriffe, unter denen überhaupt ein Erfahrungsbegriff ohne besondere empirische Bestimmung möglich wird, besitzt das Reflektieren seine Regel im Begriff einer Natur überhaupt und mithin im Verstand, so daß die Urteilskraft keines besonderen Prinzips der Reflexion bedarf, sondern eher, wie bereits in der **Kritik der reinen Vernunft** gezeigt wurde, bloß a priori schematisiert und diese Schemata, ohne die überhaupt kein Erfahrungsurteil möglich würde, auf jede empirische Synthesis anwendet. In diesem Falle wird die Urteilskraft in ihrem Reflektieren also bestimmend und ihr dient ihr transzdentaler Schematismus als Regel, unter die die gegebenen empirischen Vorstellungen, bzw. Anschauungen, subsumiert werden (Vgl., KU,EF,V,211-212 uff.). Hier wird klar, inwiefern die Einteilung der Urteilskraft in eine bestimmende und eine reflektierende von Kant zunächst im Rahmen eines bestimmten Problems des kritischen Unternehmens eingeführt wird. Dieses Problem läßt sich allgemein als das Problem der besonderen Naturgesetze bezeichnen. Diese Frage bedarf aber einer ausführlichen Erläuterung.

---

wird nur problematisch angenommen, und ist eine bloße Idee, das Besondere ist gewiß, aber die Allgemeinheit der Regel zu dieser Folge ist noch ein Problem; so werden mehrere besondere Fälle, die insgesamt gewiß sind, an der Regel versucht, ob sie daraus fliessen, und in diesem Falle, wenn es den Anschein hat, daß alle anzugebende besondere Fälle daraus abfolgen, wird auf die Allgemeinheit der Regel, aus dieser aber nachher auf alle Fälle, die auch an sich nicht gegeben sind, geschlossen. Diesen will ich den hypothetischen Gebrauch der Vernunft nennen [...] (KrV,A646/B674).

§ 4.3. Die Leistung der reflektierenden Urteilskraft: die systematische Einheit der Natur nach besonderen Gesetzen.

In der **Kritik der reinen Vernunft** hatte Kant schon bemerkt, daß die Natur, als Inbegriff der Gegenstände der Erfahrung betrachtet, als ein System gemäß den transzendentalen Gesetze, die der Verstand den Erscheinungen a priori vorschreibt, zu verstehen war (Vgl., KrV,BXIX). Er bestand in derselben **Kritik...** darauf, daß die Erfahrung ein System der empirischen Erkenntnisse nach **allgemeinen** Gesetzen ausmachen mußte. Das bedürfte aber einer Einheit der Natur nach einem **allgemeinen** Verbindungsprinzip dessen, was im Ganzen der Erscheinungen überhaupt enthalten war. Demzufolge sollte die Erfahrung nicht als ein bloßes Konglomerat, sondern eher als eine **systematische Einheit**, als ein **System**, begriffen werden:

"Es ist also der Verstand nicht bloß ein Vermögen, durch Vergleichung der Erscheinungen sich Regeln zu machen: er ist selbst die Gesetzgebung vor die Natur, d.i. ohne Verstand würde es überall nicht Natur, d.i. synthetische Einheit des Mannigfaltigen der Erscheinungen nach Regeln geben" (KrV,A126-7).

Kant ist also der Überzeugung, daß mit den in der **Kritik der reinen Vernunft** freigelegten transzendentalen Prinzipien der Möglichkeit der Erfahrung überhaupt die Gesetzgebung unseres Erkenntnisvermögens erschöpft ist. Zugleich aber -und dies erweist sich in der Kantischen Betrachtung als Folgenreiches- waren die **besonderen** Naturgesetze von dieser allgemeinen Gesetzgebung "unbestimmt gelassen" worden, wie Kant selber sagt (Vgl.,KU,E,IV,179-180). Sie sind nicht a priori einzusehen, sondern nur **empirisch**. Anders gesagt ist die in der ersten Kritik gelieferte transzendentale Erläuterung der Bedingungen der Möglichkeit der Erfahrung nur an Gesetze und Fälle von **allgemeinen** Gesetzen interessiert -so läßt sich z.B. das allgemeine Kausalgesetz, nach dem jedes Geschehen in der Natur eine Ursache habe, a priori einsehen und beweisen. Aber ein **besonderes** Gesetz, z.B. ein physikalisches Gesetz, das eine kausale Beziehung zwischen **bestimmten empirischen**

Vorgängen A und B feststellt, ist keineswegs a priori zu deduzieren. Hierzu ist empirische Erfahrung erforderlich. Demnach ist das besondere Gesetz empirisch und folglich nie aus der transzendentalen Gesetzlichkeit des Verstandes herzuleiten. Diese empirischen Gesetze sind, wie Kant selber sagt, "zufällig" (KU,E,V,183-184). Kant zufolge abstrahiert der Verstand in dessen transzendentalen Gesetzgebung der Natur von der Verschiedenheit der **besonderen empirischen Gesetze**, um sich allein auf die Bedingungen der Möglichkeit der Erfahrung **überhaupt** ihrer Form nach konzentrieren zu können. Der Verstand kann aber kein Prinzip zur systematischen Einheit der Natur nach ihren **besonderen** Gesetzen abgeben. Es ist also so, daß der Verstand der Natur **allgemeine** Gesetze a priori liefert, ohne die die Natur ganz und gar nicht zu einem Gegenstand der möglichen Erfahrung überhaupt werden könnte. Außer dieser **allgemeinen** Naturgesetze braucht man andererseits aber eine gewisse Ordnung in den **besonderen** Regeln der Natur, die zum einen nur **empirisch** gekannt werden können und dem reinen Verstand jederzeit als zufällig erscheinen, zum anderen aber unerläßlich sind, um von der Ebene einer möglichen Erfahrung **überhaupt** zur Ebene der **besonderen, empirischen** Erfahrung überzugehen und dadurch eine **systematische Einheit der Natur** und deren Erfahrung durch das Subjekt zu ermöglichen. So bemerkt Kant in der **Ersten Fassung** der Einleitung in die **Kritik der Urteilskraft**, daß die transzendentale Gesetzgebung der Natur durch den reinen Verstand weder die Natur als ein System nach besonderen empirischen Gesetzen noch die systematische Verbindung der Erscheinungen -und somit die Erfahrung als System- erklären kann. Die Mannigfaltigkeit und Verschiedenheit der besonderen empirischen Gesetze kann also so groß sein, daß, obwohl wir verschiedene Wahrnehmungen miteinander in einer Erfahrung nach zufällig entdeckten besonderen Gesetzen teilweise verbinden können, wir aber dieselben besonderen empirischen Gesetze nicht auf eine Einheit nach einem gemeinsamen Prinzip reduzieren können. In einer solchen Mannigfaltigkeit empirischer Gesetze könnte also nichts anders als ein chaotisches Konglomerat zum Ausdruck kommen, innerhalb dessen sich keine Spur eines Systems finden ließe[169]. Die systematische Einheit der Mannigfaltigkeit der

---

[169]Dieses Problem durchzieht das Kantische Nachlaßwerk. So werden die Fragen bezüglich einer möglichen Ausdehnung der transzendentalen Deduktion der Kritik der reinen Vernunft auf jene "besonderen" Naturgesetze, die in der ersten Kritik (Vgl., KrV,B165) als nicht vollständig ableitbar charakterisiert worden waren, in den späteren Entwürfen des Nachlaßwerks wieder aufgenommen. Solche Probleme werden im Rahmen des Übergangs von der Naturmetaphysik bzw. von der metaphysischen Anfangsgründe zur Physik behandelt. Ähnlich wie in der **Kritik der Urteilskraft** spricht Kant hierüber von einer Kluft zwischen den allgemeinen Prinzipien und deren Realisierung bzw. Anwendung **in concreto**. "Es ist also zu vermuten," sagt hierzu G. Lehmann "daß bereits in der Anlage des Nachlaßwerkes zwei Wurzeln hat: die Übergangsproblematik der Kritik der Urteilskraft und die Anwendungsproblematik der Metaphysischen Anfangsgründe der Naturwissenschaft. Denn wenn auch den Metaphysischen Anfangsgründen die Forderung eines besonderen, a priori zu begründenden Übergangs zur Physik ebenso fremd ist wie der Kritik der Urteilskraft, so stellen doch auch sie sich bereits die Aufgabe, durch eine **abgesonderte Metaphysik der körperlichen Natur der allgemeinen vortreffliche und unentbehrliche Dienste** zu tun und durch Herbeischaffung von Beispielen (Fällen in concreto) **die Begriffe und Lehrsätze**

besonderen empirischen Gesetzen und mithin die Einheit der Natur gemäß diesen Gesetze soll Kant zufolge deswegen vorausgesetzt werden, weil die Einheit der Natur in Raum und Zeit einerseits, und die Einheit der möglichen Erfahrung für das Subjekt andererseits letztlich als einerlei begriffen werden soll (Vgl., KU,EF,IV,208-210). Im Unterschied aber zu dem, was mit der **bestimmenden** Urteilskraft der Fall war, soll man in diesem Fall weder ein **allgemeines** Gesetz noch ein **allgemeines** Prinzip voraussetzen, sondern bloß ein **besonderes** Naturgesetz. Die Urteilskraft, nicht unter ihrer **bestimmenden**, sondern eher unter ihrer **reflektierenden** Gestalt, bedarf also nicht eines vom Verstand vorgeschriebenen, sondern eines eigenen und zugleich transzendentalen Prinzips ihrer Reflexion, das nicht aus der Erfahrung hergeleitet werden, aber die systematische Einheit derselben nach **besonderen empirischen** Gesetzen begründen kann. Hier geht es also um ein transzendentales Prinzip, das folgendermaßen ausgedrückt werden könnte: die besonderen empirischen Gesetzen - als von den allgemeinen Naturgesetzen, deren Grund im Verstande liegt und deren Ursprung und Funktion unter der Figur der bestimmenden Urteilskraft einzureihen ist, unterschiedlich betrachtet- nach einer ähnlichen Einheit zu der den allgemeinen Gesetzen des reinen Verstandes betrachten werden müssen, "...als ob gleichfalls ein Verstand (wenn gleich nicht der unsrige) sie zum Behuf unserer Erkenntnisvermögen, um ein System der Erfahrung nach besonderen Naturgesetzen möglich zu machen" (KU,E,IV,180-181). Folglich soll man es als ein Prinzip, als eine **transzendentale Voraussetzung**, betrachten, daß die unbegrenzte Mannigfaltigkeit der besonderen empirischen Gesetze und die Verschiedenheit der besonderen Formen in der Natur durch die Ähnlichkeit und Subsumtion derselben unter andere allgemeinere usw. zu einer Einheit der Erfahrung als System gebracht werden können:

"Die reflektierende Urteilskraft, die von dem Besondern in der Natur zum Allgemeinen aufzusteigen die Obliegenheit hat, bedarf also eines Prinzips, welches sie nicht von der

---

der letzteren (eigentlich der Transzendentalphilosophie) zu realisiren (IV,478). Diese Tendenz zur Anwendung ist der kritischen Philosophie ebenso wesentlich wie der Übergangstendenz, d.h. das Bestreben, Gegensätze, die in ihrer ganzen Schärfe hingestellt und auch beibehalten werden, zu vermitteln" (Lehmann,1939,11-12).

Diesbezüglich -und hierin beschränke ich mich lediglich auf die **Kritik der Urteilskraft**- hat Marc-Wogau zu Recht bemerkt, daß das Problem der besonderen Gesetze als das Problem der Gesetzlichkeit des Zufälligen bezeichnet werden könnte (Vgl.,Marc-Wogau,1938,6). Einige Jahre zuvor hatte Cohen darauf hingewiesen, daß die Kantische Analyse der Urteilskraft als ein Versuch verstanden werden könnte, dem "Abgrund der intelligibeln Zufälligkeit" entgegenzutreten (Vgl., Cohen,1889,118). Hinzu würde ich meinetwegen hinzufügen, daß dieses Problem als das der Anerkennung des Zufälligen und des Besonderen und des Bedürfnisses nach deren Systematisierung und Vereinheitlichung gelten könnte, um sie im Rahmen der Transzendentalphilosophie sozusagen zu retten bzw. zu erlösen.

Erfahrung entlehnen kann, weil es eben die Einheit aller empirischen Prinzipien unter gleichfalls empirischen, aber höheren Prinzipien, und also die Möglichkeit der systematischen Unterordnung derselben untereinander, begründen soll" (KU,E,IV,180).

Die obengenannte Voraussetzung, nach der die Mannigfaltigkeit der besonderen empirischen Gesetze und die Verschiedenheit der besonderen Formen in der Natur durch die Subsumtion derselben unter andere höhere usw. zu einer Einheit der Erfahrung als System gebracht werden können, bringt also das Prinzip der **reflektierenden** Urteilskraft zum Ausdruck. In diesem Rahmen können jene Sentenzen derart: "Die Natur nimmt den kürzesten Weg **(lex parsimoniae)**", "die Natur tut keinen Sprung, weder in der Folge ihrer Veränderungen, noch der Zusammenstellung spezifisch verschiedener Formen **(lex continui in der Natur)**", usw. verstanden werden. Sie treten als gewisse Regeln auf, deren Notwendigkeit nicht begrifflich bzw. theoretisch dargestellt werden kann, d.h. als Maximen der wissenschaftlichen Forschung, welche immer vorkommen. Kant zufolge drücken solche Maximen eben das obige transzendentale Prinzip der reflektierenden Urteilskraft aus, die durch solche Maximen zeigt, wie ihr eigenes und sich selbst vorgeschriebenes Prinzip vorgeht, damit die Erfahrung zu einem vereinheitlichten System nach besonderen empirischen Gesetzen werden kann; dabei handelt es sich also um Maximen der **reflektierenden** Urteilskraft, die der Untersuchung der Natur zugrundegelegt werden und sich auf nichts anders als auf die Möglichkeit der Erfahrung, der Naturerkenntnis, als von einer Mannigfaltigkeit der besonderen empirischen Gesetze bestimmt, beziehen. Kant besteht darauf, daß weder der Verstand noch die Vernunft ein solches Prinzip a priori begründen könne, weil, wie schon oben gesagt, wir verstehen können, daß sich die Natur gemäß ihren allgemeinen Gesetzen dem reinen Verstande adaptiert - in der **Kritik der reinen Vernunft** wurde in dieser Hinsicht eine überzeugende Analyse bereits vorgelegt. In Ansehung ihrer besonderen Gesetze, ihrer Verschiedenheit und Mannigfaltigkeit aber ist die Natur gewissermaßen frei von der Gesetzgebung des Verstandes. Durch Maximen wie die oben erwähnten, ist das transzendentale Prinzip der reflektierenden Urteilskraft also nichts anderes als eine bloße Voraussetzung derselben zum Behuf ihres eigenen Gebrauchs, so daß man von den besonderen empirischen Gesetzen zu höheren, auch empirischen aufsteigen kann, damit die empirischen Gesetze zur Einheit gebracht werden können; es ist also klar, daß ein solches Prinzip der Erfahrung nicht deshalb bloß zugeschrieben werden kann, weil es nur unter der Voraussetzung desselben möglich ist, Erfahrungen auf systematische Art anzustellen

(Vgl.,KU,EF,V,210.211)[170]. Dieses transzendentale Prinzip der reflektierenden Urteilskraft, dank dessen diese letzte die Natur ihrem besonderen, empirischen Gesetze nach systematisiert bzw. vereinheitlicht werden kann, ist nichts anders als das Prinzip der Zweckmäßigkeit der Natur.

---

[170]Wie schon anfangs erwähnt, hat bereits A. Bäumler darauf aufmerksam gemacht, daß die in der dritten Kritik behandelten Probleme des Schönen und des Organischen ein Teil von einem noch umfassenderen Problem sind, die beide umfaßt. Die Vereinigung der Kritik des Geschmacks mit einer Art Erkenntnistheorie der Biologie -und so könnte die "Kritik der teleologischen Urteilskraft gelesen und interpretiert werden- in ein einziges Buch ist Bäumler zufolge nicht aus der Absicht eines Denkers, der besonders mit systematischen Ansprüchen behaftet gewesen wäre, zu erklären. Der Sinn des Werks soll also weder in der Ästhetik noch in der Lehre des Organischen gesucht werden, sondern im Oberbegriff, der beide umfaßt, nämlich: der Individualität. Deswegen besteht Kant wiederholt darauf, daß weder das Schöne noch der lebendige Organismus sich unter Verweisung auf das Historiographie. "Das 18. Jahrhundert ist die Wiege des historischen Sinnes, weil es die Heimat der Ästhetik ist" (Bäumler,1967,15). Allgemeine der Gesetze verstehen lassen, dem sie sich, wie das Individuelle überhaupt, entziehen. Vom Individuellen ist nur ein **historisches** Wissen möglich. So läßt sich es verstehen, daß eine Erkenntnis -d.i. die historische-, die zu Beginn des 18. Jahrhunderts als zweitrangig galt, sich im Laufe des 19. Jahrhunderts zur Wissenschaft erhoben hat. Die moderne Geschichtsschreibung hat in diesem Sinne ihre Wurzeln in der Behandlung des Individualitätsproblems in Werken wie das von Kant, bei dem dieses Problem mit dem des Geschmacks verknüpft wird. Deswegen bemerkt Bäumler dazu, daß der Gegenstand, zu dem die Behandlung des Besonderen, des Individuellen, usw., in der Kantischen **Kritik der Urteilskraft** letztlich geführt hat, in der Geschichte, der **cognitio historica**, anzusehen ist. So betrachtet ist die Ästhetik die Vorläuferin der

§ 5. Die reflektierende Urteilskraft und das Prinzip der Zweckmäßigkeit der Natur.

Da es als ein transzendentales Prinzip charakterisiert und verstanden wurde, bedarf das Prinzip der reflektierenden Urteilskraft einer transzendentalen Deduktion, die seinen Grund in a priori Erkenntnisquellen aufdeckt und systematisch erörtert. Obwohl eine derartige Deduktion in ihren Hauptzügen in den zuvor gemachten Bemerkungen ansatzweise angedeutet wurde, lohnt es sich, die dieser Deduktion zugrundeliegende Argumentation zu rekonstruieren und darzustellen (Vgl., KU,E,V,181 ff.). Ich würde vorschlagen, sie in folgende Schritte zu zerlegen und zu exponieren:

1. Wie bereits in der **Kritik der reinen Vernunft** bewiesen wurde, muß man feststellen, daß allgemeine Gesetze als Grund für die Möglichkeit der Erfahrung überhaupt universell gültig sein müssen. Ohne derartige Gesetze läßt sich die Natur nicht erkennen. Derartige Gesetze -z.B. Gesetze wie "Alle Veränderung hat ihre Ursache"- beruhen auf den Kategorien, deren Quelle im Verstand liegt[171];

---

[171]Diese Hauptthese der transzendentalen Philosophie wird von Kant in der **Kritik der reinen Vernunft** so zusammengefaßt:

> "Wir können uns keinen Gegenstand denken, ohne durch Kategorien; wir können keinen gedachten Gegenstand erkennen, ohne durch Anschauungen, die jenen Begriffen entsprechen. Nun sind alle unsere Anschauungen sinnlich, und diese Erkenntnis, so fern der Gegenstand derselben gegeben ist, ist empirisch. Empirische Erkenntnis aber ist Erfahrung. Folglich ist uns keine Erkenntnis a priori möglich, als lediglich von Gegenständen möglicher Erfahrung. Aber diese Erkenntnis, die bloß auf Gegenstände der Erfahrung eingeschränkt ist, ist darum nicht alle von der Erfahrung entlehnt, sondern, was sowohl die reinen Anschauungen, als auch die reinen Verstandesbegriffe betrifft, so sind sie Elemente der Erkenntnis, die in uns a priori angetroffen werden. Nun sind nur zwei Wege, auf welchen eine notwendige Übereinstimmung der Erfahrung mit den Begriffen von ihren Gegenständen gedacht werden kann: entweder die Erfahrung macht diese Begriffe, oder diese Begriffe machen die Erfahrung möglich. Das erstere findet nicht in Ansehung der Kategorien (auch nicht der reinen sinnlichen Anschauungen) statt; denn sie sind Begriffe a priori, mithin unabhängig von der Erfahrung (die Behauptung eines empirischen Ursprungs wäre eine Art von **generatio aequivoca**). Folglich bleibt nur das zweite übrig (gleichsam ein System der Epigenesis der reinen Vernunft): daß nämlich die Kategorien von Seiten des Verstandes die Gründe der Möglichkeit aller Erfahrung überhaupt enthalten" (KrV, B165-167).

2. Die Art der Urteilskraft, die die Erscheinungen bzw. die sinnlichen Vorstellungen, die die Stelle des **Besonderen** vertreten, unter die oben in 1. genannten Gesetze, die wiederum das **Allgemeine** ausdrücken, subsumiert, ist die **bestimmende** Urteilskraft, wie sie bereits erörtet worden ist. So wenn man an ein allgemeines Naturgesetz -z.b. das Kausalitätsgesetz- denkt, verfährt die Urteilskraft unter ihrer Figur als **bestimmende** Urteilskraft so, daß sie dieses allgemeine Naturgesetz als Ausgangspunkt nimmt, um a priori diejenigen Bedingungen, unter denen die Subsumtion der gegebenen sinnlichen Vorstellungen unter ein solches Naturgesetz geschieht, abzugeben und darzustellen. Nach der in §4.1. exponierten Rekonstruktion der Urteilskraft in der **Kritik der reinen Vernunft** unter Rückgriff auf den Schematismus wird diese Bedingung durch die Sukzession der Bestimmungen eines und desselben Dinges -d.h. durch die Bedingung der Zeit- gegeben[172];

3. Jedoch sind die **besonderen** Gegenstände der Erkenntnis weder nur durch die Bedingung der Zeit bestimmt noch nur **allgemeinen** Naturgesetzen -z.b. dem durch das Kausalitätsprinzip ausgedrückte allgemeine Gesetz- untergeordnet. Nun, um das Beispiel des Kausalitätsgesetzes wieder aufzunehmen, dürfen verschiedene Gegenstände, obwohl sie es in sich gemeinsam aufeinander haben, zur Natur überhaupt zu gehören, auf unendlich mannigfaltige Weise Ursachen derart zurückbezogen werden, daß jede dieser verschiedenen Arten von Gegenständen ihre eigene notwendige Regel hat, obwohl sie aufgrund der Beschaffenheit und Grenzen unserer Erkenntnisvermögen nicht genau bestimmt werden kann. Nicht hinsichtlich ihrer **allgemeinen** Gesetze, sondern vielmehr bezüglich ihrer **besonderen empirischen** Gesetzen, kann man die Natureinheit nur nach empirischen Gesetzen beurteilen. Lediglich aus einer solchen Beurteilung kann die Möglichkeit der Einheit der Erfahrung erklärt werden. Kraft der **besonderen empirischen** Gesetze wird also der allgemeine Zusammenhang der empirischen Erkenntnisse in ein Ganzes der Erfahrung möglich.

4. Die obengenannte Natureinheit nach empirischen Gesetzen und somit die Möglichkeit der Einheit der Erfahrung muß deshalb notwendigerweise vorausgesetzt und angenommen werden, weil sonst der Zusammenhang empirischer Erkenntnisse zu einem Ganzen der Erfahrung überhaupt nicht statfinden könnte. So soll die Urteilskraft, aber nun nicht mehr als **bestimmende**, sondern als **reflektierende**, zu ihrem eigenen Gebrauch ein Prinzip annehmen,

---

[172]Siehe dazu §4.1. dieser Arbeit.

nach dem im Laufe der Untersuchung der Natur das Zufällige in den **besonderen empirischen** Naturgesetzen jederzeit "eine für uns zwar nicht zu ergründende aber doch denkbare, gesetzliche Einheit" (KU,E,V,183-184) notwendigerweise enthalten muß;

5. Eine derartige gesetzliche Einheit, und dies soll als ein Hauptschritt der Kantischen Argumentation angesehen werden, soll als eine **Zweckmäßigkeit der Natur** dargestellt werden. So soll die **reflektierende** Urteilskraft die Natur in Ansehung ihrer **besonderen empirischen** Gesetze gemäß einem Prinzip der Zweckmäßigkeit der Natur für das Erkenntnisvermögen betrachten. Als transzendentales Prinzip der reflektierenden Urteilskraft drückt ein solches Prinzip weder einen Naturbegriff noch einen Freiheitsbegriff aus. Hingegen stellt es bloß die einzige Art dar, "...wie wir in der Reflexion über die Gegenstände der Natur in Absicht auf eine durchgängig zusammenhängende Erfahrung verfahren müssen (KU,E,V,184). Dieses Prinzip kann also nicht als ein objektiv konstitutives, sondern nur als ein bloß **subjektives** Prinzip der **reflektierenden** Urteilskraft verstanden werden.

Nach dieser Rekonstruktion der Deduktion des transzendentalen Prinzips der reflektierenden Urteilskraft soll die Zusammenstimmung der Natur zu unserem Erkenntnisvermögen von der reflektierenden Urteilskraft zu ihrer eigenen Reflexion über jene nach ihren empirischen Gesetzen a priori vorausgesetzt werden. Obwohl eine derartige Zusammenstimmung von dem reinen Verstand als zufällig betrachtet wird, ist sie aber zugleich derart unerläßlich für unsere Erkenntnisansprüche im Hinblick auf die Erfahrung und Nachforschung der Natur und deren mögliche Einheit, daß sie es möglich macht, trotz ihrer Verschiedenheit und Mannigfaltigkeit eine Ordnung und einen Zusammenhang in der Natur nach ihren besonderen empirischen Gesetzen aufzudecken und zu erkennen. Ohne diese Voraussetzung, sagt Kant, hätten wir also "...keine Ordnung der Natur nach empirischen Gesetzen, mithin keinen Leitfaden für eine mit diesen nach aller ihrer Mannigfaltigkeit anzustellenden Erfahrung und Nachforschung derselben" (KU,E,V,185). Ohne diese Voraussetzung könnten wir aus einem durch die besonderen empirischen Gegenstände abgegebenen so verworrenen Stoffe keine artikulierte, zusammenhängende, kohärente, Erfahrung machen (Vgl.,KU,E,V,185-186); von daher ist es klar, daß das Prinzip der reflektierenden Urteilskraft sich mit dem Gedanken verknüpft, daß wir notwendigerweise voraussetzen müssen, die besonderen empirischen Naturgesetze stünden in einem solchen Zusammenhang, dank dessen die Erfahrung als ein vereinigtes System aufgefaßt werden kann. "Das Prinzip der reflektierenden Urteilskraft, merkt Kant an, [durch es] die Natur als System nach empirischen Gesetzen gedacht wird, ist aber bloß ein Prinzip für den logischen Gebrauch der Urteilskraft, und zwar ein transzendentales Prinzip seinem Ursprunge nach, aber nur, um die Natur a priori als qualifiziert zu einem logischen System ihrer Mannigfaltigkeit unter empirischen Gesetzen anzusehen" (KU,EF,V,215-216).

Meines Erachtens soll man den fünften Schritt in der oben dargestellten Rekonstruktion der Deduktion des transzendentalen Prinzip der reflektierenden Urteilskraft deshalb hervorheben, weil da der Gedanke einer "**Zweckmäßigkeit der Natur**" eingeführt wird, und zwar als "...eigentümlicher Begriff der reflektierenden Urteilskraft, nicht der Vernunft, indem der Zweck gar nicht im Objekt, sondern lediglich im Subjekt und zwar dessen bloßem Vermögen zu reflektieren, gesetzt wird"(KU,EF,V,215-216). Dieser Pasus der Argumentation markiert die Wende der Betrachtung hin zu einem Begriff, der die ganze **Kritik der Urteilskraft** durchzieht und sie organisch und thematisch strukturiert. So sagt Kant selbst dazu:

"Die Urteilkraft macht es, wie oben gezeigt worden ist, allererst möglich, ja notwendig, außer der mechanischen Naturnotwendigkeit sich an ihr auch eine Zweckmässigkeit zu denken, ohne deren Voraussetzung die systematische Einheit in der durchgängigen Klassifikation besonderer Formen nach empirischen Gesetzen nicht möglich sein würde" (KU,EF,VII,218-219).

Von dieser Perspektive aus gesehen, kann also die reflektierende Urteilskraft vermittelst ihres eigenen Prinzips eine Zweckmäßigkeit der Natur in der Spezifikation ihrer Formen durch empirische Gesetze, denken (Vgl., KU,EF,V,215-216). So ist das Prinzip der reflektierenden Urteilskraft nichts anderes als das Prinzip der Zweckmäßigkeit der Natur in ihrer Mannigfaltigkeit, d.i. eine Darstellung der Natur, **als ob** gleichfalls, wie bereits zuvor zitiert, "...ein Verstand (wenn gleich nicht der unsrige) sie zum Behuf unserer Erkenntnisvermögen, um ein System der Erfahrung nach besonderen Naturgesetzen möglich zu machen, gegeben hätte" (Vgl., KU,E,IV,222-223)[173].

---

[173]In seinem 1911 vorgelegten berühmten Werk **Die Philosophie des Als Ob. System der theoretischen, praktischen und religiösen Fiktionen der Menschheit aufgrund eines idealistischen Positivismus** hatte Hans Vaihinger eingesehen, daß die sprachliche Formel **"als ob"** eine Art und Modifikation der allgemeinen Urteilsform bzw. eine Wendung des Denkens zum Ausdruck bringt. Demzufolge stellt eine derartige Formel einen Konditionalsatz, deren Form besagt, daß die darin aufgestellte Bedingung eine **unwirkliche** bzw. **unmögliche** ist. So im Beispiel "Der Mensch muß handeln, und in bezug auf seine Handlungen beurteilt werden, **als ob** er frei wäre" wird die Bedingung, d.i. die Freiheit, geleugnet und damit die daraus fliessenden Folgen. "Der Fall wird gesetzt, aber seine Unmöglichkeit ist nackt ausgesprochen. Dieses Unmögliche wird aber in einem solchen Konditionalsatz

Die Zweckmäßigkeit, um die es Kant eigentlich geht, darf aber nicht im Rahmen einer eher aristotelisierenden Tradition als ein Prinzip der Bewegung[174] deshalb zu konzipieren, weil die

---

momentan als möglich oder wirklich angenommen oder gesetzt [...] Während nun aber diese Folge in dem einfachen Konditionalsatz, wie bemerkt, ein Unwirkliches ist (weil auch die Bedingung eine unwirkliche ist), wird diese unwirkliche Folge doch als der Massstab gesetzt, nach dem ein vorliegendes Wirkliches zu messen ist. Somit ist dadurch die Gleichsetzung einer Sache mit den notwendigen Folgen eines unmöglichen oder unwirklichen Falles forderungsweise ausgesprochen [...] Somit wird hier ein unmöglicher Fall fingiert, aus ihm werden die notwendigen Kosequenzen gezogen, und mit diesen Konsequenzen, welche doch auch unmöglich sein sollten, werden Forderungen gleichgesetzt, welche aus der bestehenden Wirklichkeit selbst nicht folgen" (Vaihinger,1911,585-586). Der Gebrauch dieser Partikel enthält Modalbestimmungen, die es erlauben, einen Vergleich zwischen zwei Fakten bzw. Eigenschaften im rein **subjektiven** ideellen Gebiet zu machen. Dieser Vergleich erhebt aber keinen Anspruch auf eine **reale, objektive** Gültigkeit. Er ermöglicht also, "eine schöne und den eigentlichen Wert des Menschen konstituierende Gabe" zu aktualisieren, nämlich, seine Vorstellungen vom "Zwang der Gegenwart und vom Boden der Erde" zu befreien, so daß neue Gebilde unter ihnen entstehen und so neue Welten geschaffen werden können (588 uff.). Deshalb ist Vaihinger zufolge die Verwendung dieser Partikel besonders wichtig zunächst in der Poesie, in der der Dichter über der Wirklichkeit die Welt der Dichtung, des schönen Scheins aufbaut -so z.B. als Homer sagt: "Hektor fiel so, als ob eine Eiche gefallen wäre".

Nach dem oben Gesagten ist der in dem mit **"als ob"** eingeleitete Satz angegebene Umstand nicht als tatsächlich, sondern als subjektive Vorstellung und daher als eine **Fiktion** im Gegensatz zur **Wirklichkeit** zu verstehen. Die "**Als-Ob-Betrachtung**" wäre also in dem umfassenderen Rahmen einer "Philosophie der Fiktionalität" anzusiedeln. Hierzu gehörten Vaihinger zufolge jenes fiktive Denkgebilde, mit deren Hilfe das logische Denken bestimmte Probleme zu lösen vermag. Hierzu zählten auch eine ganze Reihe Begriffe, die Kant gebildet bzw. abgehandelt hat. Vaihinger geht so weit zu sagen, daß zentrale Termini der Kantischen Philosophie wie intuitiver Verstand, intellektuelle Anschauung, das affizierende, auf das Subjekt einwirkende Ding an sich, usw. als Fiktionen im Rahmen einer **Als-Ob Betrachtung** verstanden werden sollten, wie übrigens Maimon es bereits geglaubt hatte (Vgl., Vaihinger,1911,270). Ferner werden das Absolutum des freien Willens bzw. die Freiheit genauso wie eine Reihe moralischer Begriffe und Postulate wie der Begriff der Pflicht, der Unsterblichkeit usw. oder sogar die Ideale als Fiktionen konzipiert (Vaihinger,1911,65 uff.). Diesbezüglich ist Vaihinger der Meinung, daß Kant selbst diese Termini zunächst als Fiktionen verwendet hatte, welche sich ihm und vielen seiner Anhänger in Hypothesen darauf verwandelten (Vgl., Vaihinger,1911,271). Hierzu erweisen sich die kritischen Bemerkungen von Adickes als legitim. Demzufolge dürfe die Kantische Lehre vom Ding an sich, von den Ideen und von den Postulaten keineswegs im Sinn einer reinen Fiktionalitätstheorie ausgelegt werden. Sie sind eher als regulative Prinzipien zu deuten, die einerseits durch die theoretische Vernunft als unerkennbar bzw. unbeweisbar bezeichnet wurden, andererseits aber eben dadurch die Grenzen der theoretisch reduzierten Vernunft ausweisen und so ein Dasein aus praktischen Gründen erlangen (Vgl., Adickes,1927). Des weiteren fällt auf, wie die Vaihingersche "Philosophie der Fiktion" in einem eher psychologischen Rahmen als eine Äußerung psychischer Grundkräfte verortet ist. Die Fiktionen sind ihm zufolge in die fiktive Tätigkeit der Seele eingewurzelt (Vgl.,Vahinger,1913,18 uff.).

Bemerkenswert ist aber die Tatsache, daß nach Vaihinger die Fiktionen doch insofern nicht beliebig sind, als sie durch den Beitrag, den sie zum Fortschritt der Wissenschaft leisten, legitimiert werden können (Vgl., Vaihinger,1911,190). Vaihinger hat den methodologischen Gebrauch derartiger Fiktionen entschieden befürwortet, "...solange und sobald man sich hütet, aus der fiktiven Hilfsvorstellung eine Realität, aus der Fiktion eine **vis occulta** zu machen" (Vaihinger,1911,419). Deshalb hat er jederzeit davor gewarnt, diese Fiktionen mit der Wirklichkeit auf keinen Fall zu verwechseln. Die "Philosophie der Fiktion" und somit die "**Als Ob Betrachtung**" schweben sich also unaufhörlich in den Spalt zwischen Wirklichkeit und Fiktion (Vgl., Vaihinger,1911,190).

[174]Siehe dazu die klassischen Stellen im dritten Kapitel des zweiten Buchs der aristotelischen **Physik**. Als eine Alternative zu dieser Interpretation sei hier kurz auf die raffinierte Auslegung der aristotelischen Teleologie durch Wolfgang Wieland hinzuweisen. Wieland weist ebenfalls auf die klassischen Stellen im zweiten Buch der **Physik** hin, in dem die Frage behandelt wird, ob und wieweit man berechtigt ist, natürliche Dinge bzw. natürliches Geschehen mit Hilfe der Begriffe von Zweck (τέλος) und Worumwillen

Bewegungsprinzipien im Rahmen der Transzendentalphilosophie als synthetische Grundsätze aufzufassen und mithin anderer Art, anderer methodischer Geltung und Wirksamkeit als die der Zweckmäßigkeit sind. Vielmehr gilt es für die Kantische Zweckmäßigkeit zu sagen, daß "...es das Desiderat eines Princips bezeichnet für ein Gebiet von Problemen, welches von der eigentlichen Gesetzmässigkeit, der mathematisch-mechanischen, der der synthetischen Grundsätze verlassen ist. Wie die formale Zweckmässigkeit für diese Probleme, die Erforschung der organischen Individuen fruchtbar werde, darin besteht die Bedeutung des Zwecks als eines transcendentalen Princips" (Cohen,1889,116)[175]. So verstanden ist das Prinzip der

---

(οὗ ἕνεκα) zu verstehen. Die in diesem Rahmen entwickelte und begründete teleologische Naturauffassung hat sich als eins der wirkungsmächtigsten Lehrstücke der aristotelischen Philosophie überhaupt erwiesen. So hat sich die christliche Philosophie auf eine ähnliche Naturansicht bezogen. In demselben Sinne ist der Beginn der Neuzeit oder, genauer gesagt, der modernen Naturwissenschaften geistesgeschichtlich bis zu einem gewissen Punkt durch den Verfall bzw. durch den Verlust der Glaubwürdigkeit jeder Art teleologischer Naturvorstellung charakterisiert, wie die Untersuchungen von Hans Blumenberg es gezeigt haben (Vgl.,Blumenberg,1957,61-80). Durch die Überzeugung animiert, daß "...die Teleologie im Rahmen der aristotelischen Naturwissenschaft zwar eine wichtige Rolle spielt, daß sie aber jenes universale kosmische Prinzip gerade nicht ist, das in den Geschichte aus ihr gemacht worden ist" (Wieland,1962,256), versucht Wieland zunächst, die Tatsache in den Mittelpunkt der philosophischen Aufmerksamkeit zu stellen, daß Aristoteles die Teleologie in der Physik erst im Anschluß an die Untersuchung des Zufalls (τύχη) abgehandelt hat. "**In der Tat läßt sich der aristotelische Teleologismus**", sagt Wieland überzeugt, "**nur unter der Voraussetzung der Zufallslehre richtig verstehen**" (Wieland,1962,257). Wieland zufolge sei Aristoteles also der Auffassung, daß überall dort, wo über den Zufall gesprochen wird, teleologische Strukturen vorausgesetzt werden sollen. In frappierender Ähnlichkeit mit der Kantischen Behandlung handelt es sich bei der Aristotelischen Zufallslehre von einer Als-Ob Teleologie, die jederzeit dort anzutreffen sei, wenn ein **Zweck erreicht** wird, **obwohl** er **nicht** als solcher **intendiert** gewesen war (Vgl., Wieland,1962,259). So erwiese sich der Telosbegriff, ähnlich wie die Kantische Zweckmäßigkeit, als ein **Reflexionsbegriff**, mit dessen Hilfe natürliche Dinge erforscht werden sollen, und keineswegs ein universales kosmisches oder metaphysisches Prinzip -wie es frühestens seit Aristoteles' zweitem Schulnachfolger Straton von Lampsakos gewesen zu sein scheint (Vgl., Wieland,1962,261 und 265). Hierzu bemerkt Wieland: "Hielte man alles das, was Aristoteles -von den populären Schriften abgesehen- über die Teleologie in der Natur aussagt, nebeneinander, so würde sich zeigen, daß bei ihm jenes Prinzip keine größere, freilich auch keine geringere Tragweite hat als in Kants Philosophie" (Wieland,1962,276). Aufgrund der thematischen Grenzen dieser Arbeit ist es aber leider nicht möglich, sich hier mit der Kontrastierung der Kantischen bzw. Aristotelischen Zweckmäßigkeitsauffassung ausführlicher zu beschäftigen.

[175] So muß man Cohen darin Recht geben, daß der Streit um die Bedeutung des Zweckbegriffs von Kant in dem Grundgedanken erledigt wurde, daß der Zweck in sich selbst weder ein Gesetz ist, noch solches enthält, sondern lediglich auf ein Gesetz hinweist und zu einem solchen hinführt. Die alleinigen Gesetzes-Instanzen bleiben nach wie vor die synthetischen Grundsätze. So sagt Cohen:

"Der vermeintliche Gegensatz zwischen Zweck und Causalität wird damit aufgehoben: denn die Causalität bleibt die Funktion der Gesetze. Aber es giebt Probleme, welche ihrer bleibenden Bedeutung nach auf die Formeln der Mechanik nicht reducirbar sind. Diese Bedeutung des Individuums muß ausgezeichnet werden. Es bleibt freilich wahr, dass auch der Organismus nur als Fall des Gesetzes wissenschaftlich erforschbar wird. Aber die problematische Bedeutung des Individuums hört doch niemals auf, wie tief und breit immer die Ausdehnung der Gesetze sich erstrecken mag. Die Bedeutung des Zweckprinzips besteht sonach nicht sowohl darin, dass es ein Problem erhalte. Für die Erhaltung und Wahrung des Problems der Organismen, der Individuen überhaupt, steht das Zweckprinzip" (Cohen,1889,117).

Zweckmäßigkeit der Natur also keinen konstitutiven, objektiven Gebrauch -wie dies bei den Kategorien des reinen Verstandes in der **Kritik der reinen Vernunft** der Fall war-, sondern einen bloßen Gebrauch für die Reflexion über die Natur hinsichtlich des möglichen Zusammenhanges ihrer besonderen Erscheinungen nach empirischen Gesetzen besitzt (Vgl.,KU,E,IV,222-223). Deshalb insistiert Kant wiederholt darauf, daß das Prinzip der Zweckmäßigkeit der Natur als ein **subjektives** Prinzip aufzufassen ist, dessen Ursprung lediglich und ausschließlich in der reflektierenden Urteilskraft liegt. Demzufolge soll es nie möglich sein, den Naturgegenständen eine zweckmäßige Beziehung zuzuschreiben, oder von einem derartigen Prinzip her das Bestehen einer **wirklichen, objektiven,** Zweckmäßigkeit in der Natur zu schließen:

"Auf solche Weise sehen wir Erden, Steine, Mineralien u.d.g. ohne alle zweckmäßige Form, als bloße Aggregate, dennoch den innern Charaktern und Erkenntnisgründen ihrer Möglichkeit nach so verwandt, daß sie unter empirischen Gesetzen zur Klassifikation der Dinge in einem System der Natur tauglich sind, ohne doch eine Form des Systems an ihnen selbst zu zeigen" (KU,EF,VI,217).

Aus dieser Stelle geht hervor, inwiefern diese sytematische Natureinheit nach ihren besonderen empirischen Gesetzen, die durch das Prinzip der Zweckmäßigkeit ausgedrückt wird, ein bloß **subjektives,** zugleich aber **notwendiges** Prinzip ist. Kant bezeichnet es gelegentlich sogar als eine **Idee**, die der reflektierenden Urteilskraft zu ihrer eigentümlichen Leistung dient, nämlich: über die Naturgegenstände nach deren Besonderheit bzw. nach deren empirischen Vielfältigkeit zu reflektieren und nicht sie zu bestimmen. Dieses Prinzip bringt also die Übereinstimmung der subjektiven Bedingungen der reflektierenden Urteilskraft mit dem vereinigten Zusammenhang der Natur hinsichtlich der Mannigfaltigkeit ihrer Gegenstände zum Ausdruck. So sagt Kant, wenn dieses Prinzip "...gleich die Möglichkeit solcher Formen [der Natur, G.L.] zu erklären nicht hinreichend ist, es dennoch wenigstens erlaubt macht, einen so besonderen Begriff, als der der Zweckmäßigkeit ist, auf die Natur und ihre Gesetzmäßigkeit anzuwenden, ob er zwar kein objektiver Naturbegriff sein kann, sondern bloß vom subjektiven Verhältnisse derselben auf ein Vermögen des Gemüts hergenommen ist" (KU,EF,VI,218). So verstanden ist dieses Prinzip der reflektierenden Urteilskraft weder eine Gesetzgebung des reinen Verstandes zur Natur noch eine der Vernunft zur Freiheit, sondern vielmehr ein Prinzip in subjektiver Hinsicht, wodurch die Urteilskraft, nicht der Natur (als Autonomie), sondern ihr selbst (als Heautonomie) für die Reflexion über die Natur ein Gesetz vorschreibt (Vgl..,KU,E,V,185-186). Im Unterschied zur **praktischen** Zweckmäßigkeit -so wie im Bereich der Sitten-, obwohl sie zugleich nach einer Analogie mit ihr gedacht werden kann[176], ist dieses zur reflektierenden Urteilskraft gehörende Prinzip der **Zweckmäßigkeit der Natur** nichts anderes als eine bloße **Idee**, eine Idee der Natur, die als **regulatives Prinzip des Erkenntnisvermögens**) (Cfr., KU,E,IX,197) mit unseren subjektiven Forderungen in der reflektierenden Nachforschung der Natur übereinstimmen soll[177]. Diese Bezeichnung des Zweckmäßigkeitsprinzip als Idee weist auf eine Aufgabe hin, für welche der in der **Kritik der Reinen Vernunft** nach den Konturen einer naturwissenschaftlich gefaßten Erfahrung gelieferte konzeptuelle Rahmen keine Lösung angeboten hatte und deshalb zufällig bleiben mußte. Es versteht sich von selbst, daß gemäß der Kantischen Analyse der reflektieren Urteilskraft diese Aufgabe eine unerschöpfliche ist. Sie ist deshalb als eine Idee zu betrachten, die als solche auf ein **focus imaginarius** hinweist und ihn nie vollständig erreichen kann, der wiederum aber dem Individuellen bzw. Besonderen gerecht werden und die systematische Einheit der Natur unter besonderen empirischen Gesetzen verschaffen kann. So aufgefaßt ist

---

[176]Im fünften Paragraph der Einleitung in die **Kritik der Urteilskraft** macht Kant eine Unterscheidung zwischen einem **transzendentalen** Prinzip, das diejenigen allgemeinen Bedingungen a priori ausdrückt, unter denen allein die Dinge zu einem Objekt unserer Erkenntnis werden können -z.B. das Kausalitätsgesetz-, und einem **metaphysischen** Prinzip, das die Bedingung a priori zum Ausdruck bringt, unter der Objekte, deren Begriff empirisch gegeben werden kann, doch a priori weiter bestimmt werden können -z.B. der empirisch gegebene Begriff eines Begehrensvermögen, eines Willens, der aber durch auf dem Freiheitsbegriff beruhende praktische moralische Prinzipien a priori weiter bestimmt werden kann. Demzufolge ist das Prinzip der **Zweckmäßigkeit der Natur** deshalb ein **transzendentales** Prinzip, weil der Begriff der Objekte, die unter diesem Prinzip gedacht werden, nichts anderes als der reine Begriff des Gegenstandes einer möglichen Erkenntnis ist und mithin nichts empirisches enthält. Hingegen aber ist das Prinzip der **praktischen** Zweckmäßigkeit, das die Bestimmung eines freien Willens zum Ausdruck bringt, deswegen ein **metaphysisches** Prinzip, weil der Begriff des Willens als Begehrungsvermögens, obwohl er a priori weiter bestimmt werden kann, empirisch gegeben werden muß. Allerdings ist es klar, daß trotz ihrer Unterscheidungen beide Prinzipien bzw. **transzendentale** und **metaphysische**- keineswegs empirisch, sondern **rein** sind (Cfr., KU,E,V,181 uff.).

[177]Hierin kommt deutlich hervor, daß die zentrale Kategorie, die die ganze **Kritik der Urteilskraft** durchzieht und als solches kohärent strukturiert, die der Zweckmäßigkeit ist. Im Ganzen betrachtet ist die **Kritik der Urteilskraft** also, sowohl in den der **Kritik der ästhetischen Urteilskraft** als auch in den der **Kritik der teleologischen Urteilskraft** gewidmeten Teilen, als eine systematische Behandlung der formalen Zweckmäßigkeit der **Kunst** -und so wäre die "Kritik der ästhetischen Urteilskraft" zu lesen- und der **Natur** -und in diese Richtung ist die "Kritik der teleologischen Urteilskraft" zu interpretieren- zu verstehen. Der Zweckmäßigkeitsbegriff und das zusammengehörende Problem der Teleologie sind also die Schlußelbegriffe der Analysen, die in diesem Werk durchgeführt werden.

diese Idee im Rahmen dessen, was in der **Kritik der reinen Vernunft** als **hypothetischer** Gebrauch der Vernunft im Gegensatz zu dem **apodiktischen** bezeichnet worden war, zu verorten[178]. In der **Kritik der Urteilskraft** wird die Erfahrung bzw. die Natur also den Grundsätzen entzogen und stattdessen unter den Gesichtspunkt der Idee gestellt (Vgl.,Cohen,1889,120 uff.). Dies ist das, was in dem Kunstwerke gedacht, im ästhetischen Subjekt gefühlt und in ästhetischen Urteile sprachlich nicht ganz vollständig ausgedrückt wird. Dies ist also dasjenige, was den einzelnen Gegenstand zu einem bloß symbolischen macht. So wird das Individuelle bzw. das Besondere, dessen Behandlung, wie bereits gesagt, eine Hauptfrage der **Kritik der Urteilskraft** ausmacht, zu einem Hinweis auf eine Idee oder, besser gesagt, zu deren **Symbol**[179].

---

[178]Vgl., dazu die Fußnote 168, wo man bereits auf diese an einer bekannten Stelle der **Kritik der reinen Vernunft** vorgeführte Unterscheidung hingewiesen worden war. Da sagt Kant folgendes:

"Der hypothetische Gebrauch der Vernunft aus zum Grunde gelegten Ideen, als problematischer Begriff, ist eigentlich nicht konstitutiv [...] Sondern er ist nur regulativ, um dadurch, so weit als es möglich ist, Einheit in die besonderen Erkenntnisse zu bringen, und die Regel dadurch der Allgemeinheit zu nähern...Der hypothetische Vernunftgebrauch geht also auf die systematische Einheit der Verstandeserkenntnisse, diese aber ist der Probierstein der Wahrheit der Regeln. Umgekehrt ist die systematische Einheit (als bloße Idee) lediglich nur projektierte Einheit, die man an sich nicht als gegeben, sondern nur als Problem ansehen muß; welche aber dazu dient, zu dem Mannigfaltigen und besonderen Verstandesgebrauche ein Principium zu finden, und diesen dadurch auch über die Fälle, die nicht gegeben sind, zu leiten und zusammenhängend zu machen" (KrV,A647/B675).

[179]Wie Cohen hierzu bemerkt, "...verkörpert sich [die Idee] zwar in einem Einzelwesen; aber sie geht nicht anders denn als unendliche Aufgabe in demselben auf; sie geht niemals ohne Rest in der Erscheinung auf" (Cohen,1889,124). Ferner scheint diese Auffassung mit derjenigen, die Goethe in dessen Betrachtungen über die Metamorphose der Pflanzen entwickelt hatte, übereinstimmend zu sein. 1776 hatte Herder sich im Rahmen seiner Überlegungen zur Unabgeschlossenheit des Menschen mit diesen Fragen beschäftigt. Da sagte er: "Alles im Menschen ist Fähigkeit und noch nichts fertig: eingehüllte Kraft; durch Versuch, Kunst, Uebung, Dringniß zu enthüllen, oder sie stirbt, wie viele Keime sterben. Wer bildete nun die Urpflanzen, in denen Keime fürs ganze Geschlecht lagen? Recht idealisch stehts da: Gott durch die Schöpfung -durch einen Auszug der Schöpfung für die Fähigkeit des Menschen, das Paradies..." (Herder,1776,79). Goethe seinerseits wird zu dieser Urpflanze folgendes sagen: "Die Urpflanze wird das wunderlichste Geschöpf von der Welt um welches mich die Natur selbst beneiden soll. Mit diesem Modell und dem Schlüssel dazu kann man alsdann noch Pflanzen ins Unendliche erfinden, die konsequent sein müssen, das heißt: die, wenn sie auch nicht existieren, doch existieren könnten und nicht etwa malerische oder dichterische Schatten und Scheine sind, sondern eine innerliche Wahrheit und Notwendigkeit haben. Dasselbe Gesetz wird sich auf alles übrige Lebendige anwenden lassen" (Goethe,**Italienische Reise,** II,17-5-1787). Und noch weiter: "...die Urpflanze [...] Eine solche muß es doch geben! Woran würde ich sonst erkennen, daß dieses oder jenes Gebilde eine Pflanze sei, wenn sie nicht alle nach einem Muster gebildet wären" (Goethe,**Italienische Reise,** II,17-4-1787). 1794 treten diese Reflexionen im Rahmen der Gespräche Goethes mit Schiller wieder auf. Dort hatte Goethe sich mit der Frage beschäftigt, ob es nicht "eine andere Weise geben könne die Natur nicht gesondert und vereinzelt vorzunehmen, sondern sie wirkend und lebendig, aus dem Ganzen in die Theile strebend und lebendig" (Goethe,1794,250). Diese Darstellung der Natur sollte Goethe zufolge "aus der Erfahrung hervorgehen". Im Rahmen dieser Betrachtungen hat Goethe seine Reflexionen zur Metamorphose der Pflanzen erneut aufgenommen. So redet er von einer "symbolischen Pflanze", die keiner Erfahrung angehörte, sondern vielmehr eine Idee darstellte. Diese Idee dürfte mit keiner wirklichen Erfahrung kongruieren. Die Urpflanze bzw. symbolische Pflanze sollte also als eine gedachte, aus Sproßachse, Blatt und Wurzel bestehende Pflanze, die wiederum als Modell aller Samenpflanzen fungieren könnte, dargestellt werden. So interpretiert war die symbolische Pflanze in keiner

Zusammenfassend kann man sagen, daß das Prinzip der Zweckmäßigkeit zunächst eine Betrachtung der Natur in Ansehung der Mannigfaltigkeit ihrer besonderer Gesetze betrifft und so die Aufgabe zu lösen sucht, "...aus gegebenen Wahrnehmungen einer allenfalls unendliche Mannigfaltigkeit empirischer Gesetze enthaltenden Natur eine zusammenhängende Erfahrung zu machen" (KU,E,V,184-185). Im Gegensatz sowohl zur **praktischen** Zweckmäßigkeit eines Willens, der zum Handeln bestimmt ist, ist diese Zweckmäßigkeit Kant zufolge **formal**, weil sie bloß das rein Formale der Zusammenstimung einer Mannigfaltigkeit zur Einheit betrachtet, ohne sie durch Verstandesbegriffe theoretisch, objektiv zu bestimmen. Diese Zweckmäßigkeit ist ferner **subjektiv**, weil sie die Beziehung der Natur zum Erkenntnisvermögen des Subjekts, kurzum des Subjekts, zum Ausdruck bringt. Sie ist ferner ein regulatives Prinzip der reflektierenden Urteilskraft für deren Reflexion über die Natur. Dank dieses subjektiven, regulativen Prinzips kann die Natur bzw. die Erfahrung als ein kohärenter bzw. einheitlicher Zusammenhang gedacht werden. Diese Einheit bleibt zugleich aber prinzipiell unvollständig, unerreichbar. Sie stellt eine unendliche Aufgabe dar. Sie erweist sich also als eine Idee.

---

wirklichen Erfahrung anzutreffen. Sie galt vielmehr als eine Idee, die zugleich aber ein Prinzip der Erfahrung darstellte. Sie war kein einzelner Gegenstand, sondern eher eine unerschöpfliche Aufgabe, die in einen Gegenstand gelegt wird. Von einer anderen Perspektive her betrachtet aber war diese Idee ein Objekt in gesteigerter Bedeutung, insofern als sie die systematische Einheit der einzelnen Objekte der Erfahrung möglich machte. Ohne sie wäre die Erfahrung also zufällig.

Gemäß den Goetheschen Betrachtungen läßt die im oben ausgeführten Sinne verstandene Idee die einzelnen Gegenstände, darunter die der Kunst, als "Strahlen ins Unendliche" (Humboldt) erscheinen. Diese Erscheinung der Idee in den einzelnen Gegenständen, diese Erscheinung des Unendlichen im Endlichen findet innerhalb einer konstitutiven Spannung statt. Einerseits ist die Idee derart konzipiert, daß sie am Endlichen selbst zur Erscheinung kommt und auf diese Weise das Endliche als das Unendliche als dessen Symbol hinweisend konstitutiv bezogen wird. Andererseits aber darf das Unendliche nicht völlig im Endlichen aufgehen. Diese so skizzierte Spannung drückt sich in der Kunst aus. Die Kunst artikuliert sich innerhalb dieser Spaltung der Versinnlichung der unendlichen Idee im Endlichen. Damit wird aber die Idee der Vergänglichkeit bzw. der Zeitlichkeit des Endlichen und somit dem gemeinsamen Geschick alles Sterblichen unterworfen. "Dies ist", wird K. W. F. Solger später sagen, "das wahrhafte Loos des Schönen auf der Erde! Und dennoch ist in demselben, und muß in ihm sein jener vollständige Uebergang des Göttlichen und Irdischen in einander, sodass, indem das Sterbliche vertilgt wird, nicht blos an dessen Stelle der höhere Zustand der Verewigung tritt, sondern eben durch den Untergang erst recht einleuchtet, wie dieses Sterbliche zugleich vollkommen Eins mit dem Ewigen ist" (Solger,**Erwin**,I,256 f.). Dieser Untergang der Idee kann also als die "Tragödie vom Schönen" bezeichnet werden. Hierbei wird das Unendliche durch sein irdisches Dasein in das Nichts zerstoben, die Idee vernichtet sich selbst durch deren Erscheinung im Endlichen. "Dieser Augenblick des Ueberganges nun, in welchem die Idee selbst, notwendig zu Nichte wird, muss der wahre Sitz der Kunst...sein", sagt Solger und fährt so fort: "Hier also muss der Geist der Künstlers alle Richtungen in Einen alles überschauenden Blick zusammenfassen, und diesen über allen schwebenden, alles vernichtenden Blick nennen wir Ironie" (Solger,**Erwin**,II,277 ff.). Aufgrund dieser konstitutiven Spannung im Verhältnis zwischen dem Unendlichen und dem Endlichen, die die Erfahrung des Schönen als solche wesentlich charakterisiert, schwebt also diese letze unaufhörlich zwischen dem Tragischen und dem Ironischen.

§ 6. Die reflektierende Urteilskraft, das Prinzip der Zweckmäßigkeit der Natur und das Gefühl der Lust und Unlust.

Nun wendet Kant sich dem zu, ein transzendentales Verhältnis zwischen erstens, der **reflektierenden** Urteilskraft, zweitens, dem Prinzip der Zweckmäßigkeit der Natur und, drittens, dem Gefühl der Lust und Unlust, aufzudecken und darzustellen. Wie bereits gesagt, gibt diese Verbindung der Urteilskraft mit dem Gefühl der Lust und Unlust vermittelst des Prinzips der Zweckmäßigkeit Kant die Möglichkeit, ein Problem zu lösen, das von zentraler Bedeutung für seine Analyse war, nämlich die Beziehung des Schönen auf das allgemeinere durch die subjektive Zweckmäßigkeit hervorgerufene Lustgefühl zu bestimmen[180]. Wie wir sehen werden, geht es hier um ein Gefühl der Lust als ein freies Spiel zwischen Einbildungskraft und Verstand, das wiederum auf der zweckmäßigen Übereinstimmung eines Gegenstandes mit dem gegenseitigen Verhältnis der Erkenntnisvermögen bzw. der Einbildungskraft und des Verstandes, die zu jeder Erkenntnis überhaupt erfordert werden, basiert und somit letztlich auf das Prinzip der Zweckmäßigkeit als dessen Grund zurückzuführen ist. Nun versuchen wir die Argumentation im einzelnen zu rekonstruieren.

Zunächst ist die Bemerkung Kants zu beachten, daß die Erfüllung jeder Absicht mit dem Gefühl der Lust und Unlust verknüpft wird. Da aber die Analyse der Zweckmäßigkeit gezeigt hat, daß die Bedingung einer solchen Erfüllung eine Vorstellung a priori ist, ist also dasselbe Gefühl der Lust und Unlust durch einen Grund a priori für jedermann gültig bestimmt. Demnach gibt es also einen Grund, der dem Gefühl vom Prinzip der reflektierenden Urteilskraft vorgeschrieben werden kann (Vgl.,KU,E,VI,186). Kant zufolge spielt dieses Gefühl der Lust und Unlust keine Rolle in der theoretischen Erkenntnis. Hier geschieht bloß eine Übereinstimmung der sinnlichen Vorstellungen mit den allgemeinen Naturgesetzen, so daß der Verstand seiner Natur nach notwendig, jenseits jeder Absicht vorgeht. Hierin darf also kein Gefühl der Lust angetroffen werden, weil, wie oben gesagt, das Gefühl der Lust und Unlust immer mit der Erreichung einer Absicht verbunden ist. Anders ist der Fall aber bei der reflektierenden Urteilskraft. Die von ihr gegebene Möglichkeit, zwei oder mehrere besondere empirische Gesetze unter ein Prinzip zu bringen, das sie alle umfaßt und zugleich systematisch vereinheitlicht, liefert zugleich einen Grund für das Gefühl der Lust. Eine Reflexion, die die besonderen empirischen Naturgesetze den höheren usw. systematisch unterordnet, führt dazu, ein Gefühl der Lust zu empfinden, das

---

[180]Siehe dazu die Fußnote 155.

aus der besonderen Übereinstimmung der empirischen bzw. besonderen Naturgesetze mit unseren Erkenntnisvermögen, dank derer die Natur als ein vereinigtes, zusammenhängendes und systematisches Ganzes dargestellt werden kann, herkommt. Hingegen könnte ein Gefühl der Unlust Kant zufolge auftreten, wenn die Natur derart dargestellt würde, daß es in jeder Reflexion über sie nur Heterogenität in ihren besonderen empirischen Gesetzen gäbe und der Versuch, ihr eine systematische Einheit zu liefern, unmöglich würde[181]. Dieser Schritt der Argumentation wird von Kant wie folgt zusammengefaßt:

"In der Tat, da wir von dem Zusammentreffen der Wahrnehmungen mit den Gesetzen nach allgemeinen Naturbegriffen (den Kategorien) nicht die mindeste Wirkung auf das Gefühl der Lust in uns antreffen, auch nicht antreffen können, weil der Verstand damit unabsichtlich nach seiner Natur notwendig verfährt: so ist andererseits die entdeckte Vereinbarkeit zweier oder mehrerer empirischer heterogener Naturgesetze unter ein sie beide befassendes Prinzip der Grund einer sehr merklichen Lust, oft sogar einer Bewunderung, selbst einer solchen, die nicht aufhört, ob man schön mit dem Gegenstande derselben genug bekannt ist. Zwar spüren wir an der Faßlichkeit der Natur, und ihrer Einheit der Abteilung in Gattungen und Arten, wodurch allein empirische Begriffe möglich sind, durch welche wir sie nach ihren besonderen Gesetzen erkennen, keine merkliche Lust mehr: aber sie ist gewiß zu ihrer Zeit gewesen, und nur weil die gemeinste Erfahrung ohne sie nicht möglich sein würde, ist sie allmählich mit dem bloßen Erkenntnisse vermischt, und nicht mehr besonders bemerkt worden. Es gehört also etwas, das in der Beurteilung der Natur auf die Zweckmäßigkeit derselben für unseren Verstand aufmerksam macht, ein Studium: ungleichartige Gesetze derselben, wo möglich unter höhere, obwohl immer noch empirische, zu bringen, dazu, um, wenn es gelingt, an dieser Einstimmung derselben für unser Erkenntnisvermögen, die wir als bloß zufällig ansehen, Lust zu empfinden)" (KU,E,VI,187-188).

---

[181] Man muß bemerken, daß Kant jetzt die Frage völlig unbestimmt läßt, inwieweit diese Zweckmäßigkeit der Natur für unser Erkenntnisvermögen verbreitet werden soll und kann. Jedoch ist er der Überzeugung, obwohl der eigentümliche Fortschritt unserer empirischen Naturerkenntnis einmal auf ein Hindernis in seinem Weg anstieß, so daß diese systematische Natureinheit nach ihren empirischen Gesetzen nicht zustande gebracht werden könnte, doch auch dann wir damit zufrieden sein und somit ein Lustgefühl empfinden könnten (Vgl., KU,E,VI,188-189).

Aus den oben vorgeführten Bemerkungen läßt sich besser verstehen, was Kant als **die ästhetische Vorstellung der Zweckmässigkeit der Natur** bezeichnet. Hinzu sollte man zuerst eine Unterscheidung hervorheben, und zwar jene zwischen:

1) der **ästhetischen Beschaffenheit der Vorstellung eines Objekts**, als demjenigen, was in der Vorstellung bloß **subjektiv** ist. Diese ästhetische Beschaffenheit der Vorstellung eines Gegenstandes meint also die Beziehung einer solchen Vorstellung nicht auf das Objekt, sondern lediglich auf das **Subjekt** (Vgl.,KU,E,VII,188-189)[182].

2) der **logischen Gültigkeit der Vorstellung eines Objekts**; im Unterschied zu 1) geht es hier um dasjenige, was zur **Bestimmung des Gegenstandes**, zur

---

[182] Bereits in der **Ersten Fassung der Einleitung** in die **Kritik der Urteilskraft** hatte Kant auf die Zweideutigkeit aufmerksam gemacht, die der Begriff einer **ästhetischen** Vorstellungsart enthalten könnte, wenn wir ihn als die Beziehung der Vorstellung auf einen Gegenstand, als Erscheinung, zur objektiven Erkenntnis desselben verstünden. In diesem Falle diente der Ausdruck **ästhetisch** dazu, jene Weise zu erklären, in der die **Form der Sinnlichkeit** der sinnlichen Vorstellung notwendig beigelegt wird, um aus der letzten eine räumlich-zeitliche Erscheinung zu machen, die zum Gegenstand einer objektiven Erketnnis werden könnte. Diese Probleme waren in der "Transzendentalen Ästhetik" der **Kritik der reinen Vernunft** hinreichend behandelt worden. Jedoch, fährt Kant nun in der **Kritik der Urteilskraft** fort, ist es gewöhnlich, eine bestimmte Vorstellungsart ebenfalls deshalb als „ästhetisch" zu bezeichnen, weil sie keine mögliche Beziehung der Vorstellung des Gegenstandes auf das **Erkenntnis**vermögen bzw. auf das **Objekt**, sondern vielmehr auf das **Gefühl der Lust und Unlust** bzw. auf das **Subjekt** enthält. Diesbezüglich sagt Kant selber folgendes:

"Ob wir nun gleich dieses Gefühl (dieser Benennung gemäß) auch einen Sinn (Modifikation unseres Zustandes) zu nennen pflegen, weil uns ein anderer Ausdruck mangelt, so ist er doch kein objektiver Sinn, dessen Bestimmung zur Erkenntnis eines Gegenstandes gebraucht würde (denn etwas mit Lust anschauen, oder sonst erkennen, ist nicht bloße Beziehung der Vorstellung auf das Objekt, sondern eine Empfänglichkeit des Subjekts), sondern der gar nichts zum Erkenntnisse der Gegenstände beiträgt" (KU,EF,VIII,222).

So wird es Kant zufolge möglich, die Zweideutigkeit auszuschalten, unter der der Ausdruck **ästhetisch** zunächst auftritt, nur wenn er weder in Bezug auf die Anschauungen noch auf die Inhalte des reinen Verstandes, sondern eher allein auf das Gefühl der Lust und Unlust und die Handlungen der Urteilkraft verwendet wird (Vgl., KU,EF,VIII,222-223).

objektiven Erkenntnis gemäß der Analyse der **Kritik der reinen Vernunft** dient (Vgl.,KU,E,VII,188-189).

Es ist klar, daß im Hinblick auf die objektive Erkenntnis eines Gegenstandes der Sinne die beiden oben genannten Beziehungen zusammen vorkommen; das heißt, daß dabei sowohl eine Beziehung auf das **Subjekt** als auch eine auf das **Objekt** enthalten ist. So macht die Qualität des Raums, wo sich die wahrgenommenen Dinge außerhalb des Subjektes befinden, in der Sinnvorstellung der Dinge außerhalb des Subjektes den **subjektiven** Teil der Vorstellung der Dinge. Den Analysen der **Kritik der reinen Vernunft** gemäß kann ein Gegenstand, der sich außerhalb des Subjekts befindet, allein kraft der obigen Beziehung auf das Subjekt theoretisch hinreichend bestimmt und **objektiv** erkannt werden. Trotzdem, fügt Kant hinzu, ist es immer möglich, im Unterschied zu diesem subjektiven Teil -in diesem Beispiel, dem Raum-, der unerläßlich für die objektive Erkenntnis als deren transzendentale Voraussetzung ist, **einen anderen subjektiven Teil der Vorstellung** hervorzuheben, der **niemals zum Gegenstand der Erkenntnis werden kann**. Dies ist eben das Gefühl der Lust und Unlust, das mit der Vorstellung des Gegenstandes verknüpft wird, aber zugleich zur objektiven Erkenntnis des Gegenstandes der Vorstellung **mitnichten** beiträgt (Vgl., KU,E,VII,188-189):

"...durch sie [d.i. durch die mit der Vorstellung verbundene Lust und Unlust, G.L.] erkenne ich nichts an dem Gegenstande der Vorstellung, obgleich sie wohl die Wirkung irgend einer Erkenntnis sein kann" (KU,E,VII,189)[183].

---

[183]So macht Kant eine Unterscheidung zwischen zwei verschiedenen Sinnen vom Ausdruck **Empfindung**: erstens als Empfindung im **engen** Sinne, die uns Informationen über die äußerliche Welt abgibt und mithin einen **objektiven** Charakter hat, und zweitens als Gefühl, das etwas bloß **Subjektives** meint und somit keine Information über die Gegenstände der Wahrnehmung liefert:

"Wir verstehen aber in der obigen Erklärung unter dem Worte Empfindung eine objektive Vorstellung der Sinne; und, um nicht immer Gefahr zu laufen, mißgedeutet zu werden, wollen wir das, was jederzeit bloß subjektiv bleiben muß und schlechterdings keine Vorstellung eines Gegenstandes ausmachen kann, mit dem sonst üblichen Namen des Gefühls benennen. Die grüne Farbe der Wiesen gehört zur objektiven Empfindung als Wahrnehmung eines Gegenstandes des Sinnes; die Annehmlichkeit derselben aber zur subjektiven Empfindung, wodurch kein Gegenstand vorgestellt wird: d.i. zum Gefühl, wodurch der Gegenstand als Objekt des Wohlgefallens (welches kein Erkenntnis desselben ist) betrachtet wird" (KU,§3,207).

Kant fährt mit der Behauptung fort, daß genauso wie das Gefühl der Lust und Unlust, die Zweckmäßigkeit auch keine Beschaffenheit des Gegenstandes bezeichnet, die irgendwie wahrgenommen oder objektiv erkannt werden könnte. Hingegen geht sie, wie bereits oben abgehandelt, als transzendentales Prinzip der Urteilskraft, sogar der objektiven Erkenntnis des Gegenstandes voraus. Das Prinzip der Zweckmäßigkeit ist, wie gesagt, derart aufzufassen, daß, obwohl es mit der Vorstellung des Gegenstandes verbunden ist, nichts anderes als das **Subjektive** in derselben Vorstellung ausdrückt[184], was gar keinen Beitrag zur objektiven, theoretischen Erkenntnis leisten kann (KU,E,VII,189). Lediglich auf den **subjektiven** Teil der Vorstellung des Gegenstandes bezogen und somit keine objektive Erkenntnis desselben ermöglichend, werden das **Prinzip der Zweckmäßigkeit** -das die **subjektive** Zusammenstimmung des Gegenstandes mit dem Zwecke im schon oben behandelten Sinne betont- und das **Gefühl der Lust und Unlust** -das die Verknüpfung der Erreichung jeder Absicht, jedes Zweckes, als etwas ebenfalls bloß **subjektives**, zum Ausdruck bringt- eng und unmittelbar miteinander verknüpft[185]. Eine derartige Vorstellung des Gegenstandes, bei der

---

[184] Dazu sagt Kant selber nachdrücklich:

> "Nun ist die Zweckmäßigkeit eines Dinges, sofern sie in der Wahrnehmung vorgestellt wird, auch keine Beschaffenheit des Objekts selbst (denn eine solche kann nicht wahrgenommen werden), ob sie gleich aus einem Erkenntnisse der Dinge gefolgert werden kann. Die Zweckmäßigkeit also, die vor dem Erkenntnisse eines Objekts vorhergeht, ja sogar, ohne die Vorstellung desselben zu einem Erkenntnis brauchen zu wollen, gleichwohl mit ihr unmittelbar verbunden wird, ist das Subjektive derselben..." (KU,VII,XLIII-XLIV).

[185] Genauer gesagt handelt es sich in der Kantischen Analyse letztlich um eine doppelte Beziehung des Lustgefühls auf zwei möglichen Modalitäten der Zweckmäßigkeit als Prinzip der reflektierenden Urteilskraft. So sagt Kant, daß das Gefühl der Lust auf zweierlei bezogen werden könnte, nämlich entweder auf

1) eine Zweckmäßigkeit der **Objekte**, die in der **teleologischen Urteilskraft** zu lokalisieren ist. Diese teleologische Urteilskraft schließt Kant zufolge die Beurteilung der **objektiven Zweckmäßigkeit der Natur** durch den **Verstand** und die **Vernunft** ein und wird als regulatives Prinzip mit der **theoretischen, objektiven Erkenntnis** verknüpft;

oder auf

sowohl die Zusammenstimmung des Gegenstandes mit dem Zweck als auch die unauflösbare

---

2) eine Zweckmäßigkeit des **Subjekts** in Ansehung der Gegenstände ihrer Form bzw. ihrer Unform nach -was nicht mehr die teleologische, sondern vielmehr die **ästhetische** Urteilskraft betrifft. Diese ist laut Kant die Beurteilung der formalen, **subjektiven** Zweckmäßigkeit durch den **Geschmack**, d.i. **ästhetisch, durch das Gefühl der Lust und Unlust.**

Diese doppelte Unterscheidung liegt der Einteilung der ganzen **Kritik der Urteilskraft** zugrunde. Demzufolge umfaßt die dritte Kritik einerseits eine Behandlung der Kritik der **ästhetischen** Urteilskraft und andererseits eine Analyse der Kritik der **teleologischen** Urteilskraft, die jeweils im ersten bzw. zweiten Teil des Buches abgehandelt werden (Vgl.,KU, E,VII,192 ff.). Die Hauptlinien der gemäß diesem systematischen Rahmen vorgeführten Analyse Kants könnten mit Hilfe der von Marc-Wogau vorgeschlagenen Schemata besser eingesehen werden:

Schema A

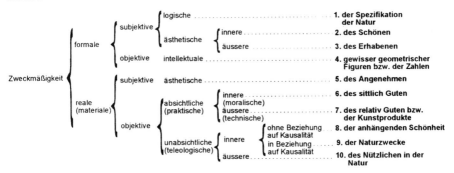

Schema B

(Vgl. Marc-Wogau, 1938, 71)

Die Unterschiede zwischen den zwei Schemata sind offenbar. Beide Schemata finden doch Anhaltspunkte im Kantischen Text. Eine genauere Beschäftigung damit würde uns aber vom Zweck dieser Arbeit weit entfernen. Deshalb sei hier auf die Arbeit von Marc-Wogau wieder hinzuweisen.

Verknüpfung der Vorstellung des Gegenstandes mit dem Gefühle der Lust und Unlust hervorgehoben werden, macht den Kern dessen aus, was Kant als **ästhetische Vorstellung der Zweckmäßigkeit** bezeichnet[186]. Dieser Passus bereitet zugleich den Boden für die Analyse der ästhetischen Beurteilung.

---

[186] Diese Zusammengehörigkeit zwischen Zweckmäßigkeit und dem Gefühl der Lust und Unlust wird an folgender Stelle der **Kritik der Urteilskraft** treffend ausgedrückt:

> "Also wird der Gegenstand alsdann nur darum zweckmässig genannt, weil seine Vorstellung unmittelbar mit dem Gefühle der Lust verbunden ist; und diese Vorstellung selbst ist eine ästhetische Vorstellung der Zweckmässigkeit [...] Wenn mit der bloßen Auffassung (apprehensio) der Form eines Gegenstandes der Anschauung, ohne Beziehung derselben auf einen Begriff zu einem bestimmten Erkenntnis, Lust verbunden ist: so wird die Vorstellung dadurch nicht auf das Objekt, sondern lediglich auf das Subjekt bezogen; und die Lust kann nichts anderes als die Angemessenheit desselben zu den Erkenntnisvermögen, die in der reflektierenden Urteilskraft im Spiel sind, und sofern sie darin sind, also bloß eine subjektive formale Zweckmäßigkeit des Objekts ausdrücken..." (KU,E,VII, 189-190).

§7. Die ästhetische Beurteilung.

Im vorigen Paragraph haben wir uns mit der von Kant in §7 der **Ersten Fassung** der Einleitung in die **Kritik der Urteilskraft** gemachten Unterscheidung zwischen der **ästhetischen Beschaffenheit der Vorstellung eines Objekts** und der **logischen Gültigkeit der Vorstellung** desselben befaßt. Während diese zweite sich auf die Vorstellung des Gegenstandes insofern bezieht, als aus ihr etwas für die Bestimmung desselben zur Formulierung eines Erfahrungsurteils über den Gegenstand und somit zu dessen Erkenntnis benutzt werden kann, drückt die erste, was in der Vorstellung des Gegenstandes bloß **Subjektiv** ist, aus -d.i. das, was die Beziehung der Vorstellung nicht auf das Objekt, sondern auf das **Subjekt** anbetrifft (Vgl.,KU, E, VII,188-189). Was nicht die Vorstellungen, sondern vielmehr die Urteile angeht, bezeichnet der Ausdruck "**ästhetisch**" eine bestimmte Art von Urteilen, in denen die Vorstellungen nicht auf das Objekt, sondern lediglich auf das **Subjekt** bezogen sind. Ein Urteil kann also als ein **ästhetisches Urteil** insofern bezeichnet werden, als es die Vorstellung -gleich ob es um einen Gegenstand der Kunst oder der Natur geht- auf das Subjekt oder, genauer gesagt, auf das **Gefühl der Lust und Unlust des Subjekts** bezieht und dieses Verhältnis zum Ausdruck bringt:

"Mit der Wahrnehmung eines Gegenstandes kann unmittelbar der Begriff von einem Objekte überhaupt, von welchem jene die empirischen Prädikate enthält, zu einem Erkenntnisurteile verbunden und dadurch ein Erfahrungsurteil erzeugt werden. Diesem liegen nun Begriffe a priori von der synthetischen Einheit des Mannigfaltigen der Anschauung, um es als Bestimmung eines Objekts zu denken, zum Grunde [...] Mit einer Wahrnehmung kann aber auch unmittelbar ein Gefühl der Lust (oder Unlust) und ein Wohlgefallen verbunden werden, welches die Vorstellung des Objekts begleitet und derselben statt Prädikats dient, und so ein ästhetisches Urteil, welches kein Erkenntnisurteil ist, entspringen" (KU,§36, 287-288).

Oder an anderer Stelle der **Ersten Fassung**:

"Ein ästhetisches Urteil im allgemeinen kann also für dasjenige Urteil erklärt werden, dessen Prädikat niemals Erkenntnis (Begriff von einem Objekte) sein kann (ob es gleich die subjektiven Bedingungen zu einem Erkenntnis überhaupt enthalten mag). In einem solchen Urteile ist der Bestimmungsgrund Empfindung. Nun ist aber nur eine einzige sogenannte Empfindung, die niemals Begriff von einem Objekte werden kann, und diese ist das Gefühl der Lust und Unlust. Diese ist bloß subjektiv, da hingegen alle übrige Empfindung zu Erkenntnis gebraucht werden kann. Also ist ein ästhetisches Urteil dasjenige, dessen Bestimmungsgrund in einer Empfindung liegt, die mit dem Gefühl der Lust und Unlust unmittelbar verbunden ist" (KU,EF,VIII,223-224).

Um eine **ästhetische Beurteilung** der Vorstellung des Gegenstandes zu ermöglichen, muß man also diese vor dem Gefühl der Lust und Unlust unmittelbar bringen, ohne auf allgemeine bzw. objektive Begriffe zu rekurrieren. Die ästhetischen Urteile beziehen sich auf nichts anderes als auf das urteilende Subjekt und dessen Gefühl der Lust und Unlust. Hierin sollte man aber auf' das mögliche Paradox aufmerksam machen, das in der Annahme eines derartigen **ästhetischen Urteils** auf den ersten Blick enthalten werden kann. Die von Kant verwendete Bezeichnung "**ästhetisches Urteil**" scheint zunächst unverträglich mit der allgemeinen Urteilsanalyse, die Kant selbst zuvor in der **Kritik der reinen Vernunft** vorgelegt hatte, zu sein[187]. Wie bereits gesehen, wird das Urteil in der ersten Kritik als eine Handlung des Verstandes dargestellt, durch die man eine Vorstellung -d.i. eine Empfindung, eine Anschauung oder sogar einen Begriff- als in einem allgemeinen Begriff enthalten denkt[188]. Von dieser Perspektive her wäre selbst die Möglichkeit eines ästhetischen Urteils in dem Maße widersprüchlich, als in den derartigen Urteilen kein besonderer Gegenstand auf einen theoretischen ellgemeinen Begriff desselben bezogen wird. Gemäß der Analyse der **Kritik der reinen Vernunft** könnte also die Grundbedingung für die Formulierung eines Urteils überhaupt deshalb nicht erfüllt werden, weil in einem ästhetischen Urteil, wie schon bemerkt, die

---

[187] Siehe dazu Crawford, 1974,31 uff.

[188] Vgl., §4.1. dieser Arbeit.

Vorstellung eben **nicht** auf einen Begriff des Objekts, sondern lediglich auf das Gefühl der Lust und Unlust des Subjekts bezogen wird. Das Paradox liegt also darin, daß das ästhetische Urteil nicht als Urteil überhaupt begriffen werden könnte. Hierzu bemerkt Kant selbst in der **Ersten Fassung** der Einleitung in die **Kritik der Urteilskraft**, daß ein ästhetisches Urteil "auffallend widersprechend" deswegen würde, weil "...Urteilen gehört schlechterdings nur dem Verstande (in weiterer Bedeutung genommen) zu, und ästhetisch oder sinnlich urteilen, so fern dieses Erkenntnis eines Gegenstandes sein soll, ist selbst alsdann ein Widerspruch" (KU,EF,VIII,222-223). Es ist aber Kant selbst, der den theoretischen Rahmen dazu bietet, diesen scheinbaren Widerspruch zu lösen. Dazu versucht er, die Legitimität der ästhetischen Beurteilung zu rechtfertigen, indem er zudem zweierlei zeigt, nämlich:

1. daß es einen Grund für die Bestimmung ästhetischer Urteile gibt, der wiederum nicht objektiv, sondern bloß **subjektiv** ist. Es kommt also darauf an, diesen Grund freizulegen und theoretisch darzustellen; und

2. daß trotz dessen subjektiven Charakters der Grund der ästhetischen Urteile doch einen Anspruch auf **allgemeine** Gültigkeit legitim erheben kann.

Zum Zweck der Rechtfertigung der Legitimität der ästhetischen Urteile unterscheidet Kant zunächst zwischen zwei verschiedenen Arten ästhetischer Urteile: einerseits zwischen denjenigen, die einen Anspruch auf **allgemeine** Gültigkeit mit Recht erheben und andererseits zwischen denjenigen, deren Gültigkeit sich auf das **einzelne, private** Subjekt, das sie fällt, begrenzt -was Kant als Urteile über das **Angenehme** charakterisiert. Hingegen ist die erste Art ästhetischer Urteile die ästhetischen Urteile über das **Schöne** -gelegentlich von Kant ebenfalls als **reine** ästhetische Urteile bezeichnet. Die Urteile über das Angenehme werden von Kant verschiedentlich als **empirische** ästhetische Urteile, als ästhetische **Sinnenurteile** oder sogar als **materiale** ästhetische Urteile bezeichnet (Vgl.,KU, §14,223-224). Die ästhetischen Urteile über das Schöne bzw. über das Angenehme haben es gemeinsam, bloß **subjektiv** in dem Maße zu sein, als deren Bestimmungsgrund in einer Empfindung liegt, die unmittelbar mit dem Gefühl der Lust und Unlust verbunden ist. Die beiden Arten ästhetischer Urteile unterscheiden sich voneinander aber dadurch, daß bei der zweiten Art -d.i. bei den **empirischen** ästhetischen Urteilen über das Angenehme- kein Anspruch auf Allgemeingültigkeit erhoben wird. Demzufolge, obwohl eine empirische Einigung über die empirischen ästhetischen Urteile erzielt werden könnte -z.B. wenn alle über den angenehmen Geschmack eines Weins einig wären-, bliebe eine derartige Einigung immer bloß subjektiv, privat. Durch derartige Urteile drückt sich also nur die Lust, die unmittelbar durch die Empfindung des Gegenstandes, durch die Sinne hervorgebracht wird, aus. Im Gegensatz dazu erheben mit Recht die **reinen** ästhetischen Urteile, durch die wir etwas als **Schönes** oder als **Erhabenes** bezeichnen, einen Anspruch auf eine allgemeine Gültigkeit, die über jede Art empirischer Einigung derart hinausgeht[189].

---

[189] In der Fußnote 185 hatten wir uns mit der Doppelbeziehung des Lustgefühls auf jeweils zwei Modalitäten der Zweckmäßigkeit beschäftigt: einerseits als Zweckmäßigkeit der **Objekte** im Rahmen der **teleologischen Urteilskraft** und andererseits aber als Zweckmäßigkeit des **Subjekts** in Ansehung der Gegenstände ihrer Form bzw. ihrer Unform nach im Horizont der **ästhetischen** Urteilskraft. Diese letzte umfaßt laut Kant die Beurteilung der formalen, **subjektiven** Zweckmäßigkeit durch den **Geschmack**, d.i. **ästhetisch**, durch das **Gefühl der Lust und Unlust**. Nun geht es um einen zusätzlichen Doppelunterschied innerhalb der **subjektiven** Zweckmäßigkeit bzw. der **ästhetischen** Urteilskraft, nämlich

1) eine **innere** subjektive Zweckmäßigkeit, aufgrund derer sich das ästhetische Urteil als **Geschmacksurteil** bzw. als Urteil über das **Schöne** erweist; und

2) eine **äussere** subjektive Zweckmäßigkeit, die nicht so sehr durch ein Geschmacksurteil, sondern eher "aus einem Gesteisgefühl entsprungenes" beurteilt wird. Hier geht es um das **Erhabene**.

Diesem Doppelunterschied zufolge muß die Kritik der **ästhetischen** Urteilskraft in zwei Hauptteile zerfallen, nämlich einerseits in eine **Analytik des Schönen** und andererseits in eine **Analytik des Erhabenen** (Vgl., hierzu KU,E,VII,192 und ferner das in der Fußnote 185 eingefügte Schema). Kant zufolge stimmen das Schöne mit dem Erhabenen darin überein, daß das Wohlgefallen in beiden Fällen von jeder objektiven bzw. erkenntnis-theoretischen Beurteilung unabhängig ist. Keiner von beiden basiert auf irgendwelchen logisch bestimmenden Erkenntnisurteilen. In den beiden Fällen wird die Leistung der reflektierenden Urteilskraft und somit ein Reflexionsurteil vorausgesetzt. Ferner bezieht das vom Schönen bzw. vom Erhabenen gebrachte Wohlgefallen sich weder auf eine Empfindung -und ist deshalb in beiden Fällen vom Wohlgefallen am Angenehmen zu unterscheiden- noch auf einen Begriff -und hat deswegen ebenfalls in keinen der zwei Fällen nichts mit dem Wohlgefallen am Guten zu tun. Hierzu sagt Kant, daß sowohl das Schöne wie das Erhabene für sich selbst gefallen. Die Beurteilung bezieht sich in beiden Fällen auf einzelne Urteile, die trotz deren subjektiven Charakter einen Anspruch auf Allgemeingültigkeit legitim erheben. Was ihre Differenzen anbetrifft, werden die relevantesten Unterschiede zwischen dem **Schönen**

Demnach, obwohl es keine Zustimmung zu derartigen Urteilen empirisch, faktisch, geben könnte, kann jedermann, der sie fällt, eine solche Zustimmung zu ihm legitim verlangen. Es kommt also darauf an, die Eigentümlichkeit dieser letzten Urteile, den besonderen Charakter deren Allgemeingültigkeit und deren Bestimmungsgrund klar und deutlich darzustellen. Deshalb wird Kant, wie es später ausführlicher noch zu sehen ist, im zweiten Moment der Analyse des Geschmacksurteils versuchen, das Wohlgefallen am Schönen und das am Angenehmen und die entsprechenden Urteile dazu hinsichtlich der Art und Weise ihres Gültigkeitsanspruchs

---

und dem **Erhabenen** hauptsächlich in KU §23 abgehandelt. Beide Gefühle bzw. Wohlgefallen bzw. Beurteilungen werden in vielerlei Hinsicht voneinander unterschieden. Unter anderen wären folgende Gesichtspunkte zu erwähnen:

	Das Schöne	Das Erhabene
Es betrifft	die Gestalt	die Größe
Es besteht aus	Angemessenheit der Anschauung zur Einbildungskraft	Unangemessenheit der Anschauung zur Einbildungskraft
Es betrifft	die Form (Begrenztheit in Zeit und Raum)	die Formlosigkeit bzw. die Grenzenlosigkeit
Es wird genommen für	die Darstellung eines unbestimmten Verstandesbegriff	die Darstellung eines unbestimmten Vernunftbegriff
Vorstellung, auf der es basiert	Qualität	Quantität
Charakter des Gefühls, das es mit sich bringt	eine Beförderung des Lebens	eine augenblickliche Hemmung der Lebenskräfte und darauf eine Ergießung
Es wird betrachtet	mit Ruhe	Bewegung und Rührung
Charakter der Lust, die es bei sich führt	Spiel in der Beschäftigung der Einbildungskraft	Ernst in der Beschäftigung der Einbildungskraft
	Positive Lust (Anziehung Gemüt/Gegenstand)	Nicht positive sondern negative Lust (Anziehung/Abstoß Gemüt/Gegenstand) bzw. Achtung (vor dem Imperative der Vernunft)

(Siehe dazu KU, §23, 244. Vgl. ferner Michaelis, 1796, 30 uff.).

In dieser Arbeit werden wir uns aber ausschließlich mit der **Analytik des Schönen** beschäftigen. Eben darin werden die Kantischen Betrachtungen zum **sensus communis** angestellt.

miteinander zu kontrastieren. Das Urteil über das Angenehme basiert auf einem bloßen Privatgefühl, so daß dessen Gültigkeit auf den einzelnen Urteilenden eingeschränkt bleibt. Deshalb sagt Kant: "In Ansehung des Angenehmen gilt also der Grundsatz: ein jeder hat seinen **eigenen** Geschmack (der Sinne)" (KU,§7,212). Mit dem Wohlgefallen am Schönen und dessen Beurteilung ist aber der Fall ein anderer. Wenn das Subjekt etwas als **schön** beurteilt, mutet es also den andern eben dasselbe Wohlgefallen zu. "Es urteilt nicht bloß für sich, sondern für jedermann", sagt Kant, "und spricht alsdann von der Schönheit, als wäre sie eine Eigenschaft der Dinge" (KU,§7,212-213). Eben darum muß die **ästhetische Allgemeinheit**, die einem Geschmacksurteil jederzeit beigelegt wird, Kant zufolge von einer ganz besonderen Art sein, denn dabei dehnt das Prädikat der Schönheit sich über die ganze Sphäre der Urteilenden aus, obwohl sie auf keinem logischen, theoretischen Begriff basiert. Wenn man ein solches Urteil fällt, glaubt man Kant zufolge jederzeit **eine allgemeine Stimme** für sich zu haben und wird so ein Anspruch auf die Zustimmung von jedem anderen Urteilenden erhoben. Die besondere Notwendigkeit der Geschmacksurteile führt auf diese Weise zu einem **subjektiven Prinzip**, das durch das, was Kant als **sensus communis** bezeichnet, erklärt und gegeben ist. Wie wir sehen werden, kann nur unter der Voraussetzung dieses **sensus communis**, unter dem man zunächst keinen äußern Sinn, sondern allein die Wirkung aus dem freien Spiel der Erkenntniskräfte versteht, das Geschmacksurteil gefällt werden (Vgl.,KU,§20). Um den Gang der Kantischen Argumentation und deren Zusammenhang, die bis zum **sensus communis** führen, besser einzusehen, werden wir uns nun der von Kant in der **Analytik des Schönen** durchgeführten Darstellung und Analyse des Geschmacksurteils bzw. des Urteils über das Schöne widmen.

§8. Die Analyse des Geschmacksurteils.

Wie bereits gesagt, ist die von Kant in der **Kritik der Urteilskraft** vorgelegte Analytik des Schönen keine Analyse der Vielfalt der schönen Gegenstände, sondern vielmehr eine Analyse der Urteile, in denen das Prädikat **schön** den Gegenständen im Rahmen von Urteilen zugesprochen wird. Diese Urteile werden von Kant als **Geschmacksurteile** bezeichnet. So soll zugleich klar sein, daß es nach den Konturen des in der **Kritik der reinen Vernunft** durchgeführten Unternehmens aber bei Kant nicht darum geht, eine physiologische oder psychologische und somit **empirische** Erklärung der Bedingungen, nach denen diese Urteile ausgedrückt werden können, abzugeben, sondern darum, eine **transzendentale** Erläuterung derselben zu liefern, also der Bedingungen, die als Bedingungen der Möglichkeit solcher Urteile überhaupt vorausgesetzt und erfüllt werden müssen, um sie fällen zu können[190]. So bildet die Logik des ästhetischen Urteils über das Schöne, also die Frage nach seiner Bedeutung und den Bedingungen seiner Möglichkeit, den zentralen Aspekt der "Analytik des Schönen" in der **Kritik der Urteilskraft**[191]. Dazu versucht Kant, die verschiedenen Momente des Geschmacksurteils aufzudecken und theoretisch darzustellen, wobei diese Momente "nach Anleitung der logischen Funktionen zu urteilen" bzw. den vier schon in der **Kritik der reinen Vernunft** zur Analyse der **theoretischen** Urteile behandelten Momenten, nämlich: Quantität, Qualität, Relation, Modalität analysiert werden. Diese Analyse ist von der Auffassung durchzogen, daß, obwohl derartige Urteile auf einem Gefühl beruhen, sie doch mit Recht einen Anspruch auf allgemeine Gültigkeit erheben. Deshalb drückt Kant emphatisch die Ansicht aus, daß es ein Prinzip a priori für solche Urteile geben muß. So zum Beispiel an folgender Stelle in der **Kritik der Urteilskraft**:

> "...die Möglichkeit eines ästhetischen und doch auf einem Prinzip a priori gegründeten Urteils der bloßen Reflexion, d.i. eines Geschmacksurteils, wenn bewiesen werden kann, daß dieses wirklich zum Anspruche auf Allgemeingültigkeit berechtigt sei, einer Kritik der Urteilskraft als eines

---

[190]Damit werde ich mich ausführlicher in §9. dieser Arbeit befassen.

[191]Vgl., Kulenkampff, J., **Kants Logik des ästhetischen Urteils,** Vittorio Klostermann, Frankfurt am Main, 1978.

Vermögens eigentümlicher transzendentaler Prinzipien bedarf..." (KU,EF,XI,243-244).

Wenn ein Subjekt **x** also etwas als **schön** im Rahmen eines Urteils bezeichnet, wird die Vorstellung des damit gemeinten Gegenstandes auf das Gefühl der Lust seitens des Subjekts, das ein solches Urteil formuliert, bezogen. In diesem Sinne unterscheidet Kant, wie bereits oben gesagt, zwischen dem **ästhetischen** Urteil, durch das die Vorstellung des Gegenstandes auf das Subjekt oder, genauer gesagt, auf dessen Gefühl der Lust und Unlust, bezogen wird, und dem **logischen** bzw. **erkenntnistheoretischen** Urteil, das die Vorstellung des Gegenstandes in Beziehung zu einem Begriff zum Zweck der Erkenntnis setzt. Die Kantische Analyse des Geschmacksurteils wird also zeigen, wie das Geschmacksurteil, anhand dessen etwas als **schön** bezeichnet wird, zum einen diese ursprüngliche Bezogenheit auf das Subjekt zum Ausdruck bringt, zum anderen aber zugleich -und dies macht das Hauptproblem einer derartigen Analyse aus- wie ein solches Urteil trotz seiner Bezogenheit auf das Subjekt kein privates Urteil ist, sondern einen Anspruch auf allgemeine Gültigkeit derart erhebt, daß es möglich ist, eine gerechtfertigte Zustimmung zu ihm legitim zu verlangen. Also, wenn man ein Geschmacksurteil fällt, wird das Wohlgefallen, das durch dieses Urteil ausgedrückt wird, auf das Gefühl der Lust, das dabei empfunden wird, bezogen. Zugleich aber schließt dies den Anspruch darauf ein, daß, über die einzelnenen Individuen und deren private Urteile hinaus, jedes Subjekt ein solches Wohlgefallen daran empfinden und somit ein derartiges zustimmendes Urteil darüber fällen **sollte**. So aufgefaßt, erhebt das Urteil über das Schöne einen konstitutiven Anspruch auf Allgemeingültigkeit und unbedingte Notwendigkeit, die weder aus der Erfahrung noch aus der traditionellen logischen Analyse der Begriffe noch aus der Bedeutung der Wörter, die in solchen Urteilen vorkommen, hergeleitet bzw. legitimiert werden können[192].

---

[192] In der **Kritik der reinen Vernunft** hatte Kant erklärt, wie synthetische Erkenntnisurteile a priori möglich sind. Diese Erklärung wurde unter der Form einer transzendentalen Analyse über die notwendigen Bedingungen, die die Erfahrung überhaupt ermöglichen, und über die Gemütsvermögen so entwickelt, daß sie die Existenz von Prinzipien a priori im Erkenntnisvermögen aufzeigte. In ähnlicher Weise versuchte Kant, in der **Kritik der praktischen Vernunft** zu erläutern, wie die moralischen synthetischen Urteile a priori möglich sind. Dabei untersuchte er ebenfalls Prinzipien a priori in anderem der Gemütsvermögen, nämlich im Begehrungsvermögen, wobei diese Prinzipien a priori einen Grund für moralische notwendige und allgemeingültige Urteile abgeben konnten. In derselben Weise könnte man nun sagen, daß das, worauf Kant sich in der **Kritik der Urteilskraft**, oder genauer gesagt in der "Analytik des Schönen" richtet, darin liegt, die Prinzipien a priori, die das Gefühl der Lust und Unlust und die an ihm gebundene Urteilskraft regieren, freizulegen und zu exponieren. Es wäre also möglich, zu sagen, daß in jeder der drei **Kritiken** Kant ähnliche Ausgangspunkte vorausgesetzt werden. Sie werden durch die feste Überzeugung ausgedrückt, daß unsere Urteile über das a) was wir wirklich erkennen, b) was wir tun sollen und, schließlich, c) was man als **schön** bezeichnet wird, eine notwendige und allgemeine Gültigkeit haben. Kant

Wie schon gesagt, zielt die "Analytik des Schönen" darauf ab, die Bedingungen, unter denen ein Gegenstand durch ein Urteil als **schön** bezeichnet werden kann, zu entdecken und darzustellen. Die Momente, durch die diese Analyse durchgeht, gehen auf die Anleitung der logischen Urteilsfunktionen, die Kant in der **Kritik der reinen Vernunft** bereits angesprochen hatte, zurück, denn im Geschmacksurteile, wie wir sehen werden, ist immer noch eine Beziehung auf den Verstand enthalten. Wir sollen uns also die Einteilung der Urteile in der **Kritik der reinen Vernunft** kurz vergegenwärtigen.

Im §19 der zweiten Auflage der **Kritik der reinen Vernunft** hatte Kant unter 'Urteil' "...die Art, gegebene Erkenntnisse zur objektiven Einheit der Apperzeption zu bringen", verstanden (KrV,B141). Ähnlich hatte er sich im Nachlaß zur Logik ausgedrückt, als er sagte: "Die Vorstellung der Art, wie verschiedene Begriffe als solche allgemein notwendig (empirisch oder a priori) zu einem Bewußtsein überhaupt (nicht bloß meinem) gehören, ist das Urteil. Sie gehören zu einem Bewußtsein teils nach Gesetzen der Einbildungskraft, also subjektiv, oder des Verstandes, d.i. objektiv gültig vor jedes Wesen, das Verstand hat" (Rx,3051). Grob gesagt, erfolgt dieser Prozeß -d.i. die gegebenen Vorstellungen zum Zweck deren Erkenntniss zur Einheit der Apperzeption zu bringen- auf zwölf verschiedene Weisen, die in der von Kant wiedergegebenen Urteilstafel dargestellt werden[193]. Auf diese Zergliederung der logischen Urteilsfunktionen in der **Kritik der reinen Vernunft** (Vgl., KrV, A70/B95) ist das Verfahren der Analyse des Geschmacksurteils in der **Kritik der Urteilskraft** in vier verschiedene Momente zurückzuführen, nämlich:

---

will also zeigen, daß derartige Urteile nicht bloß privat gültig sind, sondern eher im Gegenteil, daß unsere erkenntnistheoretischen Urteile viel mehr als ausführliche Berichte über die inneren Zustände eines einzelnen Subjekts, die moralischen Urteile viel mehr als das Begehren eines einzelnen Individuums oder einer besonderen Sozialgruppe und, endlich, unsere Urteile über das Schöne viel mehr als die private Lust eines einzelnen Subjekts zum Ausdruck bringen.

[193] Zum vorigen siehe Reich,1932.

1. **Quantität** der Urteile

Allgemeine
Besondere
Einzelne

2. **Qualität** der Urteile
Bejahende
Verneinende
Unendliche

3. **Relation** der Urteile
Kategorische
Hypothetische
Disjunktive

4. **Modalität** der Urteile

Problematische
Asertorische
Apodiktische

Kant versucht also, die Analyse des Geschmacksurteils in der **Kritik der Urteilskraft** nach der Einteilung der Urteile in die Momente gemäß der **Kritik der reinen Vernunft** durchzuführen. So geht die Kantische Untersuchung über das Geschmacksurteil durch vier Momente hindurch, die folgendermaßen bestimmt und charakterisiert werden:

a) **Qualität**, wo bewiesen wird, daß als "**schön**" nur das gerechtfertigt benannt werden kann, was Gegestand eines Wohlgefallens "ohne alles Interesse" ist;

b) **Quantität**, wo man beweist, daß als "**schön**" allein das bezeichnet werden kann, was ohne Begriff allgemein gefällt;

c) **Relation**, wo man zeigt, daß unter "**schön**" nur das verstanden werden kann, was als eine Zweckmäßigkeit ohne Zweck wahrgenommen wird und, schließlich,

d) **Modalität**, wo gezeigt wird, daß als "**schön**" nur das erklärt werden kann, was ohne Begriff notwendigerweise gefällt.

Bei dieser Zergliederung befremdet aber zunächst die Tatsache, daß Kant die Reihenfolge der Momente in seiner Analyse bis auf einen gewissen Punkt umkehrt und so zum Beispiel das Geschmacksurteil zunächst nach der Qualität und dann nach der Quantität -d.i. in der entgegengesetzten Richtung zu der Analyse in der **Kritik der reinen Vernunft**- behandelt. Ferner ist auffallend, daß sich Kant im ersten Moment der Analytik des Schönen, d.i. in jenem Moment, in dem das Geschmacksurteil nach der Qualität angesprochen wird, nicht so sehr mit dem bejahenden bzw. verneinenden Charakter des Geschmacksurteils beschäftigt, sondern eher mit der Interesselosigkeit des Wohlgefallens am Schönen. Ähnliche Bemerkungen hinsichtlich der unzureichenden Entsprechung anderer Momente, nach denen das Geschmacksurteil in der **Kritik der Urteilskraft** analysiert wird, gegenüber den Momenten der Analyse bzw. Darstellung der Urteile und deren Einteilung in der **Kritik der reinen Vernunft** können freilich angestellt werden[194]. Dies würde aber uns von unserer Absicht in dieser Arbeit weit entfernen. Wichtig ist aber auf die Tatsache aufmerksam zu machen, daß die vier verschiedenen Momente letztlich auf vier Bestimmungen hinweisen, die sich ihrerseits auf eine Eigenschaft reduzieren lassen, nämlich auf die **Allgemeingültigkeit** des Geschmacksurteils[195]. So sind z.B. die zweite und vierte Bestimmung, die die Allgemeinheit und die Notwendigkeit des

---

[194]Diese Probleme wurden bereits von Adickes beispielsweise bemerkt. Hierzu sagte er:

"Diese Eigenschaften [des Geschmacksurteils, G.L.] führt Kant nun in einer ganz unglücklichen Reihenfolge auf, da er sie in das Schema seiner Kategorientafel hineinzwängt. Zusammengehöriges wird auseinander gerissen, Einiges zweimal gesagt. Das eigentliche Wesen des Geschmacksurteils wird erst im "dritten Momente" auseinandergesetzt, dass es nämlich aus der Übereinstimmung von Einbildungskraft und Verstand hervorgeht, während diese Betrachtung doch offenbar den Anfang hätte machen müssen" (Adickes,1887,164).

Neulich hat auch Crawford auf diese Inkonsistenzen aufmerksam gemacht (Siehe Crawford,1974, 15 uff.).

[195]Vgl., Kulenkampff,1978,12.

Schönen zum Ausdruck bringen, gleichzusetzen. Die Allgemeinheit weist auf die Allgemeingültigkeit des Urteils hin, denn das Wohlgefallen am Schönen und das entsprechende Urteil erheben einen Anspruch auf allgemeine Gültigkeit. Die Notwendigkeit ihrerseits drückt ebenfalls diese Allgemeingültigkeit des Wohlgefallens am Schönen und dessen Beurteilung aus. Hierbei deutet die Allgemeinheit aber nicht auf eine bloße extentionale Quantität der Allheit hin, sondern vielmehr auf den Modus der Gültigkeit für jedes einzelne Subjekt -d.i., das, was für jedes Subjekt gültig ist, ist gültig unbedingt und notwendigerweise. In diesem Sinne können die Termini **Allgemeinheit** und **Notwendigkeit** gleichgesetzt werden[196]. In der Kantischen Analyse des Geschmacksurteils wird hervorgehoben, daß die Besonderheit des Geschmacksurteils gerade darin liegt, daß es im Unterschied zum "ästhetischen Sinnesurteil" einen Anspruch auf allgemeine bzw. notwendige Gültigkeit für jedermann erhebt, und zwar trotz der Tatsache, daß ein derartiges Urteil sich weder mit einem Erkenntnisurteil durch Begriffe noch mit einem reinen praktischen Satz identifizieren läßt. Die Analyse des Geschmacksurteils soll deshalb ein Prinzip a priori, einen Grund für solche Urteile freilegen und darstellen, auf dem deren Allgemeingültigkeit beruht. Dieser Grund wird von Kant durch den Terminus **sensus communis** ausgedrückt. Nun werde ich mich dieser Analyse eingehend zuwenden. Wie bereits gesagt, ist das erste von Kant behandelte Moment das der Qualität, denn das ästhetische Urteil über das Schöne nimmt, Kant zufolge, auf dieses Moment zunächst Bezug[197]. Dort wird gezeigt, daß als **"schön"** nur das bezeichnet werden kann, was Gegestand eines Wohlgefallens "ohne alles Interesse" ist. Dies ist der Gegenstand des folgenden Paragraphs.

---

[196]Gegen diese Ansicht spricht dennoch eine Stelle in der **Kritik der Urteilskraft** deutlich, in der die Allgemeinheit und Notwendigkeit voneinander ausdrücklich unterschieden wird (KU,135). Andere Textstellen bestätigen diese Unterscheidung (Vgl. z.B. KU,EF,225). Kuhlenkampff vertritt aber die meiner Meinung nach richtige Auffassung, daß diese Unterscheidung irreführend ist (Vgl., dazu Kulenkampff,1978,12 uff.).

[197]Es sei hier erneut auf die formalen und inhaltlichen Schwierigkeiten und Inkonsistenzen der Reihenfolge der Momente der Analyse des Geschmacksurteils hinzuweisen. Hierzu sagt wieder Adickes zu Recht:

> "Die Qualität hat Kant zuerst in Betracht gezogen, 'weil das ästhetische Urteil über das Schöne auf diese zuerst Rücksicht nimmt'. Weshalb und inwiefern das ästhetische Urteil dieses thut, dafür gibt er keine Antwort. Zweierlei ganz Verschiedenes ist unter dem Momente vereinigt, zunächst dass Geschmacksurteile ästhetisch sind und also zum Gefühlsvermögen gehören, sodann dass sie interesselos sein müssen" (Adickes,1887,165-166).

§ 8.1. Die Interesselosigkeit bzw. die Freiheit des Wohlgefallens am Schönen.

Im ersten Moment der Analyse des Geschmacksurteils gemäß der **Qualität** derartiger Urteile, die in den Paragraphen §§1-5 der **Kritik der Urteilskraft** durchgeführt wird, versucht Kant, das Wohlgefallen am Schönen und dessen Beurteilung als reines, freies und uninteressiertes abgesondert darzustellen. Dazu hebt er erstens die Besonderheit der ästhetischen Beurteilung gegenüber der logischen bzw. erkenntnistheoretischen Beurteilung hervor, indem er die ursprüngliche Bezogenheit auf das Subjekt und dessen Gefühl oder, genauer gesagt, auf das Gefühl der Lust und Unlust in der ästhetischen Beurteilung geltend macht (Vgl., KU, §1). Dann wendet er sich dem Begriff vom Interesse zu, um den Charakter des Wohlgefallens am Schönen gegenüber dem am **Angenehmen** und am **Guten** deutlicher darzustellen (Vgl., KU, §2). Dadurch stellt es sich heraus, daß das Wohlgefallen am Angenehmen als ein interessiertes, **unmittelbar** auf die **Sinne** begründetes Wohlgefallen (Vgl.,KU, §3) und das Wohlgefallen am **Guten** ein interessiertes **mittelbar** auf die **Vernunft** beruhendes Wohlgefallen (Vgl., KU, §4) zu verstehen sind. So kommt man zu der Schlußfolgerung, daß das Wohlgefallen am Schönen das einzige freie, reine und uninteressierte Wohlgefallen ist (Vgl., KU, §5).

§ 8.1.1. Die Interessiertheit des Wohlgefallens am Angenehmen.

Kant versucht zunächst, die Eigenart des **Ästhetischen** -insbesondere gegenüber dem **Logischen, Erkenntnistheoretischen** klar zu machen. Dazu nimmt er das bereits in der Einleitung aufgestellte Argument auf, daß die Bezeichnung von etwas als **"schön"** zwar eine Beziehung der Vorstellung[198] voraussetzt, aber nicht mittels des Verstandes auf das Objekt zur

---

[198] Man soll daran erinnern, daß unter **Vorstellung** Kant eine allgemeine Bezeichnung für Gegenstände unseres mittelbaren Bewußtseins, bzw. Empfindungen, Anschauungen, Wahrnehmungen und sogar Begriffe, Ideen und Notionen versteht:

Erkenntnis desselben, sondern eher durch die Einbildungskraft auf das Subjekt und dessen Gefühl der Lust. Demzufolge ist das Geschmacksurteil also kein Erkenntnisurteil, folglich nicht logisch, sondern **ästhetisch**. Der Ausdruck "**ästhetisch**"wird hier also auf das Wohlgefallen, die Beurteilung und die entsprechenden Urteile angewendet und meint immer eine konstitutive Bezogenheit auf das Subjekt und dessen Gefühle, also einen subjektiven Bestimmungsgrund. Kant zufolge können die Vorstellungen im Rahmen dieser ästhetischen Beurteilung auf nichts anderes als auf das Subjekt und dessen Lustgefühl bezogen werden und folglich nichts zur theoretischen Erkenntnis der Objekte beitragen. Hierbei wird die Vorstellung gänzlich auf das Subjekt bezogen, und zwar auf das Lebensgefühl desselben, unter dem Namen des Gefühls der Lust bzw. Unlust, das zum Erkenntnis nichts beiträgt, sondern nur die gegebene Vorstellung im Subjekte in eine Art Schwebezustand gegen dessen ganzen Vermögen hält. Deshalb, fügt Kant hinzu, fühlt das Subjekt hierbei nichts anderes als sich selbst (Vgl., KU, §1). Das Wohlgefallen am Schönen ist so ein von jedem Interesse am Objekte herausgelöstes, also ein **uninteressiertes** Wohlgefallen.

Man weiß, daß der Ausgangspunkt für jede bedeutungsgeschichtliche Erläuterung des Begriffs „**Interesse**" letztlich auf dessen Ausbildung in der Regelung des Schadenersatzes im Römischen Recht zurückzuverfolgen ist[199]. Im Rahmen dieses ursprünglichen Bedeutungsfelds, dessen Konstellation Begriffe wie "Schaden", "Entschädigung", "Zinsen", usw. ausmachen, gewinnt der Begriff vom "Interesse" in der Neuzeit die allgemeine Bedeutung insbesondere materieller Nutzen, Vorteil, Profit, Gewinn -und diesbezüglich sei etwa an die italienischen Autoren des XVI. Jahrhunderts zu verweisen. Erst in Spanien des XV. bzw. XVI. Jahrhunderts wird die Bedeutung dieses Begriffs derart erweitert, daß sie ebenfalls moralische Kategorien wie "Eigennutz", "Eigennützigkeit", "Selbstsucht" und "Egoismus" zu meinen anfängt. Eben mit dieser Bedeutung wurde dieser Begriff ins Französische, Englische und Italienische übertragen.

"Die Gattung ist Vorstellung überhaupt (**raepresentatio**). Unter ihr steht die Vorstellung mit Bewußtsein (**perceptio**). Eine Perzeption, die sich lediglich auf das Subjekt, als die Modifikation seines Zustandes bezieht, ist Empfindung (**sensatio**), eine objektive Perzeption ist Erkenntnis (**cognitio**). Dieser ist entweder Anschauung oder Begriff (**intuitus vel conceptus**). Jene bezieht sich unmittelbar auf den Gegenstand und ist einzeln; dieser mittelbar, vermittelst eines Merkmals, was mehreren Dingen gemein sein kann. Der Begriff ist entweder ein empirischer oder reiner Begriff, und der reine Begriff, so fem er lediglich im Verstande seinen Ursprung hat (nicht im reinen Bilde der Sinnlichkeit), heißt Notio. Ein Begriff aus Notionen, der die Möglichkeit der Erfahrung übersteigt, ist die Idee, oder der Vernunftbegriff. Dem, der sich einmal an diese Unterscheidung gewöhnt hat, muß es unerträglich fallen, die Vorstellung der roten Farbe Idee nennen zu hören. Sie ist nicht einmal Notion (Verstandesbegriff) zu nennen" (KrV,A-320/B376-377).

[199]Siehe hierzu Ritter,1971 uff.

Anhand dieses Begriffs wird die menschliche Egozentrik oder, allgemeiner gesagt, das Eigene, das Private, das Partikulare, das boß Individuelle bzw. Subjektive, als ein unentrinbarer Kreis der Selbstbezogenheit, innerhalb dessen das Selbst bzw. das Subjekt immer nur sich selbst wiederfindet, bezeichnet. Kant scheint mit dem Begriff des 'Interreses" durch seine Lektüre englischer und Französischer Autoren -allen voran Hutcheson und Rousseau- vertraut gewesen zu sein. So findet man ihn bereits in dessen **Reflexionen zur Rechtsphilosophie** der sechziger Jahre[200]. Allerdings verwendet Kant den Begriff vom "Interesse" nicht nur im rechtsphilosophischen Sinne, sondern auch im Rahmen seiner politischen, anthropologischen, ethischen und ästhetischen Überlegungen. Insbesondere sei an die Verwendung des Interessebegriffs im Rahmen der Kantischen Ethik kurz zu erinnern. Hierin wird ein Interesse einem menschlichen, abhängigen Willen zugesprochen. Das Interesse wird also folgendermaßen definiert: "Die Abhängigkeit eines zufällig bestimmten Willens ... von Prinzipien der Vernunft" heißt ein Interesse (G,413). "Interesse", lautet es in derselben **Grundlegung,** ist das, 'wodurch Vernunft praktisch, d.i. eine den Willen bestimmende Ursache wird" (G,459). Ferner kann das Interesse unter zwei Gesichtspunkten betrachtet werden: einerseits als **reines** Interesse, wenn es lediglich auf die Allgemeingültigkeit der Maxime bezogen bleibt und andererseits als **empirisches** Interesse, wenn das Interesse den Willen nur mittels eines 'Objekts des Begehrens"bzw. unter Voraussetzung eines besonderen Gefühls des Subjekts" bestimmen kann. Im ersten Fall interessiert die jeweilige Handlung als solche, im zweiten dagegen interessiert nur der Gegenstand der Handlung (Vgl., G,460). Mit dem von der Kantischen Ethik gelieferten Hintergrund tritt der Interessebegriff in der **Kritik der Urteilskraft** wieder auf.

Als "Interesse" bezeichnet Kant in der **Kritik der Urteilskraft** dasjenige Wohlgefallen, das das Subjekt mit der Vorstellung der Existenz eines Gegenstandes verbindet. Die Kantische Darstellung zielt darauf ab, zu zeigen, daß das Interesse entweder im Zusammenhang eines **empirischen Zwecks** steht -und dies ist der Fall des Wohlgefallens am **Angenehmen-** oder

---

[200]Hierzu sei etwa an diese Stelle hinzuweisen:

> "Der Oberherr tractirt die Unterthanen wie rotzige Jungen,läßt ihnen keinen Verstand als zum Gehörchen und ist der allgemeine Eigenthümer: Jesuiten in Paraguay. Noch andre mit einem Thier, was durch einen lebenden Geist regirt wird, der vor alle Glieder sorgt; aber diese Vergleichung ist zu metaphysisch, und es ist auch eine dergleichen innigliche Vereinigung der wechselseitigen Abhängigkeit unter Menschen nicht möglich, überdem empfinden die Glieder gar nicht sondern nur der Geist, und es ist also kein getheiltes und wiederstreitendes Interesse" (Rx,7779).

im Rahmen eines **sittlichen Zwecks** verstanden werden muß -und dies ist der Fall des Wohlgefallens am **Guten**. Diese Argumentation muß aber im einzelnen vorgeführt werden.

Das Interesse als solches ist nach Kant immer auf das Begehrungsvermögen bezogen. Diese Bezogenheit auf das Begehrunsvermögen erfolgt laut Kant auf eine doppelte Weise:

a) entweder ist das Begehrungsvermögen der Bestimmungsgrund des Interesses, oder

b) hängt das Begehrungsvermögen mit dem Bestimmungsgrund des Interesses notwendig zusammen.

Die Frage danach, ob etwas **schön** sei oder nicht, hat aber -und dies scheint der entscheidende Punkt zu sein- gar nichts mit dem zu tun, ob man von der Existenz der Sache irgendwie abhängig ist oder daran ein bestimmtes Interesse hat. Diese Frage hat vielmehr mit dem zu tun, wie wir die vermutlich schöne Sache in der bloßen Betrachtung beurteilen. Dies besagt, daß sofern das Subjekt etwas als schön beurteilt, macht es dies, ohne zu berücksichtigen, worin es von der Existenz des Gegenstandes abhinge. In der ästhetischen Beurteilung geht es eher darum, was das Subjekt aus der Vorstellung des für schön gehaltenen Gegenstandes in ihm selbst macht. Kant drückt es folgendermaßen aus:

"Man muß nicht im mindesten für die Existenz der Sache eingenommen, sondern in diesem Betracht ganz gleichgültig sein, um in Sachen des Geschmacks den Richter zu spielen"(KU,§ 2,205)

Entgegen demjenigen Wohlgefallen, das mit einem Interesse -sei es ein reines oder ein empirisches Interesse- verknüpft ist, ist das Wohlgefallen am Schönen und das enstprechende Geschmacksurteil **ein rein uninteressiertes Wohlgefallen**[201]. Nach dieser Charakterisierung

---

[201] Dies schließt aber Kant zufolge nicht aus, daß ein Urteil über einen Gegenstand des Wohlgefallens doch nicht **interessiert**, aber jedoch **interessant** sein kann. Ein solches Wohlgefallen könnte auf **keinem**

des Wohlgefallens am Schönen als ein reines uninteressiertes Wohlgefallen, können sowohl dieses Wohlgefallen als auch das Geschmacksurteil dazu noch besser verstanden werden. Zunächst werden sie genauer bestimmt, indem man das Wohlgefallen am Schönen vom Wohlgefallen am Angenehmen als einem interessierten Wohlgefallen deutlich unterscheidet.

Crusius hatte als "**angenehm**" (ἡδύ, *iucundum*), das "was einer oder etlichen Begierden gemäß ist" und entsprechend als "**unangenehm**", was ihnen zuwider ist, bezeichnet [202]. Das Angenehme macht von sich aus, Crusius zufolge, "einen Geist zur Bemühung nach demselben geneigt"[203]. Kant seinerseits versteht unter "das Angenehme" das, was den **Sinnen in der Empfindung** gefällt. Kant ist der Ansicht, daß alles Wohlgefallen Empfindung einer Lust ist. Demzufolge ist alles, was gefällt, gerade deshalb, weil es gefällt, angenehm. Der Ausdruck **Empfindung** enthält aber Kant zufolge eine gewisse Zweideutigkeit, die gelöst werden soll, damit das Wohlgefallen am Schönen in dessen Einzigartigkeit und Abhängigkeit vom Wohlgefallen am Angenehmen deutlich wird. Das Wort **Empfindung** kann also nach Kant eine doppelte Bedeutung haben:

1) **Empfindung** als die Vorstellung einer Sache durch die **Sinne**, wobei diese Sache in die zum Erkenntnisvermögen gehörige Rezeptivität integriert wird. In diesem Falle wird die Vorstellung auf das **Objekt** bezogen, und kann zu einer Erkenntnis dienen, eingeschlosenn das, wodurch sich das Subjekt selbst erkennen könnte. Hier geht es also um eine **objektive Vorstellung der Sinne**; und

2) **Empfindung** als Bestimmung des Gefühls der Lust oder Unlust. In diesem Falle wird die Vorstellung lediglich auf das Subjekt bezogen und dient zu gar keiner Erkenntniss, nicht einmal zu derjenigen, wodurch sich das Subjekt selbst erkennen könnte. Hier handelt es sich um das, was jederzeit bloß **subjektiv**

Interesse beruhen, aber zugleich doch ein **Interesse** hervorbringen. Nach Kant ist das eben der Fall **aller reinen moralischen Urteile**.

[202]Vgl., Crusius, Chr. A., **Entwurf der notwendigen Vernunftwahrheiten**, 2e. Auflage 1753, Nachdruck 1963, 922.

[203]Siehe dazu Ebd.,923.

bleiben muß und schlechterdings keine objektive Vorstellung eines Gegenstandes ausmachen kann.

Wenn das Wort **Empfindung** als eine **objektive** Vorstellung der Sinne (also das, was in 1) ausgedrückt wurde) verstanden wird -z. B. die wahrgenommenen Farben, die zu einer **objektiven** Empfindung als Wahrnehmung eines Gegenstandes des Sinnes gehören-, wird sie mit der Erkenntnis des Gegenstandes und somit mit der reinen theoretischen Vernunft in Verbindung gesetzt. Hingegen, sofern man das Wort Empfindung als eine Bezeichnung für das, was jederzeit bloß **subjektiv** bleiben muß und schlechterdings keine Vorstellung eines Gegenstandes ausmachen kann, wird sie in den Bereich des Ästhetischen gesetzt, in dem, wie schon bemerkt, die Fragen nach der objektiven Erkenntnis und dem logischen Urteilen ausgeschaltet sind. Kant schlägt also vor, den Ausdruck 'Empfindung" für die erste Bedeutung zu reservieren und dieses Wort durch das Wort **Gefühl** für die zweite Bedeutung anzunehmen[204]. So rückt der Begriff vom "Gefühl" in den Mittelpunkt der ästhetischen Betrachtung Kants.

Unter "**Gefühl**" pflegte man sowohl Gemütszustände -wie etwa Lust und Unlust- als auch Gemütsbewegungen -und hier wäre etwa an Liebe, Haß, Freude, Furcht, usw. im Sinne vom griechischen πάϑος bzw. vom lateinischen *passio* zu denken- in der Antike und im Mittelalter zu verstehen. Diese Verwendung wird in der Neuzeit teilweise derart spezifiziert, daß das Wort 'Gefühl" nicht nur im weiteren Sinne der oben erwähnten Gemütsbewegungen -d.i. als *emotions*- bzw. im engeren Sinne der Leidenschaften -d.i. als *passions*- sondern ferner ebenfalls als Benennung von Sinnesempfindungen (*sensations*) aufgefaßt wird[205]. Eine

---

[204] Eben in dieser Richtung definiert Kant das Gefühl in der **Einleitung in die Metaphysik der Sitten** als die Fähigkeit, Lust oder Unlust bei einer Vorstellung zu haben. Kant bezeichnet das deshalb durch den Begriff **Gefühl**, "...weil beides das bloß Subjektive im Verhältnisse unserer Vorstellung, und gar keine Beziehung auf ein Objekt zum möglichen Erkenntnisse desselben (nicht einmal dem Erkenntnisse unseres Zustandes enthält; da sonst selbst Empfindungen, außer der Qualität, die ihnen der Beschaffenheit des Subjekts anhängt (z.B. des Roten, des Süßen, u.s.w., doch als Erkenntnisstücke auf ein Objekt bezogen werden, die Lust oder Unlust aber (am Roten, und Süßen) schlechterdings nichts am Objekte, sondern lediglich Beziehung aufs Subjekt ausdrückt" (MS,211-212).

[205] Diese eher unspezifische Verwendung ist mehr oder weniger bei Descartes (**Oeuvres**, hrsg. v. Adam/Tannery) 1,64 und 7,81), Rousseau (**Emile**, 1762, **Oeuvres**,Bibliotheque de la Pleiade, Paris, 1969,4,600) und Hume (**A Treatise of Human Natur**, London, 1739-1740, hrsg. von Green und Grose, London 1909, I,311 und 555) allerdings mit bedeutenden Differenzen anzutreffen.

ähnliche Anwendung dieses Begriffs läßt sich in der deutschen Philosophie des XVIII. Jahrhunderts antreffen. "Gefühl" und "Empfindung" gelten als sinnverwandt. Aber erst im Rahmen aber literarkritischen und moralphilosophischen Diskussionen erlangt der Ausdruck "Gefühl" eine wichtige Rolle als eine einzigartige Weise der menschlichen Vergegenwärtigung[206]. Hierbei wird das durch das Gefühl begründete Geschmacksurteil durch das logische Kriterium der Undeutlichkeit charakterisiert, das gerade durch diese Bezogenheit auf das Gefühl erklärbar ist[207]. In seinen der **Kritik der Urteilskraft** vorgeführten ästhetischen Überlegungen erörtert Kant seinerseits, wie oben gesagt, den Ausdrück "Gefühl" im Horizont einer genaueren Differenzierung des Terminus "Empfindung" und gewinnt dabei eine wichtige Perspektive für seine Analyse des Wolhgefallens am Schönen[208].

Nach der Auflösung der möglichen Verwechselung zwischen den oben erwähnten zwei Bedeutungen von "Empfindung" kann die Argumentation über den wesentlichen Unterschied zwischen dem Wohlgefallen am Schönen und dem Wohlgefallen am Angenehmen weitergeführt werden. Wenn das Subjekt einen Gegenstand als **"angenehm"** erklärt, drückt sein Urteil darüber ein Interesse am entsprechenden Objekt aus. Es ist also klar, daß dabei durch die Empfindung eine Begierde nach dem Gegenstande zum Ausdruck kommt. Das Wohlgefallen an diesem Gegenstand setzt also eine Beziehung der Existenz des Objekts auf den Zustand des Subjekts, sofern dieses durch ein solches Objekt affiziert wird, voraus. Von daher kann man vom Angenehmen nicht bloß sagen, daß es gefällt, sondern daß es vergnügt, d.i., daß das Wohlgefallen an ihm jederzeit mit einem Interesse verbunden und deshalb als subjektiv und empirisch anzusehen ist.

---

[206]Vgl., hierzu Bäumler,1967.

[207]So z.B. hat Leibniz das Gefühl im Sinne von "undeutlichen Empfindungen", die "an sich selbst etwas in sich" haben, "dadurch wir...verdunkelt und unvollkommener werden" erkenntnistheoretisch abgewertet (siehe dazu Leibniz, **Deutsche Schriften**, herausgegeben von G.E. Guhrauer (1838-1840, ND 1966, 2, 37 uff.).

[208]Es sei hier an die entgegengesetzte Ansicht Herders kurz hinzuweisen. Anders als Kant verknüpfte Herder nicht nur "Empfindung" mit "Gefühl". Darüber hinaus ging er so weit, daß er von einer "geistigen Empfindung" sogar sprach. Demzufolge seien "Erkennen" und "Empfinden" überhaupt nicht voneinander zu trennen und müßten so "am Ende gar Einerlei seyn". "Kein Erkennen ist ohne Empfindung, d.i. ohne Gefühl des Guten und Bösen...Die Seele muß fühlen, daß, indem sie erkennet, sie Wahrheit sehe, mithin sich geniesse" (Herder, **Übers Erkennen und Empfinden in der menschlichen Seele** (1774),236f.).

§ 8.1.2. Die Interessiertheit des Wohlgefallens am Guten.

Die Begriffe "gut", "das Gute", "das Gut" werden in einer Weise, die auf die lateinischen "**bonus**", "**bonum**" und letztlich auf die griechischen Ausdrücke ἀγαθός bzw. τo ἀγαθoν zurückgeführt werden können, philosophisch verwendet. In seiner **Vorlesung über Ethik** bietet Kant eine dreifache Bedeutung des Begriffs des "Guten". So ist "Gut" erstens etwas zu einem **willkürlichen** Zweck -z.B. ein bestimmtes Medikament ist gut zur Steigerung der physischen Leistung- , oder zweitens etwas zu einem **tatsächlichen** Zweck -z.B. die Gesundheit ist gut zum Zweck der Glückseligkeit) oder, schließlich, drittens etwas zu einem **verpflichtenden** und **notwendigen** Zweck, den sich ein Vernunftwesen setzt. Entsprechend unterscheidet Kant zwischen einer **bonitas problematica**, einer **bonitas pragmatica** und, schließlich, einer **bonitas moralis (VE,18 f.)** und ordnet sie den drei Arten von Imperativen zu[209]. Demzufolge ist klar, daß bei jeder drei Arten des Guten eine notwendige Beziehung des Gegenstandes auf den Willen bzw. auf einen Zweck besteht. Kantisch ausgedrückt könnte man sagen, daß in den Fällen der **bonitas problematica** und der **bonitas pragmatica** die Vorstellung dessen, was "gut" ist, durch den Grundsatz eines **hypothetischen** Imperativs bestimmt wird. Was den Gegenstand bei diesen zwei Fällen zu etwas "gut" macht, ist nichts anderes als das Wohlgefallen, das man an dessen Existenz hat bzw. von dessen Existenz erwartet. Wenn man aber über einen Gegenstand der **reinen** praktischen Vernunft entscheidet, wird nur die Möglichkeit betrachtet, ihn als vernünftiges Wesen zu wollen. Anders als in den beiden oben angesprochenen Fällen ist "Gut" in dieser Bedeutung lediglich dasjenige, was **nach dem Vernunftgesetz notwendig** gewollt wird. In diesem engen Sinne, in dem etwas unbedingt als "gut" bezeichnet werden kann, d.h. als unabhängig vom individuellen Zustand eines subjektiven Begehrens, wird das Gute einzig und allein auf Handlungen, auf die Maximen, die zu solchen Handlungen führen, und auf den Willen, der sie hervorbringt, bezogen. Lediglich in dieser dritten Bedeutung könnte das Gute Kant zufolge über jede subjektive Neigung allgemein geboten werden. Auf diese Weise lassen sich die Bestimmungen hinsichtlich des Guten in der **Grundlegung zur Metaphysik der Sitten** besser verstehen. Da sagt Kant: "Es ist überall nichts in der Welt...,was ohne Einschränkung für gut könnte gehalten werden, als allein ein guter Wille" (G,393). Der gute Wille wiederum ist "nicht durch seine Tauglichkeit zur Erreichung irgendeines vorgesetzten Zweckes, sondern

---

[209] Diese Unterscheidung läuft parallel zur Unterscheidung der drei Arten von Notwendigkeit in den **Vorlesungen über Metaphysik** (Pölitz, 186). Vgl. hierzu ferner §3. dieser Arbeit.

allein durch das Wollen, d.i. an sich gut" (Ebda.). Hierbei ist die Beziehung zwischen dem Willen und dem Guten **kategorisch** und nicht bloß hypothetisch.

In eine ähnlicher wie die oben kurz angesprochene Richtung behandelt Kant das Wohlgefallen am Guten in der **Kritik der Urteilskraft**. Zunächst erinnert er daran, daß unter dem Wort **"Gut"** dasjenige verstanden wird, was vermittelst der **Vernunft**, durch deren bloße Begriffe, gefällt. Innerhalb dieser Notion vom Guten soll man aber eine Unterscheidung machen, und zwar jene zwischen:

1) dem, was nur als **Mittel** gefällt und deshalb als **wozugut** bzw. als **Nützliches** bezeichnet werden könnte, und

2) dem, was **an sich gut** und für sich selbst gefällt.

Zu dieser Unterscheidung sollte man allererst bemerken, daß sie auf eine in der abendländischen Philosophie wirkungsmächtige Analyse indirekt hinzuweisen scheint. Man denkt etwa an jene Behandlung des Guten, wo dieses als das, wonach alle streben verstanden wird und so drei Grundbedeutungen aufweist: erstens als **lustvoll** (ἡδύ, **bonum delectabile**), zweitens als **nützlich** (κρήσιμον, **bonum utile**) und drittens als **in-sich selbst gut** (ἀγαθόν bzw. καλόν, **bonum honestum**)[210]. Im Sinne des Nützlichen wird das Gute aufgefaßt als das, was nicht an sich selbst gut bzw. lustvoll ist, sondern dessen Charakter erst als etwas Gutes durch Hinordnung auf das An-Sich Gute bzw. auf das Lustvolle sein Ziel erreicht. So kommt es Kant darauf an zu zeigen, daß das **Nützliche** als eine Unterart der Zweckmäßigkeit, als "Übereinstimmung zu einem Zwecke, der in anderen Dingen liegt", d.i. "als das mittelbar Gute (das Nützliche), welches als Mittel zu irgend einer Annehmlichkeit gefällt" (KU,§4,209), angesehen werden könnte. Wie noch zu sehen ist, erweist sich die Nützlichkeit also als eine

---

[210]Siehe hierzu Aristoteles, **Nikomachische Ethik**, VIII,2, 1155b.

äußere Zweckmmäßigkeit objektver Art im Unterschied zur **inneren** Zweckmäßigkeit der Vollkommenheit (Vgl., KU,§15,226).

Kant ist der Aufassung, daß sowohl im Fall des Nützlichen als auch im Fall des an-sich-Guten der Begriff eines Zwecks und folglich ein Verhältnis der Vernunft zum Wollen immer vorausgesetzt wird. Von daher geht es in beiden Fällen, wie bereits gesagt, um ein Wohlgefallen am Dasein, an der Existenz des Gegenstandes, in diesem Falle an einer Handlung, die immer ein Interesse enthält. Im Unterschied zum Angenehmen aber gefällt das Gute nicht unmittelbar durch die Sinne, sondern eher **mittelbar**, durch die **Vernunft**, die auf die Folgen und über die Sinne hinaus sieht. Abgesehen von dem mittelbar bzw. unmittelbaren Charakter des Wohlgefallens und dessen entsprechenden Verknüpfung zu einem jeweils verschiedenen Erkenntnisvermögen -im Fall des Angenehmen also ein unmittelbares Wohlgefallen durch die Sinne, im Fall des Guten aber ein mittelbares Wohlgefallen durch die Vernunft- kommen aber das Angenehme und das Gute -und in dieser Phase der Argumentation ist dies das Entscheidende- darin überein, daß sie **jederzeit mit einem Interesse an ihrem Gegenstande verbunden sind**. Ein genaures Verständnis dieser These bedarf aber einer Erläuterung, die zu Anfang dieses Paragraphen teilweise angegeben worden ist. Wie man weiß, wird das Gute häufig als das Objekt des Willens verstanden. Hierbei wird der Wille wiederum als ein durch Vernunft bestimmtes Begehrungsvermögens konzipiert. Demzufolge ist also klar, daß etwas wollen und an der Existenz desselben ein Wohlgefallen haben, das heißt, daran ein Interesse haben, identisch sind[211]. Hauptsache ist nach Kant also, daß, wenn man etwas für gut hält, man jederzeit wissen müß, was der Gegenstand für ein Ding sein **sollte**. Dies bedeutet, daß man über einen Begriff von demselben Gegenstand verfügen muß. Hingegen, wenn man etwas für **schön** erklärt, braucht man überhaupt nicht zu wissen, was der Gegenstand für ein Ding sein

---

[211]Es sei hier kurz an wesentliche Teile der Kantischen Ethik zu erinnern. Im Zweiten Abschnitt der **Grundlegung der Metaphysik der Sitten** erklärte Kant, daß **praktisch gut** das war, was vermittels der Vorstellungen der Vernunft, mithin nicht aus subjektiven Ursachen, sondern **objektiv**, d.i. aus Gründen, die für jedes vernünftige Wesen als ein solches gültig sind, den Willen bestimmt. In dieser Hinsicht könnte das **praktisch** Gute vom **Angenehmen** deshalb unterschieden werden, weil das **Angenehme** nur **vermittelst der Empfindung aus bloß subjektiven Gründen**, die nur für dieses oder jenes Individuum gelten, und nicht als Prinzip der Vernunft, das für jedermann gilt, auf den Willen Einfluß hat (G,413-414). Ähnlich sagte Kant in der **Kritik der praktischen Vernunft**, daß man ein Interesse jeden Vermögen des Gemüts beilegen kann, wobei das Interesse als ein Prinzip, welches die Bedingung enthält, unter welcher allein die Ausübung desselben Vermögen befördert, verstanden werden kann. Kant betonte, daß die Vernunft, als das Vermögen der Prinzipien, das Interesse aller Gemütskräfte, das ihrige aber sich selbst, autonom bestimmte. So war es möglich zwei verschiedene Interessen der Vernunft, die sich auf zwei verschiedene Gebräuche derselben bezogen, zu unterscheiden, nämlich: das Interesse ihres **spekulativen** Gebrauchs, das in der Erkenntnis des Objekts bis zu den höchsten Prinzipien a priori besteht, und das Interesse ihres **praktischen** Gebrauchs, das in der Bestimmung des Willens im Hinblick auf den letzten und vollständigen Zweck liegt. (KpV, 119-120).

sollte. Somit braucht man in diesem Fall keinen Begriff vom entsprechenden Gegenstand zu haben. Folglich, wie schon mehrfach gesagt, hängen das Wohlgefallen am Schönen und die dazugehörige Beurteilung von keinem bestimmten Begriff ab. Das Wohlgefallen am Schönen bleibt eher auf die Reflexion über einen Gegenstand, die zu irgend einem Begriffe -**unbestimmt welche**, bemerkt Kant zu Recht hinzu- führt, bezogen. In dieser Hinsicht unterscheidet sich das Wohlgefallen am Schönen sowohl vom Wohlgefallen am **Angenehmen**, das ganz auf der **Empfindung** beruht, als auch vom Wohlgefallen am **Guten**, das auf dem **Begriff eines Zwecks** unter Prinzipien der **Vernunft** basiert. Damit wird die Hauptthese von Kant im ersten Momente der "Analytik des Schönen" im wesentlichen erklärt und hinreichend rekonstruiert, nämlich die, daß das Wohlgefallen am Schönen radikal verschieden von den zwei anderen Arten Wohlgefallen -d.i. von dem Wohlgefallen am Angenehmen und von dem Wohlgefallen am Guten- ist. Einerseits ist das Wohlgefallen am Schönen **nicht interessiert, sondern bloß kontemplativ**. Es ist so, daß sowohl das Angenehme als auch das Gute eine Beziehung auf das Begehrungsvermögen und dadurch auf das Wohlgefallen haben. Im Falle des Angenehmen geht es um ein pathologisch-bedingtes Wohlgefallen; im Falle des Guten handelt es sich aber um ein reines praktisches Wohlgefallen. Bei den beiden Fällen wird aber das Wohlgefallen nicht nur durch die Vorstellung des Gegenstandes, sondern zugleich durch die vorgestellte Verknüpfung des Subjekts mit der Existenz des Gegenstandes bestimmt und somit mit einem Interesse verknüpft. Dagegen ist das Geschmacksurteil bloß **kontemplativ**, das heißt, es ist ein Urteil, das ganz indifferent im Hinblick auf die Existenz des Gesgenstandes und somit **mit keinem Interesse** verbunden ist. Bei einem derartigen Urteile wird also nur die Beschaffenheit des Gegenstandes mit dem Gefühl der Lust und Unlust bloß zusammengehalten. Andererseits ist das Wohlgefallen am Schönen auch **frei**, denn Kant zufolge setzen alle Interessen jederzeit ein Bedürfnis voraus oder bringen eines hervor. Ein Interesse als Bestimmungsgrund des Wohlgefallens am Gegenstande läßt also die entsprechende Beurteilung darüber nicht mehr frei sein. So setzt z. B. das Interesse der Neigung beim Angenehmen ein Bedürfnis voraus, so daß ein solches Interesse keine Freiheit mit sich bringen kann. Ein Gegenstand der Neigung läßt also keine Freiheit zu. Ähnlicherweise da, wo das sittliche Gesetz etwas vorschreibt, da gibt es **objektiv** keine freie Wahl hinsichtlich dessen, was zu tun ist. Ein Gegenstand, der durch ein Vernunftsgesetz zum Begehren auferlegt wird, läßt ebenfalls keine Freiheit zu. So vertritt Kant die These, daß unter allen diesen drei Arten des Wohlgefallens einzig und allein das Wohlgefallen am Schönen als ein **uninteressiertes** und **freies** Wohlgefallen aufzufassen ist. Mit dem Wohlgefallen am Schönen ist also weder ein Interesse der Sinne noch ein Interesse der Vernunft verbunden. Hierzu sagt Kant zusammenfassend:

"Geschmack ist das Beurteilungsvermögen eines Gegenstandes oder einer Vorstellungsart durch ein Wohlgefallen oder Mißfallen, ohne alles Interesse. Der Gegenstand eines solchen Wohlgefallens heißt schön" (KU,§5,211).

Das ästhetische Genießen unterscheidet sich also wesentlich vom Sinnengenuß am **Angenehmen** als auch von Wohlgefallen am **Guten**. So könnte man sagen, daß das ästhetische Wohlgefallen ein zusätzliches Moment verlangt, nämlich einen stellungnehmenden Akt, der die Existenz des Objekts und die Interesse daran ausklammert, so daß dadurch das Objekt zum ästhetischen Gegenstand gemacht wird[212]. Im ästhetischen Genießen am Gegenstand findet also ein Wechselspiel zwischen Subjekt und Objekt statt, in dem wir "Interesse an unserer Interesselosigkeit gewinnen"[213].

§8.2. Der subjektive bzw. intersubjektive Charakter der Allgemeingültigkeit des Wohlgefallens am Schönen und dessen Beurteilung.

Im zweiten Moment der Analyse des Geschmacksurteils nach dessen **Quantität**, die die Paragraphen §§6-9 der **Kritik der Urteilskraft** umfaßt, zeigt Kant zuerst, wie die Interesselosigkeit und die entsprchende Freiheit des Wohlgefallens am Schönen und dessen Beurteilung als der Grund der Allgemeingültigkeit derselben betrachtet werden kann. Im

---

[212]Vgl. Jauss,1991,83.

[213]Hierzu bemerkt H. R. Jauss, daß beim ästhetischen Wohlgefallen das Subjekt sowohl den Gegenstand als auch sich selbst, das sich in dieser Tätigkeit von seiner alltäglichen Existenz freigesetzt fühlt, genießen kann. Hier geht es also um eine Beziehung inmitten einer konstitutiven Spannung, um eine Schwebe vom Selbstgenuß des Subjekts im Fremdgenuß des Objekts, wobei das Subjekt immer mehr als nur sich selbst genießt, und dies besagt, daß es sich in der Aneignung einer Erfahrung des Sinns von Welt erfährt (Vgl., Jauss,1991, 82 ff.):

"Ästhetischer Genuß, der sich derart in der Schwebe zwischen uninteressierter Kontemplation und erprobender Teilhabe vollzieht, ist eine Weise der Erfahrung seiner selbst in der Erfahrung des anderen" (Jauss,1991,85).

Unterschied zu der Allgemeingültigkeit der erkenntnistheoretischen oder der praktischen Beurteilung erweist sich die Allgemeinheit des Geschmacksurteils als eine bloß **subjektive** (Vgl., KU,§6). In einem zweiten Passus wird das Geschmacksurteil vom Urteil über das Angenehme hinsichtlich des Charakters und der Ausdehnung ihrer Gültigkeit genauer unterschieden. Jene sind allgemein, diese aber bleiben bloß privat gültig. Allein die Geschmacksurteile können also einen Anspruch auf Allgemeingültigkeit legitim erheben. Im Unterschied zu der Allgemeingültigkeit der erkenntnistheoretischen Urteile kann die Allgemeinheit des Geschmacksurteils aber als eine **Forderung**, die durch ein **Sollen** ausgedrückt wird, charakterisiert werden (Vgl., KU,§7). In einem dritten Schritt der Argumentation wird die dem Geschmacksurteile zugeschriebene ästhetische Allgemeingültigkeit bzw. allgemeine Stimme als ein Postulat derart erläutert, daß sie sich als eine Idee erweist (Vgl., KU,§8). Schließlich besteht Kant darauf, daß eine allgemeine Mitteilungsfähigkeit des Gemütszustandes als die subjektive Bedingung, als der Grund des Geschmacksurteils anzusehen ist. Dieser Gemütszustand ist durch ein besonderes Verhältnis der Vorstellungskräfte bzw. durch ein freies Spiel von Einbildungskraft und Verstand, zueinander charakterisiert, wo eine gegebene Vorstellung auf die Erkenntnis überhaupt bezogen ist (Vgl.,KU,§9). Nun wende ich mich der Argumentantion dieses zweiten Moments ausführlicher zu.

Wie schon im ersten Moment der "Analytik des Schönen" gezeigt wurde[214], wird das Wohlgefallen am Schönen dadurch gekennzeichnet, daß es mit keinem Interesse verbunden ist. Deswegen kann das Subjekt, das ein solches Wohlgefallen am Schönen empfindet, nicht anders als so urteilen, daß dieses uninteressierte Wohlgefallen den Grund des Wohlgefallens für jedermann enthalten soll. Wie bereits oben gezeigt, basiert das Wohlgefallen am Schönen nicht auf irgend einer Neigung des Subjekts. Im Gegensatz dazu führt ein derartiges Wohlgefallen kein Interesse mit sich. Beim Wohlgefallen am Schönen fühlt sich das Subjekt, wie in §8.1. dieser Arbeit erklärt, also **frei**. "So kann er keine Privatbedingungen als Gründe des Wohlgefallens auffinden, an die sich sein Subjekt allein hinge, und muß es daher als in demjenigen begründet ansehen, was er auch bei jedem andern voraussetzen kann; folglich muß er glauben, Grund zu haben, jedermann ein ähnliches Wohlgefallen zuzumuten" (KU,§6,211-212). Deshalb kann das Subjekt vom Schönen sprechen und Geschmacksurteile darüber fällen lassen, **als ob** die Schönheit eine Beschaffenheit des Gegenstandes und das Urteil logisch -durch Begriffe vom Objekte einer Erkenntnis desselben- **wären**, "...darum, weil es [das Geschmacksurteil] doch mit dem logischen die Ähnlichkeit hat, daß man die Gültigkeit

---

[214]Siehe dazu §§8.1., 8.1.1. und 8.1.2. dieser Arbeit.

desselben für jedermann daran voraussetzen kann" (KU, §6,211-212)[215]. Die Allgemeinheit des Wohlgefallens am Schönen und dessen Beurteilung können durch den Rekurs auf Begriffe deshalb nicht erklärt werden, weil es keinen Übergang von Begriffen zum Gefühle der Lust oder Unlust im Bereiche des Ästhetischen geben kann[216]. Folglich kann das Geschmacksurteil einen Anspruch auf allgemeine Gültigkeit deswegen erheben, weil es von allem Interesse getrennt ist. Hier geht es aber, und dies macht eine Hauptthese der "Analytik des Schönen" überhaupt aus, nicht um einen Anspruch auf **objektive**, sondern auf eine bloße **subjektive Allgemeinheit**.

Nun versucht Kant, das Wohlgefallen am Schönen und das am Angenehmen und die entsprechenden Urteile darüber hinsichtlich der Art und Weise ihrer Gültigkeit, auf die sie Anspruch erheben, miteinander zu vergleichen. Wie schon oben erwähnt[217], ist ein Urteil über das Angenehme ein derartiges Urteil, das auf einem bloßen Privatgefühl derart basiert, daß, wenn ein Subjekt sagt, ein Gegenstand vergnüge ihn als das Angenehme, dieses Urteil lediglich auf seine Privatheit eingeschränkt bleibt. So könnte die Struktur eines solchen Urteils folgendermaßen dargestellt werden:

"x ist **mir** angenehm"

Deswegen wäre der Streit bei der Beurteilung über das Angenehme nach Kants Meinung "bloße Torheit", weil sowohl der Reiz als auch die Annehmlichkeit jederzeit immer anders für verschiedene Subjekte sind. So sagt er: "In Ansehung des Angenehmen gilt also der Grundsatz: ein jeder hat seinen **eigenen** Geschmack (der Sinne)" (KU,§7,212). Hier geht es also um einen bloßen Geschmack der Sinne[218]. Mit dem Wohlgefallen am Schönen und dessen Beurteilung ist

---

[215]Zur Verwendung der "Als-Ob-Partikel" siehe Fußnote 173.

[216]Im Gegenteil hierzu ist es verständlich, daß es einen solchen Übergang von Begriffen zum Gefühl der Lust oder Unlust durch reine praktische Gesetze im Bereich der **praktischen Vernunft** gibt. In diesem Fall ist aber klar, daß die reinen praktischen Gesetze ein Interesse in sich führen, das vom Geschmacksurteil prinzipiell auszuschließen ist (Vgl., hierzu §8.1.2. dieser Arbeit).

[217]Siehe dazu §8.1.1. dieser Arbeit.

[218] Als Beispiel hierfür könnte man die in der Anthropologie vorgelegte und überaus raffinierte Analyse des Geschmacks der Sinne heranführen (Vgl. A,§§ 15-27,153-167). Da unterscheidet Kant folgende:

1) Der Sinn der Betastung, der in der Fingerspitzen liegt (der einzige Sinn von unmittelbarer äußerer Wahrnehmung); durch diesen Sinn kann der Mensch sich einen Begriff von der Gestalt eines Körpers machen. Dieser Sinn ist der einzige von unmittelbarer äußerer Wahrnehmung:

es aber anders, oder, besser gesagt, genau umgekehrt, denn es wäre Kant zufolge nicht

"Ohne diesen Organsinn, sagt Kant, würden wir uns von einer körperlichen Gestalt gar keinen Begriff machen können, auf deren Wahrnehmung also die beiden andern Sinne der ersten Klasse ursprünglich bezogen werden müssen, um Erfahrungserkenntnis zu verschaffen" (A,154-155).

2) Der Sinn des Gehörs (ein Sinn von bloß mittelbarer Wahrnehmung). Kant hebt hier ab, daß durch die Luft, die uns umgibt, und vermittels derselben, wenn sie durch den Mund als Stimmorgan in Bewegung gesetzt wird, die Menschen sich am leichtesten und vollständigsten in Verbindung mit anderen in Gemeinschafter Gedanken und Empfindungen gebracht werden können, "...vornehmlich wenn die Laute, die jeder den anderen hören läßt, artikuliert sind, und in ihrer gesetzlichen Verbindung durch den Verstand eine Sprache ausmachen" (A,154-155). Im Unterschied zum Sinn der Betastung liefert der Sinn des Gehörs aber keine Gestalt des Gegenstandes. Die Sprachlaute führen auch nicht unmittelbar zur Vorstellung desselben. Sie sind nur innere Gefühle. Dieser Sinn wird durch die Musik, als ein regelmäßiges Spiel von Empfindungen des Gehörs, unbeschreiblich lebhaft und mannigfaltig nicht bloß bewegt, sondern auch gestärkt, welche also gleichsam eine Sprache bloßer Empfindungen (ohne alle Begriffe) ist. Hier sind die laute Töne. Bei der Musik geht es also um "...eine Mitteilung der Gefühle in die Ferne in einem Raume umher, an alle, die sich darin befinden, und ein gesellschaftlicher Genuß, der dadurch nicht vermindert wird, daß viele an ihm teilnehmen" (A,154-155). Von dem her kann man die kuriose Bemerkung Kants besser verstehen, daß ein im Alter Taubgewordener den Sinn des Gehörs deshalb so sehr vermißt, weil dieser ein Mittel des Umgangs ist, und, so wie man viele Blinde sieht, welche gesprächig, gesellschaftlich und an der Tafel fröhlich sind, so wird man schwerlich einen, der sein Gehör verloren hat, in Gesellschaft anders als verdrießlich, mißtrauisch und unzufrieden antreffen. Ein solcher Mensch wäre also selbst mitten in der Gesellschaft zur Eisamkeit verdammt (Vgl.,A,158-159).

3) Der Sinn des Sehens als ein Sinn der mittelbaren Empfindung durch eine nur für gewisses Organ (die Augen) empfindbare bewegte Materie, durch Licht, welches eine Ausströmung ist, durch welche ein Punkt für das Objekt im Raume bestimmt wird. Dieser Sinn ist Kant zufolge deshalb der edelste, "...weil er sich unter allen am meisten von der Betastung , als der eingeschränktesten Bedingung der Wahrnehmung, entfernt, und nicht allein die größte Sphäre derselben im Raume enthält, sondern auch sein Organ am wenigsten affiziert fühlt (weil es sonst nicht bloßes Sehen sein würde), hiemit also einer reinen Anschauung (der unmittelbaren Vorstellung des gegebenen Objekts ohne beigemischte merkliche Empfindung) näher kommt" (Vgl., A,156).

Kant zufolge, leiten die obigen äußeren Sinne durch Reflexion das Objekt zur Erkenntnis des Gegenstandes, als eines Dinges außer uns. Trotzdem, fügt er hinzu, wenn die Empfindung so stark wird, daß das Bewußtsein der Bewegung des Organs stärker wird, als das der Beziehung auf ein äußeres Objekt, dann werden äußere Vorstellungen in innere verwandelt. Hinsichtlich den Sinnen des Geschmacks und des Geruchs sagt Kant, daß diese beide mehr subjektiv als objektiv sind. Je stärker die Sinne sind, desto weniger lehren sie. Umgekehrt: wenn sie viel lehren sollen, müssen sie mäßig affizieren -z. B. im stärksten Licht sieht man nichts, und eine stentorisch angestrengte Stimme betäubt bzw. unterdrückt das Denken (A,157-158). Kant bemerkt, daß man die Empfindungen der äußeren Sinne in die des mechanischen und die des chemischen Einflußes einteilen könnte. Zu denen des mechanischen Einflußes gehören die drei obersten, bzw. der Tastsinn, das Gehör und das Sehvermögen, und zu denen des chemischen Einflußes gehören die zwei niederen Sinne, bzw. der Geschmackssinn und der Geruchssinn. Jene sind Sinne der Wahrnehmung, diese des Genusses. Im Hinblick auf die Geselligkeit der Sinne bemerkt Kant schließlich, daß es nicht lohnt, den Sinn des Geruchs zu kultivieren oder zu verfeinern, um zu genießen. Der Genuß durch diesen Sinn kann flüchtig und vorübergehend sein, wenn er vergnügen soll. Im Unterschied dazu hat der Sinn des Geschmacks einen Vorzug vor dem des Geruchs, da jener die Geselligkeit beim Genießen beförderd, was der vorige nicht tut.

weniger als lächerlich, wenn jemand sagen würde: "Dieser Gegenstand ist **für mich** schön (wobei der Gegenstand ein Konzert, ein Gedicht, ein Gebäude usw., welche zur Beurteilung aufgestellt sind, sein könnte)", weil das Subjekt es nicht "schön" nennen darf, wenn es bloß ihm gefällt (Vgl.,KU,§7,212). Wenn das Subjekt etwas als **schön** beurteilt, mutet er also den anderen Subjekte eben dasselbe Wohlgefallen zu. "Er urteilt nicht bloß für sich, sondern für jedermann, und spricht alsdann von der Schönheit, als wäre sie eine Eigenschaft der Dinge" (KU,§7,212-213). Daher sagt der Urteilende, die Sache ist schön und kann auf die Einstimmung anderer in sein Urteil des Wohlgefallens nicht deswegen rechnen, weil er sie mehrmals mit dem seinigen einstimmig befunden hat, sondern er **fordert** es von ihnen. Im Fall des Schönen ist es also so, daß, wenn die anderen Subjekte anders urteilen, man ihnen den Geschmack absprechen kann, von dem man doch verlangt, daß sie ihn haben **sollen** (KU,§7,212-213). Folglich kann man nicht sagen, ein jeder hätte seinen eigenen besonderen Geschmack. Dies würde so viel bedeuten wie es gibt **gar keinen** Geschmack, d.h., kein ästhetisches Urteil, "...welches auf jedermanns Beistimmung rechtmäßigen Anspruch machen könnte" (KU,§7,212-213)[219].

Die Allgemeingültigkeit des Geschmacksurteils, durch die dieses vom Urteil über das Angenehme unterschieden wird, ist also eine ganz besondere Bestimmung der Allgemeinheit, die von einem transzendentalen Unternehmen wie dem Kantischen ausführlicher untersucht werden muß. Eine derartige Untersuchung muß jenen Ursprung der Allgemeinheit solcher Urteile entdecken und zugleich eine Eigenschaft unseres Erkenntnisvermögens aufdecken, der sie erklären kann. Sie muß sich also als eine **transzendentale** Untersuchung artikulieren[220]. In

---

[219]Trotz dem oben Gesagten sollte man zugeben, daß in der Beurteilung des Angenehmen eine gewisse Einhelligkeit unter Menschen angetroffen werden könnte. Dabei könnte man ebenfalls entweder anderen den Geschmack in Ansehung dieses Wohlgefallens am Angenehmen absprechen, oder ihn ihnen zugestehen. "So sagt man von jemandem, der seine Gäste mit Annehmlichkeiten (des Genusses durch alle Sinne) so zu unterhalten weiß, daß es ihnen insgesamt gefällt: er habe Geschmack" (KU,§7,212-213). Aber hier würde die Allgemeinheit **nur komparativ** genommen; hier gäbe es also **nur empirische**, höchstens aufgrund der Induktion gewonnene **generale**, aber gar **nicht universale Regeln**. Hierzu sollte man sich daran erinnern, daß in der **Kritik der reinen Vernunft** Kant sich bereits auf eine besondere Art **empirischer** Urteile bezogen hatte, die eine bloß angenommene und **komparative Allgemeinheit** ausdrücken, die durch Induktion erreicht wird, "...so daß es eigentlich heißen muß: so viel wir bisher wahrgenommen haben, findet sich von dieser oder jener Regel keine Ausnahme. Wird also ein Urteil in strenger Allgemeinheit gedacht, d.i. so, daß gar keine Ausnahme als möglich verstattet wird, so ist es nicht von der Erfahrung abgeleitet, sondern schlechterdings a priori gültig. Die empirische Allgemeinheit ist also nur eine willkürliche Steigerung der Gültigkeit, von der, welche in den meisten Fällen, zu der, die in allen gilt, zu der, die in allen gilt, wie z.B. in dem Satze: alle Körper sind schwer" (KrV, B4). Die vermutliche Einhelligkeit bei den Urteilen über das Angenehme nimmt also in der **Kritik der Urteilskraft** eine ähnliche Stelle ein zu der der **empirischen** Urteile, die eine bloß angenommene und komparative Allgemeinheit zum Ausdruck bringen, in der **Kritik der reinen Vernunft**.

[220]Zur Verwendung des Ausdrucks "**transzendental**" sei es vorerst an jene Stelle in der **Kritik der reinen Vernunft**, in der Kant, als er die oberste Erkenntniskraft (d.i. die Vernunft) behandelte und dazu sagte, es

einer solchen Erörterung sollte man erklären, erstens, wie durch das Geschmacksurteil über das Schöne das Wohlgefallen an einem Gegenstand jedermann zugeschrieben werden kann, und zwar ohne sich auf logischen bzw. erkenntnistheoretischen Begriffe irgendwie stützen zu müssen; und, zweitens, wie der Anspruch auf Allgemeingültigkeit so wesentlich zum Geschmacksurteil gehört, daß jeder, der ein solches Urteil fällt, den anderen Urteilenden mit Recht Einstimmung zu seinem Geschmacksurteil zumuten kann. Diesbezüglich macht Kant eine Unterscheidung zwischen:

1) denjenigen Urteilen, in denen keiner den anderen Subjekten Einstimmung zu seinem Urteile zuschreiben kann. Diese Urteile werden von Kant als **Sinnen-Geschmacksurteile** benannt. Hier geht es um bloße **ästhetische Privaturteile**; und

2) denjenigen Urteilen, in denen jeder den anderen Urteilenden mit Recht Einstimmung zu seinem Urteile zumuten kann[221]. Diese Urteile werden von Kant als **Reflexions-Geschmacksurteile** bezeichnet. Hier handelt es sich um **ästhetische gemeingültige, publike, Urteile** über einen Gegenstand hinsichtlich des Verhältnisses der entsprechenden Vorstellung zum Gefühl der Lust und Unlust. Diese Urteile sind im eigentlichen Sinne des Wortes die Geschmacksurteile[222].

---

gäbe von ihr zwei mögliche Gebräuche: erstens, einen bloßen **formalen, logischen**, durch den die Vernuft von allem Inhalte der Erkenntnis abstrahierte, und zweitens, einen **realen**, durch den die Vernunft selbst sich als Ursprung gewisse Begriffe und Grundsätze erwiese, wobei diese letzten weder von den Sinnen noch vom Verstande entlehnt worden seien. Kant zufolge hätte der Logiker sich mit der Vernunft in ihrem bloßen **formalen** Gebrauch beschäftigt. Hingegen bedürfte der reale Gebrauch derselben einer Erklärung, die zeigen sollte, wie diese Gemütskraft selbst Begriffe und Grundsätze erzeugt. Dies bedürfte einer Einteilung dieses Vermögens in zwei verschiedene Ebenen: eine logische und eine andere **transzendentale** (KrV, B355-6/A298). Darauf komme ich freilich zurück (siehe §9. dieser Arbeit).

[221]Kant macht eine wichtige Bemerkung zur Einstimmung bei diesen Urteile, weil diese Einstimmung allgemein gefördert werden und somit der einzelne Urteilende jedermann sein Geschmacksurteil zumuten kann, ohne daß die Urteilenden wegen der Möglichkeit eines solchen Anspruchs in Streit sind, sondern sich nur in besonderen Fällen **wegen der richtigen Anwendung dieses Vermögens nicht einigen können** (KU,§8,214-215). Dies führt zu einem hermeneutischen Problem -nämlich das der Beziehung zwischen dem Allgemeinen, dem Besonderen, deren Vermittlung hinsichtlich das Anwendungsproblems, usw.-, auf das wir später zurückkommen werden (Siehe hierzu §§ 11., 11.1 und 11.2. dieser Arbeit).

[222]Im §14 bringt Kant diese Unterscheidung wieder zum Ausdruck, wenn er sagt, daß die **ästhetischen** Urteile genauso wie die theoretischen (logischen) Urteile in **empirische** und **reine** Urteile unterteilt werden können:

Zur zweiten Art der oben genannten Urteile, d.i. den **Reflexions-Geschmacksurteilen** oder Geschmacksurteilen im engeren Sinne, mußte man zunächst bemerken, daß die Allgemeinheit, durch die sie charakterisiert werden, eine besondere Art von Allgemeinheit deshalb ist, weil sie sich nicht auf den Begriff vom Objekt zurückführen läßt und somit keine logische, sondern eher eine **ästhetische** Allgemeinheit ist. Diese Allgemeinheit enthält also in Kants Sprache keine **objektive** Quantität des Urteils, sondern nur eine **subjektive**. Hierdurch wird hervorgehoben, daß die Gültigkeit nicht von der Beziehung einer Vorstellung auf das Erkenntnisvermögen, sondern von einem gewissen Verhältnis zum Gefühl der Lust und Unlust für jedes Subjekt stammt (Vgl., KU,§8,214-215). Dies deutet also auf eine bloße **subjektive** und somit **ästhetische Allgemeingültigkeit** (im Unterschied **zur objektiven**) hin. Hierzu soll man bemerken, daß im Vergleich mit dem Geschmacksurteil die **objektiv** allgemeingültigen Urteile ebenfalls jederzeit **subjektiv** sind, das heißt, wenn ein objektives erkenntnistheoretisches Urteil für alles, was unter einem gegebenen Begriffe enthalten ist, gilt, so gilt es auch für jedes andere Subjekt, das sich einen Gegenstand durch diesen Begriff vorstellt. Trotzdem läßt sich umgekehrt

---

1) Die **empirischen ästhetischen** Urteile, die eine Annehmlichkeit oder die Unannehmlichkeit des Gegenstandes zum Ausdruck bringen. Sie werden als **Sinnesurteile** oder als **materiale ästhetische** Urteile bezeichnet, und

2) Die **reinen ästhetischen** Urteile, die die Schönheit von einem Gegenstande oder, genauer gesagt, von der Vorstellung eines Gegenstandes, ausdrücken. Diese sind eigentlich die **Geschmacksurteile** bzw. **formalen ästhetischen** Urteile.

Demzufolge ist das Geschmacksurteil nur insofern **rein** als kein bloß empirisches Wohlgefallen seinem Bestimmungsgrund beigemeischt wird. Eine derartige Beimischung vom empirischen Wohlgefallen mit dem Bestimmungsgrund des Geschmacksurteils findet Kant zufolge statt, immer wenn Reiz oder Rührung, d.i. die **Materie** der Empfindung, einen Anteil an demselben Urteil haben. So werden z.B. eine bloße Farbe, ein bloßer Ton -im Unterschiede vom Schalle und Geräusch- an sich für schön gehalten. Anscheinend würde ein solches Wohlgefallen auf der **Materie** der Vorstellungen, auf der bloßen Empfindung beruhen, somit einen empirischen Grund haben und sich darum nur auf das Angenehme beziehen. Es ist aber anders der Fall, denn sowohl die Empfindungen der Farben als auch die der Töne werden nur insofern für schön gehalten, als beide **rein** sind. Gemäß der Transzendentalphilosophie gilt nur jene Bestimmung als **rein**, die bloß die **Form** betrifft. So werden die Farben, die Töne, usw., nicht nur vom Gemüt durch den Sinn als Belebung des Organs wahrgenommen, sondern auch durch die **Reflexion** als ein regelmäßiges Spiel der Eindrücke und mithin als die **Form** in der Verbindung verschiedener Vorstellungen. Sie können gar nicht als bloße Empfindungen, sondern schon als **formale** Bestimmung der Einheit eines Mannigfaltigen derselben und dann auch für sich zu Schönheiten gezählt werden. Die **Reinheit** einer Empfindung bedeutet also, daß die Gleichformigkeit der Empfindung durch keine fremdartige Empfindung gestört bzw. unterbrochen wird. Diese Gleichformigkeit der Empfindung gehört Kant zufolge lediglich bloß zur **Form**, "...weil man dabei von der Qualität jener Empfindungsart abstrahieren kann" (KU,§14,224-225). Das Geschmacksurteil hat also weder Reiz noch Rührung, also keine **Empfindung**, keine **Materie**, sondern vielmehr bloß die **reine Form** der Beurteilung der Vorstellung des Gegenstandes durch die Reflexion zum Bestimmungsgrund.

aus einer subjektiven Allgemeingültigkeit, das heißt, aus einer **ästhetischen Allgemeingültigkeit**, die auf keinen Begriff vom Objekte beruht, gar keine **logische, objektive**, schließen, weil die ästhetischen Urteile keineswegs auf irgend ein Objekt bezogen sind. Eben darum muß die **ästhetische Allgemeinheit**, die einem Geschmacksurteile jederzeit beigelegt wird, Kant zufolge von einer ganz besonderen Art sein, denn dabei dehnt das Prädikat der Schönheit sich über die ganze Sphäre der Urteilenden aus, obwohl sie auf keinem logischen, theoretischen Begriff basiert. Zur Erläuterung dieser These bemerkt Kant selber, daß hinsichtlich der **logischen Quantität** alle Geschmacksurteile **einzelne Urteile** sind[223], denn in ihnen muß man den Gegenstand unmittelbar auf das Gefühl der Lust und Unlust beziehen, aber nicht durch Begriffe. So kann das Geschmacksurteil nicht die Quantität eines objektiv gemeingültigen Urteils haben. Jedoch ist es immer möglich, aus einzelnen Geschmacksurteilen eine Art logischer Urteile durch Induktion zu schließen, wenn die einzelne Vorstellung des Objekts des Geschmacksurteils nach den Bedingungen, die ein solches Urteil bestimmen, durch den Vergleich in einen Begriff verwandelt wird, vermittels dessen ein **logisch allgemeines Urteil** aus einzelnen Geschmacksurteilen resultieren kann. Als Beispiel dafür führt Kant das folgende Urteil an: "Die Rose ist schön". Das ist zwar ein Geschmacksurteil, das sich auf eine einzelne Rose bezieht, die ich hier und jetzt anblicke. Hingegen aber wäre ein Urteil, das durch Vergleich vieler einzelner entspringen würde, also ein Urteil der Art: "Die Rosen sind schön", nicht bloß als ästhetisches, sondern als ein Urteil, dessen Formulierung auf einem logischen Urteil basiert. Ein Urteil wie "Die Rose ist (im Gebrauche) angenehm" wäre auch ein ästhetisches und einzelnes, aber kein Geschmacksurteil, sondern ein Sinnenurteil. Dieses letzte unterscheidet sich von einem Geschmacksurteil dadurch, daß das Geschmacksurteil eine **ästhetische Quantität der Allgemeinheit** besitzt. Die Allgemeingültigkeit der Greschmacksurteile stellt also wichtige Fragen, auf die die Transzendentalphilosophie eine hinreichende Antwort geben muß. Im folgenden gehe ich darauf ein.

---

[223]In der **Logik** (Logik, §§20-21) hatte Kant einen Unterschied der Urteile in Rücksicht auf ihre Form gemacht. So hatte er sie in Ansehung der vier Hauptmomente der Quantität, Qualität, Relation und Modalität eine Unterscheidungslinie gezogen, so daß im ersten Hauptmoment der Quantität er zwischen **allgemeinen, besonderen und einzelnen** Urteilen unterschieden hatte. Dafür hatte er das Kriterium aufgestellt, ob das Subjekt im Urteile entweder ganz von der Notion des Prädikats ein- oder ausgeschlossen war. So wurde im **allgemeinen** Urteile die Sphäre eines Begriffs innerhalb der Sphäre eines andern beschlossen; im **partikularen** wurde nur ein Teil der Sphäre des Begriffs unter die Sphäre des andern beschlossen; im **einzelnen** Urteile, schließlich, wurde ein Begriff, der gar keine Sphäre hat, mithin bloß als Teil unter die Sphäre eines andern beschlossen. In einer Anmerkung fügte Kant sogar hinzu, daß der **logischen** Form nach die **einzelnen** Urteile mit den **allgemeinen** im Gebrauch deshalb gleichzusetzen sind, weil bei beiden das Prädikat vom Subjekt ohne Ausnahme galt. So stelle ein einzelnes Urteil wie **"Caius ist sterblich"** so wenig eine Ausnahme dar, wie ein **allgemeines** Urteil wie **"Alle Menschen sind sterblich"**, und somit ist das erste mit dem zweiten Urteile hinsichtlich seiner Gültigkeit letztlich identisch (L, 101-102).

Kant ist der Auffassung, daß, wenn man Objekte bloß nach Begriffen beurteilt, es unmöglich wird, eine Beurteilung desselben auf die Schönheit hin, also eine ästhetische Beurteilung anzustellen. In diesem Fall ginge die Schönheit also verloren. Es kann auch **keine objektive Regel** bzw. keinen Begriff geben, wonach der Urteilende genötigt werden sollte, etwas für schön anzuerkennen. Trotzdem aber ist Kant davon überzeugt, wenn man ein solches Urteil fällt und ein Gegenstand als schön charakterisiert wird, glaubt man jederzeit **eine allgemeine Stimme** für sich zu haben und erhebt man einen legitimen Anspruch auf den Beitritt von jeden anderen Urteilenden im Gegensatz zu dem Urteil über das Angenehme, das bloß auf Privatempfindungen beruhen und ausschließlich für den einzelnen Urteilenden und sein privates Wohlgefallen ausschließlich gelten kann. Ein Geschmacksurteil **postuliert** also eine allgemeine Stimme in bezug auf das Wohlgefallen am Schönen, das ohne Vermittlung der Begriffe empfunden wird. Man soll den Charakter dieses Postulats aber genauer präzisieren. Es ist so, daß das Geschmacksurteil selbst nicht jedermanns Einstimmung sozusagen **objektiv**, wie im Falle der Erkenntnisurteile, postuliert -denn das könnte nur ein logisch allgemeines Urteil deshalb tun, weil Gründe dafür angeführt werden können, die wiederum auf objektiv allgemeingültige Begriffe zurückgeführt werden könnten. Im Unterschied dazu schreibt das Subjekt in dem Geschmacksurteil nur jedermann diese Einstimmung zu, und zwar als ein Fall einer Regel, wo der Urteilende die Bestätigung dieser Regel **nicht objektiv von Begriffen, sondern lediglich von der Zustimmung anderer Urteilender erwartet**. Diese Art allgemeiner Stimme ist also nur eine **Idee**[224]. Es ist also so, daß derjenige, welcher ein Geschmacksurteil fällt, in der Tat dieser Idee gemäß urteilt, sei es ihm bekannt oder nicht. Das urteilende Subjekt bezieht sich auf eine derartige Idee in dessen Beurteilung des Schönen als deren Möglichkeitsbedingung. Kraft der konstitutiven Bezogenheit auf diese Idee wird das einzelne Urteil über das Schöne als ein Geschmacksurteil im engeren Sinne artikuliert, als solches verstanden und mit einem Anspruch auf allgemeine Gültigkeit durch die anderen Urteilenden legitim interpretiert.

Nun kann sich Kant der wichtigen Frage widmen, die den Titel für den Paragraph 9 der "Analytik des Schönen" abgibt, nämlich der Frage, ob im Geschmacksurteil das Gefühl der Lust vor der Beurteilung des Gegenstandes, oder diese vor jener vorhergeht; eine Frage, die von Kant selber als "Schlüssel zur Kritik des Geschmacks" bezeichnet wird. Bei dieser Frage verfährt Kant **per reductio ad absurdum**, d.i., er setzt das Gegenteil von dem, was er beweisen will, voraus, so

---

[224]Die Untersuchung der Gründe, worauf diese Idee beruht, wird von Kant jetzt bei Seite gelassen. Wir kommen auf diese Frage in §§ 8.3., 9. und 12. dieser Arbeit zurück.

daß diese Voraussetzung zu einem unauflößbaren Widerspruch führt. Die Argumentation läuft, grob dargestellt, so: wenn die Lust an dem gegebenen Gegenstand der Beurteilung des Gegenstandes vorherginge, so daß nur die allgemeine Mitteilbarkeit derselben im Geschmacksurteil der Vorstellung des Gegenstandes zuerkannt werden sollte, würde ein solches Vorgehen mit sich selbst deshalb im Widerspruch stehen, weil eine derartige Lust auf den Sinnen basierte, damit bloß empirisch sei und folglich keine andere, als die bloße Annehmlichkeit in der Sinnenempfindung sein und daher ihrer Natur nach, nur Privatgültigkeit haben könnte. In diesem Fall hinge also die Lust von der Vorstellung, wodurch der Gegenstand gegeben wird, unmittelbar ab. Also muß das Gegenteil der Fall sein. Dies bedeutet: es muß die allgemeine Mitteilungsfähigkeit des Gemütszustandes in der gegebenen Vorstellung sein, welche, als subjektive Bedingung des Geschmacksurteils, demselben zugrundeliegt, und die Lust am Gegenstand zur Folge haben muß. Die **Kritik der reinen Vernunft** aber hatte gezeigt, daß nichts anderes als die Erkenntnis und die Vorstellungen, sofern sie zur Erkenntnis gehören, allgemein mitgeteilt werden kann. Jedoch ist in den Geschmacksurteilen keine objektive Beziehung der Vorstellung zur Erkenntnis vorzufinden. Der Bestimmungsgrund seiner allgemeinen Mitteilbarkeit ist bloß subjektiv, d.i. er existiert ohne einen Begriff vom Gegenstande irgendwie vorauszusetzen bzw. zu einem derartigen Begriffe zu führen. Ein derartiger Bestimmungsgrund kann also kein anderer als der Gemütszustand sein, der im Verhältnisse der Vorstellungskräfte zueinander angetroffen wird, sofern diese letzten eine gegebene Vorstellung auf Erkenntnis **überhaupt** beziehen. Der Ausdruck "Erkenntnis überhaupt" bedeutet hier bloß eine Richtung auf die Erkenntnis und nicht eine feste Orientierung auf die Hervorbringung eines bestimmten Erkenntnisinhaltes. "Freilich bedarf [...] das ästhetische Bewußtsein", sagt Cohen hierzu zu Recht, "eines scharf umrissenen Inhalts; sonst würde es verschwimmen und zerfliessen. Daher die Richtung auf "Erkenntnis überhaupt", also auf Erkenntnis; und Erkenntnis ist freilich Erkenntnis von Etwas, also von einem bestimmten Gegenstande. Dennoch aber betrifft hier die Erkenntnis des bestimmten Gegenstandes nicht diesen selbst [...] So bestimmt er gedacht und gestaltet sein muss, so ist er doch nur ein Schatten der Allgemeinheit, welche er vorstellt"[225]. Demzufolge werden die Erkenntniskräfte, die durch die Vorstellung des Gegenstandes, die das Wohlgefallen am Schönen veranlaßt, in ein einzigartiges Spiel gesetzt. Kant sagt es genauer: die Erkenntniskräfte sind beim Wohlgefallen am Schönen in einem **freien Spiel**, weil kein bestimmter Begriff sie auf eine besondere Erkenntnisregel einschränkt, wie es der Fall bei der objektiven Erkenntnis ist. Sonach erweisen das ästhetische Wohlgefallen bzw. das ästhetische Genießen sich als eine spielende Betätigung, als eine in sich selbst Genüge

---

[225] Cohen,1889,174-175.

findende Tätigkeit der produktiven Phantasie, wie unten noch sein wird. Im ästhetischen Spiel vollzieht sich eine Freisetzung, eine gewisse Befreiung sowohl von der logischen bzw. erkenntnistheoretischen Begrifflichkeit als auch von der objektiven Zweckmäßigkeit des sittlich Guten. Das ästhetische Spiel wird außerhalb sowohl der erkenntnistheoretischen Disjunktion zwischen dem Wahren und dem Falschen als auch teilweise der ethischen Dichotomie zwischen dem Guten und dem Bösen lokalisiert. Es deutet eher auf ein freies Handeln hin, das sich aus der nach dem Kausalitätsgesetz geordneten Naturwelt und sogar teilweise aus jeder sittlichen Verpflichtung heraussondert. Der ästhetische Spielzustand ist demnach ein momentanes Heraustreten aus dem "gewöhnlichen" bzw. "eigentlichen" Leben, also "ein Intermezzo im täglichen Leben" (Huizinga), das sich diesem täglichen Leben teilweise entgegensetzt und zugleich beschmückt und ergänzt[226]. Der Gemütszustand im Wohlgefallen am Schönen muß also der eines **Gefühls des freien Spiels der Vorstellungskräfte an einer gegebenen Vorstellung zu einer Erkenntniss überhaupt** sein.

Bereits Leibniz hatte die Ansicht vertreten, daß die Schönheit in der Harmonie bzw. Proportion zwischen Verstand und Macht bestand -unter "Macht" verstand er wohlgemerkt die Kraft zu wirken, in welcher sich die Vollkommenheit zeigte. Obwohl der Gedanke der Proportion als Charakteristikum der Schönheit aus der Antike übernommen worden war, ist Leibniz aber doch das Verdienst zuzuerkennen, daß er diese Harmonie nicht lediglich in den mathematischen Formen und Verhältnissen sieht, sondern vielmehr in den "Gemüth oder Verstand habenden Dingen", also **subjektiv** auffaßt, und zwar als eine Proportion der Kräft bzw. Vermögen des Bewußtseins, d.i., genauer gesagt, zwischen "Verstand und Macht", wie oben bereits gesagt. Nun versucht Kant seinerseits, den Gemütszustand des freien Spiels der Vorstellungskräfte an einer gegebenen Vorstellung zu einer Erkenntniss überhaupt, der die ästhetische Beurteilung konstitutiv kennzeichnet, genauer zu charakterisieren. Dazu soll man die Aufmerksamkeit auf die Erkenntniskräfte lenken, die in der ästhetischen Beurteilung spielend am Werk sind. So stellt man fest, daß zu einer Vorstellung, damit überhaupt daraus Erkenntnis entstehen kann, zwei Erkenntnisquellen gehören müssen:

1) einerseits die Einbildungskraft für die Zusammensetzung des Mannigfaltigen der Anschauung[227], und

---

[226] Siehe hierzu Huizinga, J. Homo Ludens, 1938.

[227] Aristoteles hatte die Einbildung (φαντασία) als eine der Wahrnehmung ähnliche Bewegung, die aufgrund wirklich zustandegekommener Wahrnehmung entsteht (Vgl., dazu Aristoteles, **De Anima**, III,3,

427 b uff.). Ähnlich vertrat Thomas die Ansicht, die Einbildungskraft (**imaginatio**) sei im Unterschied zur Wahrnehmung das Vermögen, den Gegenstand in dessen Absenz zu apprehendieren, als ob er gegenwärtig wäre (Siehe dazu Thomas, **De Veritate**, I,a,11). Die Vorstellungen der Einbildungskraft -die sogenannten "**phantasmata**"- spielen insofern eine entscheidende Rolle in der Erkenntnis, als sie einen von jeder Materialität freien Gegenstand darstellen und auf diese Weise einen bedeutenden Beitrag zu dessen Inteligibilität leisten. Im XVIII. Jahrhundert wurde der Begriff der Einbildungskraft im Horizont der Rehabilitierung der unteren Erkenntnisvermögen in den Mittelpunkt der erkenntnistheoretischen bzw. ästhetischen Betrachtungen zunehmend gestellt (Siehe hierzu §§ 1.1., 1.2. und 1.3. dieser Arbeit). Da findet man bei Christian Wolff folgende Bestimmung der Einbildungskraft: "Die Vorstellung solcher Dinge, die nicht zugegen sind, pfleget man, Einbildungskraft zu nennen. Und die Kraft der Seele, dergleichen Vorstellungen hervorzubringen, nennet man die Einbildungskraft" (Wolff, **Vernünftige Gedanken**,I, §235). Wolff selber bezeichnet jenes Vermögen der Einbildungskraft, nie gesehene durch Teilung bzw. Zusammensetzung produzierten Bilder hervorzubringen, als Vermögen zu dichten (**facultas fingendi**) (Wolff, **Psychologia empirica**, § 144). An diese Analyse wird die Behandlung der Einbildungskraft in den ästhetischen Diskussionen gegen die Vorherrschaft des Rationalismus des Gottsched angeknüpft.

Kant seinerseits hatte in der **Kritik der reinen Vernunft** die Einbildungskraft als das Vermögen definiert, einen Gegenstand auch ohne dessen Gegenwart in der Anschauung vorzustellen. So verstanden, gehört die Einbildungskraft zur Sinnlichkeit. Sofern aber die Synthesis, die dieses Vermögen leistet, eine Ausübung der Spontaneität ist und somit eine bestimmende Funktion hat, erweist die Einbildungskraft sich als ein Vermögen, die Sinnlichkeit a priori zu bestimmen, so daß ihre Synthese der Anschauungen, den Kategorien gemäß, nicht auf eine empirische, sondern auf eine **transzendentale** Synthesis verweist, die in letzter Konsequenz eine Wirkung des Verstandes auf die Sinnlichkeit und die erste Anwendung desselben - zugleich der Grund aller übrigen- auf Gegenstände der uns möglichen Anschauung ist. Insofern als diese Einbildungskraft Spontaneität ist, wird von Kant **produktive** Einbildungskraft benannt und von der **reproduktiven** Einbildungskraft unterschieden, deren Synthesis einen **empirischen** Gesetzen, nämlich denen der Assoziation, unterworfen ist, und welche daher keinen Beitrag zur Erklärung der Möglichkeit der Erkenntnis a priori leistet und somit nicht zur Transzendentalphilosophie, sondern zur bloßen Psychologie gehört (Vgl.KrV, B151-152). Ähnlich unterscheidet Kant in der **Anthropologie** in der Einbildungskraft (**facultas imaginandi**), als einem Vermögen der Anschauungen ohne Gegenwart des Gegenstandes, zwischen einer **produktiven** oder **dichtenden** und einer **reproduktiven** oder **zurückrufenden** Einbildungskraft. Jene wird als ein Vermögen der ursprünglichen Darstellung des Gegenstandes (**exhibitio originaria**), welche der Erfarung vorangeht, verstanden. Hingegen wird die letzte als ein Vermögen der abgeleiteten Darstellung des Gegenstandes (**exhibitio derivativa**) betrachtet, welche eine vorher gehabte empirische Anschauung ins Gemüt zurückbringt. Kant hebt hervor, daß die reinen Raumes- und Zeitanschauungen zur ursprünglichen Darstellung des Gegenstandes, also der sogenannten exhibitio originaria und somit der **produktiven** Einbildungskraft angehören. Alle andere Anschauungen setzen immer empirische Anschauungen voraus, drücken also eine exhibitio derivativa aus und beruhen somit auf der **reproduktiven Einbildungskraft**. Kant macht noch eine zusätzliche Unterscheidung, indem eine unwillkürlich Einbildungen hervorbringende Einbildungskraft distinguiert, die von ihm als **Phantasie** bezeichnet wird, innerhalb derer der Traum z. B. als ein unwillkürliches Spiel der Einbildungen im Schlaf verstanden werden konnte (A,167).

Auf unsere jetzige Frage angewendet, bedeutet das oben Gesagte, daß im Geschmacksurteil die Einbildungskraft in ihrer Freiheit derart betrachtet werden muß, daß sie nicht reproduktiv, den Assoziationsgesetzen unterworfen, sondern als **produktiv und selbsttätig (als Urheberin willkürlicher Formen möglicher Anschauungen)** im oben erläuterten Sinne angenommen wird. Im Geschmacksurteil geht es also um keine Unterwerfung der Einbildungskraft unter dem Verstand. Hierbei handelt es sich eher um eine "Gesetzmäßigkeit ohne Gesetz" bzw. um eine "Zweckmäßigkeit ohne Zweck", d.i. um eine nicht objektive, sondern um eine bloß **subjektive** Übereinstimmung der Einbildungskraft mit dem Verstand, wo jene derart ungesucht spielen kann, daß der betrachtete Gegenstand jederzeit nie erscheint (Vgl., dazu KU, "Allgemeine Anmerkung zum ersten Abschnitte der Analytik", 240 ff.). Hierbei handelt es sich also von der "schöpferische[n] Einbildungskraft", die "über die Schranken der Erfahrung hinaus...dem Vernunft-Vorspiele in Erreichung eines Größten nacheifert" und so "den Begriff selbst auf unbegrenzte Art ästhetisch erweitert" (KU,§49,314-315). So aufgefaßt erweist die Einbildungskraft als das "Vermögen der Darstellung ästhetischer Ideen" (KU,§49,314).

2) andererseits der Verstand für die Einheit des Begriffs, der die Vorstellungen vereinigt.

Bei den Geschmacksurteilen stehen wir aber nicht vor einer objektiven, sondern vor einer bloß subjektiven Allgemeinheit, so daß diese subjektive allgemeine Mitteilbarkeit der Vorstellungsart in einem Geschmacksurteil, die keinen bestimmten erkenntnistheoretischen Begriff voraussetzt, nichts anderes als der Gemütszustand in dem freien Spiele der Einbildungskraft und des Verstandes sein kann, sofern sie zu der Erkenntnis überhaupt miteinander zusammenstimmen und man sich dessen bewußt ist, daß dieses zur Erkenntnis überhaupt passende Verhältnis allgemein mitteilbar sein und folglich für jedermann gelten muß[228]. Diese bloß subjektive, ästhetische Beurteilung des Gegenstandes geht also der Lust an demselben vor und ist eher der Grund der Lust an der Harmonie der Erkenntnisvermögen. Auf dieser Allgemeinheit der subjektiven Bedingungen der Beurteilung der Gegenstände beruht also die allgemeine subjektive Gültigkeit des Wohlgefallens, welches der Urteilende mit der Vorstellung des Gegenstandes, den er für schön durch ein Geschmacksurteil erklärt, verknüpft. Durch eine derartige Erklärung wird also verständlich, daß die Lust, die der Urteilende fühlt, wenn er etwas als schön durch ein Geschmacksurteil charakterisiert, er jeden anderen Urteilenden als notwendig zuschreiben kann, gleich als ob es um eine Beschaffenheit des Gegenstandes ginge[229]. Dadurch wird ebenfalls verständlich die Schlußfolgerung, die aus dem zweiten Moment der Analyse des Geschmacksurteils gezogen wird, nämlich daß *schön* dasjenige ist, was ohne Begriff **allgemein** gefällt.

---

[228]Ich lasse jetzt die wichtige Kantische Bemerkung beiseite, daß dieses zur Erkenntnis überhaupt passende Verhältnis die **subjektive Bedingung jeder bestimmten Erkenntnis** ist (KU, §9,217-218).

[229]Hierzu verweise ich auf die Fußnote 173 wieder.

§ 8.3. Die Schönheit als die Beurteilung der formalen und subjektiven Zweckmäßigkeit ohne Zweck eines Gegenstandes. Der Unterschied zwischen dem Wohlgefallen am Guten und dem Wohlgefallen am Schönen.

Im dritten Moment der Analyse des Geschmacksurteils gemäß der **Relation** -Erörterung, die die Paragraphen §§ 10-17 der **Kritik der Urteilskraft** umfaßt- wird dieses Urteil unter dem Gesichtspunkt ihren Relation mit dem Zweckbegriff untersucht. Dabei aber -und dies ist eine Frage, die die ganze Analyse in diesem dritten Moment durchzieht- werden die eher komplizierten Verhältnisse zwischen dem Schönen und dem Guten unter Betracht gezogen. Zuerst versucht Kant, den transzendentalen Zweckbegriff und den entsprechenden Begriff der Zweckmäßigkeit zu erörtern und dann ihre Beziehung zum Gefühl von Lust und Unlust zu exponieren. Hierbei zeigt sich zunächst, daß die Begriffe von "Zweck" und "Zweckmäßigkeit" im Bereich der ästhetischen Beurteilung von der Zweckmäßigkeit eines nach Prinzipien der Vernunft handelnden praktischen Willens, wo dieser als eine Kausalität nach Zwecken verstanden wird, genauer differenziert werden müssen. Im Unterschied zu dieser Art objektiver, praktischer Zweckmäßigkeit erweist sich die ästhetische als eine **Zweckmäßigkeit ohne Zweck** oder **Zweckmäßigkeit nach der Form**, die durch nichts anderes als durch die Reflexion eingesehen werden kann (Vgl.,KU,§10). Dann soll diese Zweckmäßigkeit ohne Zweck oder Zweckmäßigkeit nach der Form, die das Gefühl der Lust und Unlust und das Geschmacksurteil eigentlich kennzeichnet, sowohl vom **subjetiven Zweck**, der dem Wohlgefallen am Angenehmen zugrundeliegt, als auch vom **objektiven Zweck** eines handelndes Willens, der zum praktischen Bereich gehört, ausführlicher unterschieden werden. Das Ergebnis daraus ist, daß das Geschmacksurteil über das Schöne nichts anderes als die subjektive Zweckmäßigkeit in der Vorstellung eines Gegenstandes ist. Diese subjektive Zweckmäßigkeit aber bringt weder einen objektiven, im Sinne des Guten, noch einen subjektiven Zweck, im Sinne des Angenehmen, zum Ausdruck (Vgl., KU,§ 11-13). Der Begriff eines objektiven Zwecks hat aber etwas ganz wichtiges zur Diskusion gestellt, nämlich, die Beziehungen zwischen dem **Guten**, das letztlich auf dem Begriff eines objektiven Zwecks beruht, und dem **Schönen**, das eine bloße subjektive Zweckmäßigkeit ohne Zweck voraussetzt. Die Differenzen zwischen der ästhetischen Beurteilung des Schönen und der Beurteilung hinsichtlich des Guten -und damit die zwischen dem Schönen und dem Guten überhaupt- werden von Kant in drei Schritten angesprochen, nämlich: Erstens, durch die Behandlung des Begriffs der Vollkommenheit, als innerer objektiver Zweckmäßigkeit. Dabei wird klar, daß die Vollkommenheit eine Beurteilung gemäß der

objektiven Zweckmäßigkeit ist, die jederzeit einen Begriff, oder, genauer gesagt, den Begriff eines Zwecks voraussetzt. Hingegen ist das Geschmacksurteil ein ästhetisches Urteil, das nicht auf objektive, sondern auf bloß **subjektive** Gründe beruht, so daß sein Bestimmungsgrund kein Begriff -folglich auch nicht der Begriff eines bestimmten Zwecks- sein kann. Die Folgerung daraus ist, daß der Unterschied zwischen dem Begriff des Schönen und dem Begriff des Guten nicht nur ihre **logische Form** sondern vielmehr und vor allem **ihren Ursprung** und **ihren Inhalt** betrifft. (Vgl.,KU,§15). Zweitens, nach der Behandlung der Beurteilung gemäß dem Vollkommenheitsbegriff und deren Unterscheidung von der ästhetischen Beurteilung können die Differenzen zwischen der ästhetischen Beurteilung des Schönen und der Beurteilung hinsichtlich des Guten und damit die zwischen dem Schönen und dem Guten überhaupt deutlicher werden. Eine derartige Differenz wird nun unter Rekurs auf die Unterscheidung zwischen freier und anhängender Schönheit angesprochen, wobei diese letzte auf einen Begriff der Vollkomenheit des Gegenstandes und dadurch auf das Gute letztlich zurückverweist. Kant vertritt die Auffassung, daß durch diese nachdrücklich gezogene Trennlinie zwischen dem Schönen und dem Guten hinsichtlich der ästhetischen Beurteilung der freie, unintressierte und reine Charakter des Geschmacksurteils aufrechterhalten werden kann (Vgl.,KU,§16). Drittens, die Differenzen zwischen der ästhetischen Beurteilung des Schönen und der Beurteilung hinsichtlich des Guten, und damit die zwischen dem Schönen und dem Guten überhaupt werden schließlich von Kant unter Rückgriff auf die Behandlung des **Ideals der Schönheit**, dem eine Idee der Vernunft letztlich zugrunde liegt, noch ausführlicher untersucht. Hierin wird gezeigt, daß eine Beurteilung nach einem derartigen Ideal nicht deswegen eine ästhetische sein kann, weil sie interessiert und somit nicht frei ist. Als Schlußfolgerung dieses dritten Moments kann also die Schönheit als die Form der Zweckmäßigkeit eines Gegenstandes, sofern sie, ohne Vorstellung, bzw. Begriff, eines Zwecks, an ihm wahrgenommen wird, charakterisiert werden (Vgl.,KU,§17). Nun gehe ich auf die Argumentation in diesem dritten Moment im einzelnen ein.

Wie oben gesagt, versucht Kant zuerst, den transzendentalen Zweckbegriff und den entsprechenden der Zweckmäßigkeit zu erörtern und dann die Beziehung derselben zum Gefühl von Lust und Unlust darzustellen. Im Unterschied zu einer **empirischen** Bestimmung des Begriffs vom "Zweck" erklärt die von Kant gegebene **transzendentale** Erörterung ihn als den Gegenstand eines Begriffs, sofern dieser als die Ursache von jenem, als der reale Grund seiner Möglichkeit, betrachtet wird. Ähnlich konnte der Begriff **Zweckmäßigkeit (forma finalis)** als die Kausalität eines Begriffs in Ansehung seines Objekts verstanden werden. So gesehen, denkt man einen Zweck immer da, wo nicht bloß die Erkenntnis von einem Gegenstand, sondern der Gegenstand selbst in Ansehung seiner Form oder Existenz als Wirkung durch einen Begriff aufgefaßt wird. Beim genaueren Hinsehen zeigt sich das Gefühl der Lust deshalb eng verknüpft mit dem Zweckmäßigkeitsbegriff, weil dieses Gefühl nichts anderes als das Bewußtsein der Kausalität einer Vorstellung in Absicht auf den Zustand des Subjekts, dieses letzte in demselben Zustand weiter zu erhalten, bezeichnet. Die Begriffe von "Zweck" und "Zweckmäßigkeit", um die es im ästhetischen Bereich geht, sollen aber von der **praktischen** Zweckmäßigkeit und vom Begriff eines praktischen Willens als einer Kausalität nach Zwecken präziser unterschieden werden. Wie man weiß, bezeichnet Kant das Begehrungsvermögen, insofern als es durch Begriffe bzw. Vorsltellungen eines Zwecks zum Handeln bestimmt wird, als "**Wille**"[230]. In diesem praktischen Bereich können als "**zweckmäßig**" ein Objekt, ein Gemütszustand oder eine Handlung bezeichnet werden, wenn ihre Möglichkeit nur erklärt und begriffen werden kann, sofern man eine Kausalität nach Zwecken, d.i. einen Willen, als Grund dafür annimmt. Hier geht es also um einen Willen, der nach der Vorstellung eines Zwecks bewußt in der Welt handelt, um diesen Zweck durch ein bestimmtes Handeln in die Wirklichkeit zustande zu bringen. Dies könnte als eine "**Zweckmäßigkeit mit Zweck**" begriffen werden. Kant ist der Meinung, daß es aber auch eine "**Zweckmäßigkeit ohne Zweck**" geben kann, und zwar in dem Maße als die Ursachen dieser Form von Zweckmäßigkeit **nicht** in einen Willen gesetzt werden. Hier geht es also um eine bestimmte Form der Zweckmäßigkeit, die **nicht** durch die Vernunft, die letztlich die praktische Zweckmäßigkeit ermöglicht, zustande kommt. Diese "**Zweckmäßigkeit ohne Zweck**"

---

[230]In der **Metaphysik der Sitten** wird das Begehrungsvermögen, sofern der Bestimmungsgrund desselben zum Handeln nicht im Objekt angetroffen wird, von Kant als ein Vermögen, nach Belieben zu tun oder zu unterlassen, definiert. Sofern dieses Vermögen mit dem Bewußtsein seines Handelns zur Hervorbringung des Objekts verknüpft ist, wird es als **Willkür** benannt. Hingegen, wenn es mit keinem solchen Bewußtsein verknüpft ist, wird es als **Wunsch** bezeichnet. Das Begehrungsvermögen aber, dessen innerer Bestimmungsgrund in der Vernunft des Subjekts angetroffen wird, wird von Kant der **Wille** bezeichnet:

"Der Wille ist also das Begehrungsvermögen, nicht sowohl (wie die Willkür) in Beziehung auf die Handlung, als vielmehr auf den Bestimmungsgrund der Willkür zur Handlung, betrachtet, und hat selber vor sich eigentlich keinen Bestimmungsgrund, sondern ist, sofern sie die Willkür bestimmen kann, die praktische Vernunft selbst" (MS,213-214).

In der **Kritik der praktischen Vernunft** wird der Wille als das Vermögen der Zwecke, insofern als diese Zwecke jederzeit Bestimmungsgründe des Begehrungsvermögens nach Prinzipien sind, definiert. So verstanden, wird der Wille durch das Objekt ûnd dessen Vorstellung niemals unmittelbar bestimmt. Stattdessen erweist er sich als ein Vermögen, sich eine Regel der Vernunft zur Bewegungsursache des Handelns zu machen. Sonach wird klar -und dies ist wichtig zu dem, was nun in der Argumentation folgt-, daß Kant sich in **der Kritik der praktischen Vernunft** auf den Begriff des Guten bezogen hatte, insofern als dieser dem praktischen Gesetz als Grund dienen sollte. So interpretiert, könnte der Begriff des Guten von etwas sein, dessen Existenz Lust produzieren und zugleich die Kausalität des Subjekts zur Hervorbringung desselben, d.i. dessen Begehrungsvermögen, bestimmen könnte. So betrachtet, deutete das Gute jederzeit auf eine Beziehung auf den Willen hin, in der dieser letzte durch das Vernunftgesetz bestimmt wird (Vgl., KpV,58-59 ff.).

könnte auch als eine **Zweckmäßigkeit nach der Form** betrachtet werden, die durch nichts anderes als durch die Reflexion eingesehen werden kann.

Nun soll diese "Zweckmäßigkeit ohne Zweck" bzw. "Zweckmäßigkeit nach der Form", auf der das Gefühl der Lust und Unlust und das Geschmacksurteil beruhen, sowohl vom **subjetiven Zweck**, der dem Wohlgefallen am Angenehmen zugrundeliegt, als auch vom **objektiven Zweck** eines handelnden Willens, der zum praktischen Bereich gehört, differenziert werden[231]. Dem Geschmacksurteile kann kein **subjektiver Zweck**, der auf einem privaten Interesse basieren würde und das bloße Angenehme kennzeichnete, zugrundeliegen. Hierzu wurde bereits gezeigt, daß das Geschmacksurteil als frei und uninteressiert verstanden werden sollte[232]. Ähnlich kann auch keine Vorstellung eines **objektiven Zwecks**, d.h. der Möglichkeit des Gegenstandes nach Prinzipien der Zweckverbindung, und mithin **kein Begriff des Guten**, das Geschmacksurteil bestimmen, denn die Besonderheit des Geschmacksurteils liegt eben darin, daß es weder auf einem logischen, erkenntnistheoretischen noch auf einem praktischen Begriff basiert. Das Geschmacksurteil ist, wie schon mehrfach gesagt, ein ästhetisches Urteil, welches also weder einen Begriff von der Beschaffenheit, noch einen der inneren noch einen der äußeren Möglichkeit des Gegenstandes durch diese oder jene Ursache vorausetzt. Vielmehr beruht es auf dem bloßen Verhältnis der Vorstellungskräfte zueinander, wo dieses Verhältnis mit dem Gefühl einer Lust derart verknüpft wird, daß das durch über dieses Gefühl ausgesprochene Geschmacksurteil und das darin erzeugte Wohlgefallen als für jedermann gültig erklärt werden. Hier geht es also um ein Wohlgefallen, welches ohne Begriff als allgemein mitteilbar beurteilt wird. Folglich kann eine die Vorstellung begleitende Annehmlichkeit, wie die Vorstellung von der Vollkommenheit des Gegenstandes keinen Bestimmungsgrund des Geschmacksurteils über das Schöne enthalten. Auf eine ähnliche Weise kann der Begriff des Guten auch keinen Bestimmungsgrund des Geschmacksurteils über das Schöne abgeben. Ein derartiger Bestimmungsgrund des Geschmacksurteils über das Schöne kann also nichts anderes als die **subjektive Zweckmäßigkeit in der Vorstellung eines Gegenstandes ohne Zweck** sein. Dieser Bestimmungsgrund bezieht sich also auf die **bloße Form der Zweckmäßigkeit in der Vorstellung**, wodurch ein Gegenstand gegeben wird.

Das Gefühl der Lust ist also als das Bewußtsein der bloß formalen Zweckmäßigkeit im Spiel der Erkenntniskräfte des Subjekts bei einer gegebenen Vorstellung zu verstehen. Bei dieser Lust gibt es Kant zufolge eine innere Kausalität, eine zweckmäßige Kausalität, sagt er, in Ansehung

---

[231] Zum folgenden siehe das in der Fußnote 185 eingefüfte Schema.

[232] Siehe dazu §§ 8.1., 8.1.1. und 8.1.2. dieser Arbeit.

der Erkenntnis überhaupt, aber zugleich ohne auf eine bestimmte Erkenntnis eingeschränkt zu sein, mithin eine bloße Form aber nicht einer objektiven, sondern einer subjektiven Zweckmäßigkeit einer Vorstellung. Diese Lust läßt sich weder mit der praktischen Lust, die aus dem pathologischen Grund der Annehmlichkeit stammt, weder mit der praktischen Lust, die auf einem vorgestellten Gute basiert, identifizieren. Diese ästhetische Lust hat aber, wie erwähnt, eine Kausalität, eine Zweckmäßigkeit in sich, nämlich den Zustand der Vorstellung selbst und die Beschäftigung der Erkenntniskräfte ohne weitere zusätzliche Absicht zu erhalten:

"Wir weilen bei der Betrachtung des Schönen, weil diese Betrachtung sich selbst stärkt und reproduziert: welches derjenigen Verweilung analogisch (aber doch mit ihr nicht einerlei) ist, da ein Reiz in der Vorstellung des Gegenstandes die Aufmerksamkeit wiederholentlich erweckt, wobei das Gemüt passiv ist" (KU,§12,222-223).

Insbesondere will Kant sich der **objektiven** Zweckmäßigkeit widmen, um sie von der Zweckmäßigkeit ohne Zweck, die das Wohlgefallen am Schönen und dessen Beurteilung wesentlich charakterisiert, präziser zu differenzieren. In dieser Argumentation wird der Behandlung des Begriffs der **Vollkommenheit** als innerer objektiver Zweckmäßigkeit, eine besondere Rolle zugewiesen. Hinter diesem Begriff steckt aber letztlich die Unterscheidung zwischen dem Schönen und dem Guten.

Wie schon gezeigt, kann die **objektive** Zweckmäßigkeit nur durch die Beziehung des Mannigfaltigen der Vorstellung des Gegenstandes auf einen bestimmten Zweck, der auf einem Begriff letztlich basiert, erkannt werden. Dies ist eben der Fall im Begriff des **Guten**. Als bloß formale Zweckmäßigkeit, d.i., als Zweckmäßigkeit ohne Zweck verstanden, ist die Beurteilung des Schönen aber von der Vorstellung des Guten ganz unabhängig, denn es ist bewiesen worden, daß die Vorstellung des Guten eine objektive Zweckmäßigkeit, d.i. die Beziehung des Gegenstandes auf einen bestimmten Zweck, jederzeit voraussetzt[233]. Kant zufolge gibt es zwei verschiedene Arten **objektiver Zweckmäßigkeit**, nämlich:

---

[233]Siehe hierzu § 8.1.2. dieser Arbeit.

1) die **äußere** objektive Zweckmäßigkeit, d.i. die der **Nützlichkeit des Gegenstandes**, und

2) die **innere** objektive Zweckmäßigkeit, d.i. die der **Vollkomenheit des Gegenstandes**

Es ist klar, daß das Wohlgefallen an einem Gegenstand, das wir als schön beurteilen, auf der Vorstellung ihrer **Nützlichkeit**, d.h., auf der ersten Art objektiver Zweckmäßigkeit, der **äußeren** objektiven Zweckmäßigkeit, deshalb nicht beruhen kann, weil eine derartige Beurteilung des Gegenstandes nach dieser äußeren objektiven Zweckmäßigkeit ihn bloß unter Berücksichtigung dessen **Nützlichkeit** und somit **mittelbar** betrachtete[234]. So wäre das darin entstandenes Wohlgefallen nicht ein **unmittelbares** und uninteressiertes Wohlgefallen an dem Gegenstand, das aber die wesentliche Bedingung des Geschmacksurteils über die Schönheit ist.

Im Fall der **inneren** objektiven Zweckmäßigkeit, d.i. der Beurteilung des Gegenstandes hinsichtlich seinen **Vollkommenheit,** ist es aber anders. Kant ist der Ansicht, daß die **innere objektive Zweckmäßigkeit,** d.i., die **Vollkommenheit**, dem Prädikate der Schönheit und damit dem Geschmackurteil derart näherkommt, daß nicht umsonst von "namhaften Philosophen" mit der Schönheit ohnehin identifiziert worden ist -und hier scheint Kant allen voran an Baumgarten zu denken. Es ist deswegen, glaubt Kant, weshalb es von größer Wichtigkeit ist, in einer Kritik des Geschmacks zu entscheiden, ob die Schönheit wirklich mit dem Begriff der Vollkommenheit identifizierbar und auf ihn reduzierbar wäre, oder nicht.

"**Vollkommenheit**" (**perfectio**) ist zunächst ein Norm- bzw. Idealbegriff, der aus der Idee der absoluten Vollständigkeit bzw. Vollendung alles dessen, was zu einem Inbegriff eines Dinges gehört, entspringt. Demgemäß ist etwas als "vollkommen" nur insofern zu bezeichnen, als es alles aufweist, was der Begriff bzw. die Idee dieser Sache fordert. So interpretiert, tritt der Vollkommenheitsbegriff zunächst in der Leibnischen Philosophie mit einer zentralen Bedeutung auf. Wie in seiner Metaphysik die Monadenlehre, wird der Begriff der Vollkommenheit von Leibniz zum Grundbegriff in der Moral gemacht. In Anlehnung an Spinoza definiert er die Vollkommenheit als das, was unsere "Macht vermehrt". So wird das Streben nach

---

[234]Vgl., hierzu § 8.1.2. dieser Arbeit.

Vollkommenheit zum Moralprinzip, das sogar die Erkenntnis betrifft -und in diesem Sinne wird seine Definition der Logik als Lehre von der Vollkommenheit des Denkens verständlich. Durch diese Leibnizschen Überlegungen teilweise angeregt, wurde der Vollkommenheitsbegriff in der rationalistischen deutschen Philosophie des Wolff ausgearbeitet und weiter entwickelt. So definiert Wolff ihn folgendermaßen: "Vollkomenheit ist die Zusammenstimmung des Mannigfaltigen"[235]. Die Vollkommenheit bezeichnet also eine Tendenz des Mannigfaltigen zu dessen Einheit. "Das ist das ästhetische Schibolet der Zeit: Einheit im Mannigfaltigen. Und dieser Gedanke ist nur der Grundgedanke der prästablirten Harmonie: **expressio multorum in uno**", sagt Cohen zu Recht[236]. So drückt Leibniz sich in einem auf Deutsch geschriebenen Aufsatz "**von der Weisheit**" aus:

"Vollkommenheit nenne ich alle Erhöhung des Wesens...Also erzeiget sich die Vollkommenheit in der Kraft zu wirken...Ferner bei aller Kraft, je grösser sie ist, je mehr zeigt sich dabei Viel aus Einem und in Einem, indem Eines Viele ausser sich regieret und in sich vorbildet. Nun die Einheit in der Vielheit ist nichts Anderes als die Übereinstimmung, und weil eines zu diesem näher stimmt als zu jenem, so fliesset daraus die Ordnung, von welcher alle Schönheit herkommt, und die Schönheit erweckt Liebe. Wenn nun die Seele an ihr selbst eine grosse Zusammenstimmung, Ordnung, Freiheit, Kraft oder Vollkommenheit fühlt, so verursachet solches eine Freude"[237].

In diesem durch die Leibnizsche Philosophie vorerst bestimmt begrifflichen Rahmen, tritt der Vollkommenheitsbegriff in der deutschen Philosophie der damaligen Zeit wieder auf. So versteht z. B. Crusius die Vollkommenheit als "die Summe der positiven Realität, welche man einem Dinge zuschreibt"[238]. Ferner hatte Platner sie als "alles, was tauglich ist zum Guten"

---

[235] Wolff,**Vernünftige Gedanken**,I,§152.

[236] Cohen,1889,28-29.

[237] Leibniz, **Deutsche Schriften**, herausgegeben von Guhr, Bd. I, S. 420 ff.

[238] Crusius,**Entwurf der notwendigen Vernunftwahrheiten**,§180.

charakterisiert[239]. In diesem oben skizzierten Horizont artikuliert sich ebenfalls der Vollkommenheitsbegriff des Baumgarten. Ihm zufolge hatte die Ästhetik die Vollkommenheit des niederen Erkenntnisvermögens zum Gegenstand -ähnlich wie sich die Logik die Vollkommenheit des höheren Erkenntnisvermögens zum Objekt macht. So sagte er in seiner **Aesthetica**:

"Das Ziel des Ästhetikers ist die Vollkommenheit der sensitiven Erkenntnis. Diese aber ist die Schönheit"[240].

Diese Erklärung der Schönheit als "sinnlich erkannte Vollkommenheit" besagt zweierlei: Vollkommenheit und sinnliche Erkenntnis. Die erste wird von Baumgarten in der Linie der Wolffschen Reflexionen als "Übereinstimmung des Mannigfaltigen zur Einheit" definiert. Die zweite bezieht sich auf eine einzigartige Beschaffenheit des Urteils, durch welches die Vollkommenheit bzw. die Unvollkommenheit eines Dinges wahrgenommen wird. Bei Baumgarten ist die Schönheit also als Resultat der Vervollkommnung der menschlichen Sinne, d.i. als die den Sinnen unmittelbar gegebene Vollkommenheit, aufgefaßt:

"Die Vollkommenheit, sofern sie als Erscheinung dem Geschmack im weiteren Sinne beobachtbar ist, ist **Schönheit**"[241].

Demzufolge wird die Schönheit am höchsten da sein, wo die sinnlich erkannte Vollkommenheit die höchste ist. Dies findet in der Natur, die von ihrer vollkommenster Schöpfertätigkeit her angesehen wird, statt. Demnach darf die Kunst, als jene Tätigkeit, die an der Darstellung des

---

[239]Plattner, **Philosophische Aphorismen**,I,§1036.

[240]Baumgarten,**Aesthetica**, §14.

[241]Baumgarten,**Methaphysik**,§662.

sinnlich Vollkommenen orientiert ist, kein anderes Gesetz haben, als diese sinnliche Vollkommenheit der Natur möglichst treu darzustellen. So wird **naturam imitari** zur Vorschrift der Kunst[242]. Die höchste Aufgabe der Kunst liegt also darin, die Schönheit als sinnliche Vollkommenheit, sofern sie den Sinnen erscheint, darzustellen. Wichtig ist hier, wie durch seine Charakterisierung der Schönheit als sinnlich wahrnehmbare Vollkommenheit Baumgarten dem Begriff Vollkommenheit die Rolle eines metaphysischen Schlüßelbegriffs zuweist, von dem letztlich die Schönheit allein ihre ontologische Dignität erhalten kann. Demgemäß beruht das Wohlfegallen am Schönen, die Schönheit selbst nach Baumgarten auf dunklen bzw. verworrenen Erkenntnissen bzw. Urteilen. Entgegen dieser Auffassung entfaltet sich die Behandlung der Vollkommenheit in Kants Analyse des Geschmacksurteils.

In der **Kritik der Urteilskraft** weist Kant wiederholt darauf hin, daß eine Beurteilung gemäß der **objektiven Zweckmäßigkeit** jederzeit des **Begriffs eines Zwecks** -also des Begriffs eines **äußeren Zwecks** (und dies ist der Fall der **Nützlichkeit**) und des Begriffs eines **inneren Zwecks** (und dies ist der Fall der **Vollkommenheit**)- notwendigerweise bedarf. Wie oben gesehen, wird unter "Zweck" dasjenige verstanden, dessen Begriff als Grund der Möglichkeit des Gegenstandes selbst angesehen werden kann. Es ist also so, daß wenn man versucht, sich eine objektive Zweckmäßigkeit an einem Ding vorzustellen, man einen Begriff von diesem, was es für ein Ding sein **soll**, voraussetzen soll. So können zwei verschiedene Arten von Vollkommenheit unterschieden werden:

1) Die **qualitative Vollkommenheit** eines Dinges als die Zusammenstimmung des Mannigfaltigen in diesem Ding zu dessen Begriff. Hierbei handelt es sich um das **Formale in der Vorstellung eines Dinges**, d.i. um die **Zusammenstimmung des Mannigfaltigen zu Einem** -unbestimmt das, was das Ding sein sollte. Dies gibt für sich selbst aber keine objektive Zweckmäßigkeit zu erkennen, und

2) Die **quantitative Vollkommenheit** eines Dinges als die **Vollständigkeit** dieses Dinges in seiner Art. Hier geht es um einen bloßen **Größenbegriff** (der Allheit),

---

[242]Vgl., Baumgarten,**Aesthetica**,S. 104.

bei welchem das, was das Ding sein **sollte**, bereits im voraus als **bestimmt** gedacht wird[243].

Der Versuch, die Vollkommenheit mit dem Geschmacksurteil in Verbindung zu setzen, würde aber nach Kant zur unhaltbaren Auffassung einer Beurteilung des Gegenstandes gemäß einer formalen und zugleich objektiven Zweckmäßigkeit aber ohne Zweck -d.i. nach der bloßen Form einer Vollkommenheit ohne Materie und ohne Begriff von dem, wozu es zusammengestimmt werden sollte- führen. Dies wäre aber deswegen ein Wiederspruch, weil die Vollkommenheit eine Beurteilung gemäß der **objektiven** Zweckmäßigkeit, die jederzeit einen **Begriff**, oder, genauer gesagt, den Begriff eines Zwecks bzw. den Begriff eines **inneren** Zwecks voraussetzt, besagt. Hingegen ist das Geschmacksurteil ein ästhetisches Urteil, das nicht auf objektive, sondern auf bloß **subjektiven** Gründen beruht, so daß sein Bestimmungsgrund kein Begriff, folglich auch nicht der Begriff eines bestimmten Zwecks sein kann. Also wird durch die Schönheit als eine formale subjektive Zweckmäßigkeit keineswegs eine Vollkommenheit des Gegenstandes gedacht. Der Unterschied zwischen der Betrachtung des **Schönen** im Geschmacksurteil und der Beurteilung nach dem Begriff des **Guten**, auf den die **Vollkomenheit** letztlich verweist, ist also **kein logischer Unterschied**, nach der die beiden Betrachtungen nur ihrer **logischen** Form nach verschieden voneinander wären. Hier wären der Begriff des Schönen als ein **verworrener** Begriff der Vollkommenheit und der Begriff des Guten als ein **deutlicher** Begriff der Vollkommenheit zu verstehen. Das Geschmacksurteil ist aber eben deswegen **ästhetisch**, weil dessen Bestimmungsgrund kein Begriff, sondern ein Gefühl, und zwar das Gefühl des Spiels der Gemütskräfte zueinander ist. Demzufolge, wenn man Urteile, die auf verworrenen Begriffen basieren, als "ästhetisch" bezeichnen wollte, müßte man über einen besonderen Verstand, der sinnlich urteilte, oder einen Sinn, der durch Begriffe seine

---

[243]Diese Unterscheidung wird in der **Metaphysik der Sitten** so ausgedrückt:

1) **Vollkommenheit** als ein zur Transzendentalphilosophie gehörender Begriff der Allheit des Mannigfaltigen, was zusammengenommen ein Ding ausmacht. In dieser Hinsicht spricht man von einer **quantitativen (materialen) Vollkommenheit**. Kant zufolge kann diese Vollkommenheit deshalb nur eine sein, weil das All des einem Dinge Zugehörigen eins ist;

2) **Vollkommenheit** als ein zur Teleologie gehörender Begriff, der die Zusammenstimmung der Beschaffenheiten eines Dinges zu einem Zweck meint. Hierin ist die Rede von einer **qualitativen (formalen) Vollkommenheit**. So gesehen, kann es in einem Ding mehrere Vollkommenheiten geben (Vgl. MS,385-386).

Objekte vorstellte, verfügen. Beide sind aber eindeutige Wiedersprüche, denn in der **Kritik der reinen Vernunft** wurde gezeigt, daß der Verstand das Vermögen der Begriffe ist -mögen sie verworren oder deutlich sein. Obwohl der Verstand an der ästhetischen Beurteilung zwar teilnimmt -denn der Verstand gehört zu jeder Beurteilung überhaupt- , beteiligt er sich daran aber **nicht** als Vermögen der Erkenntnis eines Gegenstandes, sondern eher im Rahmen einer nicht bestimmenden Beurteilung ohne Begriffe und orientiert sich bloß am Subjekt und dessen innerem Gefühl. Der Unterschied zwischen dem Begriff des Schönen und dem Begriff des Guten betrifft also nicht so sehr ihre **logische** Form. Er bezieht sich nicht auf einen Unterschied im Grad der Erkenntnis -verworrene in einem Fall, deutlichere im anderen Fall. Vielmehr betrifft diese Differenz ihren verschiedenen **Ursprung** und ihren unterschiedlichen **Inhalt**.

Nach der Behandlung der Beurteilung gemäß dem Vollkommenheitsbegriff und deren Unterscheidung von der ästhetischen Beurteilung können die Differenzen zwischen der ästhetischen Beurteilung des Schönen und der Beurteilung hinsichtlich des Guten, und damit die zwischen dem Schönen und dem Guten deutlicher werden. Eine derartige Differenz wird unter Rekurs auf die Unterscheidung zwischen **freier** und **anhängender** Schönheit angesprochen, denn diese letzte weist auf einen Begriff der Vollkomenheit des Gegenstandes und dadurch auf das Gute letztlich zurück.

In den Diskussionen über Ästhetik im britischen Bereich war ein Unterschied gemacht worden, zwischen zwei Gattungen von Schönheit: eine dem Gegenstande immanente Schönheit (die **intrinsic beauty**) und eine Schönheit, die in den Dingen nur insofern ist, als sie angesehen werden als Mittel zu irgendeinem guten Endzweck oder Vorsatz, d.i. unter dem Gesichtspunkt von "use" und "**destination**" -und dies ist die **relative beauty**[244]. Ähnlich bezeichnet Kant als **bloß anhängende Schönheit (pulchritudo adhaerens)** diejenige Schönheit, die einen Begriff voraussetzt, nämlich den Begriff von dem, was der Gegenstand sein **soll**. Hingegen wird unter **freie Schönheit (pulchritudo vaga)** diejenige Schönheit verstanden, die überhaupt keinen Begriff voraussetzt. Deswegen kann sie auch als eine für sich bestehende Schönheit dieses oder jenes Dinges betrachtet werden. Da die **pulchritudo adhaerens** Kant zufolge jederzeit einen Begriff, der anhängend den Objekten beigelegt wird, voraussetzt, wird sie als eine **anhängende** Schönheit charakterisiert. Insofern als sie auf einem Begriff beruht, ist sie ebenfalls als eine **bedingte** Schönheit aufzufassen. Im Gegensatz hierzu kann die freie

---

[244]Siehe insbesondere H. Home, **Elements of Criticism 1-3**, Edinburgh, 1762, 1,244. Mir ist es leider unbekannt, ob Kant auf seine Differenz über die Lektüre Homes gekommen ist, oder nicht.

Schönheit als eine **absolute** Schönheit betrachtet werden. Der Begriff, auf den die anhängende Schönheit sich paradigmatisch bezieht, ist nichts anderes als der **Zweck**begriff.

Als Beispiele für die **freie Schönheit** könnten die Naturobjekte (Kant benutzt hierzu das Beispiel der Blumen) angeführt werden. Sie sind **freie Naturschönheiten**, die für sich selbst gefallen, ohne sich auf irgend einen Begriff ihres Zwecks beziehen zu müssen. Hingegen das, was ein Naturobjekt für ein Ding sein **sollte**, weiß nur der Wissenschaftler -z.B., im Falle der Blumen, der Botaniker-, der den Begriff eines Zwecks, nämlich, eines Naturzwecks voraussetzt, so daß er das jeweilige Ding unter Betrachtung seiner Vollkommenheit, d.i., dessen, was es sein sollte, beurteilen kann. Im Gegenteil hierzu braucht aber eine ästhetische Beurteilung über die Naturschönheit überhaupt keine Rücksicht auf die **Naturzwecke der Dingen** zu nehmen. Der Grund des Geschmacksurteils hat nicht mit der Zusammensetzung des Mannigfaltigen hinsichtlich seiner Vollständigkeit auf eine Einheit hin, und folglich nicht mit der Vollkommenheit von irgend einer Art zu tun. Die freien Schönheiten weisen für sich selbst überhaupt nicht auf etwas, das es ausdrückte, was sie sein **sollten**, hin. Sie stellen die Objekte gar nicht unter einen bestimmten Begriff dessen, was sie sein sollten. Eher ist die Beurteilung einer freien Schönheit eine Beurteilung der bloßen Form nach. Allein in einer derartigen Beurteilung einer freien Schönheit ist das Geschmacksurteil **rein**. Darin ist also kein Begriff von irgend einem Zweck anzutreffen. Eine Beurteilung, die einen Gegenstand für schön nur deswegen hielte, weil der Gegenstand allein unter Berücksichtigung eines Begriffs von dessen, was er sein **sollte**, betrachtet würde -und eben so verfährt die bloß anhängende Schönheit-, ist also **keine** ästhetische Beurteilung im eigentlichen Sinne des Wortes. Genauso wie die Verknüpfung des Angenehmen der Empfindung mit der Schönheit, die Reinheit des Geschmacksurteils verhindert, macht jetzt die durch den Vollkommenheitsbegriff ermöglichte Verknüpfung des Schönen mit dem Guten, wonach das Ding selbst seinem Zwecke nach gut ist, die Reinheit der Schönheit und deren Beurteilung unmöglich. In diesem Fall handelt es sich um ein auf Begriffe begründetes Wohlgefallen. Im Gegensatz hierzu wurde bereits gezeigt, daß das Wohlgefallen an der Schönheit keinen Begriff voraussetzt und somit nicht **mittelbar**, durch Begriffe -seien sie Begriffe des Verstandes, seien sie Vorstellungen der Vernunft- funktioniert, sondern mit der jeweiligen Vorstellung **unmittelbar** verknüpft ist. Wenn man also versucht, das Geschmacksurteil vom Zwecke abhängig zu machen, wird das Geschmacksurteil der Vernunft untergeordnet und dadurch derart eingeschränkt, daß es nicht mehr ein freies und reines Geschmacksurteil wird. Durch eine solche Verknüpfung des **ästhetischen** Wohlgefallens mit dem **intellektuellen** Wohlgefallen, also des **Schönen** mit dem **Guten**, könnte der Geschmack an Fixierung gewinnen, aber zwar auf Kosten seiner Autonomie und seiner Allgemeingültigkeit.

Genauer erklärt: durch diese Verbindung des **ästhetischen** Wohlgefallens mit dem **intellektuellen** Wohlgefallen könnten bestimmte Regeln dem Geschmack von der Vernunft -z.B. wie der Gegenstand hinsichtlich dessen zu betrachten sei, was er sein **sollte**- vorgeschrieben werden. Diese wären aber keine Regeln des Geschmacks, sondern bloß der Vereinbarung des **Geschmacks** mit der **Vernunft**, d.i., des **Schönen** mit dem **Guten**, durch welche der Geschmack dem Guten, der Vernunft, unterworfen würde, so daß die Gemütsstimmung der Beurteilung des Schönen, die durch eine **subjektive** allgemeine Gültigkeit gekennzeichnet worden ist, zu einer **objektiven** würde. Deshalb kann man mit Recht sagen, daß, genauer betrachtet, weder die Vollkommenheit durch die Schönheit noch die Schönheit durch die Vollkommenheit eigentlich etwas gewinnen können, denn bei der Vollkommenheit wird die Vorstellung mit dem Objekt hinsichtlich dessen, was es sein soll, unter einen **Begriff** subsumiert. Hingegen kann das Geschmacksurteil in Ansehung eines Gegenstandes von bestimmten inneren Zwecken nur rein sein, wenn das urteilende Subjekt entweder von diesem Zwecke keinen Begriff hat, oder in seinem Urteile von diesem Zwecke abstrahiert.

Kant ist der Auffassung, daß durch diese nachdrücklich gezogene Trennlinie zwischen dem Schönen und dem Guten der freie, uninteressierte und reine Charakter des Geschmacksurteils in dessen Einzigartigkeit bzw. Unreduzierbarkeit dargestellt ist. Diese Erläuterung hat allerdings ein Licht über die eventuellen Unstimmigkeiten in Hinblick auf die Geschmacksurteile geworfen, denn diese können nur dadurch entstehen, daß ein Subjekt den Gegestand als **freie Schönheit** beurteilt und das andere die Schönheit als eine **anhängende** Beschaffenheit des Gegenstandes betrachtet -d.i. auf den Zweck des Gegenstandes sieht. Im ersten Fall geht es um ein **reines** Geschmacksurteil, im zweiten aber um ein **angewandtes** Geschmacksurteil.

Die Differenzen zwischen der ästhetischen Beurteilung des Schönen und der Beurteilung hinsichtlich des Guten -und damit die zwischen dem Schönen und dem Guten überhaupt - werden von Kant jedoch unter Rekurs auf die Behandlung des **Ideals der Schönheit**, dem eine Idee der Vernunft letztlich zugrundeliegt, noch ausführlicher untersucht. Hierbei wird gezeigt, daß eine Beurteilung nach einem derartigen Ideal nicht deswegen eine ästhetische sein kann, weil sie interessiert und nicht frei ist. Dazu verfährt Kant folgendermaßen: dem zuvor Behandelten zufolge kann es deshalb keine objektive Geschmacksregel, welche durch Begriffe bestimmen könnte, was schön sei, geben, weil jedes Geschmacksurteil bloß ästhetisch -d.i. sein Bestimmungsgrund in keinem Begriff eines Objekts, sondern eher im Gefühl des Subjekts liegt-, ist. Die Einhelligkeit aller Zeiten und Völker hinsichtlich des Gefühls des Subjekts in der Vorstellung gewisser Gegenstände wäre allem zum Trotz ein **empirisches** und nicht zureichendes Kriterium der Gültigkeit des Geschmacksurteils. Die Gründe der Allgemeingültigkeit des Geschmacksurteils sollen also "tief verborgene allen Menschen gemeinschaftliche Gründe der Einhelligkeit in Beurteilung der Formen, unter denen ihnen Gegenstände gegeben werden" (KU,§17,231-232), sein. Daher sieht man einige Produkte des Geschmacks als **exemplarisch** an. Hier handelt es sich um keine bloße Nachahmung anderer Urteilender. Vielmehr, sagt Kant, "...**wer aber ein Muster nachahmt, zeigt, sofern als er es trifft, zwar Geschicklichkeit, aber nur Geschmack, sofern er dieses Muster selbst beurteilen kann**" (KU,§17,232). Diesbezüglich vertritt Kant die Auffassung, daß das höchste Muster für den Geschmack, das Urbild des Geschmacks, eine **bloße Idee** ist. Hier geht es um eine **bloße Idee**, die jeder in sich selbst hervorbringen muß. Diese Idee deutet auf einen **Vernunftbegriff** hin. Sie soll aber von dem **Ideal** als die **Vorstellung eines einzelnen als einer Idee adäquaten Wesens** unterschieden werden[245]. Demgemäß kann das Urbild des Geschmacks, welches auf der unbestimmten Idee der Vernunft von einem Maximum basiert, nicht durch Begriffe, sondern nur **in einzelner Darstellung**, vorgestellt werden. Dies ist als **das Ideal des Schönen** zu bezeichnen. Obwohl wir über dieses Ideal des Schönen tatsächlich nicht verfügen, streben wir danach, es in uns selbst hervorzubringen. Eine genauere Bestimmung dieses Ideals des Schönen zeigt aber, daß die Schönheit, zu welcher ein solches passendes Ideal gesucht werden soll, eine durch einen Begriff von objektiver Zweckmäßigkeit fixierte Schönheit sein muß. Eine solche Schönheit muß also **nicht** zu einem reinen, freien und uninteressierten Geschmacksurteil, sondern zu einem teilweise **intellektualisierten Geschmacksurteil** gehören. Deshalb soll eine **Idee der Vernunft** nach bestimmten Begriffen diesem Ideal des Schönen

---

[245]Diese Unterscheidung führt allerdings auf die erste Kritik zurück. In der **Kritik der reinen Vernunft** hatte Kant bemerkt, daß in Vergleich mit den **Kategorien** die **Ideen** noch weiter von der objektiven Realität deshalb entfernt sind, weil keine Erscheinung gefunden werden kann, an der sich in concreto vorstellen lassen. Aber noch weiter entfernt von der objektiven Realität ist dasjenige, das von Kant als **Ideal** benannt wird. Darunter versteht er die Idee, "...nicht bloß **in concreto**, sondern **in individuo**, d.i. als ein einzelnes, durch die Idee allein bestimmbares, oder gar bestimmtes Ding..." (KrV, A568/B596). Kant zufolge ist dieses Ideal dasjenige, was Platon als eine Idee des göttlichen Verstandes bezeichnete, d.h. ein einzelner Gegenstand in der reinen Anschauung desselben, das Vollkommenste einer jeden Art möglicher Wesen und der Urgrund aller Nachbilder in der Erscheinung. Kant vertritt die Auffassung, daß die menschliche Vernunft nicht allein **Ideen**, sondern auch **Ideale** enthält, die im Unterschiede zu den platonischen keine schöpferische Kraft haben, sondern nur eine **praktische**, als **regulative Prinzipien**, so daß sie der Möglichkeit der Vollkommenheit gewisser Handlungen zugrundeliegen. Das Ideal spielt die Rolle eines Richtmaßes unserer Handlungen. Es stellt das Verhalten einer Art göttlicher Menschen in uns dar, womit wir uns vergleichen, beurteilen und uns dadurch verbessern, obschon es niemals erreicht werden kann. Obwohl das Ideal keine objektive Realität hat, gibt es uns ein unentbehrliches Richtmaß der Vernunft ab, nämlich das des Begriffs von dem, was in seiner Art ganz vollständig ist. Danach werden der Grad und die Mängel des Unvollständigen eingeschätzt und abgemessen. Kurz und gut : das Ideal dient zur Regel und zum Urbild der Befolgung und Beurteilung, zur Bestimmung nach Regeln a priori der Vernunft. So sind die Tugend oder die menschliche Weisheit, in ihrer Reinheit betrachtet, **Ideen**. Hingegen der Weise ist ein **Ideal**, d.i. ein Mensch, der bloß in Gedanken existiert, der aber mit der Idee der Weisheit völlig kongruiert. Die Idee gibt also die Regel; das Ideal dient in solchem Falle zum Urbild der durchgängigen Bestimmung des Nachbildes (Vgl., KrV, A567-71/B595-99).

zugrundeliegen. Diese Idee der Vernunft ihrerseits soll a priori den Zweck bestimmen, auf den die innere Möglichkeit des Gegenstandes begründet ist[246]. Es ist aber so, daß da in einer derartigen Beurteilung ein Interesse am Wohlgefallen des Objektes gemäß einer Idee der Vernunft besteht, ist sie also **nicht rein ästhetisch**. Die Beurteilung nach einem Ideal der Schönheit ist folglich keine reine, freie und uninteressierte und eben deshalb keine ästhetische Beurteilung. Als Schlußfolgerung dieses dritten Moments wird die Schönheit als die Form der Zweckmäßigkeit eines Gegenstandes, sofern sie ohne Vorstellung bzw. ohne Begriff eines Zwecks wahrgenommen wird, charakterisiert. Diese Zweckmäßigkeit ist, wie gesagt, als eine "Zweckmäßigkeit ohne Zweck" zu betrachten. Die Bezogenheit des Wohlgefallens am Schönen auf diese Zweckmäßigkeit ohne Zweck meint zunächst, daß das ästhetische Wohlgefallen ohne Vermittlung der erkenntnistheoretischen Begriffe zustande kommt. Es ist also ein **unmittelbares Wohlgefallen**, in dem der Gegenstand bzw. die Natur, wie mehrfach gesagt, nicht mehr im Begriff, sondern im ästhetischen Gefühl vergegenwärtigt wird. Der Rückgriff auf die Zweckmäßigkeit ohne Zweck besagt ferner, daß das ästhetische Wohlgefallen am Schönen als eine freie Betrachtung bzw. Anschauung der Natur konzipiert wird, die sich gegen den Bereich des praktischen Handelns abgrenzt. Hierbei geht der Mensch sozusagen aus dem Bereich der Praxis und deren Zwecke heraus und wendet sich einer freien Anschauung des Gegenstandes zu. Dies ist eine Wende der *uti*, der gebrauchenden Nutzung zum *frui* der genießenden Betrachtung. In diesem Sinne hatten wir bereits hervorgehoben, daß das Wohlgefallen am Schönen und das entsprechende Geschmacksurteil ganz indifferent im Hinblick auf die Existenz des Gesgenstandes und somit mit keinem Interesse verbunden sind[247]. Deshalb charakterisiert

---

[246]Nur das, sagt Kant, was den Zweck seiner Existenz in sich selbst hat, d.i. nur **der Mensch**, der sich selber durch Vernunft seine eigenen Zwecke bestimmen kann, kann auch ein Ideal der Schönheit sein. Kant bezieht sich hier selbstverständlich auf den Menschen nicht als Sinnen- sondern eher als Vernunftwesen, in dem die Freiheit sich durch den Einfluß der Vernunft auf den innerlich gesetzgebenden Willen offenbar macht. Dieses Doppelgesicht des Menschen wird von Kant häufig folgendermaßen ausgedrückt:

> "Der Mensch nun, als vernünftiges Naturwesen (homo phaenomenon), ist durch seine Vernunft, als Ursache, bestimmbar zu Handlungen in der Sinnenwelt und hiebei kommt der Begriff einer Verbindlichkeit noch nicht in Betrachtung . Eben derselbe aber seiner Persönlichkeit nach, d.i. als mit innerer Freiheit begabtes Wesen (homo noumenon) gedacht, ist ein der Verpflichtung fähiges Wesen und zwar gegen sich selbst (die Menschheit in seiner Person) betrachtet, so: daß der Mensch (in zweierlei Bedeutung betrachtet), ohne in Widerspruch mit sich zu geraten (weil der Begriff von Menschen nicht in einem und demselben Sinn gedacht wird), eine Pflicht gegen sich selbst anerkennen kann" (MS,418).

[247]Vgl. § 8.1.2. dieser Arbeit.

Kant das ästhetische Wohlgefallen als bloß **kontemplativ** (Vgl., KU,§5)[248]. Hierbei artikuliert sich ein ästhetisches Verhältnis zur Natur, das in Kants Äußerungen zum Naturschönen am deutlichsten hervorkommt. Durch deren gemeinsame Bezogenheit auf das Prinzip der Zeckmäßigkeit im oben erläuterten Sinne werden Kunst und Natur zueinander so tief angenähert, daß sich deren ursprüngliches Verhältnis zueinander verwandelt. Nun geht es nicht so sehr darum, daß die Aufgabe der Kunst darin liegen würde, die Natur bloß nachzuahmen. Eher erscheint die Kunst jetzt als eine Art **Urbild** der Natur bzw. eines erweiterten Begriffs der Natur. Ähnlich erscheint die Natur als Gegenstand der ästhetischen Beurteilung als **Nachbild** der Kunst. Demzufolge erfährt die Natur kraft der Kunst derart eine Erweiterung in ihrem Begriff, daß sie als selbständige, autonome Schönheit erscheinen kann. Die Natur wird zur Kunst erweitert bzw. potenziert. Vor deren Erschließung durch die Kunst ist die Natur nichts anderes als ein "Inbegriff von Gesetzen" und "von Erscheinungen", also als ein Mechanismus nach dem Kausalitätsgesetz vorhanden und zu erklären. Erst die Kunst entdeckt die Natur als Schönheit, oder, anders gesagt, erst unter dem Gesichtspunkt der Kunst und durch die Kunst erscheint die Natur als schön. Kurzum: hierin artikuliert sich also eine aus der Nützung herausgelöste, freie genießende Anschauung der Natur, erst in deren Rahmen kann die Natur zur "**Landschaft**" werden[249].

---

[248] Wie man weiß, bezieht sich der Ausdruck **Kontemplation** (Schau, vom lateinischen **contemplatio**) ursprünglich auf die Himmelsbetrachtung der Augurn und wird seit Cicero ebenfalls für ein rein geistiges Schauen und oft zur Wiedergabe des griechischen $\theta\varepsilon\omega\rho\varepsilon\iota\nu$ verwendet. In der Patristik wird es als Ende aller Tätigkeit, als ewige Ruhe und als Vollendung der Freude gelegentlich verstanden -so z.B. bei Augustinus, **De immortalitate animae** 6,10 und **De Trinitate**, 1,8,17. Bei der Kontemplationsauffassung des Thomas von Aquin sind aristotelische Motive der $\theta\varepsilon\omega\rho\iota\alpha$-Lehre mit mystischen Komponente verschmolzen anzutreffen. Hierbei werden **contemplatio** mit **cognitio speculativa** teilweise miteinander gleichgesetzt und als solche der **cognitio practica** entgegengesetzt (Vgl., Thomas von Aquin, Summa Theologica, II,II, 179, 10b2 und I/II, 3,5). Kant seinerseits versucht das, was er als „**kontemplative**" Lust bezeichnet, in mitte deren Entgegensetzung zur sogenannten „**praktischen**" Lust zu bestimmen. Diese Unterscheidung könnte meines Erachtens auf jene Einteilung zurückgeführt werden, die Kant in der **Einleitung in die Metaphysik der Sitten** gemacht hatte, nämlich jene zwischen:

1) der **praktischen** Lust, d.i. derjenige Lust, welche mit dem Begehren des Gegenstandes notwendig verknüpft ist. Eine solche Lust mag Ursache oder Wirkung vom Begehren sein; und

2) der **kontemplativen** Lust, die mit dem Begehren des Gegenstandes keineswegs verknüpft ist und "...die also im Grunde nicht eine Lust an der Existenz des Objekts der Vorstellung ist, sondern bloß an der Vorstellung allein haftet". Hier geht es also um ein untätiges Wohlgefallen, um ein Gefühl, das von Kant als **Geschmack** benannt wird. Eben um diese kontemplative Lust geht es in der ästhetischen Beurteilung (MS,212).

[249] Hier ist es freilich auf Joachim Ritter zu verweisen (Vgl., Ritter,1963). Nach Ritter hat die ästhetische Natur als Landschaft die zuvor der $\theta\varepsilon\omega\rho\iota\alpha$ zugewiesene Funktion übernommen, nämlich "...in "anschaulichen", aus der Innerlichkeit entspringenden Bildern das Naturganze und den "harmonischen

§ 8.4. Die Allgemeingültigkeit des Wohlgefallens am Schönen und dessen Beurteilung als sensus communis.

Im vierten und letzten Moment gemäß der Analyse des Geschmacksurteils nach der **Modalität** des Wohlgefallens am Schönen, das die ästhetische Beurteilung zum Ausdruck bringt, wird dessen **Notwendigkeit** bzw. **Allgemeinheit** erklärt. Hier wird die Notwendigkeit des Geschmacksurteils im Unterschied sowohl zur bloßen Zufälligkeit des Angenehmen als auch zur **theoretischen** bzw. zur **praktischen** Notwendigkeit ausführlich erörtet. Eine derartige Notwendigkeit soll als eine bloß **exemplarische** verstanden werden, die nichts anderes als eine Notwendigkeit der **Beistimmung aller Urteilenden zu einem einzelnen Urteil, das als Beispiel** einer allgemeinen Regel betrachtet wird, ist (Vgl., KU,§18). Bei einer genaueren Betrachtung stellt sich heraus, daß diese Notwendigkeit der Beistimmung aller Urteilenden zu einem einzelnen Geschmacksurteil in der Forderung liegt, daß der Urteilende zu Recht von anderen Urteilenden verlangen kann, sie **sollten** mit dem einzelnen Geschmaksurteil übereinstimmen. Dieses **Sollen** im ästhetischen Urteil ist wiederum auf einen allen Urteilenden gemeinen Grund zurückzuführen (Vgl.,KU,§19). Die besondere Notwendigkeit der Geschmacksurteile führt so zu einem **subjektiven Prinzip**, das durch den **Gemeinsinn (sensus communis)** bezeichnet wird. Nur unter der Voraussetzung dieses Gemeinsinns, unter dem man zunächst keinen äußern Sinn, sondern allein die Wirkung aus dem freien Spiel der Erkenntniskräfte versteht, kann das Geschmacksurteil nach Kant gefällt werden (Vgl.,KU,§20). Der Gemeinsinn wird nun unter Rekurs auf die allgemeine Mitteilbarkeit als subjektiver Grund jedes Urteils, das einen Anspruch auf Allgemeingültigkeit erhebt, erörtert. Diese allgemeine Mitteilbarkeit ihrerseits ist nichts anderes als die Mitteilbarkeit der Urteilen überhaupt und deren transzendentaler Grund im Gemüt gemäß den Prämissen der Transzendentalphilosophie. Dieser transzendentale Grund wiederum führt auf den Gemütszustand, d.i. die Stimmung der Erkenntniskräfte zu einer Erkenntnis überhaupt, zurück. So verstanden, soll diese allgemeine Mitteilbarkeit des Gemütszustandes als die subjektive Bedingung der Erkenntnis überhaupt verstanden werden. Somit soll sich aber ebenfalls das Gefühl, das diesen Gemütszustand begleitet, mitteilen lassen. Eine derartige allgemeine Mitteilbarkeit eines Gefühls setzt aber den obengenannten

---

Einklang" zu vermitteln und ästhetisch für den Mensch gegenwärtig zu halten" (Ritter,1963,153). Diese Funktion erweist sich als besonders relevant "...[in] der geschichtlichen Zeit, in welcher die Natur, ihre Kräfte und Stoffe zum "Objekt" der Naturwissenschaften und der auf diese gegründeten technischen Nutzung und Ausbeutung werden...[Da] übernehmen es Dichtung und Bildkunst, die gleiche Natur -nicht weniger universal- in ihrer Beziehung auf den empfindenden Menschen aufzufassen und "ästhetisch" zu vergegenwärtigen" (Ritter,1963,153-154).

Gemeinsinn voraus, der mit Recht als Grund für das Geschmacksurteil angenommen werden kann, und zwar als die notwendige Bedingung der allgemeinen Mitteilbarkeit unserer Erkenntnis (Vgl.,KU,§ 21). Dieser Gemeinsinn drückt aber zunächst eine **bloße idealische Norm** aus, allein unter deren Voraussetzung das Geschmacksurteil formuliert werden kann. Dieser Gemeinsinn ist also der subjektive Grund für die Notwendigkeit des Geschmacksurteils und jeder Art Urteile überhaupt, die einen Anspruch auf Allgemeingültigkeit erheben. Eben dies war es, was Kant in diesem vierten Momente zu erklären anstrebte. So wird verständlich die vierte und letzte Bestimmung des Schönen als das, was ohne Begriff als Gegenstand eines **notwendigen Wohlgefallens** erkannt wird (Vgl.,KU,§ 22). Nun gehe ich auf die Kantische Analyse in diesem vierten Moment ausführlicher ein.

Kant wendet sich zunächst der Frage, die die Notwendigkeit des Geschmacksurteils im Unterschied zur bloßen Zufälligkeit des Angenehmens aufwirft, zu. Wie bereits mehrfach gesagt, ist eine derartige Notwendigkeit weder die der theoretischen noch die der praktischen Urteile. Gemäß den Prämissen der Transzendentalphilosophie kann sie aus der Erfahrung keineswegs geschlossen werden. Sie soll als eine bloß **exemplarische Notwendigkeit** verstanden werden, die nichts anderes als eine Notwendigkeit der **Beistimmung aller Urteilender zu einem einzelnen Urteil**, das als **Beispiel** einer allgemeinen Regel, die man nicht angeben kann, betrachtet wird. Dies bedarf aber einer ausführlicheren Erklärung. Hierzu sollte man auf der einen Seite zuerst bemerken, daß im Unterschied zu jener **zufälligen** Beziehung der Vorstellung auf das Wohlgefallen, die beim **Angenehmen** anzutreffen ist, das Wohlgefallen am **Schönen** dadurch gekennzeichnet ist, daß dabei die Vorstellung eine **notwendige** Beziehung auf das Wohlgefallen hat[250]. Nach den Voraussetzungen der Transzendentalphilosophie kann eine derartige Notwendigkeit aber nicht aus der **Erfahrung** hergeleitet werden. Auf der anderen Seite, da ein ästhetisches Urteil weder ein objektives Erkenntnisurteil noch ein praktisches Urteil ist, so kann dessen Notwendigkeit auch nicht aus bestimmten **Begriffen** abgeleitet werden. Sie kann also **nicht apodiktisch** sein. Eine solche Notwendigkeit ist also von besonderer Art, denn sie bringt **keine theoretische Notwendigkeit**, wonach a priori erkannt werden kann, daß jedermann dieses Wohlgefallen an dem von einem einzelnen Subjekte als "schön" bezeichneten Gegenstande fühlen **müßte**, zum Ausdruck. Ähnlich wird durch sie auch **keine praktische Notwendigkeit** artikuliert, wo durch Begriffe eines reinen Vernunftwillens dieses Wohlgefallen die notwendige Folge eines objektiven Gesetzes

---

[250]Vgl. dazu über den Zufälligkeit- und Notwendigkeitsbegriff und deren Zugehörigkeit zur Modalitätskategorie, KrV, A80/B106.

wäre, und nichts anderes bedeutete, als daß man schlechterdings auf gewisse Art handeln sollte. Vielmehr kann die vom Wohlgefallen am Schönen und dessen Beurteilung ausgedrückte Notwendigkeit als eine **exemplarische** benannt werden, d.i. eine Notwendigkeit der Beistimmung aller zu einem einzelnen Urteil, das als **Beispiel** einer allgemeinen Regel, die man nicht angeben kann, angesehen wird[251].

Durch das Geschmacksurteil schreibt der einzelne Urteilende also jedermann eine Beistimmung zu, derart, daß wer etwas für **schön** durch sein Urteil erklärt, zu Recht den Anspruch darauf erheben kann, daß jedes andere Subjekt mit dem einzelnen ausgesprochenen Geschmaksurteil übereinstimmen soll. Ein **Sollen** liegt also dem Geschmacksurteil zugrunde. Dieses Sollen in der ästhetischen Beurteilung wird aber nur **bedingt** so ausgesprochen, daß man jedem anderen eine Beistimmung zumutet, weil man dazu einen Grund hat, der **allen Urteilenden gemein ist.** Man soll dies aber genauer betrachten. Die Notwendigkeit des Geschmacksurteils ist deswegen eine **bedingte Notwendigkeit,** denn, wenn das Geschmacksurteil wie das objektive, erkenntnistheoretische Urteil ein bestimmtes objektives Prinzip hätte, so würde man durch das Geschmacksurteil einen Anspruch auf **unbedingte Notwendigkeit** machen. Hätte es hingegen kein eigentliches Prinzip, wie bei dem bloßen Sinnengeschmack des Angenehmen der Fall ist, so würde sich gar kein Anspruch auf **Notwendigkeit** verstehen lassen. Das Geschmacksurteil soll also kein **objektives,** sondern ein bloß **subjektives Prinzip** haben, welches nicht auf Begriffe, sondern nur auf dem Gefühl basiert. Es muß aber zugleich **allgemeingültig** bestimmt werden, was gefällt bzw. mißfällt. Kant vertritt die Auffassung, daß ein solches subjektives Prinzip als ein **Gemeinsinn** verstanden werden kann. Zunächst soll dieser Gemeinsinn aber vom **gemeinen Verstand,** der gelegentlich als **Gemeinsinn (sensus communis)** bezeichnet wird, radikal unterschieden werden, weil der letzte nicht nach Gefühl, sondern jederzeit nach Begriffen, bzw. nach dunklen vorgestellten Prinzipien, beurteilt. In seinem ästhetischen Sinne ist der Gemeinsinn auch **kein äußerer Sinn.** Zunächst kann er als die **Wirkung aus dem freien Spiel unserer Erkenntniskräfte** verstanden werden. Um den Charackter dieses Gemeinsinns

---

[251] In der **Kritik der Urteilskraft** und gemäß der Analyse der **reflektierenden** Urteilskraft wird das **Exempel** von der Funktion des **Beispiels**, das ein vorgängiges Wissen der Regel voraussetzt, abgesetzt und gegen den bloßen Mechanismus der Nachahmung gestellt. Die besondere Leistung des Exemplarischen sowohl im Bereich des Ästhetischen als auch auf der Ebene des Moralischen liegt eben darin, daß es das Schema von **Regel und Fall** außer Kraft setzt. Dasjenige, worauf das Exemplarische verweist, ist unbestimmt, es hat einen Dynamis-Charakter, d.h. es wird durch jede neue Konkretion weiter bestimmt. So ist es zu erklären, daß Kant die Notwendigkeit des ästhetischen Urteils deshalb als **exemplarisch** bezeichnet, weil sie als eine Notwendigkeit der Beistimmung aller zu einem Urteil, was als Beispiel einer allgemeinen Regel, die man nicht angeben kann, angesehen wird. Deswegen bietet das Exemplarische bei Kant das Muster eines offenen, normbildenden Konsensus, auf welchem Denker wie Herbart die Ästhetik als Ethik begründen wollte. Darauf werde ich in §§11., 11.1. und 11.2. dieser Arbeit zurückkommen.

genauer zu bestimmen, soll man vorerst bemerken, daß Kant zufolge sogar die Erkenntnisse und die Urteile, die -gleichgültig, ob sie theoretisch oder praktisch sind- einen Anspruch auf Allgemeingültigkeit erheben, sich **allgemein mitteilen** lassen müssen. Wenn dies nicht der Fall wäre, könnte den erkenntnistheoretischen Urteilen beispielsweise keine Übereinstimmung mit dem Objekte zukommen, wären sie also ein bloß subjektives Spiel der Vorstellungskräfte, wäre die objektive Erkenntnis überhaupt nicht möglich und könnte man der Gefahr des Skeptizismus gar nicht entgehen. Es muß also das Gegenteil der Fall sein. Demzufolge müssen die Erkenntnisse, Urteile und deren transzendentaler Grund im Gemüt sich **allgemein mitteilen lassen**. Dieser transzendentale Grund aber ist nichts anderes als der Gemütszustand, d.i. die Stimmung der Erkenntniskräfte zu einer Erkenntnis überhaupt, und zwar nach derjenigen Proportion, die einer Vorstellung entspricht, um daraus eine Erkenntnis zu machen. Dieser transzendentale Grund, dieser besondere Gemütszustand in Hinblick auf eine Erkenntnis überhaupt, muß sich ebenfalls allgemein mitteilen lassen. So verstanden, kann diese allgemeine Mitteilbarkeit des Gemütszustandes legitim als die **subjektive Bedingung der Erkenntnis überhaupt** verstanden werden. Dieser zur Erkenntnis passende Gemütszustand kann so charakterisiert werden, daß vor einem vermittelst der Sinne gegebenen Gegenstand die Einbildungskraft zur Zusammensetzung des Mannigfaltigen in Gang gesetzt wird und der Verstand diese Mannigfaltigkeit zur Einheit derselben nach Begriffen bringt. Hier geht es um eine Stimmung der Erkenntniskräfte die, nach Verschiedenheit der gegebenen Objekte, eine entsprechende verschiedene Proportion hat. Es muß aber eine Proportion geben, in welcher dieses innere Verhältnis zwischen Einbildungskraft und Verstand zur Belebung der Erkenntniskräfte zueinander die passende für beide Gemütskräfte in Absicht auf Erkenntnis gegebener Gegenstände überhaupt ist. Da es sich hier aber um ein Geschmacksurteil handelt, kann eine derartige Stimmung nicht nach Begriffen, sondern allein durch das Gefühl bestimmt werden. Diese Stimmung soll sich aber zugleich allgemein mitteilen lassen. Somit soll sich auch das Gefühl derselben Stimmung mitteilen lassen. Kant zufolge setzt diese allgemeine Mitteilbarkeit eines Gefühls also einen Gemeinsinn voraus, der sich als eine Voraussetzung der Mitteilbearkeit des Gefühls der Stimmung, des inneren Verhältnisses der Erkenntniskräfte zueinander bei einer gegebenen Vorstellung, erweist. So kann dieser Gemeinsinn mit Recht als Grund für das Geschmacksurteil angenommen werden, und zwar ohne Verweisung auf psychologische Beobachtungen, sondern vielmehr als die notwendige Bedingung der allgemeinen Mitteilbarkeit unserer Erkenntnis, welche nach Kants Meinung "...in jeder Logik und jedem Prinzip der Erkenntnisse, das nicht skeptisch ist, vorausgesetzt werden" muß (KU,§21,238-239).

Dem oben Gesagten zufolge läßt es sich verstehen, daß, obwohl das Geschmacksurteil nicht auf Begriffe, sondern vielmehr lediglich auf einem Gefühl basiert, erhebt das Subjekt, das ein derartiges Urteil fällt und dadurch etwas als **schön** bezeichnet, einen Anspruch auf Allgemeingültigkeit seines einzelnen Urteils, derart, daß er die Zustimmung zu ihm von anderen Urteilenden zu Recht fordert. Dies ist dadurch zu erklären, daß das Gefühl, auf dem das Geschmacksurteil beruht, **kein privates, sondern ein gemeinschaftliches Gefühl**, ein **Gemeinsinn** ist, der, wie schon gesagt, deshalb überhaupt nicht auf Erfahrung gegründet werden kann. Dieser Gemeinsinn weist eher auf ein **Sollen** hin und diejenigen Urteile, die ein **Sollen** enthalten, können keineswegs aus der Erfahrung hergeleitet werden. Dieses gemeinschaftliche Gefühl oder Gemeinsinn, der als eigentlicher Grund der ästhetischen Urteile verstanden werden soll, besagt nicht, daß jedermann mit einem einzelnen Geschmacksurteile übereinstimmen wird, sondern vielmehr, daß alle Urteilenden mit ihm zusammenstimmen **sollen**. Dieser Gemeinsinn drückt also eine **bloße idealische Norm** aus. Allein unter der Voraussetzung dieser bloß idealischen Norm kann ein Urteil, das mit ihr übereinstimmte, für jedermann mit Recht zur Regel gemacht werden, weil zwar das Prinzip nur **subjektiv**, aber dennoch, für **subjektiv-allgemein** angenommen wird, so daß über die empirische Einhelligkeit verschiedener Urteilenden hinaus eine allgemeine Beistimmung verlangt werden kann. Das einzelne Geschmacksurteil soll also als ein **Beispiel** von der Beurteilung unter der Voraussetzung dieses Gemeinsinns so betrachtet werden, daß der Urteilende seinem besonderen Geschmacksurteil eine **exemplarische Gültigkeit** jederzeit beilegt. Kant insistiert darauf, daß diese **unbestimmte Norm eines Gemeinsinns** vom Urteilenden in seiner einzelnen Beurteilung vorausgesetzt wird. Und dies wird eben durch die Anmaßung, Geschmacksurteile zu fällen, bewiesen. Nachdem dieser Gemeinsinn als subjektiver Grund für die Notwendigkeit des Geschmacksurteils und jeder Art auf Allgemeingültigkeit Anspruch erhebenden Urteilen überhaupt eingeführt worden ist, ist man zugleich an der folgenden Erklärung des Schönen nach der Analyse des Geschmacksurteils in diesem vierten Momente angelangt: Schön ist, was ohne Begriff als Gegenstand eines **notwendigen** Wohlgefallens erkannt wird.

Nun versuche ich zusammenzufassen, was die Analyse des Geschmacksurteils geleistet und wie sie in deren Verlauf bis hin zu dem **sensus communis** geführt hat. Im ersten Moment nach der **Qualität** wurde gezeigt, daß als "**schön**" nur die Vorstellung eines Gegenstandes bzw. das durch sie veranlaßte Wohlgefallen bezeichnet werden könnte, insofern als dieses Wohlgefallen "ohne alles Interesse" ist. In diesem Rahmen wurde das Wohlgefallen am Schönen und dessen Beurteilung als reines, freies und uninteressiertes Wohlgefallen dargestellt. Hierbei wurde die Besonderheit der ästhetischen Beurteilung gegenüber der logischen bzw.

erkenntnistheoretischen Beurteilung so hervorgehoben, daß jene auf das Subjekt und dessen Gefühl, oder, genauer gesagt, auf dessen Gefühl der Lust und Unlust bezogen wurde. Diese Besonderheit des Wohlgefallens am Schönen insbesondere gegenüber dem Wohlgefallen am Angenehmen bzw. am Guten wurde mit Hilfe des Begriffes des Interesses deutlich exponiert. Hierin wurde es also klar, daß das Wohlgefallen am Schönen als das einzige freie, reine und uninteressierte Wohlgefallen zu verstehen war (Vgl., §§ 8.1., 8.1.1. und 8.1.2.). Im zweiten Moment der Analyse des Geschmacksurteils nach dessen **Quantität** wurde erklärt, wie die Interesselosigkeit und die entsprechende Freiheit des Wohlgefallens am Schönen und dessen Beurteilung als der Grund der Allgemeingültigkeit derselben betrachtet werden könnte. Im Unterschied zu der Allgemeingültigkeit der erkenntnistheoretischen oder der praktischen Urteile erwies sich die Allgemeinheit des Geschmacksurteils als eine bloß **subjektive**. Hierzu sollte aber das Geschmacksurteil vom Urteil über das Angenehme hinsichtlich des Charakters und der Ausdehnung ihrer Gültigkeit präzis unterschieden werden. Es stellte sich heraus, daß allein die Geschmacksurteile einen Anspruch auf Allgemeingültigkeit legitim erheben konnten. Im Unterschied zu der Allgemeingültigkeit der erkenntnistheoretischen Urteile aber sollte die Allgemeinheit des Geschmacksurteils als eine **Forderung**, die durch ein **Sollen** ausgedrückt wird, verstanden werden. Diese dem Geschmacksurteil zugeschriebene ästhetische Allgemeingültigkeit wurde als ein Postulat erläutert, das als eine Idee verstanden werden könnte. Hierin wurde insbesondere hervorgehoben, daß eine allgemeine Mitteilungsfähigkeit des Gemütszustandes als die subjektive Bedingung, also als der Grund des Geschmacksurteils konzipiert werden sollte. Dieser Gemütszustand wiederum wurde als ein besonderes Verhältnis der Vorstellungskräfte bzw. als ein freies Spiel von Einbildungskraft und Verstand zueinander charakterisiert, in dem die entsprechende Vorstellung auf die Erkenntnis überhaupt bezogen wird (Vgl., § 8.2.). Im dritten Moment der Analyse gemäß der **Relation** des Geschmacksurteils zu dem Zweckbegriff, der es charakterisiert, wurden die Spannungsverhältnisse bzw. die Unterschiede zwischen dem Wohlgefallen am Schönen und dem Wohlgefallen am Guten unter Rekurs auf den Zweckmäßigkeitsbegriffs näher betrachtet. Hierbei stellte sich heraus, daß die ästhetische Zweckmäßigkeit und die praktische Zweckmäßigkeit eines nach Prinzipien der Vernunft handelnden praktischen Willens deutlich differieren. Die ästhetische Zweckmäßigkeit war eher als eine "Zweckmäßigkeit ohne Zweck" bzw. "Zweckmäßigkeit nach der Form" anzusehen (Vgl., § 8.3.). Schließlich wurde die Notwendigkeit bzw. die Allgemeinheit des Geschmacksurteils bzw. des Wohlgefallen am Schönen im vierten Moment der Analyse des Geschmacksurteils nach dessen **Modalität** erörtert. Hierin wurde die philosophische Aufmerksamkeit auf den Unterschied des Geschmacksurteils über das Schöne zum "ästhetischen Sinnesurteil" hingelenkt. Da wurde festgestellt, daß, über jedes private Subjekt hinaus, das Geschmacksurteil einen Anspruch auf allgemeine bzw. notwendige Gültigkeit für jeden Urteilenden legitim erheben kann, und zwar trotz der Tatsache, daß sich dieses Urteil weder als ein Erkenntnisurteil durch Begriffe noch als ein reiner praktischer Satz artikuliert bzw. versteht. Das Geschmacksurteil hat ein subjektives Prinzip a priori, das den Grund für seine Allgemeingültigkeit erklärt. Dieser Grund wird von Kant durch den Terminus **sensus communis** ausgedrückt (Vgl., § 8.4). Hierin zeigt sich die zentrale Rolle, die Kant dem **sensus communis** in der "Analytik des Schönen" zuerkannt zu haben scheint. In folgenden Paragraphen werde ich mich also mit der Kantischen Erörterung dieses Begriffs ausführlicher beschäftigen.

§9. Die Erörterung des *sensus communis* als Grund des Geschmacksurteils. Die Doppelbetrachtung des *sensus communis* bei Kant.

Zu Beginn dieser Arbeit habe ich darauf hingewiesen, daß einer der Vorteile der Kantischen Analyse der ästhetischen Erfahrung eben darin lag, von dem Subjekt, das die Kunsterfahrung durchführt und austrägt, auszugehen. Die Kantische Analyse rückte also das **empirische** Subjekt der ästhetischen Erfahrung -im Gegensatz zu einem überzeitlichen, oder, genauer gesagt, **transzendentalen** Subjekt- in den Mittelpunkt[252]. Auf die Erörterung des **sensus communis** übertragen, bedeutet diese Grundeinstellung der Kantischen Analyse, daß sich die Behandlung des **sensus communis** im Kantischen Text in einer Zwischenstellung zwischen einer **transzendentalen** und einer **empirischen** Ebene artikuliert und entfaltet. Die Erörterung des **sensus communis** scheint also, sich zwischen dem transzendentalen und dem empirischen Bereich frei zu bewegen, ohne daß die Differenzen zwischen diesen zwei Ebenen deutlich markiert werden. Auf der **transzendentalen** Ebene ist der **sensus communis** als eine Bezeichnung für den Grund des Geschmacksurteils, der wiederum in einem allen Urteilenden gemeinsam mitgeteilten Gefühl liegt, das auf der Zweckmäßigkeit ohne Zweck und auf dem durch sie hervorgerufenen freien Spiel der Erkenntniskräfte zueinander basiert, aufzufassen. Auf der **empirischen** Ebene aber wird dem **sensus communis** ebenfalls eine wichtige Rolle in der Kantischen Analyse zugewiesen, deren Umfang und Auswirkungen sich im Bereich der Anthropologie und der Ethik als besonders relevant erweisen. Ein eindeutiges Zeichen hierfür liegt darin, daß Kant den **sensus communis** sogar als die eigentlich menschliche Eigenschaft bezeichnet und dadurch bis zu einem gewissen Punkt den Weg dazu ebnet, um an eine durch die Kultur des Geschmacks vereinigte Menschheit zu denken. Dabei wird klar, daß die Selbsversetzung in eine allgemeine Perspektive zur Beurteilung -Selbstversetzung, durch die, wie noch zu sehen ist, der **sensus communis** wesentlich charakterisiert wird- ebenfalls ein Ereignis auf der Ebene der **Moralität** deshalb ist, weil sowohl die moralische als auch die ästhetische Beurteilung den begrenzten Standpunkt eines einzelnen, privaten, Subjekts durch diese Selbstversetzung des Urteilenden zu einer allgemeinen, universalen, Perspektive hin aufzuheben versuchen. So gesehen, bringt das Geschmacksurteil eine ganz besondere Erfahrung dessen zum Ausdruck, was den Kernpunkt der Moralität ausmacht und deren

---

[252] Vgl. hierzu §2.3. dieser Arbeit.

Auswirkungen sich zu anderen Bereichen, z.B. dem der Politik oder des Rechtes, erweitern können. So kann die schöne Form letztlich als ein Symbol einer möglichen universalen Gemeinschaft unter moralischen Gesetzen, und somit das Schöne als ein Symbol des Guten, mit Recht betrachtet werden. Nun gehe ich kurz zunächst auf die **transzendentale** Darstellung des **sensus communis** ein.

Die Darstellung der "Analytik des Schönen" in §§8 uff. hat uns bis zum **sensus communis** geführt. Zum präziseren Verständnis des Umfangs, des Inhalts und der Relevanz dieses Terminus auf der **transzendentalen** Ebene der Analyse der ästhetischen Beurteilung werde ich mich zuerst der transzendentalen Deduktion des Geschmacksurteils, die im wesentlichen in §§38-40 der **Kritik der Urteilskraft** durchgeführt wird, zuwenden. Sie wird einige Thesen, die wir durch die "Analytik des Schönen" hindurch bereits gesehen haben, wieder aufstellen. Insbesondere wird dabei klar und deutlich werden, wie der **sensus communis** eine Bezeichnung für den Grund, auf welchem die notwendige und allgemeine Gültigkeit des Geschmacksurteils letztlich basiert, ist. Demzufolge erweist sich der **sensus communis** zunächst als eine allgemeine Bezeichnung für die subjektiven Bedingungen, die die Formulierung jedes Geschmacksurteils jederzeit voraussetzen soll. Später wird er unter Rekurs auf die Maxime der erweiterten Denkungsart genauer bestimmt. Dann wird er als diese ursprüngliche Bezogenheit des einzelnen Geschmacksurteils zu der Gesamtheit der wirklichen und potentialen Urteile jedes anderen urteilenden Subjekts erklärt, so daß er die Lösung für ein zentrales Problem der ganzen **Kritik der Urteilskraft**, nämlich, das Problem der Beziehungen zwischen dem Besonderen und dem Allgemeinen abgeben kann, weil er darstellt, wie das urteilende Subjekt durch seine einzelne Beurteilung, durch sein **besonderes** Geschmacksurteil **das Allgemeine** erreichen kann, indem er sich an die gesamte Sphäre der Urteilenden anschließt, und zwar ohne sich auf allgemeine Gesetze, bzw. Begriffe -seien sie theoretisch oder praktisch- stützen zu müssen. Dabei werden der Zustimmung anderer Urteilender und dem Verhältnisse zu anderen Subjekten, die sowohl in der erkenntnistheoretischen, logischen als auch in der praktischen Beurteilung nicht im Mittelpunkt der philosophischen Betrachtung standen, in der ästhetischen Beurteilung eine wesentliche Rolle zugewiesen.

In der **Allgemeinen Anmerkung zur Exposition der ästhetischen reflektierenden Urteile** unterscheidet Kant zwischen einer **transzendentalen** und einer **physiologischen** Exposition der ästhetischen Urteile. Zu der **physiologischen** Exposition merkt er an, daß eine derartige Erläuterung unter anderen Philosophen von E. Burke in seinem Werk **A Philosophical Enquiry Into the Origin of Our Ideas of the Sublime and Beautiful** (1757) -das Kant in der

Übersetzung von Christian Garve (Riga, Hartknoch) gelesen hatte- durchgeführt und bearbeitet worden war. Diese Exposition konzentrierte sich auf eine überaus treffende Zergliederung unseres Gemüts, die zweifelsohne wertvolle psychologische Bemerkungen enthält. So verstanden, liefert sie den Stoff zu den beliebtesten Nachforschungen der **empirischen** Anthropologie. Das Problem mit einer solchen Exposition liegt nach Kant aber darin, daß sie das Wohlgefallen in der Beurteilung des Schönen darin sieht und zu begründen versucht, daß ein derartiges Wohlgefallen am Schönen als etwas angesehen wird, das bloß durch Reiz oder durch Rührung, also letztlich empirisch, vergnügt. Dadurch wird es aber unmöglich, anderen Urteilenden eine Zustimmung zu einem einzelnen Geschmacksurteile zuzuschreiben. Eine solche Exposition kann also nicht über den Privatsinn eines Individuums hinausgehen und macht so alle Zensur des Geschmacks unmöglich, weil sie keinen universalen Maßstab abgeben kann, an dem sich die zufällige Übereinstimmung der Urteilenden orientieren könnte. Die in der "Analytik des Schönen" durchgeführte Analyse des Geschmacksurteils hat aber gezeigt, daß das Geschmacksurteil überhaupt nicht egoistisch, nicht bloß privat, ist. Es soll als allgemeingültig zählen, so daß der einzelne Urteilende legitim verlangen kann, daß jedermann ihm beipflichten soll. Eben dies bestätigt das, was in der "Analytik des Schönen" ausführlich dargestellt wurde, nämlich, daß dem Geschmacksurteile ein Prinzip a priori zugrundeliegen muß, zu welchem man durch Ausdehnung von bloß empirischen Gesetzen der Gemütsveränderungen niemals gelangen könnte, "...weil diese nur zu erkennen geben, wie geurteilt wird, nicht aber gebieten, wie geurteilt werden soll, und zwar gar so, daß das Gebot unbedingt ist" (KU,**Allgemeinen Anmerkung zur Exposition der ästhetischen reflektierenden Urteile,**278). Deswegen kann eine bloß empirische Exposition der ästhetischen Urteile höchsten den Anfang ausmachen, um den Stoff zu einer "noch höheren Untersuchung" herbeizuschaffen, nämlich zu einer **transzendentalen** Erörterung. Eine derartige transzendentale Erörterung hat aber in der Kantischen Philosophie einen präzisen Namen: **transzendentale Deduktion der reinen ästhetischen Urteile.**

In der **Kritik der reinen Vernunft** hatte Kant bereits bemerkt, daß es in der Rechtslehre gewöhnlich war, die Frage über das, was Rechtens ist (**quid iuris**) von der, die die Tatsache betrifft (**quid facti**), genau zu unterscheiden, wobei ein Beweis für die beiden gefordert werden könnte. Eben der Beweis für die erste Frage, d.i. die Frage nach dem **quid iurius**, wurde in der Rechtslehre **Deduktion** benannt. Eine "Deduktion" soll also berechtigen, einem Begriff einen Sinn und eine Bedeutung zuzueignen, so daß es möglich ist, solche gerechtfertigten von den usurpierten Begriffen, die keinen Rechtsgrund weder aus der Erfahrung noch aus der Vernunft besitzen, radikal zu trennen. Bei den **empirischen** Begriffen sollte eine solche Deduktion also dazu dienen, ihre objektive Realität unter Rekurs auf die Erfahrung zu beweisen und dadurch ihren Gebrauch zu rechtfertigen. Ebenfalls bedürften diejenige Begriffe, die zum **reinen Gebrauch a priori** -also völlig unabhängig von aller Erfahrung- bestimmt sind, einer Deduktion. In diesem Falle sind die Beweise aus der Erfahrung zu der Legitimität eines solchen Gebrauchs aber nicht hinreichend. Jedoch muß man wissen, wie sich diese Begriffe auf Objekte beziehen können, ohne aus der Erfahrung irgendetwas hergenommen zu haben. So wird der Unterscheid zwischen der **empirischen** und der **transzendentalen** Deduktion deutlich: die **empirische** Deduktion zeigt die Weise, wie ein Begrif durch Erfahrung und Reflexion über dieselbe erworben wird. Daher betrifft sie nicht die Legitimität, sondern allein das Faktum, wodurch die Begriffe entstanden sind. Als Beispiel dafür zählen diejenige Versuche, die Eindrücke der Sinne als Grund für solche Begriffe zu erklären -hier sei etwa an John Locke zu denken. Hingegen liefert die **transzendentale** Deduktion Beweise zu der Rechtmäßigkeit eines **reinen** Gebrauchs a priori der Begriffe, die überhaupt nicht aus der Erfahrung stammen und sich zugleich auf Objekte beziehen. Sie ist also eine Erklärung und Bestimmung der objektiven Gültigkeit a priori solcher Begriffe (Vgl.,KrV, A84-B117 ff.).

In derselben **Kritik der reinen Vernunft** hatte Kant allerdings eine **metaphysische** und eine **transzendentale** Deduktion der Kategorien, die miteinander nicht verwechselt werden sollten, durchgeführt. Die **metaphysische** Deduktion hatte zum Ziel, den Ursprung der Kategorien a priori überhaupt durch ihre völlige Zusammentreffung mit den allgemeinen logischen Funktionen des Denkens zu erklären (Vgl., KrV, A65-83/B90-116). Hingegen setzt die **transzendentale** Deduktion sich zur Aufgabe, die Möglichkeit der Kategorien als Erkenntnisse a priori von Gegenständen der Erfahrung überhaupt darzustellen (Vgl., KrV, A84-130/B116-69)[253]. Ähnlich äussert Kant in der **Kritik der Urteilskraft** seine Ansicht, daß, genauso wie der Anspruch jeder Art von Urteile auf Allgemeingültigkeit, der Anspruch eines ästhetischen Urteils ebenfalls einer Deduktion bedarf. Diese Deduktion ist auch als eine Legitimation der Anmaßung der Geschmacksurteile auf allgemein-notwendige Gültigkeit aufzufassen. Gemäß der Analyse der **Kritik der reinen Vernunft** könnte die Unerläßlichkeit einer derartigen Deduktion einer Art Urteile nur in zwei Fällen eintreten:

1) wenn das Urteil einen Anspruch auf allegemeine, notwendige und **objektive** Gültigkeit macht -und so sollen z.B. die Erkenntnisurteile verstanden werden, und

---

[253]Zur Unterscheidung zwischen der **metaphysischen** und der **transzendentalen** Deduktion siehe KrV, B159.

2) wenn das Urteil eine **subjektive** Allgemeinheit, d.i. jedermanns Beistimmung, fordert - und in dieser Richtung sind diejenigen Urteile zu verstehen, die die Lust oder Unlust an einem gegebenen Gegenstand ausdrücken. Hierin handelt es sich um eine Anmaßung einer für jedermann geltende Zustimmung, die auf keinem Begriff vom Objekt basiert. Dies ist eben der Fall des Geschmacksurteils.

Um eine transzendentale Deduktion des Geschmacksurteils erfolgreich durchführen zu können, sollen zwei Arten von Urteilen präzis getrennt werden, die auch einen Anspruch auf allgemeine Gültigkeit erheben, nämlich:

a) die **theoretischen Urteile**, die einen durch den **Verstand** vorgeschriebenen **Begriff der Natur überhaupt** als deren Grund haben; hier geht es um Urteile, die das ausdrücken, was eine Sache **ist**, und

b) die **reinen praktischen Urteile**, welche die **Idee der Freiheit**, eine Idee a priori, die durch die **Vernunft** gegeben ist, als Grund notwendigerweise voraussetzen. Hier handelt es sich um Urteile, die zum Ausdruck bringen, was man **soll**, um eine Sache, bzw. Sachverhalt, **hervorzubringen**.

Da bei dem Geschmacksurteil es weder um ein theoretisches noch um ein reines praktisches Urteil im obigen Sinne geht, reicht aus, um seine allgemeine Gültigkeit zu erklären, wie es möglich ist, daß etwas bloß in der Beurteilung (ohne Sinnenempfindung oder Begriff) gefallen kann. Diese Erklärung, d.i., die Deduktion des Geschmacksurteils im eigentlichen Sinne, soll auf die schon in der Analytik des Schönen hervorgehobene zwiefache und zugleich logische Eigentümlichkeit des Geschmacksurteils, durch die sich dieses Urteil von allen Erkenntnisurteilen unterscheiden kann, achtgeben. Diese Eigentümlichkeit könnte folgendermaßen verständlich artikuliert werden:

1) Das Geschmacksurteil besitzt eine Allgemeingültigkeit a priori, wobei diese keine logische Allgemeinheit nach Begriffen, sondern die Allgemeinheit eines einzelnen Urteils, ausdrückt;

2) Es hat eine Notwendigkeit, die aber doch von keinen Beweisgründen a priori abhängt, durch deren Vorstellung der Beifall, den das Geschmacksurteil jedermann zumutet, erzwungen werden könnte. Diese Notwendigkeit der Geschmacksurteile muß aber zugleich auf Gründen a priori basieren.

Die Deduktion der Geschmacksurteile kann Kant zufolge als hinreichend und abgeschloßen betrachtet werden, sobald als man von allem Inhalt bzw. von aller Materie abstrahiert, so daß man bloß die ästhetische Form mit der Form der objektiven Urteile vergleicht bzw. kontrastiert und in deren Einzigartigkeit und Unreduzierbarkeit erklärt wird. Dazu wäre es wichtig, sich kurz zu vergegenwärtigen, wie die Hauptlinie der transzendentalen Deduktion der Kategorien in der **Kritik der reinen Vernunft** entwickelt wurde. Demzufolge konnte der Begriff von einem Objekt überhaupt mit der Wahrnehmung eines Gegenstandes unmittelbar zu einem Erkenntnisurteile verknüpft werden und dadurch ein Erfahrungsurteil erzeugen[254]. Demnach werden jedem

---

[254]So unterscheidet Kant z. B. in den **Prolegomena** zwischen **empirischen Urteilen** und **Erfahrungsurteilen**. Hierzu sagte er, daß, obwohl alle Erfahrungsurteile empirisch sind -und dies besagt, daß sie ihren Grund in der unmittelbaren Wahrnehmung der Sinne haben-, dennoch nicht umgekehrt alle empirische Urteile darum Erfahrungsurteile sein müßten. Kant zufolge müssen es noch besondere Begriffe über das Empirische und überhaupt über das der sinnlichen Anschauung Gegebene geben, wobei diese Begriffe ihren Ursprung nicht in der Erfahrung, sondern ganz a priori in reinen Verstande haben sollten. Unter diese Begriffe soll jede Wahrnehmung subsumiert und dann durch diese Subsumtion in Erfahrung verwandelt werden. So könnte man sagen, daß empirische Urteile, so fern sie **objektive Gültigkeit** haben, sind **Erfahrungsurteile**. Hingegen sind diejenige Urteile, die nur **subjektiv gültig** sind, als **Wahrnehmungsurteile** zu bezeichnen. Diese letzten bedürfen keines reinen Verstandesbegriffs, sondern nur der logische Verknüpfung der Wahrnehmungen in einem denkenden Subjekt. Die ersten aber erfordern jederzeit, über die Vorstellungen der sinnlichen Anschauung, noch besondere im Verstand ursprünglich erzeugte Begriffe, welche es eben möglich machen, daß jedes Erfahrungsurteil objektiv gültig sein kann. Kant ist der Ansicht, daß alle unsere Urteile zuerst bloße Wahrnehmungsurteile sind, d.i., sie bloß für uns, für unser Subjekt, gelten und nur danach wir sie in eine neue Beziehung, nämlich auf ein Objekt, setzen, so daß sie auch für jedermann gültig sein könnten. Demzufolge sind diese Urteile deshalb objektiv, weil sie nicht bloß eine Beziehung der Wahrnehmung auf ein Subjekt, sondern eine Beschaffenheit des Gegenstandes selbst ausdrücken. Die objektive Gültigkeit solcher Urteile, d.i., die Übereinstimmung des Urteils mit dem Gegenstand, und die notwendige Allgemeingültigkeit desselben gehörten also zusammen. Beide beruhten in letzter Konsequenz nicht auf der Wahrnehmung, sondern auf den reinen Verstandesbegriffen, unter die die Wahrnehmung subsumiert werden soll (Vgl.,P,297-298). Ähnlicherweise hat Kant sich in der **Kritik der reinen Vernunft** ausgesprochen. Demnach ist das, was dem Subjekt als erstes gegeben wird, die **Erscheinung**, welche, wenn sie mit dem Bewußtsein verbunden ist, **Wahrnehmung** heißen kann. Hierbei ist klar, daß ohne das Verhältnis zu irgend einem wenigstens möglichen Bewußtsein, die Erscheinung für uns niemals ein Gegenstand der Erkenntnis würden, und an sich selbst keine objektive Realität haben könnte. Da jede Erscheinung ein Mannigfaltiges enthält,

Erfahrungsurteil Begriffe a priori von der synthetischen Einheit des Mannigfaltigen der Anschauung zugrundegelegt, um es sich als Bestimmung eines Objekts denken zu können. Eben diese Begriffe a priori von der synthetischen Einheit des Mannigfaltigen der Anschauung, d.i., die Kategorien, erforderten eine Deduktion. Durch diese Deduktion konnte die Frage **Wie sind synthetische Erkenntnisurteile a priori möglich?** beantwortet werden. Diese Aufgabe betraf aber nur die Prinzipien a priori des reinen Verstandes und dessen theoretische Urteile. Die **Kritik der Urteilskraft** hat aber gezeigt, daß mit einer Wahrnehmung auch unmittelbar ein Gefühl der Lust und ein Wohlgefallen a priori verknüpft werden können, welche die Vorstellung des Objekts begleiten, so daß dadurch ein ästhetisches Urteil formuliert werden kann. Ein solches Urteil, nicht als ein bloßes Empfindungs-, sondern als ein **formales Reflexionsurteil**, welches eine Zustimmung jedermann zuschreibt, muß also ein Prinzip a priori als dessen Grund haben. Ein solches Prinzip soll aber, aus den mehrmals oben gesagten Gründen, ein bloß **subjektives** sein. Dieses Prinzip bedarf deshalb einer Deduktion, damit begriffen werden kann, wie ein auf subjektiven Gründen beruhendes ästhetisches Urteil einen Anspruch auf Allgemeinheit und Notwendigkeit erheben kann. Die so gestellte Aufgabe könnte vermittels der folgenden Frage exponiert werden: **Wie sind Geschmacksurteile möglich?**. So gehört die obengennante Aufgabe der Kritik der Urteilskraft unter das allgemeine Problem der Transzendentalphilosophie: **Wie sind syntethische Urteile a priori möglich?**

Die transzendentale Deduktion des Geschmacksurteils wird wesentlich in §§38-40 der **Kritik der Urteilskraft** durchgeführt. Sie wird sich mit Problemen und Fragen beschäftigen, denen wir in der "Analytik des Schönen" bereits begegnet sind. Deswegen werden wir im Laufe der summarischen Rekonstruktion der der Deduktion zugrundeliegenden Argumentation verschiedene Thesen und Bemerkungen, die wir bereits zuvor angesprochen haben, wieder antreffen.

Wie schon ausführlich gezeigt[255], bringt das Geschmacksurteil eine Beurteilung des Gegenstandes seiner Form nach zum Ausdruck. Diese bloße Beurteilung des Gegenstandes seiner Form nach ist aber nichts anderes als die subjektive Zweckmäßigkeit derselben

---

verschiedene Wahrnehmungen im Gemüt an sich zerstreut und einzeln angetroffen werden, so ist eine Verknüpfung derselben nötig, Verknüpfung, die wiederum in der Erfahrung selbst durch die Sinne nicht stattfinden kann, sondern eher vom Verstand zustandegebracht werden soll (Vgl.,KrV, A120). Die Wahrnehmung ist also eine unbestimmte empirische Anschauung. Die Erfahrung hingegen soll das Objekt der Wahrnehmung durch die Kategorie in Ansehung der Zeit bestimmen (Vgl.,KrV, B422-23 Anmerkung).

[255]Siehe §§ 8. uff. dieser Arbeit.

Beurteilung des Gegenstandes. Diese subjektive Zweckmäßigkeit der Beurteilung des Gegenstandes ihrerseits basiert lediglich auf den subjektiven Bedingungen des Gebrauchs der Urteilskraft überhaupt, die wiederum weder auf die besondere Sinnesart, noch auf einen besonderen Verstandesbegriff eingerichtet sind. Diese so verstandenen subjektiven Bedingungen machen aber die subjektiven Bedingungen des Gebrauchs der Urteilskraft überhaupt und somit dasjenige Subjektive aus, welches in allen Urteilenden vorausgesetzt werden kann, um ein Urteil, das Anspruch auf Allgemeingültigkeit erhebt, formulieren zu können. Daher ist also klar, daß die Übereinstimmung einer Vorstellung mit diesen subjektiven Bedingungen des Gebrauchs der Urteilskraft überhaupt als für jedermann gültig a priori angenommen werden kann und muß (Vgl.,KU,§38,289-290). Diese leichte und verständliche Argumentation wird von Kant in einer Anmerkung am Ende vom §38 folgendermaßen zusammengefaßt: Um berichtigt zu sein, auf allgemeine Beistimmung zu einem bloß auf subjektiven Gründen beruhenden Urteile der ästhetischen Urteilskraft Anspruch zu machen, reicht aus, das man einräumt, daß bei allen Menschen diese subjektiven Bedingungen der Urteilskraft dasselbe sind. Als Unterstützung zu dieser Einräumung soll man hinzufügen, daß dies eben so deshalb sein muß, weil andernfalls sich Menschen ihre Vorstellungen und selbst die Erkenntnis überhaupt nicht mitteilen könnten. Diese Deduktion des Geschmacksurteils ist Kant zufolge darum so leicht, weil diese Art des Urteils keiner Rechtfertigung oder irgend einer objektiven Realität eines Begriffes, wie dies der Fall bei der Deduktion der erkenntnistheoretischen Urteile in der **Kritik der reinen Vernunft** war, bedarf, weil die Schönheit auf keinem Begriffe vom Objekt basiert und daher das Geschmacksurteil darüber mit keinem Erkenntnisurteile zu verwechseln ist. Hingegen behauptet das Geschmacksurteil nur, daß jeder Urteilende berechtigt ist, Zustimmung zu seinem einzelnen Geschmacksurteil von jedem anderen Urteilenden deshalb zu fordern, **weil die Formulierung jedes Geschmacksurteil dieselben subjektiven Bedingungen der Urteilskraft allgemein bei jedem Urteilenden voraussetzen soll**. Die Argumentation der Deduktion führt uns also direkt zu einer Betrachtung des Geschmacks als eine Art von **sensus communis**.

Zusammenfassend könnte man folgendes sagen: Die Kantische Analyse hat sich ausgehend von derjenigen Anerkennung entwickelt, nach der die Formulierung eines Geschmacksurteils über das Schöne als deren Bedingung voraussetzt, daß ein derartiges Urteil allgemeingültig für jedermann sein soll. In seiner Deduktion dieser Art Urteile scheint Kant folgendermaßen vorgegangen zu sein: erstens, hat er die These vorgebracht, daß im Geschmacksurteil die allgemeine Mitteilbarkeit eines Gefühls vorausgesetzt und postuliert wird, denn sonst könnte der nicht auf Begriffen von Objekten basierte Anspruch auf Allgemeingültigkeit dieser Art Urteile nicht legitimiert werden; zweitens hat Kant die Ansicht geltend gemacht, daß eine derartige allgemeine Mitteilbarkeit auf der Harmonie der Erkenntniskräfte bzw. der Einbildungskraft und des Verstandes zueinander beruht; drittens, er hat gezeigt, daß diese Harmonie der Erkenntniskräfte zueinander letztlich auf die subjektive formale Zweckmäßigkeit ohne Zweck des Gegenstandes hinweist. Schließlich, wurde offengelegt, daß diese formale Zweckmäßigkeit ohne Zweck, die mit dem Gefühl der Lust und Unlust eins ist, und der Gemützustand, der beim Wohlgefallen am Schönen erreicht wird, dieselben subjektiven Bedingungen der Beurteilung überhaupt in jedem anderen Subjekt zum Ausdruck bringt. Eben deshalb hat Kant den Geschmack als einen **sensus communis** bezeichnet. Demnach bringt die ästhetische Beurteilung über das Schöne eine subjektive Bedingung zum Ausdruck, die in jedem Urteilenden überhaupt vorausgesetzt werden soll, denn sonst gäbe es keinen Grund, und somit keine Rechtfertigung für die allgemeine Mitteilbarkeit des der ästhetischen Erfahrung des Schönen gehörenden Gemütszustandes, also für den Anspruch des entsprechenden Geschmacksurteils auf Allgemeingültigkeit. Die notwendige Voraussetzung dieses **sensus communis** für das Geschmacksurteil wird in verschiedenen Stellen der "Analytik des Schönen" ausgedrückt. So wird es in §8 unter der Form des **Postulats** einer **allgemeinen Stimme** (Vgl., KU,§8,215-216) ausgesprochen. Dann tritt es wieder im §19 unter den Ausdrücken **Beistimmung, Beifall** auf, die jedermann dem Wollgefallen und dem entsprechenden Geschmacksurteil geben **sollte** und somit als ein allen Urteilenden gemeinsamer Grund (Vgl.,KU,§19,237). Alsdann wird es wieder in §§21-22 und, schließlich, in §§38-39-40 behandelt. Dabei stellt sich heraus, daß im Unterschied zu den Urteilen, die gar nicht über die private Gültigkeit des partikularen Subjekts, das sie fällt, hinausgehen können -wie im Fall des Angenehmen, bzw. der Sinnurteile-, sich der Geschmack als ein **sensus communis** auf eine Gemeinschaft urteilender Subjekte bezieht, die aufgrund eines gemeinsam mitgeteilten Gefühls miteinander identifiziert, und dadurch einen Anspruch auf Allgemeingültigkeit für deren einzelne Geschmacksurteile über das Schöne legitim verknüpft. An eine subjektive aber zugleich allgemeine Bedingung der Beurteilung überhaupt appellierend knüpft der **sensus communis** den einzelnen Urteilenden an die ganze Sphäre der Urteilenden über die Basis eines allen gemeinsamen Gefühls am Wohlgefallen am Schönen und dessen Beurteilung an (Vgl.,KU,§22,238-240). Deshalb, wenn man den Geschmack, die ästhetische Beurteilung überhaupt, als einen **sensus communis**, als einen **Gemeinsinn**, definiert, soll man im Auge behalten, daß dabei der **Sinn** nicht anders als die Wirkung der Reflexion über das Gemüt aufgefaßt werden soll. Dies besagt, daß kraft der Reflexion das Gemüt gemeinsam wird und sich zu einer universellen Perspektive hin erweitert, von der her die Beurteilung realisiert wird, und zwar in einer Bewegung, der Bewegung der Reflexion im eigentlichen Sinne, die darauf abzielt, jeden anderen Urteilenden in diese Beurteilung einzubeziehen. Das, was darin hervorgehoben werden soll, ist, daß der **sensus comunis** das Subjekt weder in eine Beziehung der Beschaffenheiten der Objekte zueinander noch in eine Beziehung der Subjekte zu den Objekten, sondern vielmehr **in eine Beziehung des Subjekts zu der gesamten Sphäre der urteilenden Subjekte überhaupt, also zu anderen Subjekten,** setzt. Der **sensus communis** zeigt also das enge Verhältnis, die ursprüngliche Bezogenheit, des einzelnen Geschmacksurteils zu der Gesamtheit der wirklichen und potentialen Urteile jedes anderen urteilenden Subjekts, deren ideale Gesamtheit in jedem einzelnen Geschmacksurteil zum Ausdruck kommt. Ein Problem, das der ganzen **Kritik der Urteilskraft** zugrunde liegt, nämlich, das Problem der Beziehungen zwischen dem Besonderen und dem Allgemeinen[256], wird so unter Rekurs auf diese ideale Gesamtheit der urteilenden Subjekte gelöst. Hier wird ein neues Verhältnis des Besonderen zum Allgemeinen skizziert, kraft dessen das urteilende Subjekt in seiner einzelnen Beurteilung das Allgemeine erreichen kann, indem er sich an die gesamte Sphäre der Urteilenden anschließt, und zwar ohne sich auf allgemeine Gesetze bzw. Begriffe stützen zu müssen. Diese Versetzung in die ideale gesamte Sphäre der urteilenden Subjekte betrifft also ein Ereignis, das sich der bloß erkenntnistheoretischen Beurteilung gemäß allgemeinen objektiven Gesetzen, in der das Notwendige herrscht, entgegensetzt. Der universale Standpunkt, der das Geschmacksurteil wesentlich kennzeichnet, ist so als eine Art Ersatz für die enge Allgemeinheit und Notwendigkeit der theoretischen, logischen Beurteilung zu verstehen. Mangels eines allgemeinen und notwendigen Bezugspunktes, nach dem sich die Subjekte in deren ästhetischen Beurteilungen objektiv richten können, stellt dieser Rückgriff auf den **sensus communis** in der ästhetischen Beurteilung die Aufgabe, die Allgemeinheit durch die Zustimmung und Einigung anderer Urteilender zu erreichen, so daß das einzelne Geschmacksurteil eines Subjekts als **exemplarisch, als Exempel** für eine allgemeine Regel, die nicht formuliert werden kann, anerkannt wird. Anders gesagt: die **Kritik der Urteilskraft** hat eben die Möglichkeit für das Subjekt offengelegt, sich in einen allgemeinen Standpunkt zu versetzen, ohne sich auf objektive Begriffe stützen zu müssen. Dies wird eben anhand des Verweises auf den **sensus communis** gezeigt. Dadurch wird es möglich, daß der einzelne Urteilende sich in einen allgemeinen, universalen Standpunkt, in den alle anderen Urteilende einbezogen werden, versetzt, indem er sein einzelnes Urteil nicht auf seine eigenen, jetzigen, Gefühle und Urteile, sondern vielmehr auf ein Gefühl und Urteil, d.i. auf einen **sensus communis,** der als gemeinsam verstanden und damit in allen anderen Urteilenden mit Recht

---

[256]Vgl. hierzu §§ 1.,3. und 4. dieser Arbeit.

vorausgesetzt wird, bezieht. Demzufolge ist es also überhaupt nicht möglich, ein Geschmacksurteil über das Schöne zu fällen, ohne zugleich dieses einzelne Urteil mit denen der anderen zu vergleichen, d.i. ohne sich auf die Gesamtheit der Urteilenden gleichzeitig ursprünglich zu beziehen. Der Geschmack als **sensus communis** charakterisiert sich derart durch eine doppelte reflektierende Bewegung, die sich zu den anderen Urteilenden und gleichzeitig zu sich selbst richtet, daß der Zustimmung anderer Urteilender und dem Verhältnis zu anderen Subjekten, die sowohl in der erkenntnistheoretischen, logischen als auch in der praktischen Beurteilung ausgeblendet worden waren, in der ästhetischen Beurteilung eine wesentliche Rolle zugewiesen wird. Diese Einsichten führen uns aber zugleich zu einer Betrachtung, die sich nicht so sehr auf eine **transzendentale**, sondern eher auf einer **empirischen** Ebene entfaltet und artikuliert und deren Auswirkungen sich als besonders relevant auf der Ebene der **praktischen Philosophie** erweisen werden. Darauf gehe ich ein.

Die ganze Deduktion des reinen Geschmacksurteils hindurch weist Kant darauf hin, daß die Aufstellung des **sensus communis** als den subjektiven Grund des Geschmacksurteils deshalb unzureichend ist, um die Deduktion abzuschließen, weil der Anspruch auf Allgemeingültigkeit derartiger Urteile nur insofern legitimiert werden kann, als es bewiesen wird, daß die im Geschmacksurteil postulierte Zustimmung ein **Sollen** in sich selbst enthält. Dies würde wiederum darauf hindeuten, daß sich die Deduktion des Geschmacksurteils nur unter derjenigen Bedingung als vollständig erweisen kann, daß man die Gründe, aus denen man eine Zustimmung zu unserem einzelnen Geschmacksurteil von jedermann als ein **Sollen**, verlangt, offenlegt. Kurz und gut: die Deduktion des Geschmacksurteils wird als vollständig und abgeschloßen betrachtet werden, allein wenn man die in unseren einzelnen Geschmacksurteilen enthaltene Verbindlichkeit gegenüber die Zustimmung zu ihm von jedem anderen Urteilenden hinreichend freigelegt bzw. erklärt wird. Hierbei wird aber zugleich eine einzigartige Verknüpfung der Ästhetik mit der Moralität angekündigt. Demzufolge vollzieht der Abschluß bzw. die Vervollständigung der Deduktion des Geschmacksurteils einer Verschiebung von der Ästhetik hin zur Moralität, die anhand des **sensus communis** deshalb ermöglicht wird, weil er eben darauf hinweist, daß das urteilende Subjekt dazu berechtigt ist, jedermann sein Wohlgefallen am Schönen zuzuschreiben und von ihnen eine Zustimmung zu seinem einzelnen Geschmacksurteil als eine Art **moralisches** Postulat zu verlangen. So aufgefaßt, besitzt der **sensus communis** eine Relevanz, die über die ästhetische Erfahrung im engen Sinne verstanden hinausweist[257]. Hier vollzieht sich zugleich aber eine Verschiebung der Kantischen Analyse, die sich fortan in der Zwischenstelle zwischen der **transzendentalen** und der **empirischen** Ebene entfaltet.

Kant zufolge wird von der Urteilskraft häufig als einem Sinn genauso wie man von einem Wahrheitssinn oder von einem Sinn für Anständigkeit, Gerechtigkeit, usw. gesprochen. Man weiß aber, daß solche Eigenschaften bzw. Begriffe, auf keinen Sinn zurückzuführen sind, sondern vielmehr, daß wir keine Vorstellung von Begriffen dieser Art haben, wenn wir uns nicht eben über die Sinne hinaus zu noch höheren Erkenntnisvermögen erheben könnten, wie das transzendentale Unternehmen seit der **Kritik der reinen Vernunft** bewiesen hat. In der gewöhnlichen Sprache wird ebenfalls die Notion eines **gemeinen Menschenverstandes** angetroffen, der, als **bloß gesunder -noch nicht kultivierter- Verstand** begriffen, als das geringste für das gilt, was als Mensch zu bezeichnen ist. Dieser gemeine Menschenverstand wird auch als **Gemeinsinn (sensus communis)** benannt, wobei hier unter "gemein" dasselbe wie "**vulgare**" versteht. So verstanden, ist der Besitz dieses Gemeinsinns, sagt Kant, weder ein Verdienst noch ein Vorzug. Mit den obigen gewöhnlichen Bedeutungen ist aber der **sensus communis** im Kantischen Sinne keineswegs zu verwechseln. Unter dem **sensus communis** versteht Kant **die Idee eines gemeinschaftlichen Sinnes**, d.i. eines **Beurteilungsvermögens**, "**welches in seiner Reflexion auf die Vorstellungsart jedes andern in Gedanken (a priori) Rücksicht nimmt, um gleichsam an die gesamte Menschenvernunft sein Urteil zu halten, und dadurch der Illusion zu entgehen, die aus subjektiven Privatbedingungen, welche leicht für objektiv gehalten werden könnten, auf das Urteil nachteiligen Einfluß haben würde**" (KU,§40,293-294). Als ein so charakterisiertes **Beurteilungsvermögen** verstanden, nimmt jeder Urteilende durch diesen **sensus communis** in seiner Reflexion Rücksicht auf die Vorstellungsart jedes anderen Urteilenden und damit hält er sein einzelnes Urteil an anderen nicht nur **wirklichen**, sondern auch **möglichen** Urteilen. Der **sensus communis** deutet also auf

---

[257] In einer Bemerkung, die Auskunft über die über die Ästhetik hinausgehende und die Ethik berührende Wichtigkeit der Voraussetzung dieses Gemeinsinns gibt, stellt Kant die Frage, "...ob es in der Tat einen solchen Gemeinsinn, als konstitutives Prinzip der Möglichkeit der Erfahrung gebe, oder ein noch höheres Prinzip der Vernunft es uns nur zum regulativen Prinzip mache, allererst einen Gemeinsinn zu höheren Zwecken in uns hevorzubringen; ob also Geschmack ein ursprüngliches und natürliches, oder nur die Idee von einem noch zu erwerbenden und künstlichen Vermögen sei, so daß ein Geschmacksurteil, mit seiner Zumutung einer allgemeinen Beistimmung, in der Tat nur eine Vernunftforderung sei, eine solche Einhelligkeit der Sinnesart hervorzubringen, und das Sollen, d.i. die objektive Notwendigkeit des Zusammenfließens des Gefühls von jedermann mit jedes seinem besondern, nur die Möglichkeit hierin einträchtig zu werden, bedeute, und das Geschmacksurteil nur von Anwendung dieses Prinzips ein Beispiel aufstelle: das -sagt Kant- wollen und können wir hier noch nicht untersuchen, sondern haben für jetzt nur das Geschmacksvermögen in seine Elemente aufzulösen, und sie zuletzt in der Idee eines Gemeinsinns zu vereinigen" (KU,§22,240).

eine Versetzung des einzelnen Urteilenden hin, der sich an die Stelle jedes andern stellt, indem er bloß von den Beschränkungen, den Grenzen, die seiner eigenen Beurteilung anhängen, abstrahiert. Eine derartige Abstraktion von den Beschränkungen, die letztlich eine der **Universalisierung des Urteils** ist, ist von Kant **Operation der Reflexion** benannt. Diese Operation der Reflexion scheint auf den ersten Blick allzu künstlich zu sein. Das ist aber ein bloßer Schein, der entstanden ist, als man versucht hat, diese Operation der Reflexion durch abstrakte Formeln auszudrücken. In der Tat ist diese Operation Kant zufolge nicht künstlich, sondern **natürlich**. An sich, sagt Kant, ist nichts natürlicher, als von Reiz und Rührung zu abstrahieren, wenn man ein Urteil, bzw. ein Geschmacksurteil fällt, welches zur **allgemeinen** Regel dienen soll. So aufgefaßt, läßt der **sensus communis** sich unter Rekurs auf einige Maximen, auf die jedes Subjekt in dessen ästhetischen Beurteilung notwendigerweise Rücksicht nimmt, verstehen. Diese Maximen, die Maximen des gemeinen Menschenverstandes, können also zur Erläuterung des **sensus communis** dienen. Sie sind folgende:

1) Selbstdenken. Das ist **die Maxime der vorurteilsfreien Denkungsart**. Das ist also die Maxime einer niemals passiven Vernunft, die mit dem bloßen **Vorurteil** zusammenhinge, das zur **Heteronomie der Vernunft** führte. Das größte unter allen Vorurteilen liegt aber Kant zufolge eben darin, sich die Naturregeln, als nicht unterworfen, vorzustellen. Das ist eigentlich der Inhalt jedes **Aberglaubens** und die Befreiung vom Aberglauben heißt **Aufklärung**. Diese Maxime ist deshalb die **Maxime der Aufklärung**.

2) An der Stelle jedes anderen denken, das ist **die Maxime der erweiterten Denkungsart**. Diese Maxime setzt sich der **bornierten, eingeschränkten**, Denkungsart entgegen. Diese Maxime bezieht sich nicht so sehr auf ein Vermögen der Erkenntnis, sondern eher auf eine **Denkungsart**. Kant zufolge ist es so, daß ein Mensch von erweiterter Denkungsart sich dadurch auszeichnet, daß er sich über die subjektiven Privatbedingungen des Urteils, wo so viele eingeklammert sind, hinwegsetzt, und aus einem **allgemeinen Standpunkt** -den er nur dadurch bestimmen kann, daß er sich in den Standpunkt anderer versetzt- über sein eigenes Urteil bzw. über die Urteile jedes anderen Subjekts reflektiert.

3) Jederzeit mit sich selbst einstimmig denken. Das ist **die Maxime der konsequenten Denkungsart**. Nach Kant ist diese Maxime am schwersten zu erreichen und kann auch nur durch die Verbindung der beiden ersten Maximen, und nach einer quasi zur Gewohnheit gewordenen Befolgung derselben, erreicht werden.

Kant teilt die obigen Maximen so ein, daß die erste dieser Maximen die Maxime des **Verstandes**, die zweite, die der **Urteilskraft** und, schließlich, die dritte, die der **Vernunft**, sind. Hierin ist eins aber klar, und zwar, daß entgegen der oben erwähnten gewöhnlichen Bezeichnung des gesunden Verstandes als **sensus communis** der **Geschmack** mit noch mehr Recht **sensus communis** bezeichnet werden kann[258]. Ähnlicherweise kann die **ästhetische Urteilskraft** eher als die **intellektuelle Urteilskraft** unter dem Namen eines **gemeinschaftlichen Sinnes** legitim verstanden werden, wenn das Wort "Sinn" nicht mit empirischen Wahrnehmungen identifiziert, sondern als die Wirkung der bloßen Reflexion auf das Gemüt verstanden wird.

Das Wohlgefallen am Schönen und das entsprechende Geschmacksurteil ergeben sich also aus einem allgemeinen, universalen Standpunkt, der von jedem Urteilenden, indem dieser in sein Urteil das Urteil jeder anderen virtuell bzw. potentiell einbeziebt, vorausgesetzt wird. Deshalb bemerkt Kant wiederholt dazu: "Das Geschmack ist gesellig" (Rx,702), "das Urteil des Geschmacks ist ein gesellschaftlich Urteil" (Rx,743)", "Geschmack hat man, wenn das, was einem gefällt, allen gefällt", oder: "Es rührt uns alles mehr, was wir in Gesellschaft empfinden. Wir empfinden sozusagen auch für die übrigen...Das ganze Leben erweitert sich in guter Gesellschaft" (Rx,763). In derartigen Bemerkungen wird also klar, daß es eine enge Beziehung zwischen Geschmack, Urteilskraft und Gesellschaft gibt oder, anders formuliert, daß der Geschmack und die Urteilskraft überhaupt sich auf die anderen urteilenden Subjekte -und dies ist unter dem Ausdruck "Gesellschaft" verstanden- ursprünglich beziehen. In diesem Sinne sagt Kant selber in der **Anthropologie**, daß der Geschmack "ein Vermögen der gesellschaftlichen Beurteilung" ist (A,241). Der Geschmack wird also dadurch gekennzeichnet, daß er "eine Lust in Gemeinschaft mit Andern" ist[259]. Kant geht so weit zu sagen, daß er den **Gemeinsinn** bzw. den

---

[258] Um nicht mißverstanden zu werden, macht Kant in einer Fußnote die Unterscheidung zwischen dem Geschmack als sensus communis **aestheticus** und dem gemeinen Menschenverstand als sensus communis **logicus** (KU,§40,295).

[259] In denselben **Reflexionen** besteht Kant darauf, daß der Geschmack nicht im bloßen Genuss liegt, "...sondern in der Einstimmung unserer Empfindsamkeit mit anderer" (Rx,721). In einer höchst erwähnenswerten Bemerkung dazu in der **Kritik der Urteilskraft** sagt Kant:

sensus communis letztlich als die eigentlich menschliche Eigenschaft deshalb betrachtet, weil von ihm die Mitteilung unter Menschen und damit sogar die Möglichkeit, mit den anderen, mit dem Anderen, zu leben, abhängt[260]. Demzufolge kann die Menschheit nicht nur mittels eines allen gemeinsamen Ideals der praktischen Rationalität des Handelns oder der auf den modernen Naturwissenschaften bzw. den objektiven, logischen, theoretischen Beurteilung begründeten Rationalität vereinigt werden, sondern auch durch eine Kultur des mitgeteilten Gefühls, durch eine Kultur des Geschmacks.

Die dem Geschmacksurteil wesentliche ästhetische Selbstversetzung, kraft derer das einzelne urteilende Subjekt sich in die gesamte Sphäre der Urteilenden als Bedingung für die Formulierung seines Geschmacksurteils versetzt, scheint also ein Ereignis auf der Ebene der **Moralität** und deshalb nicht nur ein Geschehen im Bereich des bloßen Gefühls, sondern zugleich die Handlung einer **verantwortlichen Person** zu sein. Es ist so, daß genauso wie bei dem moralischen Handeln bzw. beim moralischen Verhalten und bei der moralischen Beurteilung, in der ästhetischen Beurteilung und im Geschmacksverhalten jede Art Egoismus aufgehoben wird. Demnach überwinden sowohl das moralische als auch das ästhetische Urteil die begrenzte Perspektive eines einzelnen Subjekts. Keine von denen kann von einem privaten Standpunkt her formuliert werden. Vielmehr von einem Standpunkt her, der alle anderen Subjekte zu umfassen beansprucht. So könnte jene Kantische Anmerkung verstanden werden, daß "..der Geschmack gleichsam den Übergang vom Sinnenreiz zum habituellen moralischen Interesse, ohne einen zu gewaltsamen Sprung, möglich..." macht (KU,§59,354)[261]. Kant zufolge

---

"Für sich allein würde ein verlassener Mensch auf einer wüsten Insel weder seine Hütte, noch sich selbst ausputzen, oder Blumen aufsuchen, noch weniger sie pflanzen, um sich damit auszuschmucken; sondern nur in Gesellschaft kommt es ihm ein, nicht bloß Mensch, sondern auch nach seiner Art ein feiner Mensch zu sein (der Anfang der Zivilisierung): denn als einen solchen beurteilt man denjenigen, welcher seine Lust andern mitzuteilen geneigt und geschickt ist, und den ein Objekt nicht befriedigt, wenn er das Wohlgefallen an demselben nicht in Gemeinschaft mit andern fühlen kann. Auch erwartet und fordert ein jeder die Rücksicht auf allgemeine Mitteilung von jedermann, gleichsam als aus einem usrsprünglichen Vertrage, der durch die Menschheit selbst diktiert ist" (KU,§41,297-298).

[260]"..weil Humanität, schreibt Kant, einerseits das allgemeine Teilnehmungsgefühl, andererseits das Vermögen, sich innigst und allgemein mitteilen zu können, bedeutet, welche Eigenschaften zusammen verbunden die der Menschheit angemessene **Glückseligkeit** ausmachen, wodurch sie sich von der tierischen Eingeschränktheit **unterscheidet**"(KU,§60,355-356).

[261]So merkt Kant in der **Anthropologie** an, daß, als ein formaler Sinn betrachtet, der Geschmack auf Mitteilung seines Gefühls der Lust und Unlust an andere geht und eine Empfänglichkeit enthält, ein Wohlgefallen **(complacentia)** daran gemeinschaftlich mit anderen (gesellschaftlich) zu empfinden. Ein solches Wohlgefallen kann also nicht bloß als gültig für das einzelne empfindende Subjekt, sondern auch für jeden anderen deswegen betrachtet werden, weil es als Notwendigkeit (dieses Wohlgefallens), mithin ein Prinzip desselben a priori enthalten muß, um als ein solches gedacht werden zu können, ein Wohlgefallen an der Übereinstimmung der Lust des Subjekts mit dem Gefühl jedes anderen, nach einem

ist es also so, daß man sowohl in der ästhetischen als ebenfalls in der moralischen Beurteilung von jedem privaten, partikularen, Standpunkt eines einzelnen Subjekts abstrahiert, um sich in eine universale Perspektive versetzen zu können. Wie schon gezeigt, setzt die Formulierung eines einen Geschmacksurteils die Abstraktion von jeder Art Rührung oder Reiz, die der Gegenstand auf das Subjekt ausüben könnte, voraus. Ähnlich abstrahiert man in der **moralischen** Beurteilung von den privaten Betrachtungen und Interessen des einzelnen Subjekts, die eine Zustimmung der moralischen Beurteilung zu dem, was im kategorischen Imperativ ausgedrückt wird, verhindern könnten. So drückt die Charakterisierung des **sensus communis** als dasjenige Urteilsvermögen, das in seiner Reflexion versucht, an die gesamte Menschenvernunft sein Urteil zu halten, in dem man sich an die Stelle jedes andern versetzt (KU,§40,293-294) eine Versetzung des Urteilenden, die ebenfalls der moralischen Beurteilung zugrunde liegt, aus. Das Geschmacksurteil bringt also eine ganz besondere Erfahrung dessen zum Ausdruck, was den Kernpunkt der Moralität ausmacht und deren Auswirkungen in andere Bereichen -z.B. dem der Politik oder des Rechtes- allerdings nicht übersehen werden dürfen[262]. Die schöne Form kann deshalb letztlich als das Symbol einer möglichen universalen Gemeinschaft und somit das Schöne als ein Symbol des Guten, mit Recht betrachtet werden, und zwar ohne die Autonomie dieser beiden Bereiche zu verletzen. Nun werde ich im folgenden Paragraph zu erklären versuchen, was Kant unter dem Begriff "**sensus communis**" eigentlich versteht. Dazu werde ich zuerst eine kurze geschichtliche Betrachtung über diesen Terminus am Beispiel einiger Philosophen bzw. philosophischen Richtungen anstellen.

---

allgemeinen Gesetz. "Also, sagt Kant, hat der ideale Geschmack eine Tendenz zur äußeren Beförderung der Moralität", und noch weiter: "Auf diese Weise könnte man den Geschmack Moralität in der äußeren Erscheinung nennen" (A, 243-244).

[262]Wie wir später sehen werden, wird unter dieser Verweisung auf den **sensus communis** und auf die Mitteilbarkeit des Lustgefühls in der ästhetischen Beurteilung auf eine denkwürdige Analogie zu Rousseaus **Contrat Social** zurückgeführt. Das ästhetische Urteil, das auf einer allgemeinen Mitteilbarkeit beruht, nutzt zu einem noch höheren Interesse:

> "Es löst ästhetisch etwas von dem ursprünglichen Gesellschaftsvertrag ein: **Auch erwartet und fordert ein jeder die Rücksicht auf allgemeine Mitteilung von jedermann, gleichsam als aus einem ursprünglichen Vertrage, der durch die Menschheit selbst diktiert ist**" (Jauss,1991,30).

Diese Richtung scheinen mir allerdings Reflexionen wie die von H. Arendt, K.O. Apel, J. Habermas und H.R. Jauss beispielsweise eingeschlagen zu haben.

§ 10. Kurze geschichtliche und begriffliche Erläurterung des Terminus *sensus communis*.

§ 10.1. Einblick in einige Überlegungen über den *sensus communis* in der vorkantischen Philosophie.

Der Begriff **Gemeinsinn** (ant. gr. κοινὴ αἴσθησις; lat. sensus communis; ital. senso commune; frz. sens commun, bon sense; engl. common sens; sp. sentido común) bzw. die Berufung auf denselben hat sich "...vom aristotelischen sensus communis zum ciceronischen Gemeinsinn über common sense als einer 'great English virtue' bis zum französischen 'éclectisme'..." über eine weite Periode der abendländischen Philosophie erstreckt[263]. Im Ritterschen **Historischen Wörterbuch der Philosophie** wird unter dem entsprechenden Eintrag darauf hingewiesen, daß dieser Begriff im deutschsprachigen Raum innerhalb der Übersetzungsgeschichte des lateinischen Terminus 'sensus communis' erscheint. "Sein terminologischer Gebrauch", heißt es dort, "bleibt bis zu Beginn des 19. Jh. vom Bewußtsein begleitet, daß der lateinische Ausdruck im Deutschen keine adäquate Entsprechung hat. So bleibt in vielen Schriften dieser Epoche der lateinische Ausdruck im Gebrauch..."[264]. So findet man als deutsche Ausdrücke für **"sensus communis"** neben 'Gemeinsinn' in manchmal komplizierten Bedeutungsüberlappungen 'Gemeiner Sinn', 'Menschensinn', 'gemeiner oder gesunder (Menschen-) Verstand', 'gesunde Vernunft', usw. Die Vielschichtigkeit, die diesem Begriff zuerkannt worden ist, macht also ziemlich schwierig dessen deutlichen Bestimmung. So z.B. taucht er gelegentlich als **gemeinsame Sinneinheit** in der Weltorientierung, als **Gemeinsinn** bzw. **Bürgersinn** in der politischen Philosophie vor allem in deren neuaristotelischen Varianten, als φρόνησις bzw. **Klugheit** in der moralischen Philosophie oder sogar als **gesunder Menschenverstand** in der Erkenntnistheorie auf. Dabei wird ein derartiger

---

[263]Kleger,1986-1987, 192.

[264]Ritter,1971.

Begriff mal phänomenologisch, mal orientierend-normativ, mal deskriptiv, mal erkenntnistheoretisch unpräzis verwendet. Im bereits erwähnten Eintrag im Ritterschen Wörterbuch wird jedoch klar, daß die naturrechtliche Funktion, die den lateinischen Terminus wesentlich von jeher charakterisiert, auch auf dessen deutschen Überzetsungsgeschichte übertragen wurde. Bereits im Mittelalter wird diese Funktion innerhalb einer Spannung zwischen menschlichem Wissen und göttlicher Offenbarung artikuliert und dann in der Neuzeit in der zwischen Laien- und Schulwissen wieder aufgegriffen und spezifiziert. Im Zeitalter der Aufklärung wird der Frage nach dem **sensus communis** und dessen Ort bzw. Funktion innerhalb des gesamten Systems der Vernunft deshalb eine besondere Relevanz zuerkannt, weil der **sensus communis** sich als das allein maßgebende Prinzip menschlicher Selbstbestimmung zu erweisen scheint. Hinzu kommt noch die Rezeption der britischen bzw. schottischen Philosophie des **common sense** im deutschen Bereich. Hier sollte man zuerst darauf hinweisen, daß eine mögliche Übertragung des englischen Ausdrucks **common sense** auf die deutsche Sprache durch den Terminus "gesunder Menschenverstand" deshalb kompliziert ist, weil dadurch die Bedeutung ins individuelle Urteilsvermögen verschoben wird. Ähnlich scheint die wortliche Übersetzung in "gemeiner Sinn" deshalb inadäquat zu sein, weil dadurch eine semantische Sicht, kraft deren der originale Ausdruck mit dem negativen Gehalt des Gemeinen, Unmoralischen, Verantwortungslosen, usw. asoziiert wird, aufgezeigt wird, die im Englischen nicht so klar angelegt zu sein scheint. "**Common sense** indiziert in der deutschen Rede eine Einheit von Unterschieden, die so selbstverständlich 'auf deutsch' gar nicht ausgesagt werden kann. Genau dies ist der rhetorische Effekt dieser Konstellation auf der Ebene des Gehalts"[265]. So wird der "gemeine Verstand" bei Thomasius beispielsweise als die in allen Menschen angelegte Fähigkeit zur Wissenschaft und Weltweisheit interpretiert[266]. Crusius seinerseits beruft sich auf den **sensus communis**, um eine scharfe Kritik an die Leibniz-Wolffsche Schulmetaphysik zu üben. So stellt er das methodische Postulat auf, daß sich die Philosophie "ohne alles Künsteln bloß nach dem **sensus communis**, d.i. nach dem allgemeinen menschlichen Verstande" richten und von demselben anfangen müßte[267]. Diese kritische Funktion des **sensus communis** gegenüber der Metaphysik verschärft sich in der gegen die spekulative Schulphilosophie ausgerichteten sogenannten Popularphilosophie noch weiter, wobei insbesondere die gesellschaftlich-praktische Konnotation des **sensus communis** hervorgehoben wird. So bezieht sich Christian Garve beispielsweise auf den "allgemeinen Menschensinn" in Analogie zur

---

[265]Kleger,1986-1987,195 (fettgeschrieben von Kleger).

[266]Vgl., dazu Thomasius, Chr., **Einleitung zu der Vernunftlehre** (1691),I, §1.

[267]Crusius, **Entwurf der notwendigen Vernunftwahrheiten** (1753).

"gemeinen Menschenvernunft", die wiederrum überhaupt nicht deshalb "gemein" ist, weil sie verächtlich, sondern eher "...weil sie gemeinschaftliches Eigentum aller Menschen ist oder sein soll". Sie erweist sich also als ein Prinzip gesellschaftlichen Gemeinnutzens, "...das sich auf alle Reden und Handlungen der Menschen erstreckt"[268]. In einer ähnlichen Richtung wird der Vermittlung zwischen dem **sensus communis** und der Vernunfterkenntnis ein besonderer Platz bei Tetens **Philosophischen Versuchen über die menschliche Natur** (1777) zuerkannt. Dabei bezieht er sich ebenfalls auf die Entgegensetzung zwischen dem gemeinen Verstand, einem deutschen Ausdruck für den englischen **common sense**, und der räsonnierenden Vernunft. Anders als die Funktion der Vernunft, nämlich Beziehungen und Verhältnisse aus anderen herzuleiten und so allgemeine Theorien herauszubilden, wird die Funktion dieses gemeinen Menschenverstandes eben durch die Unterscheidung und Setzung von Beziehungen zwischen verschiedenen Teilen charakterisiert.

Dem oben Gesagten zufolge ist klar, daß dem Ausdruck **sensus communis** verschiedene Bedeutungen im Laufe seiner Geschichte zugewiesen worden sind. Manchmal bezieht er sich auf den einzigen Sinn, in dem sich die anderen unterschiedlichen Sinne befinden. Gelegentlich bezeichnet er aber die allgemeine Übereinstimmung der Menschen in einer Gesamtheit von Begriffen, Vorstellungen und Ideen oder das in jedem Menschen angelegte Vermögen, sie zu verstehen. Dann und wann kann der **sensus communis** sogar eine gemeinsame Meinung oder ein Vorurteil bedeuten. Hierbei wird es klar, inwiefern die Problematik des **sensus communis** in der deutschen Philosophie innerhalb eines Spannungsfeldes von Bedeutungsverschiebungen entstanden ist und wie sie sich inmitten der Kreuzung verschiedener Richtungen -von der Leibniz-Wolffschen Schulmetaphysik bis hin zur **common-sense**-Philosophie der schottischen Schule (Th. Reid, J. Beattie, usw.- entwickelt hat. Dieses Bedeutungsgeflecht und dessen spannungsvolle Einheit im Zusammentreffen verschiedener philosophischer Tendenzen kommt bei Kant zum Ausdruck. Ein präziseres Verständnis des Begriffs **sensus communis** bei Kant bedarf aber zunächst einer kurzen geschichtlichen Erläuterung desselben, die uns erklären kann, in welchem Zusammenhang ein derartiger Begriff entstanden ist, wie er ursprünglich verstanden wurde, welche Funktionen ihm zuerkannt wurden, usw. Diese geschichtliche Rekonstruktion will weder geschichtlich noch philologisch vollständig bzw. erschöpfend sein. Eher bezweckt sie, bloß den Weg zu einem genaueren Verständnis des Terminus **sensus communis** zu ebnen, damit dessen Kantische Wiederaufnahme bzw. Umformulierung deutlicher wird. Hauptstationen dieser geschichtlichen Betrachtung werden a) Aristoteles, b)

---

[268]Garve, Chr., **Einige Betrachtungen über die allgemeinsten Grundsätze der Sittenlehre** (1798).

Cicero, c) Vico und dann d) die britische bzw. schottische Tradition -insbesondere d.1) Shaftesbury und d.2) Reid- sein. Anschließend werde ich auf Kant zurückkommen, um zu zeigen, inwiefern die Erklärung, Stellung und Funktion des **sensus communis** in dessen Philosophie sich zu denen der zuvor erwähnten Philosophen nähern, sich mit ihnen kreuzen oder sich sogar von ihnen entschieden entfernen[269].

a) Aristoteles wird als Urheber der Begriffsbildung '**sensus communis**' (κοινὴ αἴσθησις) genannt[270]. So finden wir in **De Anima** eine Stelle, wo er sich auf die allgemeinen Sinnesgegenstände bezieht, die nicht für einen einzelnen Sinn eigentümlich sind, sondern eher für alle gemeinsam gelten:

"Die allgemeinen Sinnesgegenstände sind Bewegung, Ruhe, Zahl, Gestalt, Größe. Diese Dinge sind nicht einem einzelnen Sinn eigentümlich, sondern gemeinsam für alle. Denn sowohl für das Tasten gibt es eine wahrnehmbare Bewegung wie für das Sehen" (**De Anima,II,418a 17**).

Und noch weiter unten:

"Von den gemeinsamen Sinneseigenschaften haben wir [...] eine gemeinsame Wahrnehmung (αἴσθησιν κοινην), aber nicht zufälligerweise..." (**De Anima,III,425a 14**).

---

[269] Zu dieser kurzen geschichtlichen Erläuterung bediene ich mich der lehrreichen Arbeiten von Pust (Pust,1964) und Kleger (Kleger,1986-1987 und Kleger,1990).

[270] So zum Beispiel in **The Encyclopedia of Philosophy**:

"Wenn **common sense** mit dem identifiziert wird, was allgemein geglaubt (**commonly beliefed**) wird und man denkt, daß dessen Kritik sich daran orientiert, die Wahrheit aus allgemeinen Überzeugungen (**common beliefs**) herauszubringen und zu verteidigen, dann kann Aristoteles der erste common-sense Philosoph genannt werden" (Eintrag zu "Common Sense" in **The Encyclopedia of Philosophy**).

Aus diesen zwei Stellen geht deutlich hervor, daß bei Aristoteles dasjenige, was man unter "**sensus communis**" verstehen könnte, sich hauptsächlich als eine "gemeinsame Wahrnehmung", an der sich fast alle menschlichen Sinne beteiligen, interpretieren läßt. So betrachtet, stellt sich der Aristotelische Gemeinsinn einzelnen Wahrnehmungen, die bloß einem einzigen Sinn zugänglich sind, also allein von einem einzelnen Sinn perzipiert werden, entgegen[271]. Meines Erachtens wäre es aber fragwürdig, den Versuch zu unternehmen, von den zerstreuten und überhaupt nicht so deutlichen Bemerkungen des Aristoteles zu dieser κοινη αισθησις, zuerst eine allgemeine Reflexion über den **sensus communis** hineinzulesen und sich vorzustellen ,und dann daraus eine Ähnlichkeit oder irgendwelche Verbindung mit dem **sensus communis** in ihrem neuzeitlichen Sinne, beispielsweise bei Kant oder in der zeitgenössischen Diskussionen bei Gadamer oder Hannah Arendt, machen bzw. setzen zu wollen.

b) Bei Cicero taucht der Begriff **sensus communis** -und dies ist bemerkenswert hinsichtlich des rhetorischen Hintergrunds dieses Begriffs- in Verbindung mit dessen vor allem in **De Oratore** vorgeführten rhetorischen Überlegungen auf. Zunächst müßte man zu Ciceros Philosophie ein Paar Stichwörter sagen. In Anlehnung an Aristoteles macht Cicero auch eine Unterscheidung zwischen einer praktischen und einer nicht-praktischen Rhetorik. Während die erste sich mit strittigen Fällen befasst, hat die zweite eher mit unbestrittenen Angelegenheiten zu tun. In seiner Betonung der praktischen Rhetorik schließt sich Cicero an die Sophisten und deren Vorsatz, Philosoph und Politiker in einer und derselben Person zu vereinigen, an. Diesbezüglich ist Cicero der Überzeugung, daß die philosophischen Überlegungen mit dem Vorsatz, solchen theoretischen Reflexionen einen Weg zur politischen Wirkung im Staatsleben vorzubereiten,

---

[271] Im Moment lasse ich die aristotelische Behandlung des allgemeinen Begriffs Κοινωνια, kraft deren wir ja eine Brücke zwischen den psychologischen bzw. erkenntnistheoretischen Überlegungen des Aristoteles und dessen Reflexionen über Ethik und Politik schlagen könnten, beiseite. Dazu mußte man jetzt bloß die Bemerkung Riedels im Auge behalten:

> "Κοινωνια ist ein Terminus der Aristotelischen Ethik und Politik. Er bezeichnet allgemein eine in Rede (Sprache) und Handlung begründete Verbindung zwischen Menschen, die Gesamtheit miteinander sprechender und zusammen handelnder Individuen (a) und zugleich den Zustand der Gemeinsamkeit, die im Bedingungszusammenhang von Begehrungen, Gütern und Handlungen entstandene und an bestimmte Rede- und Handlungsnormen geknüpfte Verbindung selbst, die Dauerordnung (Institution) des sozialen Verstandes (b). Der Terminus bedeutet also zweierlei: den Inbegriff aktuellen (gemeinsamen) Handelns und ein Handlungsschema, die 'Gemeinschaft selbst' als Institution, die sich geschichtlich in institutionellen Schemata wie Familie, 'Haus', Geschlecht, Verein, Gemeinde und Polis aktualisiert" (Riedel,1975,31).

eng verknüpft sind. Hierbei kündigt sich also eine Verknüpfung der Philosophie mit der Rhetorik an, die letztlich nichts anders als die Verknüpfung Theorie/Praxis durch die Rhetorik zum Ausdruck bringt. So versucht Cicero, die Rhetorik als vornehmliches Mittel zur praktischen Umsetzung philosophischen Wissens aufzufassen und zu präsentieren. Diese Aufgabe wird vor allem in **De Oratore** ausgeführt. In diesem Werk beschäftigt Cicero sich mit den Verhältnissen der Redekunst zur Philosophie. Darunter werden auch die Fragen nach dem Bedürfnis einer allgemeinen Bildung seitens des Redners, nach der Bedeutung der Redekunst für die Gesellschaft und den Staat, usw. behandelt. In diesem Zusammenhang findet man im ersten Buch von **De Oratore** eine Stelle, an der Cicero sich auf die herausragende Rolle der Redekunst bezieht:

"...während die ganze Kunst der Rede vor aller Augen liegt, ganz allgemein geübt und von den Menschen im Mund geführt wird; so ragt sonst ganz besonders das hervor, was von der Einsicht und Denkweise der Laien am weitesten entfernt ist, während es beim Reden ein ganz massiver Fehler wäre, gegen die übliche Ausdrucksweise und die Gewohnheit des allgemeinen Empfindens **(consuetudine communis sensus)** zu verstoßen" (Cicero, **De Oratore**,I,12).

Und dann im zweiten Buch:

"Meiner Meinung nach muß der Redner alles das beherrschen, was die praktischen Bedürfnisse der Bürger und die menschlichen Gepflogenheiten angeht, was mit dem normalen Leben, mit der Politik und unserer Gesellschaft, dem allgemeinen menschlichen Empfinden **(in sensu hominis communi)**, der Natur und der Gesittung des Menschen in Beziehung steht..." (Cicero, **De Oratore**,II,68).

Die in den oben angeführten Stellen formulierten Ansichten stehen im Zusammenhang mit der Grundüberzeugung Ciceros, daß der vollkommene Redner (**perfectus orator**) über alles, was bei den Menschen Gegenstand der Erörterung werden kann, wirkungsvoll muß reden können. Es war bereits in Ciceros Jugendschrift De Inventione die Ansicht anzutreffen, wonach sich das Idealbild des Menschen sowohl durch **eloquentia** als auch durch **sapientia** kennzeichnet. Das bringt zum Ausdruck nichts anders als das Leitbild des **sapiens orator**, dessen Voraussetzung eine Ausbildung in der Redekunst ist[272]. Eben darum muß der Redner sich mit dem allgemeinen Befinden bzw. mit den allgemein mitgeteilten Meinungen von seinem Publikum also mit dem, was er, den oben zitierten Stellen zufolge, unter **sensus communis** versteht, ganz gut auskennen, so daß er in dessen Reden unter dem Gesichtspunkt der rhetorischen Brauchbarkeit auf dieses Publikum wirksam sich beziehen und dadurch etwas beweisen (**probare**), das Publikum unterhalten (**delectare**) und den Willen der Zuhörer beherrschen (**flectere**) kann. Hierbei wird es also klar, inwiefern Cicero sich mit dem **sensus communis** nur insofern befaßt, als die Bezogenheit des vollkommenen Redners auf den **sensus communis** des Publikums, den Cicero, wie bereits gesagt, mit dem allgemein mitgeteilten Hintergrund von Empfinden und Meinungen des Publikums gleichzusetzen scheint, die Erreichung der vom Redner angestrebten Wirkung erleichtert bzw. ermöglicht. Hierin wird also der **sensus communis** nur innerhalb des rhetorischen Gerüsts zum Zweck der Überredung berücksichtigt und theorisiert.

c) Es ist mehrfach darauf hingewiesen worden, daß die Anlehnung Vicos an die Tradition des römischen Humanismus an keinem anderen Ort wie an seiner 1708 abgehaltenen Universitätsrede am prägnantesten zum Ausdruck kommt[273]. Dort führt Vico eine historisch-philosophische Reflexion über die Beziehung zwischen der rhetorisch-humanistischen **Bildung** und dem Geist der neuen Wissenschaft, hier mit dem durch die Port-Royals **Art de Penser** vertretenen Cartesianismus identifiziert, vor. Letztlich geht es dabei um eine Auseinandersetzung zwischen der alten und der neuen Denkweisen und um die vermutliche Überlegenheit dieser über jene. Anders als Leibniz, der 1666 in dessen Dissertation **De Ars Combinatoria** die Topik auf der Grundlage der Arithmetik zu systematisieren versuchte, entdeckte der junge Vico in den Ciceroschen Topoi einen Horizont, von dem aus man eine radikale Kritik an der Erkenntnisauffassung, die dem Leibnizschen **mathesis universalis**

---

[272]Vgl.,Knoche,1976,126.

[273]So beispielsweise Karl Otto Apel in Apel,1963.

zugrundelag, üben konnte[274]. So bemerkt Vico, daß die "kritische Philosophie" -und damit wird der Cartesianismus gemeint- eine erste Wahrheit lieferte, über die man eine Gewißheit erlangen kann, wenn gleich man an einer solchen Wahrheit zweifeln könnte. Da die Wissenschaften aus dieser ersten Wahrheit deduktiv hergeleitet werden, wurde der rationalen deduktiven Methode ein ganz besonderer Platz beim Erwerb der Erkenntnis zugesprochen. Dabei stand die Wahrheit (verità) als ein fester Wert, als das Ziel jeder Untersuchung, als der einzige Gegenstand des allgemeinen Bestrebens und der unbedingten Anerkennung:

"Zunächst nun, was die Rüstzeuge der Wissenschaften betrifft, so beginnen wir heute die Studien mit der Erkenntniskritik (**critica studia**), die, um ihre erste Wahrheit (**primum verum**) nicht nur vom Falschen (**falso**), sondern auch vom bloßen Verdacht des Falschen frei zu halten, alle sekundäre Wahrheit (**vera secunda**), sowie alles Wahrscheinliche (**verisimilia**) genau so wie das Falsche aus dem Denken entfernt wissen will" (Vico,NT,176-177).

Eben hier hat Vico den Begriff **sensus communis** (**senso commune**) eingeführt, denn dieser Terminus erlangt eine ganz besondere Relevanz nicht im Bereich der **ersten** Wahrheiten, sondern eher in dem Bereich der **zweiten** Wahrheiten, also auf dem Gebiet des **Wahrscheinlichen**:

"So wie aber die Wissenschaft (**scientia**) aus dem Wahren, der Irrtum aus dem Falschen entspringt, so erwächst aus dem Wahrscheinlichen der natürliche Allgemeinsinn (**sensus communis**). Denn das Wahrscheinliche steht gewissermaßen in der Mitte zwischen dem Wahren und dem Falschen (**Verisimilia namque vera inter et falsa sunt**), insofern es nämlich meistens wahr, nur ganz selten falsch ist"(Vico,NT,177).

---

[274]Vgl.,Apel,1963,337-338.

Vico zufolge habe die neuzeitliche Philosophie eben diesen Bereich des **Wahrscheinlichen** und des damit verbundenden **senso commune** ausgeblendet. Anders als die herkömmliche Auffassung des Rationalismus, der den **senso commune** als eine völkische, gemeine Denkweise verstand und so abtat, vertritt Vico die Ansicht, daß sich der **senso commune** außerhalb des Bereichs der rationalen Erkenntnis im Cartesianischen Sinne befindet, und zwar in einer Sphäre, in der man sich keineswegs mit im voraus bereits gesetzten **allgemeinen Regeln** begnügen kann. Als eine solche Sphäre zählte typischerweise die des **menschlichen Handelns**, wo die Handlungs- bzw. Verhaltenmuster der Menschen über keine **allgemeine Regel** verfügen, wonach die Menschen sich vor **konkreten, besonderen** Situationen orientieren könnten. Demzufolge ist bei Vico der **senso commune** vor allem auf die Sphäre des menschlichen Handelns, des praktischen Verhaltens unter den Menschen bezogen. Diesbezüglich muß man kurz in Erinnerung rufen, daß nach Vico die geschichtliche Welt, die menschliche Welt aus der Interdependenz der menschlichen Bedürfnisse, aus dem Bedürfnis nach der Errichtung menschlicher bzw. sozialer Institutionen und Lebensformen, also kurz und gut, aus dem Bedürfnis nach der Errichtung einer **gemeinschaftlichen Ordnung** entspringt. Dazu sind aber -und hierin taucht der Anti-Cartesianische Philosoph wieder auf- weder allgemeine philosophische Betrachtungen noch allgemeine Regeln noch abstrakte Theorien, sondern allein der **senso commune** adäquat[275]. So glaubt Vico, daß das menschliche Vermögen, das zu diesem **senso commune** führt, nichts anderes als das des **ingemium** (Geist, Witz, Erfindungsgabe) war. Diesem **ingenium** mißt er eine erfinderische Funktion, die sich der rationalen bzw. deduktiven der Erkenntnis der ersten Wahrheiten der Cartesianischen Philosophie entgegensetzt, bei. So charakterisiert er seine eigene Philosophie als **ingegnosa** (erfinderisch, geistreich, witzig), **topica** (topisch) und unterstreicht damit nachdrücklich die

---

[275] So stellt Vico im ersten Buch von dessen **Principj di Scienza Nuova** §141 und §142 folgendes fest:

> "141. Der menschliche Wille, seiner Natur nach höchst ungewiß, festigt und bestimmt sich nach dem gemeinsamen Sinn aller Menschen (**accerta e determina col senso comune degli uomini**) für die menschlichen Bedürfnisse oder Vorteile, die die beiden Quellen des natürlichen Rechts der Völker sind".

> "142. Dieser Gemeinsinn ist ein Urteil ohne jede Reflexion, allgemein empfunden von einem ganzen Stand, einem ganzen Volksstamm, einem ganzen Volk oder dem ganzen Menschengeschlecht (**Il senso commune è un giudizio senz'alcuna riflessione, comunemente sentito da tutto un ordine, da tutto un popolo, da tutta una nazione o da tutto il gener umano**)"(Vico,SN,&141-142).

Funktion der Topik als derjenigen Disziplin, die den Geist schöpferisch macht[276]. In diesem Sinne betonnt er, daß die Menschen in einer Welt der Einbildungskraft leben. Mit einer solchen Bemerkung versucht er eben hervorzuheben, daß die menschliche Welt eben nicht eine solche Welt ist, die unter Rekurs auf allgemeine und notwendige Regeln zur Orientierung in unserem konkreten Handeln bzw. zur Errichtung unserer gemeinsamen Lebensformen zustandegebracht wurde. Mit derartigen Ansichten entfernte Vico sich von der Cartesianischen Philosophie. Insbesondere diese Philosophie hatte Vico zufolge den **senso commune**, der eine wesentliche Rolle im menschlichen Handeln spielt, nicht nur ausgeblendet, sondern sogar verachtet bzw. unterdrückt. Ferner hatte die Cartesianisch orientierte Philosophie -und hier tritt ein anderer Begriff, der mit dem **senso commune** eng verknüpft ist, auf- die **prudentia** (Klugheit) als die situationsbezogene richtige Beurteilung der besonderen Lage ebenfalls insofern ausgeblendet, als ein besonderer Fall, eine konkrete Lage -und eben durch eine solche ständige Auseinandersetzung mit dem **Besonderen** der jeweils konkreten Situationen charakterisiert sich die menschliche Welt- nicht aus allgemeinen Prämissen bzw. Prinzipien oder Regeln hergeleitet werden können, wie die Cartesianesiche Philosophie es glaubte. Gegen den Cartesianischen Geist verteidigt Vico also nachdrücklich den **senso commune** als ein Bildungswissen im Sinne der antiken Topik Ciceros. Bildung, **senso commune** und **prudentia** (Klugheit) bilden so bei Vico eine Konstellation, deren Bestandteile wechselseitig aufeinander verweisen. Zusammen betrachtet, bringen sie zum Ausdruck eine Art Erkenntnis, die sich auf das Besondere bezieht, ohne dabei auf allgemeine Gesetze bzw. Prinzipien oder auf die Subsuntion der besonderen Fälle unter allgemeinen Regeln rekurrieren zu müssen. Auffallend sind hier die Bemerkungen Vicos zum **senso commune** als einem Sinn für das Gemeinsame, der widerum innerhalb eines gemeinsamen Lebens bzw. einer gemeinsamen Tradition erworben wird. Wie Gadamer zu Recht sagt, erweist sich der **senso commune** bei Vico folglich als "..ein Sinn für das Rechte und das gemeine Wohl, der in allen Menschen lebt, ja mehr noch ein Sinn, der durch die Gemeinsamkeit des Lebens erworben, durch seine Ordnungen und Zwecke bestimmt wird"[277].

---

[276]Siehe dazu die folgende Stelle im zweiten Buch der **Principj di Scienza Nuova** §498:

"Die Vorsehung sorgte weislich für die menschlichen Angelegenheiten, indem sie im menschlichen Geist die Topik früher als die Kritik (**prima la topica che la critica**) entwickelte; denn zunächst muß man die Dinge erkennen (**conoscere**), später erst sie beurteilen (**giudicar**). Denn die Topik ist das Vermögen, das den Geist schöpferisch macht (**la faczultà di far le menti ingegnose**), während die Kritk ihn genau (**esatte**) macht" (Vico,SN,&498).

[277]Gadamer,1960,28.

So meint der Vicosche **senso commune** "...nicht nur jene allgemeine Fähigkeit, die in allen Menschen ist, sondern er ist zugleich der Sinn, der Gemeinsamkeit stiftet"[278].

d) Dem **Oxford Dictionary** zufolge sind alle diejenige Bedeutungsnuancierungen des **common sense**, die insbesondere die schotische Philosophie des **common sense** wesentlich charakterisieren, bereits im 16. Jahrhundert anzutreffen. Mit "common sense" wurde seit dem 16. Jahrhundert bezeichnet: 1. das gemeinsame Band, das die fünf Sinne verbindet und integriert (1535); 2. der gewöhnliche, normale und durchschnittliche Intellekt, ohne den ein Mensch zum Narren oder Psychopathen degeneriert (1543); 3. das allgemeine Bewußtsein, Teil der Menschheit oder einer bestimmten Gemeinschaft zu sein. Dem sprachlichen Symbol "common sense" korrespondiert dabei die Erfahrung des Menschen, zumindest potentiell Teilhaber einer gemeinsamen Ordnung zu sein, die alle zu erfahrenden Realitätsbereiche umschließt. Zur Bedeutung bzw. Funktion des **sensus communis** in der britischen Tradition muß man vorerst sagen, daß im XVIII. Jahrhundert der **sensus communis** als **common sense** zur Leitidee des Klassizismus in der englischen Philosophie wurde. Dabei wurde dieser Begriff von denjenigen psychologischen Konnotationen befreit, mit denen er bei Aristoteles und dann bei Thomas von Aquin aufgetreten war. Man könnte sogar sagen, daß der Terminus **sensus communis** seine Schattierungen und Bedeutungen, die bis heute immer noch hineinwirken, eben in der damaligen englischen Tradition erworben hat. So ist bereits darauf hingewiesen worden, wie der **sensus communis** in dieser philosophischen Tradition mal als **gemeinsames Sozialgefühl**, mal als **Elementarform menschlichen Urteilsvermögens** und mal als **praktische Weltklugheit** -hierin wird **sensus communis** zum Synonym von φρονησιζ, **prudentia**- interpretiert werden kann[279]. Es ist aber vor allem in seiner Bedeutung als **praktische Weltklugheit**, mit der der **sensus communis** eine wichtige Rolle in der britischen Philosophie gespielt zu haben scheint. So verstanden, bezieht der **sensus communis** bzw. **common sense** sich auf drei verschiedene Felder:

1. Erstens bezieht er sich sowohl auf die richtige und sachgerechte Interpretation der konkreten Situation als auch auf das Handeln, das sich gemäß dieser Situation artikuliert und darauf einwirkt. Hierbei wird der **sensus communis** mit den in der Alltagswelt

---

[278]Ebd.

[279]Vgl.,Pust,1964,92-140.

verankerten Handlungsmaximen und mit der Tradition, innerhalb deren sich die Handlungen konstituieren und gegen deren gemeinsamen Verständnis sich diese letzten als solche herausschneiden, eng verknüpft.

2. Zweitens besagt **sensus communis** in dieser Bedeutung als **praktische Weltklugheit** ein Erziehungs- bzw. ein **Bildungsideal**. So wurden zum Beispiel die von John Locke in dessen **Some Thoughts concerning Education** (1693) als Maximen zur Ausrichtung einer ausgebildeten Persönlichkeit interpretiert. Hier wird sowohl der Erziehung als auch einer über jede Art spezieller Fachkenntnisse hinausgehenden und eher am öffentlichen Leben -vor allem am Parlament und Diplomatie- orientierten Rhetorik eine zentrale Bedeutunng zuerkannt.

3. Drittens verweist der **sensus communis** auf jene Hintergrundsüberzeugungen, die keiner hinterfragt und zugleich als Ausgangspunkt jeder möglichen Erkenntnis gelten. Demzufolge ist der **sensus communis** ein Sinn, der als ein quasiinstinktive Zwang jenseits jeder moglichen rationalen Argumentation funktioniert, als eine feste, nie gefragte Gewißheitquelle gilt und sich als ein unwiderstehliches soziales Gefühl erweist, das weder von der Erziehung noch von der Gewohnheit noch von der Kultur, sondern eher von Natur herstammt. Hierin kann man vor allem an die schottische Philosophie des **common sense** denken. Als Beispiel dafür könnte man die folgende Überlegung Beatties anführen:

> "The Term Common Sense hath, in modern times, been used by philosophers, both French and British, to signify that power of the mind which percieves truth, or commands belief, not by progressive argumentation, but by an instantaneous, instinctive, and irresistible impulse; derrived neither from education nor from habit, but from nature; acting independently on our will, whenever its object is presented, according to an established law, and therefore properly called sense; and acting in a similar manner upon all, or at least upon a grat majority of mankind, and therefore properly called Common Sense"(Beattie, Zit. bei Pust,1964,133).

Es ist klar, daß es hier um eine Art "Demokratisierung der Vernunft" (Pust) geht, die mit einer "Emanzipation des gemeinen Menschenverstandes" (Pust) einhergeht. So repräsentiert der **sensus communis** den vorurteilslosen, richtigen, natürlichen und gemeinen Verstand, der sich nicht nur gegen die scholastische Metaphysik, sondern auch gegen die rationalistische Philosophie überhaupt -vor allem gegen die Cartesianische- richtet. Solche Einstellungen zum **common sense** sind in der gesamten britischen Philosophie anzutreffen und werden ja sogar als einige deren eigentümlichsten Merkmale seit je angesehen. So finden wir in Berkeleys **Three Dialogues between Hylas and Philonus** folgende Stellen:

"Hylas: What! can anything be more fantastical, more repugnant to common sense, or a more manifest piece of Scepticism, than to believe there is no such thing as matter?" (Berkeley,DHP,298)

Und im dritten Dialog desselben Werks noch wieder so, diesmal bei Philonus:

"Philonus: I wish both our opinions were fairly stated and submitted to the judgement of men who had plain common sense, without the prejudices of a learned education"(Berkeley,DHP,371).

oder so:

"Philonus: I am content, Hylas, to appeal to the common sense of the world for the truth of my notion. Ask the gardener why he thinks yonder cherry-tree exists in the garden. And he shall tell you, because he sees and feels it; in a word because he percieves it by his senses" (Berkeley,DHP,350).

So stellt Berkeley durch Philonus schließlich fest:

"Philonus:...that there are in bodies absolute extensions. Without any particular magnitude or figure: That a thing stupid, thoughtless, and inactive, operates on a spirit: that the last particle of a body contains innumerable extended parts: -shock the genuine uncorrupted judgement of all mankind; and being once admitted, embarrass the mind with endless doupts and difficulties. And it is against these and the like innovations I endeavour to vindicate Common Sense" (Berkeley,DHP,378)

Ferner ist es in der Überlegungen zu **common sense** in der britischen Tradition auffallend, wie sich dieser Begriff nicht nur **theoretisch** gegen die übermäßigen Ansprüche der rationalistisch geprägten Philosophie richtet, sondern auch wie er zugleich ein **praktisches Lebensideal** anleiten soll. Derartige Ansichten tauchen insbesondere bei Shaftesbury wieder auf. So könnten zwei Hauptlinien in der Interpretation des **common sense** in der bristischen Tradition unterschieden werden:

d.1) Als **gemeinsames Sozialgefühl** verstanden wird der **common sense** nicht als ein erkenntnis-theoretischer, sondern eher als ein **praktischer** Begriff aufgefaßt. So wird der **common sense** von Shaftesbury folgendermaßen definiert:

"Sense of Public Weal, and of the Common Interest; Love of the Community or Society, Natural Affection, Humanity, Obligingness, or that Sort of Civility which rises from a just Sense of the common Rights of Mankind, and the natural Equality there is among those of the same Species" (Shaftesbury, zit. in Pust,1964,128).

Unter Berufung auf Juvenal[280], Horaz[281], Seneca[282] und auf die spätgriechische Verwendung **koinonoe mosyne** dieses Begriffs bei Marcus Aurelius[283] richtet sich der **common sense** bei Shaftesbury zum einen gegen den ethischen Egoismus eines bloß auf seine Selbsterhaltung ausgerichteten Subjekts -wie dieses in der Hobbeschen[284]

---

[280] In den **Satiren**:

"Nun das genüge den Mann, den aufgeblasen uns Fama
Schildert, voll Hochmuts dazu und pochend auf Neros Verwandschaft.
Ist doch natürlicher Sinn (**sensus communis**) eine seltene Gabe bei jenem Stand".
(Juvenal, **Satiren**,II,8,73. Dt. Ü. von Ulrich Knoche in Juvenal, **Satiren**, Max Hueber Verlag, München, 1951).

[281] In dessen **Satiren**:

"'Wie taktlos'...'der Mensch hat auch gar keine Lebensart (**communi sensu**)'"
(Horaz,**Satiren**,I,3,66. Dt. Ü. von Hans Färber in Horaz, **Satiren**, Wissenschaftliche Buchgesellschaft, Darmstadt, 1967).

[282] So in den **Epistulae Morales**:

"**Odium aut ex offensa (hoc vitabis neminem lacessendo) aut gratuitum, a quo te sensus communis tuebitur** (Dt. Übersetzung: "Haß aber rührt entweder von einer Beleidigung her: ihm wirst du entgehen, indem du niemanden reizt; oder er ist grundlos - davor wird dich dein gesinder Menschenverstand schützen". (Seneca, **Ad Lucilium. Epistulae Morales**,105. Dt. Ü. von Manfred Rosenbach in L. Annaeus Seneca, **An Lucilius. Briefe über Ethik**, Wissenschaftliche Buchgesellschaft, Darmstadt,1984).

[283] So bezieht er sich auf seinen Adoptivvater im ersten Buch der **Meditationen** mit folgenden Wörtern:

"Er hatte ein offenes Ohr für alle, die etwas Gemeinnütziges vorzuschlagen hatten. Er ließ sich nicht davon abbringen, jedem das zuzuteilen, was er verdiente. Er wußte, wo Strenge und wo Nachsicht erforderlich war. Er schaffte die Knabenliebe ab. Er hatte einen Sinn für jedemann (**koinonoe mosyne**)..." (**Meditationen**,I,16. Ü. von Rainer Nickel in Marc Aurel, **Wege zu Sich Selbst**, Artemis Verlag, München und Zürich, 1990).

Zum oben erwähnten Hintergrund des Begriffs **sensus communis** in der klassischen Tradition vgl. Pust,1964,128.

[284] Vgl. dazu Hobbes, Th., **Leviathan, ore the Matter, Forme, and Power of a Commonwealth, Ecclesiasticall and Civill** (London,1651), insbesondere Kap. VI.

bzw. Mandevilleschen[285] Philosophie zum Ausdruck kommt- zum anderen auch gegen eine theologisch begründete Ethik -wie diese von Locke[286] oder Berkeley intendiert worden war. Bemerkenswert ist aber hier, wie Shaftesbury -und dies signalisiert wieder die eindeutigen moralischen Konnotationen dieses Begriffs bei Shaftesbury- **common sense** und **moral sense** gelegentlich synonym verwendet[287]. **Sensus communis** besitzt hier einen staatsbürgerlichen Sinn, wonach die sozialen, politischen und moralischen Tugenden mit den sozialen und den egoistischen Neigungen der einzelnen Bürgern unter der Leitidee der Herstellung einer gemeinsamen politischen Ordnung harmonisiert werden. So verstanden, bezieht der **sensus communis** sich auf emotionale und rationale Grundlagen des gesellschaftlichen Alltagslebens, die die Bürger eines Staats gemeinsam haben und so deren Zusammenleben in einer politischen Ordnung ermöglichen. Diesbezüglich ist die kritische Bemerkung Shaftesburys zum Sozialkontrakt erwähnenswert. Demnach beruht eine politische Ordnung nicht so sehr auf der abstrakten Ebene eines Gesellschaftsvertrags, sondern vielmehr auf den konkreten Gemeinsamkeiten ihrer Mitglieder aufgrund des im **common sense** ausgedrückten gemeinsam mitgeteilten Gefühls. Shaftesbury ist aber raffiniert genug, um der Naivität zu entgehen, der **common sense** einfach mit der Meinung der Mehrheit zu identifizieren. Hierzu sagt er:

"...if the majority were to determinate common sense, it would change as often as men changed. That which was according to common sense today, would be the contrary to-morrow, or soon after" (Shaftesbury,CM,I,55).

Das Problem eines derartigen Mißverständnisses, wonach der **common sense** quasi koventionell durch die vorherrschende Meinung bzw. durch die Meinung der Mehrheit bestimmt würde, kommt ebenfalls im Bereich der Politik vor:

---

[285]Vgl. dazu Mandeville, B., **The Fable of the Bees or, Private Vices, Publick Benefits** (London, 1714).

[286]Vgl. dazu Locke, J., **Epistola de tolerantia** (Gouda, 1689).

[287]Hierzu erinnert Kleger daran, daß, mit dem **moral sense** schlechthin identifiziert, der **common sense** vor allem in dessen moralischer Bedeutung bei Hutcheson weiterentwickelt wird (Vgl.,Kleger,1990,34).

"As for policy; what sense or whose could be called common, was equally a question. If plain British or Dutch sense were right, Turkish and French sense must be very wrong" (Shaftesbury,CM,I,55-56).

oder noch deutlicher:

"If by the word sense we were to understand opinion and judgement, and by the word common the generality or any considerable part of mankind, t'would be hard...to discover where the subject of common sense could lie" (Shaftesbury,CM,I, 55).

Demzufolge besagt **common sense** keineswegs eine einheitliche Meinung der Mehrheit in einer bestimmten Epoche, in einem besonderen Land oder in einem partikulären Kulturkreis. Vielmehr bedeutet er ein **soziales Gefühl (social feeling)**, das hauptsächlich auf der Ebene der Politik als eine Art solidarischer Verbindung der einzelnen Bürgern mit der gesamten Menschheit, also als öffentlicher Geist (**public spirit**) besonders prägnant zum Ausdruck kommt:

"A public spirit can come only from a social feeling or sense of partnership with human kind" (Shaftesbury,CM,I, 72).

Im **common sense** werden also Emotion und Ratio, Gefühl und Vernunft, affektive und kognitive Ebenen, Individuum und Gesellschaft, das Private und das Öffentliche, der Bürger und der Staat in derer Zusammengehörigkeit zueinander konzipiert. Einige Ansichten Shaftesburys zum **common sense** können ebenfalls bei Reid angetroffen werden.

d.2) Als allgemeine Übereinstimmung der Menschen in gewissen Begriffen bzw. als menschliches Vermögen zum gemeinsamen Verständnis bestimmter mitgeteilter Vorstellungen und Ideen taucht der **sensus communis** hauptsächlich in der innerhalb einer heftigen Auseinandersetzung mit Berkeley und Hume entstandenen Philosophie Thomas Reids und dessen Schule, der sogenannten "Common sense philosophy" (Stewart, Brown, Mackintosh, usw.), auf. Sowohl gegen die Cartesische Negation der Realität der Außenwelt durch deren Auflösung in innersubjektive Daten als auch gegen die durch Bezweiflung des Kausalitätsprinzips hervorgerrufene Auflösung des Ichs in eine Reihenfolge von Sinneseindrücken, wie das bei der Berkeleyschen und, noch deutlicher, bei der Humeschen Philosophie deutlich hervorgetreten war, vertritt Reid die Grundüberzeugung, daß ein unbezweifelbares anthropologisches Faktum besteht, wonach alle Menschen einen instinktiven und gemeinsamen Glauben (**belief**) an der durch die Sinne vorgestellten Substantialität der Außenwelt, an den kausalen Verknüpfungen, gemäß denen die einzelnen Dinge nacheinander erscheinen, usw., haben. Demnach muß man den menschlichen Geist (**mind**) nicht als eine **tabula rasa** verstehen, sondern eher als ein eingeborenes Vermögen intuitiver Urteile, das von vornherein mit selbstevidenten Wahrheiten (**self-evident truths**), also mit Grundsätzen des gemeinen Menschenverstandes (**principles of common sense**) ausgestattet ist. Nach dieser Einsicht, die Reid bereits in dessen **Inquiry into the Human Mind on the Principles of Common Sense** (1764) vorgestellt und dann in dessen Hauptwerk **Essays on the Intellectual Powers of Man** (Edinburgh,1785) entwickelt hat, ist der **sensus communis** oder **Common sense** -und hier wird es deutlich, inwiefern Reid die von Shaftesbury vorgestellten Definitionsversuche von **common sense** aufgenommen hat- das allgemeine menschliche Gefühl für das Wahre, das bereits auf der Wahrnehmungsebene als unhinterfragte und gemeinsam mitgeteilte Meinungen eingreift und dessen unwiderstehliche Kraft folglich als angeborene Struktur dem Funktionieren der menschlichen Erkenntnisvermögen zugrundeliegt. Als Beispiele für solche gemeinsame und nicht hinterfragte Meinungen wären etwa die Existenz der Außenwelt, die Möglichkeit zur Einwirkung auf diese Außenwelt, usw. zu nennen[288]. So verstanden

---

[288]Diesbezüglich hat Kleger darauf aufmerksam gemacht, daß der Einfluß Claude Buffier (1661-1737) auf die **Common Sense**-Philosophie Thomas Reids nicht übersehen werden darf. Buffier hate sogar eine Definition von **sens commun** angegeben, deren Ähnlichkeiten mit der des **common sense** von Reid erstaunlich sind. Buffiers Definition lautet so:

"Je entends donc par le **SENS COMMUN** la disposition que la nature a mise dans tous les hommmes ou manifestement dans la plupart d'entre eux; pour leur faire porter, quand ils ont atteint l'usage de la raison; un jugement commun & uniforme, sur des objets diférents du sentiment intime de leur propre perception: jugement qui n'est point la conséquence d'aucun principe antérieur: si l'on veut des éxamples de jugement qui se vérifient principalement par la règle & par la force du sens commun: on peut, ce me semble, citer les suivants:

1. Il y a d'autres êtres & d'autres hommes que moi au monde.

2. Il y a dans eux quelque chose qui s'appelle verité, sagesse, prudence, & c'est quelque chose qui n'est pas purement arbitraire.

3. Il se trouve dans moi quelque chose que j'appelle intelligence & qu'on appelle corps; en sorte que l'un a des propriétez diférentes de l'autre.

4. Tous les hommes ne sont point d'accord me tromper & m'en faire acroire.

5. Ce qui n'est point intelligence ne sauroit produire tous les effets de l'intelligence; ni les parcelles de matière remuées au hazard, former un ouvrage d'un ordre & d'un mouvement régulier tel qu'un horloge" (Buffier,C. **Traité des premières vérités; et de la source de nos jugements**, Paris, 1715. Zit. in Kleger,1990, SS.40-41).

Ferner weist Kleger darauf hin, daß die französische Philosophie vom Ende des XVIII. bzw. vom Anfang des XIX. Jahrhunderts mit zwei hervorragenden Vertretern der **common sense** zählt, nämlich Cousin und Lamennais. Bei diesem letzten, übrigens einem Neokatholiker, tritt der **sensus communis** innerhalb einer scharfen Polemik gegen die Cartesianische Philosophie als **raison générale, raison publique,** oder sogar **raison humaine**, in einer Spannung mit dem **sens privé**, d.i. mit der **raison individuelle**, auf:

"...nous soutenons qu'en toutes choses et toujours, ce qui est conforme au sens commun est vrai, ce que lui est opposé est faux; que la raison individuelle, le sens particulier peut errer, mais que la raison générale, le sens commun est à l'abri de l'erreur, et l'on ne sauroit supposer le contraire, sans faire violence au language même, ou à la raison humaine, dont le language est l'expression" (Lammenais,F-R., **Défense de l'Essai sur l'indifférence en matière de religion**, Paris 1836-1837, in Lamennais, F-R., **Oeuvres Complètes**, Bd. 3., Genève, 1980, S.XVIII).

Die prägnanteste und klarste Definition von diesem **sens commun** wird von Lammenais so angegeben:

"Le sens commun est donc la règle de chaque raison individuelle: sans lui, on ne peut rien prouver; et l'on ne peux le prouver lui-même, parce qu'il n'y a point hors de lui de raison humaine. Il existe; c'est un fait dont aucun homme ne doute, et dont il sauroit douter sans être à l'instant déclaré fou par tous les autres hommes" (Lammenais,F-R., a.a.O., S.138).

Die Parallellen zwischen diesem so interpretierten **sens commun** und der Rousseauschen **volonté générale** dürfen nicht übersehen werden:

deutet der **Common Sense** auf das allgeimene Gefühl (**sense, feeling**) hin, daß die alltäglichen, gemeinsam mit anderen Menschen mitgeteilten Überzeugungen in ihrer Gesamtheit nicht falsch sein können -wie dies später von G.E.Moore ausgedrückt wird-, also auf eine Art Instinkt, bestimmte Annahmen als nicht bezweifelbare anzunehmen - wie Peirce es, allerdings von einer ganz anderen philosophischen Perspektive her, gelegentlich sagt. Eben dadurch erwirbt der **common sense** aber nicht nur eine **theoretische**, sondern auch -und dies ist wichtig- eine **praktische** Relevanz insofern, als sogar die Alltagserfahrung, das Handeln und die Orientierung bzw. das Sich-Zurechtfinden in der alltäglichen Welt, vor allem in der moralisch-politischen Welt, allein und erst unter Rekurs auf die aus dem **common sense** herstammenden Anleitungen möglich werden:

"It is a bold philosophy that rejects, without ceremony, principles which irresistibly govern the belief and the conduct of life;...Such principles are older, and of more authority, than Philosophy" (Reid, **Philosophical Works**, Georg Olms,1967, S.102).

Abschließend kann man die Reidschen Grundsätze des **common sense** kurz erwähnen. Zuerst nennt er den Grundsatz des notwendigen Glaubens an den Bewußtseinsdaten[289]. Daraus ergibt sich dann unsere Erkenntnis sowohl des Bestehens unserer gegenwärtigen Gedanken und Leidenschaften als auch der Vergangenheit durch die Erinnerung[290]. Ähnlich gelten dann das

---

"Le sens commun aparamment ne diffère point de la raison: et puisqu'il n'est pas la raison de chaque homme, que souvent même il y est contraire, c'est donc la raison de tous les hommes, ou de la généralité des hommes; et voilá pourquoi on appelle commun" (Lammenais,F-R., a.a.O., S.134).

Es sei hier mit diesen knappen Bemerkungen zum **sensus communis** in der französischen Tradition sich zu begnügen. Eine angemessene und ausführliche Behandlung derselben würde selbstverständlich die Grenzen dieser Arbeit weit überschreiten. Im Moment reicht es aus, zu sagen, daß solche Überlegungen in anderen Paragraphen dieser Arbeit wieder aufgegriffen werden (Siehe $ 13. dieser Arbeit).

[289]"...every man finds himself under a necessity of believing what consciousness testifies..." (Reid, **Philosophical Works**, Georg Olms,1967,231.).

[290]"As by consciousness we know certainly the existence of our present thoughts and passions; so we know the past by rememberance" (Reid, Ebd.).

Bestehen der Bewußtseinsinhalte[291] und das Prinzip der Substantialität hinsichtlich der Gegenstände der Außenwelt[292] und des eigenen perzipierenden Ichs[293], usw. ebenfalls als jeweilige Wahrheiten des **common senses**. Dadurch wird klar, inwiefern die Unreflektierbarheit und Evidenz des Reidschen **common senses** mit einem natürlichen Beurteilungsvermögen gleichgesetzt werden, das als **natural judgement** in die Alltagserfahrung des einzelnen Subjekts von vornherein eingebettet ist. So gesehen, wird jene Ansicht Reids verständlich, wonach die philosophischen Reflexionen und sogar die gesamte Vernunft diesem natürlichen und sicheren Beurteilungsvermögen unterworfen und folglich nichts anderes als dessen Erweiterung zu verstehen sind[294].

Nun will ich zusammenfassen, was sich aus dieser kurzen geschichtlichen Erläuterung des Begriffs **sensus communis** ergibt. Dann werde ich auf Kant zurückkommen, um zu bestimmen, inwiefern dessen Begriff von **sensus communis** sich gegen den Hintergrund der vorigen Behandlungen desselben Begriffs bei den bereits angesprochenen Philosophen bzw. philosophischen Richtungen verstehen läßt oder nicht. Zuerst muß man bemerken, daß in der oben vorgelegten Betrachtung die drei folgenden Bedeutungsschichten im Ausdruck '**sensus communis**' hauptsächlich angetroffen bzw. unterschieden werden könnten:

1. In Anlehnung an eine aristotelisch-scholastische Tradition wird dem Begriff **sensus communis** eine **psychologisch-erkenntnistheoretische** Bedeutung zuerkannt. Demzufolge

---

[291] "I take it for granted that all the thoughts I am concious of, or remember, are the thoughts of one amd the same thinking principle, which I call myself, or my mind" (Reid, Ebd.,232).

[292] "I take it for granted, that there are some things which cannot exist by themselves, but must be in something else to which they belong, as qualities, or attributes" (Reid, **Philosophical Works**, Georg Olms,1967, S. 232. Zit. in Kleger,1990,42).

[293] "...in most operations of the mind, there must be an object distinct from the operation itself" (Reid, **Philosophical Works**, Georg Olms,1967, S. 233. Zit. in Kleger,1990,42).

[294] "...if she (reason) will not be the servant of Common Sense, she must be her slave" (Reid, **Philosophical Works**, Ebd., 127). Oder noch deutlicher: "...in reality, Common Sense holds nothing of Philosophy nor needs her aid. But, on the other hand, Philosophy... has no other root but the principles of Common Sense" (Reid, **Philosophical Works**, Ebd.,101).

bezeichnet **sensus communis** das allgemeine Wahrnehmungsvermögen (κοινή αἴσθησις), welches die verschiedenen Tätigkeiten der äußeren Sinne (Sehen, Hören, usw.) vereinheitlicht, indem die Gegenstände verschiedener Sinne in Beziehung zueinander gesetzt werden. Eben in diesem Sinne taucht der **sensus communis** in der abendländischen Philosophie zum ersten mal bei Aristoteles auf.

2.Innerhalb einer aristotelisch-stoischen Tradition erwirbt der **sensus communis** eine **praktische, gesellschaftliche** Konnotation als Grund gesellig-gesellschaftlichen menschlichen Verhaltens. Diese Verknüpfung mit der praktischen Philosophie ist charakteristisch sowohl für den Humanismus à la Vico als auch für die britische bzw. schottische Tradition -etwa bei Shaftesbury oder bei Reid. Die Behandlung des **sensus communis** innerhalb der praktischen Philosophie wird gelegentlich mit rhetorischen Überlegungen verbunden. Diese Anlehnung an die Rhetorik ist konstitutiv in der humanistischen Tradition des **sensus communis** etwa bei Cicero oder, noch einmal, bei Vico.

3. Schließlich weist der **sensus communis** eine **erkenntnis-theoretisch** begrenzte Bedeutungsschicht auf, als Quelle bzw. Vermögen primärer Einsichten, welches ohne Rekurs auf explizite Verstandesargumente und Vernunftsschlüsse Wahrheit bzw. Erkenntnis ermöglicht. So wird der **sensus communis** vor allem in der britischen Philosophie des **common senses** thematisiert.

Gemäß der vor allem in §8. und §9. dieser Arbeit vorgelegten Kantischen Auffassung des **sensus communis** wird klar, daß **sensus communis** bei Kant -anders als bei Aristoteles- keineswegs eine durch die Beteiligung aller menschlichen Sinne ermöglichte gemeinsame Wahrnehmung im bloß psychologischen bzw. erkenntnistheoretischen Sinne bedeutet. Ähnlich wird deutlich, daß der Kantische **sensus communis** auch nicht -wie der Cicerosche- als eine Art notwendiger Hintergrund verstanden werden darf, der von einem Redner in dessen Vorträge zum Zweck einer rhetorisch wirkungsvollen Behandlung eines bestimmten Stoffs bzw. der unwiderstehlichen Überredung des Publikums jederzeit berücksichtigt werden müßte. Die Kantischen Überlegungen über den **sensus communis** zielen auch nicht darauf ab, den **sensus communis** auf den Bereich des Wahrscheinlichen im Gegensatz zu dem des Wahren der theoretischen Vernunft zu beziehen, wie der Vorsatz etwa Vicos gewesen zu sein scheint.

Mit der Behandlung des **sensus communis** innerhalb der britischen Philosophie des **common senses** läßt sich die Kantische Auffassung dieses Terminus deshalb auch nicht identifizieren, weil der **sensus communis** in der kritischen Transzendentalphilosophie weder eine vermutliche Vereinigung der gesamten Sinne, noch den durchschnittlichen Intellekt eines normalen Menschen, noch die gesamten Hintergrundsüberzeugungen, von denen aus jede Erkenntnis ausginge, noch eine Art gemeinsames Sozialgefühl, mit denen die Menschen von Natur aus ausgestattet seien, bedeutet. Insbesondere haben die von Thomas Reid im Gefolge des klassischen Empirismus der britischen Tradition vorgelegten Bestimmungen des **common sense** als eines auf einem anthropologischen Faktum basierenden mitgeteilten gemeinsamen Glauben an selbstevidente Wahrheiten hinsichtlich der Außenwelt, der Beständigkeit des Ichs, usw., keinen Platz in der Transzendentalphilosophie, weil in diesen philosophisch sonst sehr elaborierten Überlegungen über den **common sense** in der angelsächsischen Tradition eine eher unkritische Einstellung zu den vom **common sense** vorgelegten Grundannahmen herrscht, also eine Einstellung, die der transzendentalen Philosophie eher insofern fremd ist, als sie eben solche Grundannahmen unserer Erkenntnis und deren Möglichkeitsbedingungen hinterfragt und auf diese Weise von vornherein als eine kristische Reflexion über derartige Grundannahmen entstanden ist. Allerdings gibt es doch einige Ansichten bei den oben erwähnten Philosophen, die bei Kants Auffassung des **sensus communis** wieder auftauchen. Ich denke vor allem an die Vicosche Bezogenheit des **sensus communis** auf den Bereich des Besonderen -im Gegensatz zu dem des Allgemeinen, der sich eher dem deduktiven Modell der Mathematik bzw. der Naturwissenschaften anpaßt. Hinzu kommt die enge Verknüpfung des **sensus communis** mit der **prudentia** als situationsbezogener Beurteilung der konkreten bzw. besonderen Situationen in der menschlichen Welt, also in der Welt des menschlichen Handelns. Dies ist eine grundlegende Ansicht, die bei Shaftesbury beispielsweise wieder auftaucht. Diesbezüglich ist wichtig für die Kantische Auffassung bzw. für die Interpretation derselben, die ich vorschlagen möchte, die These Vicos, wonach der **sensus communis** sich an der Errichtung einer gemeinsamen Welt entscheidend beteiligt, so daß er als der Sinn für die Stiftung der Gemeinsamkeit überhaupt aufgefaßt werden kann. In einer ähnlichen Richtung finden einige Ansichten Shaftesburys einen gewissen Widerhall in der Kantischen Auffassung. Hierin beziehe ich mich nicht so sehr auf die Konzeption des **common sense** als eine Elementarform menschlichen Urteilsvermögens, als auf die Betonung der praktischen Dimension dieses Begriffs, wonach der **common sense** sich gegen den Egoismus der auf seine Privatheit konzentrierten Menschen richtet und so die Herstellung einer gemeinsamen sozialen und politischen Ordnung ermöglicht. Solche Ansichten Vicos oder Shaftesburys kommen bei Kant, oder, genauer gesagt, in seiner empirischen, anthropologischen Betrachtung des **sensus** communis, wenn gleich vielleicht nicht so deutlich, wieder zum Ausdruck. Nun will ich die Konturen des Kantischen **sensus communis** in einer produktiven Wiederaufnahme der Ansichten, die andere Philosophen vor Kant bereits vorgelegt haben, bei Kant implizit anwesend sind, aber doch meines Erachtens nicht befriedigend thematisiert bzw. explizit unterschieden werden, deutlicher machen. Diese Interpretation darf aber keine bloße Integration anderer philosophischer Ansichten in die Transzendentalphilosophie sein, so daß die Konturen dieser letzten verschwommen, diffus werden. Sie muß deshalb zugleich eine Abgrenzung von anderen philosophischen Betrachtungen sein, gegen deren Vorsätze die kritische Philosophie ja enstanden ist. Ich werde jetzt also die Kantsche Auffassung des **sensus communis** wieder aufgreifen, um die Bestimmung dieses Begriffs in der Transzendentalphilosophie und deren Unterschiede zu anderen philosophischen Bearbeitungen desselben Terminus besser zu verstehen. Damit werde ich mich der Darstellung der Kantschen Konzeption bedienen, die ich selbst in §8. und §9. dieser Arbeit vorweggenommen habe.

§10.2. Die Kantische Auffassung des *sensus communis*.

Wir haben bereits gesehen, daß die Voraussetzung des **sensus communis** für das Geschmacksurteil unter der Form des **Postulats** einer **allgemeinen Stimme** im §8 der **Kritik der Urteilskraft** (Vgl.,KU,§8,215-216) formuliert wurde. Dabei wurde klar, daß der **sensus communis** sich auf eine Art Gemeinschaft urteilender Subjekte, über die bloß private Gültigkeit eines einzelnen Urteilenden hinaus bezieht, wobei die Subjekte sich aufgrund eines gemeinsam mitgeteilten Gefühls miteinander identifizieren und so einen Anspruch auf Allgemeingültigkeit mit ihren einzelnen Geschmacksurteilen über das Schöne mit Recht verknüpfen können. An eine subjektive aber zugleich allgemeine Bedingung der Beurteilung überhaupt appellierend, verbindet also der **sensus communis** den einzelnen Urteilenden an die ganze Sphäre der Urteilenden auf der Basis eines allen gemeinsamen Gefühls am Wohlgefallen am Schönen und dessen Beurteilung (Vgl.,KU,§22,238-240). Dabei werden die Subjekte also nicht so sehr in Beziehung zu irgendeiner Beschaffenheit der Objekte, sondern vielmehr zu der gesamten Sphäre der urteilenden Subjekte überhaupt, zu anderen Subjekten, gesetzt. Ein zentrales Problem der **Kritik der Urteilskraft**, nämlich das Problem der Beziehungen zwischen dem Besonderen und dem Allgemeinen[295], wird so unter Rückgriff auf diese ideale Gesamtheit der urteilenden Subjekte gelöst. Hierin zeichnet sich ein neues Verhältnis des Besonderen zum Allgemeinen ab, innerhalb dessen das einzelne urteilende Subjekt in seiner besonderen Beurteilung das Allgemeine erreichen kann, indem es sich an die gesamte Sphäre der Urteilenden anschließt, und zwar ohne auf allgemeinen Gesetze bzw. logischen, objektiven Begriffen basieren zu müssen. Dadurch wird es möglich, daß der einzelne Urteilende sich in einen allgemeinen, universalen Standpunkt, in den alle anderen -wirklichen und potentiellen- Urteilende einbezogen werden, versetzt, indem er sein einzelnes Urteil nicht auf seine eigenen, jetzigen Gefühle und Urteile, sondern vielmehr auf ein Gefühl und auf ein Urteil, die als gemein verstanden und damit in allen anderen Urteilenden legitim vorausgesetzt wird, bezieht. Demzufolge ist es überhaupt nicht möglich, ein Geschmacksurteil über das Schöne fällen zu lassen, ohne zugleich dieses einzelne Urteil mit denen der anderen zu vergleichen, d.i. ohne uns auf die Gesamtheit der Urteilenden gleichzeitig notwendigerweise beziehen zu müssen. Das, was dabei meiner Meinung nach hervorgehoben werden muß, ist, daß hier der Zustimmung anderer Urteilender und folglich dem Verhältnis zu anderen Subjekten, die sowohl in der erkenntnistheoretischen, logischen als auch in der praktischen Beurteilung nicht so sehr in den Mittelpunkt standen, in der ästhetischen Beurteilung eine wesentliche Rolle zugewiesen wird. So lassen sich einige Bemerkungen Kants verstehen, nach denen der Geschmack "ein Vermögen der gesellschaftlichen Beurteilung" (A,241), also "eine Lust in Gemeinschaft mit Andern" ist. An einer Stelle, die in die Tradition eines Shaftesburys problemlos situiert werden könnte, geht Kant so weit zu sagen, daß der **sensus communis** letztlich als die eigentlich menschliche Eigenschaft deshalb mit Recht betrachtet werden kann, weil die Mitteilung unter Menschen, und damit sogar die Möglichkeit, mit den anderen, mit dem Anderen, zu leben, auf ihn angewiesen ist. Als unbestritener Beleg dafür könnte man etwa an eine bereits angeführte Stelle im §69 der **Kritik der Urteilskraft** denken:

"...weil Humanität, schreibt Kant, einerseits das allgemeine Teilnehmungsgefühl, andererseits das Vermögen, sich innigst und allgemein mitteilen zu können,

---

[295]Vgl., dazu §§ 1., 2., 3., 4. und 5. dieser Arbeit.

bedeutet, welche Eigenschaften zusammen verbunden die der Menschheit angemessene **Glückseligkeit** ausmachen, wodurch sie sich von der tierischen Eingeschränktheit **unterscheidet**" (KU,§60,355-356)[296].

So kann die Menschheit, wie wir bereits bemerkt haben, nicht nur mittels eines allen gemeinsamen Ideals der praktischen Rationalität des Handelns oder der auf den Naturwissenschaften begründeten theoretischen Rationalität vereinigt werden, sondern auch durch eine Kultur des mitgeteilten Gefühls, also durch eine Kultur des auf den **sensus communis** basieenden Geschmacks. So habe ich eine Grundansicht meiner Interpretation vorgestellt, nach der der **sensus communis** eine Bedeutung aufweist, die über die Grenzen des Ästhetischen hinausweist[297]. Die für das Geschmacksurteil wesentlich konstitutive Selbstversetzung, kraft derer sich das einzelne urteilende Subjekt in die gesamte Sphäre der urteilenden Subjekte als Möglichkeitsbedingung für die Formulierung ihres Geschmacksurteils versetzt, ist letztlich nicht nur ein Phänomen im Bereich des bloß ästhetischen Gefühls, sondern

---

[296] Die Erwähnung Shaftesburys scheint mir in diesem Rahmen deshalb berechtigt zu sein, weil er, in radikaler Entgegensetzung zu Hobbes und im Horizont seiner aus einer Naturlehre bzw. aus einer Ethik entstandenen Ästhetik, jenes Band, das die menschliche Welt **vor** deren Errichtung durch irgendwelche Verträge zusammenhält, hervorzuheben versucht hat. Demzufolge seien der Gesellschaftsvertrag bzw. die bürgerliche Vereinigung nie imstande, Recht oder Unrecht zu erschaffen, wenn beides nicht schon zuvor in irgendeiner Form bestünden. So ist Shaftesbury auf eine Form der natürlichen Sympathie zurückgekommen und hat in ihr als einem Grund- bzw. Urdatum, alle konventionellen, institutionellen Ordnungen begründet. Diese natürliche Sympathie meint bei Shaftesbury ein ursprüngliches Mit-Gefühl des Einzelnen mit dem Ganzen, ohne welches weder die natürliche noch die sittliche Welt begriffen werden können. Wie Cassirer treffend sagt: "Aus diesem Grundmotiv seiner Naturlehre und seiner Ethik hat sich denn auch Shaftesbury Ästhetik entwickelt" (Cassirer,1932,136). Solche Motive scheinen mir bei Kant wieder vorzukommen.

[297] Dazu sei es auf die bereits zitierte Stelle in §22 der **Kritik der Urteilskraft** zu verweisen:

"...ob es in der Tat einen solchen Gemeinsinn, als konstitutives Prinzip der Möglichkeit der Erfahrung gebe, oder ein noch höheres Prinzip der Vernunft es uns nur zum regulativen Prinzip mache, allererst einen Gemeinsinn zu höheren Zwecken in uns hevorzubringen; ob also Geschmack ein ursprüngliches und natürliches, oder nur die Idee von einem noch zu erwerbenden und künstlichen Vermögen sei, so daß ein Geschmacksurteil, mit seiner Zumutung einer allgemeinen Beistimmung, in der Tat nur eine Vernunftforderung sei, eine solche Einhelligkeit der Sinnesart hervorzubringen, und das Sollen, d.i. die objektive Notwendigkeit des Zusammenfließens des Gefühls von jedermann mit jedes seinem besondern, nur die Möglichkeit hierin einträchtig zu werden, vedeute, und das Geschmacksurteil nur von Anwendung dieses Prinzips ein Beispiel aufstelle: das -sagt Kant- wollen und können wir hier noch nicht untersuchen, sondern haben für jetzt nur das Geschmacksvermögen in seine Elemente aufzulösen, und sie zuletzt in der Idee eines Gemeinsinns zu vereinigen" (KU,§22,240).

zugleich ein **moralischer** Akt einer **verantwortlichen Person**. Dies bedeutet, daß sowohl die moralische als auch die ästhetische Beurteilung die begrenzte Perspektive eines einzelnen Subjekts hin zu einer potentiellen Gemeinschaft urteilender Subjekte aufheben. Keine von ihnen kann von einem privaten Standpunkt her formuliert werden, sondern allein von einer Perspektive her, die jedes andere Subjekt einschließt. So habe ich versucht, jene Kantische Bemerkung zu verstehen, nach der "..der Geschmack gleichsam den Übergang vom Sinnenreiz zum habituellen moralischen Interesse, ohne einen zu gewaltsamen Sprung, möglich..." macht (KU,§59,354). Nach Kant ist es also so, daß in der ästhetischen und in der moralischen Beurteilung von jedem privaten, partikularen, Standpunkt eines einzelnen Subjekts abstrahiert wird, um sich in eine universale Perspektive versetzen zu können. So ist der **sensus communis** letztlich nichts anderes als die Stiftung einer gemeinsamen ästhetischen bzw. moralischen Beurteilung, die über die begrenzte, private Perspektive eines einzelnen Subjekts hinausgeht. Noch deutlicher gesagt ist der **sensus communis** also die Erschließung einer gemeinsamen ästhetischen Erfahrung bzw. Beurteilung, die Eröffnung einer gemeinsam mitgeteilten Welt überhaupt, wo die Subjekte sich als Subjekte zueinander anerkennen und so sich moralisch wechselseitig zueinander verhalten. Kurz und gut: der **sensus communis** ist die *Erschließung einer öffentlichen, gemeinsamen Erfahrung bzw. Beurteilung überhaupt, die Stiftung eines gemeinsamen Weltverständnisses, das sich keineswegs nur auf die ästhetische Erfahrung bzw. Beurteilung einschränkt, sondern sich über die menschliche Erfahrung bzw. Beurteilung überhaupt hindurchstreckt und sie als deren Möglichkeitsbedingung umfaßt.*

Gemäß der oben vorgeschlagenen Interpretation bedeutet der **sensus communis** nicht so sehr eine gemeinsame Wahrnehmung der Wirklichkeit bzw. ein bloß gemeinsames Gefühl, als eher eine gemeinsame Erschließung der Welt, die uns eine gemeinsam mitgeteilte Erfahrung bzw. die Eröffnung einer öffentlichen, gemeinsamen Welt ermöglicht, also die Erschließung einer Welt, die die Menschen als eine einheitliche bzw. gemeinsame Welt erfahren, zu der sie allgemeingültige Urteile formulieren und über die sie sich miteinander verständigen können. Der **sensus communis** ist also in sich selbst keine bestimmte Erkenntnis. Vielmehr ist er insofern eine Möglichkeitsbedingung jeder Erkenntnis bzw. jeder Erfahrung überhaupt, als er diejenige gemeinsame Erschließung der Welt artikuliert und austrägt, die wiederrum jeder Art Erkenntnis bzw. Erfahrung als deren wesentlichen Bedingung zugrundeliegt. So scheint Kant sich selbst ausgesprochen zu haben:

"Das einzige allgemeine Merkmal der Verrücktheit ist der Verlust des Gemeinsinnes (sensus communis), und der dagegen eintretende logische Eigensinn (sensus privatus), z.B. **ein Mensch sieht am hellen Tage auf seinem Tisch ein brennendes Licht, was doch ein anderer Dabeistehende nicht sieht, oder hört eine Stimme, die kein anderer hört**. Denn es ist ein subjektivnotwendiger Probierstein der Richtigkeit unserer Urteile überhaupt und also auch der Gesundheit unseres Verstandes: daß wir diesen auch an den Verstand anderer halten, nicht aber uns mit dem unsrigen isolieren, und mit unserer Privatvorstellung doch gleichsam **öffentlich** urteilen" (A,218-219. Letzte Hervorhebung von GL.).

Und weiter unten noch deutlicher:

"Denn man nimmt uns ja dadurch, wo nicht das einzige, doch das größte und brauchbarste Mittel, unsere eigene Gedanken zu berichtigen, welches dadurch geschiet, daß wir sie öffentlich aufstellen, um zu sehen, ob sie auch mit anderer ihrem Verstande zusammenpassen; weil sonst etwas bloß Subjektives (z.B. Gewohnheit oder Neigung) leichtlich für objektiv würde gehalten werden: als worin gerade der Schein besteht, von dem man sagt, er betrügt, oder vielmehr, wodurch man verleitet wird, in der Anwendung einer Regel sich selbst zu betrügen.- Der, welcher sich an diesen Probierstein gar nicht kehrt, sondern es sich in den Kopf setzt, den Privatsinn, ohne, oder selbst wider den Gemeinsinn, schon für gültig anzuerkennen, ist einem Gedankenspiel hingegeben, wobei er **nicht in einer mit anderen gemeinsamen Welt**, sondern (wie im Traum) in seiner eigenen sich sieht, verfährt und urteilt" (A,219-220). Hervorhebungen von GL)[298].

---

[298]Diesbezüglich sind die Bemerkungen Arnold Gehlens über den juristischen Begriff des 'allgemeinen Zumutbaren' besonders einschlägig:

"...der Begriff des 'allgemein Zumutbaren', in dem offenbar eine Schranke der Willkür mitgedacht ist. Das allgemein Zumutbare spricht den '**Gemeinsinn**' an, d.h. eine mehr gefühlte als artikulierte

Der **sensus communis** ist also nichts anderes als die eines öffentlichen, gemeinsamen Weltverständnisses, nur innerhalb dessen die ästhetische, die moralische und sogar die theoretische Beurteilung erst möglich werden. **Sensus communis** besagt die Erschließung einer offentlichen gemeinsamen Erfahrung, allein unter der sich etwas als Erfahrung überhaupt entstehen kann bzw. artikuliert werden kann. **Sensus communis** bedeutet also die Stiftung einer öffentlichen, gemeinsamen Welt, die Gründung eines gemeinsamen Sinns, die die theoretische Erkenntnis, die ästhetische Erfahrung und ebenfalls sogar das gemeinsame moralisches Handeln als deren Möglichkeitsbedingung möglich machen. Der **sensus communis** ist also eine Erschließung eines öffentlichen, gemeinsamen Weltverständnis, das durch dessen Offenheit, Unabgeschlossenheit wesentlich charakterisiert ist und wo Einheit und Vielheit, Singularität und Pluralität, Disenz und Konsenz, Eigensinn und Gemeinsinn aufeinander verwiesen und miteinander ständig vermittelt werden. So betrachtet kann der **sensus communis** nie als eine "totalitär geronenne" Perspektive verstanden werden, denn er eröffnet derart konstitutiv und grundlegend eine öffentliche Welt, ein gemeinsames Weltverständnis, daß nur unter dessen Voraussetzung etwas wie Konsenz (Gemeinsinn im empirischen Sinne) bzw. Disenz (Eigensinn) entstehen und sich als sinnvolles erweisen können, und zwar in eine wechselseitige Bezogenheit, kraft deren sie aufeinander verweisen und ständig miteinander vermittelt werden. Hierbei muß es klar werden, daß als Erschließung einer öffentlichen, gemeinsamen Welterfahrung bzw. als Stiftung eines gemeinsamen Weltverständnisses verstanden der **sensus communis** nicht nur eine Möglichkeitsbedingung der ästhetischen Erfahrung bzw. der ästhetischen Beurteilung ist, sondern ebenfalls zugleich der erkenntnis-theoretischen Erfahrung bzw. Beurteilung als auch des moralischen und ja sogar des politischen Handelns bzw. der moralischen und politischen Beurteilung. Demzufolge bezieht sich der **sensus communis** nicht nur auf die Ermöglichung einer intersubjetiven gemeinsamen Erfahrung überhaupt bzw. einer gemeinsamen Beurteilung, sondern ebenfalls zugleich -und dies ist eine entscheidende und folgenreiche These für die praktische Philosophie- auf die Stiftung eines **gemeinsamen Handelns**. So gesehen umfaßt der **sensus communis** also die Erfahrung und das Weltverständnis überhaupt bzw. das menschliche Handeln überhaupt als deren Moglichkeitsbedingung. Diese Thesen müssen aber noch präziser erörtert werden.

Gemeinsamkeit über Selbstverständliches, in das der Einzelwille sich einzufügen bereit ist" (Gehlen,1978,366).

Wie bereits gesehen, hat Kant den **sensus communis** in der "Analytik des Schönen" der **Kritik der Urteilskraft** zunächst als eine Bezeichnung für den Grund der Möglichkeitsbedingung einer intersubjektiv gültig gemeinsamen ästhetischen Erfahrung bzw. einer gemeinsamen ästhetischen Beurteilung, also als eine Möglichkeitsbedingung, die jedes einzelne urteilende Subjekt voraussetzen muß, wenn er ein ästhetisches Wohlgefallen erfährt und ein Geschmacksurteil dazu fallen läßt, eingeführt. So charakterisiert Kant den **sensus communis** als die grundlegende Voraussetzung der Allgemeingültigkeit der Geschmacksurteile, also der Urteile, bei denen man sich nicht auf allgemeinen Regeln bzw. Begriffe stützen kann. Dies besagt aber **nicht**, daß sich der **sensus communis** als Stiftung einer gemeinsamen Welterfahrung bzw. eines gemeinsamen Weltverständnisses nur auf den ästhetischen Bereich begrenzt. Diesbezüglich sollte man insbesondere, über jede Reduktion des **sensus communis** auf das ästhetische Urteil, den **praktischen** Charakter der Erschließung einer öffentlichen, gemeinsamen Welt, wenn man an den **sensus communis** als Eröffnung eines gemeinsamen Rahmens für das Handeln bzw. dessen Ziele und Werte, also als **Stiftung einer praktischen Welt des gemeinsamen Handelns** denkt. Demzufolge erweist sich der **sensus communis** ebenfalls als Grundvoraussetzung des moralischen Handelns bzw. der moralischen Beurteilung, denn diese setzen auch die Erschließung eines **gemeinsamen, öffentlichen Handlungsraums** voraus, in dem sich die einzelnen handelnden Subjekte als gleichberechtigte Mitmenschen moralisch zueinander verhalten und dadurch eine Art moralische gemeinsame Welt bzw. eine moralische Gemeinschaft untereinander errichten können. Eben auf diese Weise weist der **sensus communis** bei Kant eine **praktische**, oder, noch präziser gesagt, eine **moralische bzw. politische**, Dimension auf, denn dadurch gründet und bewährt er einen öffentlichen Raum des gemeinsamen Handelns. So betrachtet kann der **sensus communis** den Probierstein einer **praktischen** Philosophie im weitesten Sinne des Wortes, und insbesondere der Grundlegung des **Politischen** als solchen insofern ausmachen, als es im politischen Bereich letztlich um die Frage geht, *wie Handlungen verschiedener einzelnen Subjekte miteinander harmonisert werden können, so daß daraus eine Einheit des Handelns möglich wird und so dadurch ein gemeinsamer Handlungsraum, ein intersubjektiv gültig gemeinsamer Sinn für die Mitgestaltung des öffentlichen Lebens gestiftet werden können*[299]. Aufgrund dieser Bezogenheit auf den **sensus communis** erweist sich das Handeln jedes einzelnen Subjekts mit dem Entstehen, Bestehen und Fortbestehen eines gemeinsam mit anderen Subjekten mitgeteilten bzw. mitgestalteten öffentlichen Raums, der sich wiederrum nicht nur als den unhintergefragten Hintergrund jedes einzelnen Handeln, sondern ebenfalls zugleich als dessen

---

[299] Hier greife ich einige Ansichten auf, die E. Vollrath vorgelegt hat (Vgl., dazu Vollrath, 1977).

Möglichkeitsbedingung erweist. Dies deutet darauf hin, daß der **sensus communis** eine **praktische** Bedeutung aufweist, weil er in letzter Konsequenz nichts anderes als die Erschließeung eines offentlichen Raums, einer Öffentlichkeit ist, allein auf der ein Gemeinwesen beruhen kann. So muß der **sensus communis** als dasjenige verstanden werden, worauf letztlich ein öffentliches Gemeinwesen basiert und dank dessen diese aufrechterhalten werden kann. Diesbezüglich sollte man die von Kant selbst vorgelegte Maxime des **sensus communis** genauer betrachten.

Bereits in §9. haben wir uns auf die Maximen des **sensus communis** bezogen. Diese Maximen sind nach Kant die drei folgenden:

1) "Das Selbstdenken", d.i. die **Maxime der vorurteilsfreien Denkungsart**, nach der sich die Vernunft gegen jede Vorurteile oder Aberglauben richtet, die darauf abzielen, den Menschen zu unterwerfen. Diese Maxime, sagten wir, betont also die **Autonomie der Vernunft** und wird deshalb von Kant als die **Maxime der Aufklärung** verstanden.

2) "An der Stelle jedes anderen denken", das ist **die Maxime der erweiterten Denkungsart**. Diese Maxime setzt sich der **bornierten, eingeschränkten**, Denkungsart eines **privaten** Subjekts entgegen. Nach Kant charakterisiet sich ein Mensch von erweiterter Denkungsart eben dadurch, daß er sich über die subjektiven Privatbedingungen des Urteils hinausgehen kann, indem es aus einem **allgemeinen Standpunkt** -den er allerdings nur dann erreichen kann, wenn er sich in die Perspektive der anderen Subjekte versetzt- über sein eigenes Urteil reflektiert.

3) Jederzeit mit sich selbst einstimmig denken. Dies ist **die Maxime der konsequenten Denkungsart**, die nach Kant nur durch die Verknüpfung der beiden ersten Maximen zu erreichen ist.

Wie bereits in §9 gesagt, teilt Kant diese Maximen so ein, daß er die erste dieser Maximen als die Maxime des **Verstandes**, die zweite als die der **Urteilskraft** bzw. **des sensus communis** und, schließlich, die dritte als die der **Vernunft** bezeichnet. Hierzu sollte man zunächst sagen, daß diese Einteilung der Maximen keineswegs bedeutet, daß die Maximen der vorurteilsfreien und konsequenten Denkungsart keine Beziehung zum **sensus communis** haben können. Ganz im Gegenteil scheint Kant selber hinreichende Argumente -wenn gleich, zugegeben, in der Form zerstreuter Bemerkungen- geliefert zu haben, um nachzuweisen, inwiefern diese zwei Maximen auf die Maxime des **sensus communis** bzw. der erweiterten Denkungsart, letztlich angewiesen sind. Die Beurteilung gemäß der Maxime des **sensus communis** orientiert sich nicht an den **wirklichen** Urteilen einer **faktischen** Gemeinschaft, sondern auch an den **möglichen** Urteiler anderer Subjekte überhaupt. "Diese Vereinigung meines Urteils mit dem anderer", sagt Vollrath zu Recht, "ist die Bedingung dafür, daß man als einziger sich überhaupt gegen die Vorurteile aller, meiner selbst und anderer, zu halten vermag, d.h. selbst zu denken wagt"[300]. So betrachtet ist die Maxime der erweiterten Denkungsart, d.i., der **sensus communis** als solcher, nichts minderes als die Garantie für die Aufrechterhaltung und das Fortbestehen der Aufklärung[301]. Was die Maxime der konsequenten Denkungsart, d.i. jederzeit mit sich selbst einstimmig zu denken, anbetrifft, soll man darauf aufmerksam machen, daß diese Maxime implizit die Ansicht wieder aufnimmt, nach der das Denken keineswegs etwas ist, was in einem bloß logischen Bereich eines isolierten Subjekts stattfinden würde. Hierzu scheint Kant die

---

[300]Vollrath,1977,171.

[301]In einer Fußnote in §40 der **Kritik der Urteilskraft** gibt Kant indirekt Auskunft über diese Bezogenheit der **vorurteilsfreien (Aufklärung)** auf die **erweiterte, öffentliche (sensus communis)** Denkungsart. Dort ist die Rede davon, daß die Aufklärung zwar in thesi leicht sei, in hypothesi aber eine schwere und langsame auszuführende Sache sei:

> "...weil mit seiner Vernunft nicht passiv, sondern jederzeit sich selbst gesetzgebend zu sein, etwas ganz leichtes für den Menschen ist, der nur seinem wesentlichen Zwecke angemessen sein will, und das, was über seinen Verstand ist, nicht zu wissen verlangt; aber, da die Bestrebung zu einem solchen Wissen, das über den menschlichen Verstand hinausgeht, nicht zu verhindern ist, und es an anderen, solche ihre Wißbegierde befriedigen zu können mit vieler Zuversicht versprechen, nie fehlen wird: so muß das bloß Negative (welches die eigentliche Aufklärung ausmacht) in der Denkungsart (zumal der **öffentlichen Denkungsart**) zu erhalten, oder herzustellen, sehr schwer sein" (KU, §40,294-295).

Hier wird es klar, daß die vorurteilsfreie Denkungsart nur innerhalb eines öffentlichen Raums enstehen und aufrechterhalten werden kann. Der **sensus communis** wird hier als Möglichkeitsbedingung der Aufklärung selbst interpretiert.

Meinung zu vertreten, daß sogar diese auf den ersten Blick bloß auf die logische Ebene bezogene Maxime insofern auf die Maxime des **sensus communis** ebenfalls angewiesen ist, als unsere Fähigkeit, in Übereinstimmung mit uns selbst zu denken, vom Bestehen und von der Aufbewahrung eines **öffentlichen** Raums als **rechtlich** verfaßten Gemeinwesens abhängt. So sagt er im **Was heißt: Sich im Denken zu orientieren?**:

"Der Freiheit zu denken ist erstlich der bürgerliche Zwang entgegengesetzt. Zwar sagt man: die Freiheit zu sprechen, oder zu schreiben, könne uns zwar durch obere Gewalt, aber die Freiheit zu denken durch sie gar nicht genommen werden. Allein, wie viel und mit welcher Richtigkeit würden wir wohl denken, wenn wir nicht gleichsam in Gemeinschaft mit andern, denen wir unsere und die uns ihre Gedanken mitteilen, dächten? Also kann man wohl sagen, daß diejenige äußere Gewalt, welche die Freiheit, seine Gedanken öffentlich mitzuteilen, den Menschen entreißt, ihnen auch die Freiheit zu denken nehme..." (DO,144).

Demzufolge verliert ein einzelnes urteilendes Subjekt jede Orientierung in dessen Beurteilung sein Urteil nicht in die öffentliche Sphäre der Urteile anderer Subjekte stellt, und folglich sich in Beziehung zu anderen Subjekte, also in eine Gemeinschaft mit anderen Subjekten innerhalb eines öffentlichen Raums, setzt. So interpretiert, bezieht sich diese Maxime nicht so sehr auf die Einstimmigkeit bzw. auf die Kohärenz bzw. Konsequenz in der Beurteilung eines einzigen Subjekts mit sich selbst, sondern eher auf die Gemeinschaftlichkeit eines Menschen mit den anderen Menschen sowohl im Denken bzw. in der Beurteilung als auch im Handeln in der Welt.

Es ist aber klar, daß die Maxime der erweiterten Denkungsart, also die Maxime des **sensus communis** im eigenen Sinne des Wortes, diejenige ist, in der die Stiftung einer intersubjektiv gültig gemeinsamen, öffentlichen Perspektive der Beurteilung am deutlichsten formuliert ist. Dies wird durch Bemerkungen wie "an der Stelle jedes anderen denken" bzw. "sich in die Stelle jedes anderen zu denken" ausgedrückt. Die Maxime der erweiterten Denkungsart, d.i. die Maxime des **sensus communis** im engen Sinne des Wortes, bezieht sich noch deutlicher als die Maximen der vorurteilsfreien und der konsequenten Denkungsart auf einen öffentlichen Raum der Beurteilung und des Handelns, der von vornherein gemeinsam, intersubjektiv ist. So interpretiert, bedeutet die erweiterte Denkungsart den Zugang zu einer intersubjektiven Perspektive der Beurteilung, die der Erschließung bzw. Stiftung eines einheitlichen, gemeinsamen Handelns ebenfalls zugrundeliegt, wo die subjektive Privatheit in eine gemeinsame Beurteilung bzw. in ein gemeinsames Handeln aufgehoben wird. Diese auf einem öffentlichen gemeinsamen Handeln basierende Gemeinschaft ist keineswegs ein mechanisches Aggregat von einzelnen handelnden Individuen. Vielmehr liefert sie den unhintergehbaren Rahmen, nur innerhalb dessen die einzelnen handelnden Subjekte handeln und aus den verschiedenen individuellen Handlungen ein einheitliches, öffentliches, gemeinsames Handlungsgeflecht entstehen kann. Dies bedeutet aber nicht, daß bereits eine Gemeinschaft des Handelns dort besteht, eine politische Öffentlichkeit da vorliegt, wo alles öffentlich abgehandelt wird. Eher handelt es sich hier darum, daß die politische Gemeinschaftlichkeit, die politische Öffentlichkeit sich nur nach einer besonderen Art gemeinsamen Beurteilung und Handeln bemessen können, die wiederrum letztlich auf der Maxime der erweiterten Denkungsart beruhen. Hierin zeigt der **sensus communis** einen unausweilichen **normativen** Charakter. Die Beurteilung gemäß der Maxime der erweiterten Denkungsart hält sich nicht nur an anderen **wirklichen**, sondern ebenfalls an anderen bloß **möglichen** Urteilen. Dies schließt sowohl die in der Vergangenheit gefallenen Urteile als auch die Urteile, die in Zukunft fallen sollen, ein. Eben durch diese dreifache Verwiesenheit der Beurteilung auf die Gegenwart, auf die Vergangenheit und auf die Zukunft bzw. auf die jeweiligen Beurteilung in diesen drei Zeitmodi werden die Privatheit des einzelnen Subjekts und dessen an einer bestimmten Zeitperiode bzw. an einer bestimmten Kultur gebundenen Urteile überwunden und so einen öffentlichen Handlungsraum erschlossen, der die Handelnden über die Zeit bzw. über den Raum hinausgreifen kann, indem die Handelnden auf einen gemeinsamen Sinn bezogen werden, der deren intersubjektiv anerkannten einheitlichen und gemeinsamen Handlungsraum artikuliert und erst möglich macht. In dieser Hinsicht ist auffallend, wie Kant selbst in diesem Zusammenhang die Maxime der erweiterten Denkungsart als die der "**liberalen**" Denkweise -und diese Konnotation bezieht sich deutlich auf eine bestimmte politische Tradition- bezeichnet (Vgl.,A,228). Wenn ich solche Bemerkungen richtig interpretiere, ist der **sensus communis** als Stiftung eines einheitlichen, gemeinsamen, öffentlichen Handlungsgeflechts zugleich die Erschließung eines **politischen** Raums, dessen Kern darin liegt, eine Handlungsgemeinschaft als **res publica** zu stiften, zu reproduzieren und aufzubewahren. Die Maxime der erweiterten Denkungsart, die Maxime des **sensus communis** oder, noch deutlicher gesagt, der **sensus communis** als solche erwirbt also eine wesentlich **politische** Dimension dadurch, daß er die Eröffnung einer gemeinsachaftlichen und öffentlichen Welt aufgrund eines gemeinsamen Handeln und einer gemeinsam intersubjektiven Beurteilung zwischen den einzelnen Subjekte ermöglicht und auf diese Weise ein politisches Gemeinwesen, eine Republik im wörtlichen Sinne dieses Begriffs, stiftet und aufbewahrt. Dies bedeutet keineswegs, daß der **sensus communis** als die Errichtung einer einheitlichen Meinung interpretiert werden sollte. Hier geht es also nicht darum, eine Reduktion der verschiedenen Urteile bzw. der einzelnen Handlungen auf eine letztlich "totalitäre" Einheit vorzunehemen. Hier stehen wir nicht im Bereich der theoretischen Vernunft bzw. der bestimmenden Urteilskraft und deren Anspruche auf eine einheitliche objektive Erfahrung. Eher befinden wir uns hier im Bereich einer auf das Besondere und Einzelne ausgerichteten reflektierenden Urteilskraft, die nicht von der **Einheit**, sondern vielmehr von der **Pluralität** in der Beurteilung und Handeln ausgeht. Hierzu sagt die Maxime der **sensus communis** allein, daß diese Pluralität von Meinungen, Urteilen und Handlungsprojekten von vornherein in einer **gemeinsamen** Welt, in einem **öffentlichen** Raum als deren Möglichkeitsbedingung derart verankert und konstituiert ist, daß das einzelne Urteil bzw. das einzelne Handeln sich allein gegen den Hintergrund dieser ursprünglichen Gemeinschaftlichkeit artikulieren und in Verknüpfung miteinander einen öffentlichen Raum der Beurteilung, ein gemeinsames Handeln stiften und dadurch ein intersubjektives Handlungsgeflecht herausbilden können. So gesehen verläuft die Politik bzw. das Leben eines Gemeinwesens innerhalb einer konstitutiven Spannung zwischen der Stiftung einer Handlungsgemeinschaft, der Pluralität verschiedenen einzelnen Handeln und der Begrenzung derselben mittels eines institutionellen Rahmens, der wiederum den allgemeinen Standpunkt jeder möglichen Urteilender ausdrücken muß und so unter Berufung auf diesen allen gemeinsam mitgeteilten Standpunkt -d.i. wieder auf den **sensus communis**- die aus der Pluralität entstandene Konflikten regulieren kann.

Nun fasse ich zusammen. Anders als in der vorkantischen wird in der transzendentalen Philosophie Kants der **sensus communis** noch radikaler begründet und verstanden. Zuerst erweist der **sensus communis** sich als die Erschließung einer gemeinsamen ästhetischen Erfahrung bzw. Beurteilung, in der die urteilenden Subjekte in Beziehung zueinander gesetzt werden und sich in eine allgemeine Perspektive zur Beurteilung versetzen, und zwar aufgrund einer Erweiterung ihrer Denkungsart, die im Grunde genommen ein **moralisches** Ereignis ist. Dann hat es sich herausgestellt, daß über die Grenzen der ästhetischen Erfahrung **strictu sensu** hinaus der **sensus communis** als die Erschließung einer öffentlichen, gemeinsamen Erfahrung überhaupt, als die Stiftung eines gemeinsamen Weltverständnisses verstanden werden sollte. Demzufolge bedeutet der **sensus communis** nichts anderes als die Eröffnung einer öffentlichen Welt, die die Menschen als eine einheitliche bzw. gemeinsame Welt erfahren, zu der sie allgemeingültige Urteile formulieren und über die sie sich miteinander verständigen können. So wurde der **sensus communis** als die Stiftung einer öffentlichen, gemeinsamen Welt, die Gründung eines gemeinsamen Sinns verstanden, innerhalb dessen die theoretische Erkenntnis, die ästhetische Erfahrung und ebenfalls das gemeinsame Handeln erst artikuliert bzw. möglich werden können. Eben hier trat eine folgenreiche These für die **praktische Philosophie** hervor, weil dieser Interpretation zufolge der **sensus communis** ebenfalls die Eröffnung eines gemeinsamen Rahmens für das Handeln bzw. dessen Ziele und Werte ist, wo sich die einzelnen handelnden Subjekte als gleichberechtigte Mitmenschen moralisch zueinander verhalten und dadurch eine Art moralische gemeinsame Welt bzw. eine moralische Gemeinschaft untereinander errichten können. Deshalb, sagten wir mit bezug auf einige Ansichten Vollraths, kann der **sensus communis** ebenfalls den Schlußel zu einer Grundlegung des **Politischen** bei Kant insofern liefern, als er sich als die Möglichkeitsbedingung dafür erweist, wie Handlungen verschiedener einzelnen Subjekte miteinander harmonisiert werden können, so daß daraus eine Einheit des Handelns möglich wird und dadurch einen intersubjektiv gültigen gemeinsamen Sinn für die Mitgestaltung des öffentlichen Lebens gestiftet wird. Demnach muß der **sensus communis** letztlich als dasjenige verstanden werden, worauf ein demokratisches, öffentliches Gemeinwesen basiert und dank dessen dieses aufrechterhalten werden kann. Auf derartige Probleme werde ich zurückkommen[302]. Zunächst will ich aber das Problem des Verhältnisses Allgemeinen/Besonderen im Geschmacksurteil kurz ansprechen.

---

[302]Vgl. §§ 12. und 13. dieser Arbeit.

§ 11. Das Verhältnis Allgemeines/ Besonderes in der ästhetischen Beurteilung.

§ 11.1. Die Diskussion über die Rehabilitierung des Besonderen in der deutschen Philosophie des 18. Jahrhunderts.

Wie ich bereits darauf hingewiesen habe, hat Kant in der Vorrede zur ersten Auflage der **Kritik der reinen Vernunft** bemerkt, daß die Vernunft sich aufgrund ihrer eigentümlichen Natur gewisse Fragen stellen muß, "...die sie aber nicht beantworten kann, denn sie übersteigen alles Vermögen der menschlichen Vernunft" (**KrV**,AVII). Dieses Paradoxon kommt deutlich zum Ausdruck in einer Bewegung, innerhalb derer die Vernunft einerseits Grundsätze im Laufe der Erfahrung unvermeidlich und legitim gebraucht, andererseits aber mit derartigen Grundsätzen immer höher, zu weiter von der Erfahrung entfernten Bedingungen steigt, und das in einer nicht endenden Dynamik. So macht die Vernunft Gebrauch von Grundsätzen über jede mögliche Erfahrung hinaus und gerät dadurch in Dunkelheiten und Widersprüche, deren Grund sie weder entdecken noch anerkennen kann, weil die Grundsätze, deren sie sich bedient, über die Grenze aller Erfahrung hinausgehen und so keinen Probierstein der Erfahrung mehr anerkennen. Wenn die Vernunft sich aber nicht bloß zum Gebrauch der Verstandesgrundsätze auf Gegenstände der Erfahrung bezieht, sondern jene über die Grenze der letzteren hinaus ausdehnt, so entspringen illegitime Lehrsätze, die in der Erfahrung weder Bestätigung noch Widerlegung finden können. So erklärt sich die Entstehung eines unauflösbaren Widerstreits von zwei Aussagen ("**Thesis**" und "**Antithesis**"), den sogenannten **Antinomien**, die sich beide gleich gut begründen lassen (Vgl. **Prolegomena**, §52b, A147). Dies ist genau der Bereich dessen, was Kant zufolge als **Metaphysik** zu bezeichnen ist (KrV, AVIII). Eben hier soll die **Kritik** (griech., κριτικη, mit seinen Ableitungen umfaßt dieser Stamm die Bedeutungen von **Scheidung, Entscheidung, Beurteilung**) der reinen Vernunft ansetzen[303]. "Die Urteilskraft des Zeitalters" -

---

[303] Im Deutschen Wörterbuch der Gebrüder Grimm liest man unter dem Eintrag "**Kritik**", daß das griechische κριτικη in der französischen Form "**critique**" im XVII. Jahrhundert übernommen wurde. So schrieb man zuerst rein französisch **critique**, dann **critic** und, schließlich, beispielsweise bei Lessing, auch

und damit meint Kant offensichtlich das Zeitalter der **Aufklärung**- fordert die Vernunft dazu auf, ihre eigene Selbsterkenntnis zu übernehmen, und "einen Gerichtshof einzusetzen", der die gerechten Ansprüche der Vernunft von deren grundlosen Anmaßungen klar und deutlich abtrennt. Diese Selbsterkenntnis, diese Art Selbstaufklärung der Vernunft über sich selbst, um die Grenze zwischen deren legitimen und deren illegitimen Ansprüchen deutlich zu ziehen, heißt bei Kant also **"Kritik"**:

"Ich verstehe aber hierunter nicht eine Kritik der Bücher und Systeme, sondern die des Vernunftvermögens überhaupt, in Ansehung aller Erkenntnisse, zu denen sie, unabhängig von aller Erfahrung, streben mag, mithin die Entscheidung der Möglichkeit oder Unmöglichkeit einer Metaphysik überhaupt und die Bestimmung sowohl der Quellen, als des Umfanges und der Grenzen derselben, alles aber aus Prinzipien" (KrV,AXII).

Die **konstruktive** Aufgabe dieser **Kritik** ist vor allem in der **transzendentalen Analytik** anzutreffen -als demjenigen Teil der transzendentalen Logik, der die Elemente der reinen Verstandeserkenntnis vorträgt, und sich mit den Prinzipien, ohne welche kein Gegenstand gedacht werden kann, beschäftigt, und folglich als eine **Logik der Wahrheit** zu verstehen ist. Hingegen wird die **destruierende Aufgabe** der **Kritik** vor allem in der **transzendentalen Dialektik** durchgeführt. Kant betrachtet diese transzendentale Dialektik "...nicht als eine Kunst, dergleichen Schein dogmatisch zu erregen [...] sondern als eine Kritik des Verstandes und der Vernunft in Ansehung ihres hyperphysischen Gebrauchs, um den falschen Schein ihrer grundlosen Anmaßungen aufzudecken, und ihre Ansprüche auf Erfindung und Erweiterung, die sie bloß durch tranzsendentale Grundsätze zu erreichen vermeinet, zur bloßen Beurteilung und Verwahrung des reinen Verstandes vor sophistischem Blendwerke herabzusetzen" (KrV,A63-64/B88). So verstanden muß diese **Kritik** "den Punkt des Mißverstandes der Vernunft mit ihr selbst" entdecken (KrV,AXII), die durch deren erfahrungsfreien Gebrauch von Grundsätzen

---

critik. Die Gebrüder Grimm definieren zunächst **"Kritik"** als "...die kunst des fachmäszigen urtheilens oder beurtheilens in sachen der künste und wissenschaften". Dann erinnern sie an Goethes Bemerkung zu jener "... function des Verstandes, die wir wol die höchste nennen dürfen, die kritik nämlich, das absondern des ächten vom unächten". Unter Berufung an diesen Dichter erinnern sie weiter daran, daß es zwei Arten von Kritik gibt, nämlich eine "zerstörende" und eine "produktive".

ermöglichte Entzweiung der Vernunft mit sich selbst auflösen, und sie dadurch zu ihrer "völligen Befriedigung" (KrV,AXIII) führen. Die von Kant durchgeführte Kritik hat also ein Doppelgesicht. Indem sie den Gebrauch der Grundsätze, mit denen die spekulative Vernunft über ihre eigene Grenze hinausgeht, auf den Bereich der Sinnlichkeit beschränkt, erbringt die Kritik deshalb ein **negatives** Ergebnis, weil sie die Ansprüche der spekulativen Vernunft begrenzt. Indem sie aber zugleich zeigt, daß "...es einen schlechterdings notwendigen praktischen Gebrauch der reinen Vernunft (den moralischen)" gibt, "in welchem sie [d.i. die Vernunft, GL] sich unvermeidlich über die Grenzen der Sinnlichkeit erweitert" (KrV,BXXV), wird aus der Kritik deswegen ein **positives** Ergebnis gezogen, weil dadurch Freiheit, und mit ihr Sittlichkeit, sich ohne Widerspruch denken lassen und einen Platz neben dem des Naturmechanismus haben können.

Hans Vaihinger hat zu Recht darauf hingewiesen, daß die Kritik der reinen Vernunft in der von Kant vorgelegten Einteilung des "kritischen Geschäfts" in der ersten **Kritik** manchmal neutral als eine Beurteilung der reinen Vernunft gemäß deren Gültigkeit und Grenzen, gelegentlich aber auch positiv als eine Vorbereitung zum System der reinen Vernunft, oder negativ als Befreiung der reinen Vernunft von Irrtümern verstanden wird[304]. Daraus könnte man eine dreistufige Einteilung aus dem Aufbau der **Kritik der reinen Vernunft** herauslesen (Dazu vgl.,KrV,A11/B24 uff.):

1. **Kritik** der reinen Vernunft als Untersuchung bzw. Beurteilung der reinen Vernunft in deren Quellen, Umfang und Grenzen. Diesbezüglich wird die Kritik als eine "**Propädeutik**" verstanden;

2. **Organon** der reinen Vernunft, das nichts anders als der auf die oben genannte Kritik gegründete Inbegriff der Methode und Prinzipien, wie reine Erkenntnisse a priori erworben werden, ist. "Unter einem Organon", sagt Kant in der Einleitung in die **Logik**, "verstehen wir nämlich eine Anweisung, wie ein gewisses Erkenntnis zu Stande gebracht werden solle"(L,13)[305];

---

[304]Vgl., Vaihinger,I,457.

[305]Vaihinger erinnert daran, daß der Ausdruck "**Organon**" zum ersten Mal gebraucht wurde, um die logischen und erkenntnistheoretischen Schriften des Aristoteles zusammenzufassen, die ein Werkzeug, eine Vorbereitung für die Metaphysik bilden sollten. Ferner, sagt er, nannte im XVII Jahrhundert Bacon sein Werk **Novum Organon**, "...indem er an Stelle der apriorisch-deductiven Methode die experimentell-inductive Methode als Verfahren der Philosophie geltend machte. Im XVIII Jahrh. wandte Lambert den

3. **System** der reinen Vernunft als die Erweiterung der Erkenntnisse durch reine Vernunft unter Anwendung der im Organon der reinen Vernunft erzielten Ergebnisse. Dies wird von Kant "**Doktrin**" genannt. Es ist aber klar, daß dies nichts anderes als die **Metaphysik** ist.

Demzufolge ist die **Kritik** noch nicht **Doktrin**, sondern bloß eine **Propädeutik**, die zunächst den Weg zum **Organon** und dadurch später zum **System** vorbereiten muß (Vgl.,KrV,A12/B25 uff.)[306]. Da aber "**Organon**", wie gesagt, der Inbegriff der Prinzipien zum Erwerb reiner Erkenntnisse ist, bedarf man wiederum eines Inbegriffs der Grundsätze des richtigen Gebrauchs der Erkenntnisvermögen, also eines **Kanons**, um den Weg zu diesem Organon ebnen zu können. Unter einem "Kanon" wird der "Inbegriff der Grundsätze a priori des richtigen Gebrauchs gewisser Erkenntnisvermögen überhaupt" verstanden (KrV,A796/B824)[307]. Hierin ist vor allem wichtig, auf die doppelte Entgegensetzung, die Kant hier vorführt, aufmerksam zu machen, nämlich: einerseits, die Unterscheidung bzw. Entgegensetzung zwischen "**Kanon**" und "**Disziplin**", und andererseits, die zwischen "**Kritik**" und "**Doktrin**".

Hinsichtlich der ersten Unterscheidung soll man zunächst daran erinnern, daß, wie bereits gesagt, der **Kanon** als der Inbegriff der Grundsätze a priori des **richtigen** Gebrauchs gewisser

---

Ausdruck wieder an, indem er sein logisch-erkenntnistheoretisches Werk Neues Organon nannte: es erschien 1764 und übte auf Kant einen großen Einfluß aus" (Vaihinger,I,462).

[306] Diesbezüglich darf man nicht übersehen, wie sich Kant in der Einleitung in die **Kritik der reinen Vernunft** auf sein eigenes Unternehmen bezieht:

"Diese Untersuchung, die wir eigentlich nicht Doktrin, sondern nur transzendentale Kritik nennen können, weil sie nicht die Erweiterung der Erkenntnisse selbst, sondern nur die Berichtigung derselben zur Absicht hat, und den Probierstein des Werts oder Unwerts aller Erkenntnisse a priori abgeben soll, ist das, womit wir uns jetzt beschäftigen" (KrV,A11/B25).

[307] Als Beispiel hierfür wäre der **Kanon der reinen Vernunft** zu nennen. In der **Kritik der reinen Vernunft** sagt Kant, daß der "größte und vielleicht einzige Nutzen aller Philosophie der reinen Vernunft" nur deshalb "negativ" ist, weil sie nicht als "Organon zur Erweiterung, sondern als Disziplin, zur Grenzbestimmung dient, und anstatt Wahrheit zu entdecken, nur das stille Verdienst hat, Irrtümer zu verhüten" (KrV,A795/B823). Im Falle der reinen Vernunft also, wie oben bereits erläutert, bezieht sich deren richtiger Gebrauch überhaupt nicht auf einen spekulativen, sondern lediglich auf einen **praktischen**. So betrifft der Kanon der reinen Vernunft nur diesen "praktischen Vernunftgebrauch".

Erkenntnisvermögen überhaupt verstanden werden soll. In der "Methodenlehre" der **Kritik der reinen Vernunft** tritt aber der Terminus "**Disziplin**" noch hinzu, welche sich nicht auf eine vermutliche Erweiterung der Erkenntnis bezieht, sondern eher zu deren Begrenzung dient. So sagt Kant: "Der größte und vielleicht einzige Nutzen aller Philosophie der reinen Vernunft ist also wohl nur negativ; da sie nämlich nicht, als Organon, zur Erweiterung, sondern, als Disziplin, zur Grenzbestimmung dient, und, anstatt Wahrheit zu entdecken, nur das Stille Verdienst hat, Irrtümer zu verhüten" (KrV, A795/B823). So bezieht sich Kant gelegentlich auf die Ästhetik im Sinne der **Kritik der reinen Vernunft** als eine Theorie, die zum Organon dienen sollte. Ähnlich charakterisiert er manchmal die Analytik als Kanon und die Dialektik als Disziplin.

Bezüglich der zweiten Entgegensetzung, d.i. der zwischen "Kritik" und "Doktrin", muß man kurz in Erinnerung rufen, daß Kant bereits in der **Logik** die "**Doktrin**" mit einer "demonstrierten Theorie" identifiziert, die durch die dogmatische Unterweisung aus Prinzipien a priori wesentlich charakterisiert ist (Vgl.,L,14-15). Ferner insistiert er darauf, daß die **Doktrin** überhaupt nicht mit dem "gemeinen und, als solchen, bloß empirischen Verstandes- und Vernunftgebrauche, sondern lediglich mit dem allgemeinen und notwendigen Gesetzes des Denkens überhaupt beschäftiget" (L,14-15). So verstanden, beruht die Doktrin auf Prinzipien a priori, aus denen alle ihre Regeln abgeleitet und bewiesen werden können. In den **Reflexionen** taucht diese Entgegensetzung zwischen "Doktrin", die mit jener Art Erkenntnis verbunden ist, die eben durch eine strenge Allgemeinheit charakterisiert ist, und "Kritik", die verknüpft mit dem ist, was Kant dort als **'gemeiner Verstand'** bzw. **'gemeine Erkenntnis'** bezeichnet, und dessen Anwendungsbereich derjenigen ist, der **nicht** allgemeinen bzw. notwendigen Gesetzen untergeordnet ist, wieder auf[308]. Identifiziert manchmal mit der **Gelehrsamkeit** besitzt die **Doktrin** eine strenge Allgemeinheit. Neben dieser so charakterisierten Doktrin besteht aber Kant zufolge noch diese andere Art Erkenntnis, nämlich die gemeine Erkenntnis, die weder allgemeine Gesetze ausdrückt noch auf ihnen basiert bzw. weder durch sie ermöglicht wird. Hier geht es also um eine Erkenntnis, die nicht darauf abzielt, eine kausale Verknüpfung zwischen den Phänomenen gemäß allgemeinen Verstandesbegriffen auszudrucken. Hier handelt es sich eher um eine ganz besondere Art Erkenntnis, die beispielsweise Wolff zuvor als **cognitio historica** bezeichnet hatte. Dieser Philosoph hatte sich bereits mit der nicht-rationalen Art der Tiere und der bloßen Empiriker, Zusammenhänge zu erkennen, beschäftigt. Er war überzeugt

---

[308] So lesen wir beispielsweise:

"Die Wissenschaft der gesunden Vernunft ist Kritik, die der Gelehrsamkeit soll Doktrin sein" (Rx,1575).

davon, daß in dieser Art Erkenntnis kein notwendiger Zusammenhang eingesehen werden könnte. Vielmehr war sie von vornherein auf die sogennanten **vérités de fait** ausgerichtet. Diese Aufwertung derartiger an **vérités de fait** orientierter Erkenntnis spielte bei Wolff eine ganz besondere Rolle gewonnen. Er verstand sie als eine Tatsachenerkenntnis bzw. als eine **historische** Erkenntnis (**cognitio historica**), die neben der philosophischen bzw. allgemeinen und notwendigen Erkenntnis gleichberechtigt stand. Gelegentlich bezeichnet Wolff diese historische Erkenntnis ebenfalls als "gemeinen Verstand". Diese von Wolff rehabilitierte **cognitio historica** ist also eine Erkenntnis des **Besonderen, in concreto**[309]. Solche Überlegungen -und dies führt uns zum Thema unserer Überlegungen über die ästhetische Beurteilung- tauchen bei Baumgarten wieder auf. Hier aber werden die Logik und die Ästhetik hinsichtlich deren Beziehungen zum Allgemeinen bzw. Besonderen deutlich entgegengesetzt.

Die Philosophie Baumgartens kann als eine Art Gegenbild zur reinen Abstraktionslogik Wolffs verstanden werden. Baumgarten war der Ansicht, daß die durch die Wolffsche Abstraktionslogik vorgeschlagene Begriffsbildung ins absolute Inhaltsleere führte. Dagegen vertrat er eine Theorie der individualisieren Begriffsbildung. Hierzu könnte man plakativ sagen, daß die vorklassische Epoche des XVIII. Jahrhunderts in zwei große Abschnitte zerfallen würde: im ersten herrschen Wolff und die Neigung zur Abstraktion, zum Allgemeinen, zur Logik, im zweiten aber Baumgarten und die Tendenz zum Individuum, zum Besonderen, zur Ästhetik[310]. Innerhalb dieser Tendenz zum Besonderen lassen sich nicht nur die ästhetischen Überlegungen Baumgartens, sondern ebenfalls sogar die Geburt der Ästhetik selbst, die eben auf Baumgarten zurückzuführen ist, besser verstehen[311]. So wird in der **Metaphysik** Baumgartens der Sinn zunächst als die Fähigkeit zu empfinden definiert[312]. Dann wird im Verlauf der Erläuterung klar, daß die Sinne immer **einzelne Dinge** (**singulare, individuum**) der Welt vergegenwärtigen[313]. Eben in dieser von Baumgarten vertretenen Tendenz zum Individuum bzw. zum Besonderen ist der eigentliche Ort seiner Ästhetik zu lokalisieren, denn die Ästhetik wird von ihm, wie bereits gesehen, als "die Wissenschaft der sinnlichen Erkenntnis" (**scientia sensitive cognoscendi**), also als die "Logik des unteren Erkenntnisvermögen, als Philosophie der Grazien und der

---

[309] Vgl., Bäumler, 1967, 188 uff.

[310] Vgl. dazu Bäumler, 1967, 207 uff.

[311] Siehe dazu § 1. dieser Arbeit.

[312] Vgl., Baumgarten, **Metaphysik**, §535.

[313] Vgl., Baumgarten, **Metaphysik**, §544.

Musen, als untere Erkenntnislehre, als Kunst des schönen Denkens, als Kunst des der Vernunft analogen Denkens" definiert[314]. Hierbei wird die Ästhetik der Logik des oberen Erkenntnisvermögens, der auf das Allgemeine ausgerichteten rationalen Erkenntnis, entgegensetzt. Baumgarten zufolge liegen einige der Nutzen (usus) einer so aufgefaßten Ästhetik eben darin, den Wissenschaften, die hauptsächlich auf Verstandeserkenntnis beruhen, geeignete Materialien bereitzustellen (**scientiis intellectu potissimum cognoscendis bonam materiam parare**)[315]. So betrachtet führt die in Baumgartens Philosophie vollzogene Rehabilitierung bzw. Einbeziehung des Individuums zugleich zu einer Rechtfertigung der Sinnlichkeit -und dies heißt bei Baumgarten zur Entstehung der Ästhetik als diejenige Disziplin, die allein diese Erkenntnis des Besonderen, des Individuums, abgeben kann.

In einer ähnlichen Richtung entwickeln sich die Reflexionen Meiers. Eine grundlegende Ansicht Wolffs lag darin, daß die Erreichung klarer und deutlicher Erkenntnis deduktiv durch einen Aufstieg vom bloß Einzelnen, Zufälligen zum Allgemeinen und Notwendigen erfolgte. Hierin hatte er eine wichtige Rolle der Vernunft und deren abstrahierenden Verfahren zugewiesen, die als Quelle des apriorischen Wissens eben imstande war, nicht nur den Aufstieg vom Besonderen zum Allgemeinen zu ermöglichen, sondern ebenfalls den Zusammenhang der allgemeinen Wahrheiten zu gewährleisten. Zur Zeit Meiers stellte sich aber eine Frage, die Wolff ausgeblendet hatte, nämlich, die des lebendigen Menschen, der nicht mehr einseitig als Vernunftwesen, sondern auch als empfindungs- und gefühlsbegabtes Wesen betrachtet werden könnte bzw. müßte. So finden wir in Meiers **Anfangsgründe aller schönen und Wissenschaften** (Halle,1748-1750) Stellen, in denen dieses Thema deutlich zum Ausdruck kommt: "Ein Gelehrter ist ein Mensch und bleibt aller seiner Gelehrsamkeit ohnerachtet noch ein Mensch"[316]. Hier tritt anstelle des von der rationalistischen Wolffschen Philosophie hochgeschätzten Gelehrtenideals, das den Mensch bloß als vernünftiges Wesen (**ens ratiocinans**) versteht, ein neues Ideal der allseitig entwickelten, gebildeten Persönlichkeit. Diesbezüglich spricht sich Meier gelegentlich sarkastisch gegen den **Logicus**, d.i. den Menschen, der sich bloß von seiner Vernunft leiten läßt, aus, als eine "...so schulfüchsige düstere Kreatur, daß man ihn ohne Lachen nicht betrachten kann"[317]. Grundüberzeugung der

---

[314] Vgl., Baumgarten, **Metaphysik**, §533 und **Theoretische Ästhetik**, §1. Siehe ferner § 1. dieser Arbeit.

[315] Vgl., Baumgarten, **Theoretische Ästhetik**, §3.

[316] Meier, **Anfangsgründe**, I, §20.

[317] Meier, **Anfangsgründe**, I, §5.

Meierschen Philosophie ist also, daß der Mensch nicht nur ein bloßer Gelehrter, sondern zugleich ein schöner Geist, "menschlich und jederzeit gefällig" sein soll[318]. Diese Tendenz zum Geselligen, zur gebildeten Persönlichkeit mündet in die Forderung ein, die von der Wollfschen Philosophie vernachlässigte Sinnlichkeit derart zu rehabilitieren und zu pflegen, daß eine Vervollkommnung der oberen bzw. sinnlichen Kräfte der Seele als Ergänzung zur Vervollkommnung der oberen Seelenvermögen erfolgen könnte. Die philosophische Artikulierung derartiger Forderung geht mit einer Kritik der vom Rationalismus vertretenen allgemeinen Erkenntnis einher, weil diese letzte zwar Aussagen über das **Mögliche** in den Dingen, d.i. über deren Wahrheit bzw. Vollkommenheit usw, formulieren kann. Sie ist aber überhaupt nicht in der Lage, etwas über die **Wirklichkeit** der **einzelnen, individuelen** Dinge auszusprechen[319]. Bei Meier zeichnet sich also eine eine Reaktion gegen den Rationalismus der Wolffschen Philosophie ab, deren Auswirkungen bis hin zur Kantschen **Kritik der Urteilskraft** reichen. Diese Reaktion ist unter anderem durch eine Orientierung an der **Wirklichkeit**, durch eine Hinwendung zur Erkenntnis der **einzelnen, individuellen** Dingen, durch eine Rehabilitierung des **Besonderen** und der **Sinnlichkeit**, durch eine Hervorhebung und Betonnung der "gemeinen Erkenntnis" im Gegensatz zur logischen, allgemeinen Erkenntnis charakterisiert[320].

Die von Meier angeführte Argumentation ist im Grunde genommen dieselbe, die der Analyse der **reflektierenden** Urteilskraft in der dritten Kritik zugrundeliegt, nämlich: die allgemeine Philosophie -bei Kant der Transzendentalphilosophie- bedarf eines am Besonderen orientierten bzw. ausgerichteten Vermögens -bei Kant der **reflektierenden** Urteilskraft- derart, daß die unbegrenzte Mannigfaltigkeit der besonderen empirischen Gesetze und die Verschiedenheit der

---

[318]Meier, **Anfangsgründe**, I, §5.

[319]Vgl. Meier, **Betrachtungen**, §7.

[320]Ich lasse hier das Problem beiseite, inwiefern die Antwort auf derartige Fragen Meier letztlich zum Empirismus und Psychologismus führt. Diesbezüglich sei hier auf die Bemerkungen Böhms verwiesen:

"1. Meiers Beachtung des Wirklichen und Individuellen führt zu einer Hingabe an die englische Erfahrungsphilosophie und damit zu einer Zersetzung des Wolffschen Rationalismus, was um so leichter geschehen konnte, als die Zersetzungskeime in dem Wolffschen System schon verborgen lagen.

2. Der hervorragenden Stellung der Empfindungs- und Gefühlswelt entspricht die beherrschende Stellung der Psychologie, so daß Meier vorzüglich als Psychologe anzusprechen ist" (Böhm,1926,29).

besonderen Formen in der Natur unter anderen allgemeineren zu einer Einheit der Erfahrung als System gebracht werden können. In diesem Sinne hatte sich Kant bereits auf Sentenzen wie "Die Natur nimmt den kürzesten Weg (**lex parsimoniae**)", "die Natur tut keinen Sprung, weder in der Folge ihrer Veränderungen, noch der Zusammenstellung spezifisch verschiedener Formen (**lex continui in der Natur**)", usw. bezogen, die als gewisse Regeln auftreten, deren Notwendigkeit überhaupt nicht begrifflich mittels der bloßen Kategorien dargestellt werden kann. Kant vertrat die Ansicht, daß derartige Maximen eben das transzendentale Prinzip der reflektierenden Urteilskraft ausdrückten, wobei diese letzte durch solche Maximen zeigte, wie ihr eigenes und sich selbst vorgeschriebenes Prinzip vorgeht, damit die Erfahrung zu einem vereinheitlichten System nach besonderen empirischen Gesetzen werden kann[321]. Ähnlicherweise treffen wir bei Baumgarten oder Meier genauso die oben genannten Maximen aber diesmal als Maximen der **gemeinen Erkenntnis**. Maximen wie "die Natur tut keinen Sprung (**lex continui in der Natur**)" usw. drücken bei ihnen eine am **Besonderen** ausgerichtete **gemeine** Erkenntnis aus, die diesen Philosophen zufolge eine unerläßliche Bedingung für die rationale Erkenntnis überhaupt ist[322].

Dem oben Gesagten zufolge beurteilt der sogenannte '**gemeine Verstand**' genauso wie der **Geschmack**, nämlich **in concreto**. Beide sind am **Besonderen** von vornherein orientiert. Genauso wie der Geschmack bzw. die ästhetische **reflektierende** Urteilskraft geht der gemeine Verstand vom Besonderen aus, und von dort aus strebt er an, das Allgemeine zu erlangen, und zwar innerhalb einer nie aufzuhörenden Schwebe, die nie ans Ziel kommen kann. Hingegen geht die eingangs erwähnte Gelehrsamkeit bzw. die Doktrin gerade umgekehrt vor, nämlich vom Allgemeinen aus bis hin zum Besonderen[323]. Hier ist vor allem wichtig, zu bemerken, daß, während die Leistung des **gemeinen Verstandes** mit der der **reflektierenden** Urteilskraft als identisch gelten könnten, das Funktionieren der **Doktrin** bzw. der **Gelehrsamkeit** mit dem der

---

[321]Vgl. dazu §5.1 "**Reflektierende** Urteilskraft und systematische Einheit der Natur nach besonderen Gesetze" dieser Arbeit.

[322]Vgl. dazu Baumgarten, **Aesthetica**, &7, Meier, **Vernunftlehre**, & 33 uff., und Bäumler,1967,292 uff. Kant selber bringt eine, von uns bereits zitierte, derartige Ansicht zum Ausdruck in der **Logik**:

> "Der gemeine Menschenverstand (sensus comunis)ist auch an sich ein Probierstein, um die Fehler des künstlichen Verstandesgebrauchs zu entdecken. Das heißt: sich im Denken, oder im spekulativen Vernunftgebrauche durch den gemeinen Verstand orientieren, wenn man den den gemeinen Verstand als Probe zu Beurteilung der Richtigkeit des spekulativen gebraucht" (L,57).

[323]Vgl., hierzu § 4.2. dieser Arbeit.

bestimmenden Urteilskraft gleichgesetzt werden könnten. In diesem Rahmen werden also der gemeine Verstand zur Doktrin und die reflektierende zur bestimmenden Urteilskraft entgegengesetzt. So betrachtet, deutet der Rekurs auf diesen gemeinen Verstand von Philosophen wie Baumgarten, Meier oder Kant selbst darauf hin, daß das Allgemeine allein von sich selbst unzureichend zur Erkenntnis deshalb ist, weil, wie bereits gesagt, die Erkenntnis ebenfalls des Besonderen, der Anwendung der allgemeinen Regeln in concreto notwendigerweise bedarf. Hierzu merkt Kant selber in seiner Reflexion 1681 an, daß die "Urteilsfähigkeit, jugement, gesunder Verstand [...] einerlei [sind]", daß sie kurz und gut "...die Verstandesfähigkeit in ihrer Anwendung [sind]" (Rx,1680). Kant zufolge sind also sowohl der gesunde bzw. gemeine Verstand, als auch die **reflektierende Urteilskraft** und der **Geschmack** als **ästhetische** reflektierende Urteilskraft auf die **Anwendung in concreto**, auf das **Besondere**, konstitutiv bezogen, miteinander verknüpft und nur in dieser Hinsicht miteinander identisch[324]. In beiden Fällen ist auf dieselbe Weise vorzugehen, nämlich **ästhetisch**, und dies

---

[324]Diesbezüglich hebt Bäumler hervor, wie Kant den Geschmack mit dem gesunden Verstand, der auf die richtige Beurteilung **in concreto** im obigen Sinne ausgerichtet ist, eng miteinander verknüpft (Vgl., Bäumler,1967,281). Diese intime Beziehung zwischen der **gemeinen Erkenntnis**, der **Urteilskraft** und der **Anwendung** des **Allgemeinen in concreto** auf das **Besondere** wird bereits in der **Kritik der reinen Vernunft** angedeutet. Als Beleg dafür könnte man etwa folgende Stelle in der **Transzendentalen Analytik** anführen:

"Die Analytik der Grundsätze wird demnach lediglich ein Kanon für die Urteilskraft sein, der sie lehrt, die Verstandesbegriffe, welche die Bedingung zu Regeln a priori enthalten, auf Erscheiunungen anzuwenden. Aus dieser Ursache werde ich, indem ich die eigentlichen Grundsätze des Verstandes zum Thema nehme, mich der Benennung einer Doktrin der Urteilskraft bedienen, wodurch dieses Geschäfte genauer bezeichnet wird [...] Wenn der Verstand überhaupt als das Vermögen der Regeln überhaupt erklärt wird, so ist Urteilskraft das Vermögen, unter Regeln zu subsumieren, d.i. zu unterscheiden, ob etwas unter einer gegebenen Regel (casus datae legis) stehe, oder nicht. Die allgemeine Logik enthält gar keine Vorschriften für die Urteilskraft, und kann sie auch nicht enthalten. Denn da sie von allem Inhalte der Erkenntnis abstrahiert: so bleibt ihr nichts übrig, als das Geschäfte, die bloße Form der Erkenntnis..." (KrV, A132/B171).

In demselben Sinne könnte man parallele Bemerkungen in der **Logik** und in der **Anthropologie** in Betracht ziehen:

"Die Erkenntnis des Allgemeinen in abstracto ist spekulative Erkenntnis; - die Erkenntnis des Allgemeinen in concreto gemeine Erkenntnis. -Philosophische Erkenntnis ist spekulative Erkenntnis der Vernunft, und sie fängt also dann an, wo der gemeine Vernunftgebrauch anhebt, Versuche in der Erkenntnis des Allgemeinen in abstracto zu machen" (L,27-28).

besagt durch **Exempel** -und dies führt wiederum zu einem zentralen Problem in der Analyse der ästhetischen Urteilskraft.

§ 11.2. Das neue Verhältnis Allgemeines/Besonderes im Geschmacksurteil unter dem Leitfaden des Exempels.

Kant hatte bereits in der **Kritik der reinen Vernunft** den großen Nutzen der Beispiele insofern hervorgehoben, als sie die Unterordnung eines Falles **in concreto** unter einem Allgemeinen **in abstracto** einsehen lassen, so daß die Beispiele sich als der "Gängelwagen" der Urteilskraft erwiesen (Vgl.,KrV, A134/B173). Auf die Funktion der Beispiele in der Urteilskraft war in der ersten **Kritik der reinen Vernunft** an der folgenden Stelle hingedeutet worden:

"...und so zeigt sich, daß zwar der Verstand einer Belehrung und Ausrüstung durch Regeln fähig, Urteilskraft aber ein besonderes Talent sei, welches gar

---

Bäumler zufolge ist die schon erwähnte Beziehung zwischen der **gemeinen** Erkenntnis, der **Urteilskraft** und der **Anwendung** des **Allgemeinen in concreto** auf das **Besondere**, usw., bereits bei Gottsched anzutreffen, der bemerkt hatte, daß das Mittel zur Beförderung des guten Geschmacks eben im Gebrauch der gesunden Vernunft liegt. Bei Gottsched setzt sich eine derartige Ansicht dem Glauben sowohl an irgendeiner Autorität als auch an allgemeinen Gesetzen entgegen:

"Man halte nichts für schön oder häßlich, weil man es so nennen gehöret; oder weil alle Leute, die man kennet, es dafür halten: Sondern man untersuche es an und für sich, ob es so sei" (Gottsched, **Kritische Dichtkunst**, 2. Aufl. 1737, SS.120,123 uff. Zit. in Bäumler, 1967, 293).

Gottsched zufolge waren derartige Überzeugungen den Griechen eigen gewesen. Ferner war Gottsched der Meinung, daß solche Überzeugungen ebenfalls bei den Griechen zu zentralen philosophischen Überlegungen entwickelt, und dann innerhalb der humanistischen Tradition wieder aufgegriffen worden waren.

nicht belehrt, sondern nur geübt sein will [...] Ein Arzt daher, ein Richter oder ein Staatskundiger kann viel schöne pathologische, juristische oder politische Regeln im Kopfe haben, in dem Grade, daß er selbst darin gründlicher Lehrer werden kann, und wird dennoch in der Anwendung derselben leicht verstoßen, entweder weil es ihm an natürlicher Urteilskraft (obgleich nicht am Verstande) mangelt, und er zwar das Allgemeine in abstracto einsehen, **aber** ob ein Fall in concreto darunter gehöre, nicht unterscheiden kann, oder auch darum, weil er nicht genug durch Beispiele und wirkliche Geschäfte zu diesem Urteile abgerichtet worden. Dieses ist auch der einige und große Nutzen der Beispiele: daß sie die Urteilskraft schärfen" (KrV,A133-134/B172-173).

Demzufolge übt ein Subjekt die Urteilskraft, wenn es ein Urteil über **besondere** Gegenstände bzw. Phänomene in der empirischen Welt **in concreto** fällt, und dies durch **Beispiele** darstellt. Ebenfalls wird den Beispielen sowohl in der reflektierenden bzw. ästhetischen Urteilskraft als auch in der gemeinen Erkenntnis aufgrund ihrer Ausrichtung auf das **Besondere** eine entscheidende Stellung zugewiesen. Hinsichtlich ihrer Stellung, Funktion und Bedeutung sind die Beispiele in der Analyse der ästhetischen reflektierenden Urteilskraft aber anders als in der **Kritik der reinen Vernunft** zu verstehen. Dies werden wir nun ausführlicher erläutern.

Im §22 der **Kritik der Urteilskraft** bemerkt Kant, daß bei der ästhetischen Beurteilung des Gegenstandes wir nicht dulden, wenn jemand anderer Meinung als unserer ist -obgleich eine derartige ästhetische Beurteilung keineswegs auf Begriffe, sondern lediglich auf Gefühle basiert. Die Erklärung hierfür liegt eben darin, daß das Gefühl, auf dem die ästhetischen Urteile beruhen, nicht als ein bloßes Privatgefühl, sondern eher als ein **gemeinschaftliches** Gefühl zu verstehen ist (Vgl.,KU,§22,239-240). Die Art dieser Allgemeinheit ist aber, wie bereits gesehen, deshalb eine eigentümliche, weil im Unterschied zu den in der **Kritik der reinen Vernunft** analysierten theoretischen Urteilen die ästhetischen Urteile ein **Sollen** zum Ausdruck bringen, und zwar auf eine Weise, daß, wenn ein Subjekt ein Geschmacksurteil formuliert, alle anderen urteilenden Subjekte diesem einzelnen Urteil zustimmen **sollen** (Vgl.,KU,§22,239-240). Dieses dem Geschmacksurteil zugrundeliegende gemeinschaftliche Gefühl ist eine bloße **idealische Norm**, so daß das gemäß dieser Norm gefallene Geschmacksurteil nur eine **exemplarische** Gültigkeit beanspruchen kann (Vgl.,KU,§22,239-240). Nur unter der Voraussetzung der idealischen Norm eines **sensus communis** kann also ein einzelnes Geschmacksurteil als deren Exempel formuliert werden, das mit ihr zusammenstimmt. Der **sensus communis** deutet also lediglich auf eine bloße idealische Norm und somit auf ein Sollen hin, so daß er bloß besagt, jedes Subjekt **sollte** zu einem gemäß dieser bloßen idealischen Norm gefallenen Geschmacksurteil deshalb zustimmen, weil diese idealische Norm bzw. dieser Gemeinsinn letztlich als allgemeine **subjektive** Bedingungen in allen Urteilenden anzutreffen sind. Kraft dieser idealischen Norm kann jeder einzelne Urteilende die Zustimmung aller anderen Subjekte, also die allgemeine Stimme der anderen legitim beanspruchen, so daß diese letzten den zutreffenden Gegenstand bzw. die zutreffende Vorstellung ebenfalls als "schön" erklären können. Es ist allein diese allgemeine Stimme hinsichtlich der ästhetischen Beurteilung des Schönen ohne die Vermittlung allgemeiner Begriffe, die in jedem einzelnen Geschmacksurteil beansprucht wird (Vgl., KU,§8,215-216). Deshalb besteht Kant in den **Reflexionen** darauf, den Geschmack nicht als **Regel**, sondern eher als **Richter** zu betrachten. In derselben Richtung äußert er sich in der **Logik**, wenn er sagt, daß die Ästhetik nicht mit der **Doktrin** bzw. Lehre, sondern mit der **Kritik** in Verbindung gesetzt werden müßte, so wie eingangs dieses Abschnittes gesagt wurde. So erweist die Ästhetik sich als eine **Kritik des Geschmacks**, die keinen **Kanon**, d.h. keine allgemeinen, notwendigen Gesetze, sondern bloß eine **Norm**, d.i., ein **Muster** oder eine **Richtschnur** zur Beurteilung besitzt. So verstanden, kann die Kritik des Geschmacks nie **Wissenschaft, Doktrin**, werden (Vgl., L,18 uff.). Bei der ästhetischen Beurteilung verfügt man über keine Regel, derzufolge etwas als "Schönes" notwendigerweise beurteilt werden müßte. Hier wird das einzelne Urteil nicht als Sonderfall einer allgemeinen Regel, sondern eher als **Exempel** betrachtet.

Kant hatte eine Unterscheidung zwischen **Exempel** und **Beispiel** bereits in einer Fußnote im Abschnitt zur "Tugendlehre" in der **Metaphysik der Sitten** gemacht. Dort heißt es:

"Beispiel, ein deutsches Wort, was man gemeintlich für Exempel als ihm gleichgeltend braucht, ist mit diesem nicht von einerlei Bedeutung. Woran ein Exempel nehmen und zur Verständlichkeit eines Ausdrucks ein Beispiel anführen, sind ganz verschiedene Begriffe. Das Exempel ist ein besonderer Fall von einer praktischen Regel, sofern diese die Tunlichkeit oder Untunlichkeit einer Handlung vorstellt. Hingegen ein Beispiel ist nur das Besondere (concretum), als unter dem Allgemeinen nach Begriffen (abstractum) enthalten vorgestellt, und bloß theoretische Darstellung eines Begriffs" (MS,479).

Demzufolge könnte man sagen, daß es sich im Fall des einzelnen Geschmacksurteils nicht so sehr um **Beispiele** einer allgemeinen Regel handelt, als um **Exempel**, die als ein Modus der reflektierenden Urteilskraft das **Allgemeine im Besonderen** in deren Zusammengehörigkeit und zugleich in deren Spannung zueinander darstellen. So gesehen, braucht man dort, wo man weder über allgemeine Regeln bzw. Begriffe noch über allgemeine Prinzipien verfügen kann - und dies ist eben der Fall bei der ästhetischen Beurteilung als einer Modalität nicht der bestimmenden, sondern der reflektierenden Urteilskraft-, nicht so sehr **Beispiele**, die den Probierstein für die Anwendung allgemeiner Regeln auf die besonderen Fälle anbieten, als **Exempel** als Darstellungen oder, noch stärker gesagt, Annäherungen bzw. Approximationen zu einer nie erreichbaren Regel, über die keiner verfügt. Die einzelnen Geschmacksurteile, die Übereinstimmungsfälle bei den einzelnen ästhetischen Beurteilungen können also als **Exempel** einer nie erreichbaren idealischen Norm betrachtet werden. So charakterisiert Kant die dem Geschmacksurteil zuerkannte Notwendigkeit als eine ganz besondere Art Notwendigkeit, nämlich, als eine **exemplarische** Notwendigkeit. Hier geht es um die Notwendigkeit einer Zustimmung aller Urteilenden zu einem einzelnen Geschmacksurteil, das sich als Exempel einer weder angegebenen noch erreichbaren Regel erweist. So wird die Allgemeinheit der ästhetischen Urteile nicht von einem allgemeinen Gesetz, sondern vom besonderen Fall der konkreten, einzelnen Beurteilung ausgehend erzielt. In diesem Fall wird das Allgemeine durch eine ununterbrochene Bewegung vom Besonderen aus jederzeit neu geschaffen. Und genau auf diese Weise geht ebenfalls die gemeine Erkenntnis vor. Von vornherein ist sie auf das Besondere ausgerichtet. Man kann sagen, daß wir hier vor einer ursprünglichen Abzweigung stehen, die hinter der Unterscheidung zwischen **bestimmender** und **reflektierender** Urteilskraft, **begrifflicher** und **gemeiner** Erkenntnis, **Beispiele** und **Exempel**, usw., steht, nämlich, vor einer Abzweigung zwischen, einerseits, dem Weg zu einer auf das Besondere ausgerichteten reflektierenden Urteilskraft, die genauso wie die gemeine Erkenntnis von der konkreten, empirischen Erfahrung auf die Suche nach einem nicht verfügbaren Allgemeinen hin ausgeht - und hier wäre die ästhetische Beurteilung zweifelsohne zu lokalisieren- und, andererseits, dem Weg zu einer am Allgemeinen orientierten bestimmenden Urteilskraft, die, mit allgemeinen Begriffen bzw. Regeln ausgerüstet, das Besondere ausgeschaltet oder als eine bloße Instanz bzw. Beispiel des Allgemeinen betrachtet und ihm dabei Unrecht antut. Diese zwei Wege haben etwas gemeinsam. Bei den beiden kreist es um das Problem der Beziehung zwischen dem Allgemeinen und dem Besonderen, also um ein grundlegendes Problem -für Bäumler, wie bereits gesagt, sogar **das** Problem überhaupt-, das die gesamte **Kritik der Urteilskraft** durchzieht. Die Spannungen einer derartigen Beziehung kommen ebenfalls bei der Analyse des Geschmacksurteils insofern vor, als die ästhetische Beurteilung ebenfalls die Anwendung einer unerreichbaren und zugleich potentiell anwesenden Allgemeinheit -nämlich die der idealen Totalität der urteilenden Subjekte- auf einen konkreten besonderen Fall in sich einschließt. So gesehen, kann man das einzelne Geschmacksurteil als einen Hinweis bzw. eine Andeutung auf diese höhere, ideale Totalität und zugleich als eine Forderung, sie zu entdecken, betrachten. Hier handelt es sich um ein grundlegendes Problem der Transzendentalphilosophie, das in der Terminologie der **Kritik der reinen Vernunft** unter den Stichwörtern des Problems der Anwendung eines bereits gegebenen Allgemeinen, des Schematismusproblems, des Aufstiegs von der konkreten empirischen Erfahrung zu einer höheren Einheit derselben, des Problems des hypothetischen Vernunftgebrauchs, usw., angesprochenen worden war[325]. In allen Fällen geht es darum, die Beziehung zwischem dem Allgemeinen und dem Besonderen aufzudecken. Deshalb sagt Bäumler hierzu treffend, daß die Kritik, der Geschmak, die reflektierende Urteilskraft, das Induktionsproblem und die gemeine Erkenntnis aufgrund ihrer gemeinsamen Ausrichtung auf das Besondere und der Art und Weise, wie sie vom Besonderen ausgehend zum Allgemeinen gelangen können, im Zusammenhang miteinander stehen. So reflektieren wir in der Induktion beispielsweise vom Besonderen ausgehend auf der Suche nach einem Allgemeinen. Ähnlich ist die ästhetische Beurteilung dazu bestrebt, vom einzelnen, besonderen Geschmacksurteil her eine allgemeingültige Beurteilung zu erzielen. In beiden Fällen ist das Allgemeine nicht angegeben; in beiden Fällen zeigt sich das Allgemeine als eine bloße Idee. In beiden Fällen wird dem Besonderen eine zentrale Bedeutung zuerkannt. In beiden Fällen also versucht man, dem Besonderen gerecht zu werden, ohne zugleich einer strengen Gesetzgebung mittels allgemeiner Prinzipien untergeordnet zu sein[326].

---

[325]Siehe dazu §§ 4.2. und 4.3. dieser Arbeit.

[326]Im Moment lasse ich die vielversprechenden Konsequenzen, die der Rückgriff auf diese Überlegungen über die Unterscheidung Beispiel/Exempel, usw., im Bereich der **praktischen** Philosophie haben könnten, beiseite. Es muß aber klar sein, daß diese Unterscheidung im Zusammenhang mit der praktischen Philosophie deshalb von Bedeutung ist, erstens weil das Beispiel der praktischen Unterweisung und der sittlichen Belehrung traditionellerweise zugeordnet wird und, zweitens, weil der Gebrauch, das Verstehen und die Anwendung von Beispielen auf das Besondere einer Handlungssituation direkt bezogen sind. Hierbei geht es also nicht um eine anschauliche Darstellung eines allgemeinen Gesetzes, wobei das Beispiel sich als bloßes pädagogisches Mittel zur Erklärung dieses allgemeinen Gesetzes erweisen könnte. Vielmehr handelt es sich um die Rehabilitierung der **hermeneutischen** Dimension in der praktischen Philosophie (Vgl.,Buck,1967,148 ff.).

Dem oben Gesagten zufolge weist das einzelne Geschmacksurteil auf ein Allgemeines hin, das keineswegs auf einer objektiven theoretisch-begrifflichen bzw. praktischen Gesetzmäßigkeit, sondern bloß auf der potentiellen idealen Totalität der ganzen Sphäre der urteilenden Subjekte basiert. Als **Exempel** aufgefaßt weisen die wirklich gefallenen einzelnen Geschmacksurteile auf eine ganz besondere Art Allgemeinheit zurück: das **Exempel**, d.i. das einzelne Geschmacksurteil, muß die grundlegende und ursprüngliche Beziehung des einzelnen Geschmacksurteils -und dies besagt des **Besonderen**- zur Totalität aller wirklichen und potentiellen Geschmacksurteile und somit zu jedem anderen urteilenden Subjekt überhaupt - und dies bedeutet zum **Allgemeinen**- darstellen können. Hierin ist eine Grundansicht, daß *diese ideale Totalität bzw. dieses Allgemeine im einzelnen Geschmacksurteil bzw. im Besonderen im Rahmen einer nicht lösbaren bzw. aufzuhörenden Spannung bereits anzutreffen ist* -sonst hätten wir einen unüberwindbaren Bruch zwischen den beiden Ebenen, ohne daß irgend eine Vermittlung miteinander möglich wäre. Dies würde zu einer Unbegründbarkeit des legitimen Anspruchs auf Allgemeingültigkeit des Geschmacksurteils führen. Gerade unter diesem Rückgriff auf diese in jedem einzelnen Geschmacksurteil bereits vorzufindende ideale Totalität wird das Problem der Beziehung zwischen dem Besonderen und dem Allgemeinen gelöst[327]. Das im einzelnen Geschmacksurteil als unbestimmte idealische Norm ausgesprochene Allgemeine drückt sich im Besonderen aus und, noch stärker gesagt, es kann sich nur auf diese Weise ausdrücken. In dieser Hinsicht ist der Exempelcharakter des besonderen Geschmacksurteils so zu interpretieren, daß dieses zugleich als ein **Muster**, eine Darstellung des Abstrakten im Konkreten, des Allgemeinen im Besonderen angesehen werden soll. Hier wird also das Verhältnis Allgemeines/Besonderes unter die Dialektik Regel/Fall, wie dies für die Analyse der theoretischen Urteile als Modi der bestimmenden Urteilskraft charakteristisch war, aufgehoben bzw. ausgeschaltet. In der ästhetischen Beurteilung hat es keinen Sinn, die Dialektik Regel/Fall deshalb miteinzubeziehen, weil das Allgemeine hier nicht als vorgängiger Bestimmungsgrund der möglichen Fälle verstanden wird. Dasjenige, worauf das als Exempel verstandene besondere Geschmacksurteil hinweist, ist "unbestimmt", "...es hat Dynamis-Charakter" sagt Buck zu Recht, "d.h. es wird durch jede neue Konkretion weiterbestimmt. Man bekommt es nur indirekt zu fassen, wenn man den Umkreis seiner vorliegenden Konkretionen abschreitet"[328]. Hier wird das Verhältnis Allgemeines/Besonderes nicht mehr unter Rekurs auf Beispiele verstanden, die wiederum von Kant am Leitfaden des Verhältnis von allgemeinem Gesetz bzw. allgemeiner Regel/ besonderem Fall analysiert

---

[327] Vgl. dazu §§ 4., 4.2. und 4.3. dieser Arbeit.

[328] Buck,1967,182.

werden, so daß das Beispiel nur das Besondere (**concretum**) als unter dem Allgemeinen nach Begriffen (**abstractum**) untergeordnet vorstellt. Das Verhältnis Allgemeines/Besonderes wird in der ästhetischen Beurteilung also keineswegs auf die Ebene der Unterscheidung Verstand (Begriff)/Sinnlichkeit (Anschauung) bzw. **repraesentatio per notas communes/repraesentatio singularis** gemäß der **bestimmenden** Urteilskraft gestellt, wo das Besondere sich als ein Beispiel des Allgemeinen erweisen würde. In der ästhetischen Beurteilung wird der einzelne Fall, also das Besondere, eher als etwas produktives und wirkliches interpretiert. Hier wird folglich die Produktivität des Einzelnen, des Besonderen rehabilitiert. Wie das Beispiel ist das Exemplarische ein Konkretum, ein Besonderes. Anders als das Beispiel aber -und hier liegt die Grundunterscheidung zwischen ihnen- steht das Exempel gar nicht in Funktion für etwas anderes. Das einzelne Geschmacksurteil als ein Exempel aufzufassen, bedeutet also nicht etwas für ein schon vorgegebenes Allgemeines als dessen Illustration anzuführen, sondern eher etwas darzustellen, das als Konkretion eines Allgemeinen fungiert, das wiederum überhaupt nicht getrennt bzw. jenseits vom Besonderen bestehen kann. So gesehen, ist die ästhetische Beurteilung dadurch charaktiersiert, daß in ihr sich das Allgemeine im Besonderen, im einzelnen Geschmacksurteil ausdrückt, wobei hier keine scharfe Trennung zwischen den beiden wie im Fall der bestimmenden Urteilskraft besteht. Hier ist das Allgemeine im Besonderen, immanent in diesem. Hier gehören Allgemeines und Besonderes zusammen. Hier zeichnet sich also eine Einheit von Allgemeinem und Besonderem ab, die sich in jedem einzelnen Geschmacksurteil artikuliert und niederschlägt[329].

Im Geschmacksurteil profiliert sich ein neues Verhältnis zwischen dem Besonderen und dem Allgemeinen, kraft dessen sie sich als Zusammengehörendes erweisen, und zwar jenseits der unter der Leitung der bestimmenden Urteilskraft vorgeführten Unterscheidung zwischen ihnen. Die Allgemeinheit aber, die im besonderen Geschmacksurteil als dessen ideale Norm zum Ausdruck kommt, ist deshalb ganz einzigartig, weil sie das einzelne Subjekt der ästhetischen Beurteilung in Beziehung zu der gesamten Sphäre der urteilenden Subjekte setzt. Hierin vollzieht sich, wie mehrmals betont, eine Verlagerung zur idealen Totalität der urteilenden Subjekte, die nicht nur zu einem neuen Verständnis der Verhältnisse zwischen dem Allgemeinen und dem Besonderen führt, sondern auch, zugleich, einen neuen Problembereich erschließt, nämlich den der einzelnen Geschmacksurteile, deren Beziehungen zueinander, bzw.

---

[329] Aus solchen Bemerkungen geht hervor, daß ohne sich dessen ganz bewußt gewesen zu sein, wie Buck es treffend sagt, Kant hier die Grundrisse einer Art "Hermenutik des Beispiels" skizziert hat. Diesbezüglich macht Buck auf Herbart aufmerksam, der in eine Auseinandersetzung mit Kant den Begriff einer "ästhetischen Darstellung der Welt" zu entwickeln versucht und dabei der Kategorie des Exemplarischen eine zentrale Rolle zugewiesen hat (Vgl.,Buck,1967,183).

der urteilenden Subjekte und deren Verhältnisse zueinander usw.[330]. Im Moment reicht es aus, darauf hinzuweisen, daß die allgemeine Perspektive der ästhetischen Beurteilung, die dem Geschmacksurteil Kant zufolge innewohnt, allein durch die Zustimmung bzw. Einigung der anderen urteilenden Subjekte erlangt wird. Hier geht es nicht so sehr darum, daß die anderen Subjekte meinen Gemütszustand schweigend teilen, als eher darum, daß sie mein Urteil explizit bestätigen und es als konkretes Exempel dieser nicht auf allgemeinen Regeln gestützten idealen Norm anerkennen. Wie Bäumler es bereits hervorgehoben hat, könnte man sagen, daß die ganze **Kritik der Urteilskraft** darauf ausgerichtet ist, zu zeigen, wie es möglich ist, sich in einen allgemeinen Standpunkt zu versetzen, der, obgleich nicht begrifflich begründet, trotzdem allen urteilenden Subjekten gemein ist[331]. Eben dies wird durch den Terminus **sensus communis** ausgedrückt. Der **sensus communis** deutet auf dieses besondere Verhältnis hin, kraft dessen das einzelne Geschmacksurteil in die Sphäre der nicht nur wirklichen, sondern auch potentiellen Urteile aller anderen Subjekte gestellt wird, so daß die Urteile der anderen wiederum als Richtschnur und Mittel zur Berichtigung des einzelnen Urteils verstanden werden. Auf diese Weise wird das einzelne Urteil -und somit das urteilende Subjekt- in die Totalität anderer Urteile -und folglich der anderen urteilenden Subjekte- von vornherein miteinbezogen, und dies als eine unerläßliche Möglichkeitsbedingung der Formulierung derartiger Urteile und deren Verständlichkeit durch andere Subjekte. Die Formulierung jedes einzelnen Geschmacksurteils setzt also die Erreichung einer allgemeinen Perspektive, die jedes andere Subjekt einschließt, voraus. Auf diese Weise wägt das urteilende Subjekt den als "schön" betrachteten Gegestand ab und bringt das dadurch ausgelöste Gefühl in seiner Beurteilung zum Ausdruck, indem dieses Subjekt sowohl dessen Gefühl als auch dessen Urteil nicht mehr als etwas bloß Privates und an die Gegenwart Gebundenes versteht, sondern vielmehr auf ein Gefühl bzw. auf ein Urteil notwendigereise bezieht, das als **gemeinsam** allen Urteilenden -den **wirklichen und gegenwärtigen** als auch den **potentiellen**- betrachtet wird. Kurz und gut: die ästhetische Beurteilung erfolgt unter der Voraussetzung dieses so aufgefaßten **sensus communis**. Demzufolge kann man nicht ein Geschmacksurteil formulieren, ohne daß das Subjekt sein einzelnes Urteil in Beziehung mit den Urteilen anderer Subjekte setzt, ohne daß

---

[330]Vgl. § 12. dieser Arbeit.

[331]Die Berücksichtigung der Urteile anderer Subjekte und deren Einbeziehung in die einzelne Beurteilung hat ebenfalls mit einer stets durch Exempel trainierten bzw. ausgebildeten Übung zu tun. Nur die ausgebildete Übung setzt wirklich die Urteile anderer Subjekte als Maßname und Korrekturmittel für die eigenen individuellen Urteile voraus (Vgl., Bäumler,1967,282). Jetzt kann ich auf die zentrale Funktion der **Ausbildung** bzw. der **Erziehung** in einer so interpretierten ästhetischen Urteilskraft leider nicht eingehen. Die oben angestellten Betrachtungen lassen aber erahnen, was für eine entscheidende Rolle ihnen in einer so aufgefaßten ästhetischen Beurteilung zuerkannt werden sollte.

also das Subjekt sich in Verbindung mit der Totalität anderer urteilender Subjekte setzt. Deshalb bemerkt Kant gelegentlich, daß der Geschmack als das Vermögen bzw. die Fähigkeit betrachtet werden kann, allgemeingültig zu entscheiden, sich in Beziehung zu den anderen zu setzen. Diese Beziehung zu den anderen kann zugleich die Beziehung des einzelnen Subjekts zu sich selbst und zu seinen eigenen Urteile erweitert und selbstkritisch modifizieren. So wird der in der Analyse der theoretischen Urteile der **Kritik der reinen Vernunft** nicht berücksichtigten Zustimmung bzw. der Beziehung zu den anderen urteilenden Subjekte in der ästhetischen Beurteilung eine zentrale und konstitutive Bedeutung zugewiesen. Diese Art ästhetischer Selbstversetzung, dank derer sich das einzelne urteilende Subjekt in die Sphäre der Totalität der urteilenden Subjekte als eine unhintergehbare Bedingung für die Formulierung seiner einzelnen Urteile setzt, weist so, wie wir bereits hervorgehoben haben, auf ein **moralisches Ereignis** hin, das sich nicht nur im Bereich der ästhetischen Gefühle abspielt, sondern zugleich als ein Akt einer **verantwortlichen Person** verstanden werden kann. Hier werden wir wieder zum Bereich der **Ethik** geführt. Hier könnte man jene Kantische Stelle in der **Kritik der Urteilskraft** heranführen, die so lautet: "...der Geschmack macht gleichsam den Übergang vom Sinnenreiz zum habituellen moralischen Interesse, ohne einen zu gewaltsamen Sprung, möglich..." (KU,§59,354)[332].

In diesem Paragraph habe ich mich zunächst der Entgegensetzung Kritik/Doktrin gewidmet. Eine genauere Betrachtung dieser Unterscheidung hat gezeigt, wie sie auf die Unterscheidung zwischen einer auf das Allgemeine ausgerichteten Metaphysik und einer am Besonderen orientierten gemeinen Erkenntnis zurückführt. Dabei hat sich herausgestellt, daß hinter diesen Entgegensetzungen nichts anderes als das alte Problem des Verhältnisses zwischen dem Allgemeinen und dem Besonderen steckte. Hierin war auffallend, nachzuweisen, wie sich in der deutschen Philosophie des XVIII. Jahrhunderts -sei es unter der Betonung der "**Kritik**" gegenüber der "**Doktrin**", sei es unter dem Hinweis auf die **empirische** gegenüber der **rationalen** Erkenntnis, sei es unter dem Einbeziehen der **gemeinen** Erkenntnis in eine umfassendere Auffassung der Erkenntnis gegenüber **abstrakten** Erkenntnis, sei es unter der Hervorhebung der **Bildung** gegenüber der abstrakten **Gelehrsamkeit**, sei es unter der Betonung der **Sinnlichkeit** gegenüber dem **Verstand**, sei es unter dem Rekurs auf die **Geschichte** gegenüber der **Logik**- eine Art Rehabilitierung des Individuellen bzw. des

---

[332] In diesem Sinne sagt Kant in seinen **Reflexionen**: "Wenn ich [etwas] schön nenne, so erkläre ich nicht allein mein Wohlgefallen, sondern daß es auch anderen gefallen soll. Man schämt sich, wenn unser Geschmack mit anderer ihrem nicht übereinkommt"(Rx,640).

Besonderen abzeichnet, die die Ästhetik selbst seit ihrer Geburt wesentlich ausgeprägt hat. So lassen sich die Kantischen Bemerkungen zum Geschmack und zur reflektierenden Urteilskraft, nach denen sie als Vermögen, die auf das Besondere konstitutiv bezogen sind, interpretiert werden sollen, besser verstehen. Auf diese Weise wurde ebenfalls die Stellung bzw. die Funktion, die dem Exempel im Unterschied zum Beispiel in der am Besonderen orientierten ästhetischen Beurteilung zuerkannt wird, verständlich, denn hierbei drückt sich im Besonderen - d.i., im einzelnen Geschmacksurteil- das Allgemeine -d.h., die idealische Norm einer allgemeinen Zustimmung zum einzelnen Geschmacksurteil, so daß das besondere Geschmacksurteil einen Anspruch auf das Allgemeine, d.i. auf die Allgemeingültigkeit legitim erheben kann- sozusagen in ihrer Vermittlung aus. Hierbei wird das Verhältnis Allgemeines/Besonderes nicht mehr wie im Fall der bestimmenden Urteilskraft aufgefaßt, wo das Besondere sich als ein Beispiel des Allgemeinen erwies. In der ästhetischen Beurteilung wird eher die Produktivität des Einzelnen, des Besonderen rehabilitiert. Hierin das Allgemeine sich im Besonderen, immanent in diesem und nur auf diese Weise ausdrücken bzw. darstellen kann. Hier, sagten wir, gehören Allgemeines und Besonderes in einer spannungsvollen Einheit zusammen, die sich in jedem einzelnen Geschmacksurteil artikuliert und niederschlägt. Die ästhetische Allgemeinheit ist aber deshalb eigentümlich, weil sie das urteilende Subjekt der ästhetischen Beurteilung in Beziehung nicht so sehr zu Objekten in der Welt, sondern eher zu der gesamten Sphäre der urteilenden Subjekte, also zu anderen Subjekten, setzt. Hier wird also die Errichtung einer intersubjektiven Gemeinschaft der Urteilenden angekündigt, die uns, über den ästhetischen Bereich hinaus, in die Ethik bzw. in die praktische Philosophie führt. Nun komme ich in den zwei folgenden Paragraphen auf diese Probleme.

§ 12. Die im *sensus communis* intendierte ästhetische Intersubjektivität und deren implizite Ethik.

Das Geschmacksurteil erhebt einen legitimen Anspruch auf allgemeine Gültigkeit, der keinen **objektiven** bzw. **theoretischen** Charakter wie in den Erfahrungsurteilen hat, in denen die Allgemeingültigkeit unter dem Rückgriff bzw. der Anwendung allgemein angegebener Begriffe und Prinzipien a priori bestimmt werden kann. Dieser Anspruch der Geschmacksurteile auf allgemeine Gültigkeit läßt sich auch nicht wie jener, der mit dem **praktischen** Bereich **moralischer** Beurteilung verbunden ist, verstehen, weil sich das Wohlgefallen am Schönen nicht als ein Wohlgefallen vermittelst der Begriffe eines reinen vernünftigen Willen erklären läßt, wo die Allgemeingültigkeit bedeutet, sich auf eine bestimmte Weise dem moralischen Gesetz gemäß zu verhalten. Im Geschmacksurteil handelt es sich eher, wie schon erläutert, um die Zustimmung bzw. um den Beitritt aller urteilenden Subjekte zu einem einzelnen Geschmacksurteil, das als Exempel einer allgemeinen und zugleich wirklich nie erreichbaren Regel betrachtet wird (Vgl.,KU,§18,236-237)[333]. Eine deartige **allgemeine** Zustimmung ist ja eine bloße **Idee**; trotzdem ist Kant der Ansicht, daß es dabei um eine Idee geht, nach der jedes Subjekt, das ein Urteil, im dem der Ausdruck "**schön**" auftritt, fällt, **in der Tat** beurteilt (Vgl.,KU, §8,216). In dieser Art Urteile wird also nichts anderes als **die Möglichkeit** postuliert, daß ein einzelnes Urteil als gültig für jedermann betrachtet wird, also, daß die Zustimmung zum einzelnen Geschmacksurteil jedem Urteilenden überhaupt beigemessen werden kann, und zwar als der Fall bzw. das Exempel, als die Darstellung **in concreto** einer idealen Norm, deren Bestätigung nicht durch die Verwendung gewisser Begriffe, wie im Fall der Erfahrungsurteile, sondern mittels der Zustimmung anderer urteilender Subjekte anerkannt wird (Vgl,KU,§8,216). So besteht Kant im §8 der **Kritik der Urteilskraft** darauf, daß im Geschmacksurteil nichts

---

[333] Wie in § 8.4. schon erörtert, ist das Prinzip des Geschmacksurteils, wenn auch nur subjektiv, zugleich aber als subjektiv-**allgemein** anzunehmen und nur in diesem Sinne erweist es sich als eine jedermann notwendige Idee, derzufolge die ästhetische Beurteilung bzw. das einzelne Geschmacksurteil zustandekommen kann. So kann das einzelne urteilende Subjekt die Einhelligkeit aller anderen Urteilenden, deren allgemeinen Beistimmung, legitim fordern, **als ob** es nach einem jeden gemeinen objektiven Prinzip geurteilt hätte (Vgl.,KU,22,67). Das Geschmacksurteil über das Schöne fordert also derart eine allgemeine Zustimmung, daß jedes Subjekt, das es fällt, diese allgemeine Einhelligkeit voraussetzen kann, ohne daß die Legitimität dieses Anspruchs von irgendjemandem bestritten werden kann. Hierin ist Kant der Ansicht, daß nicht die Legitimität dieses Anspruchs auf allgemeine Gültigkeit der Geschmacksurteile, sondern bloß die Bestimmung dieses oder jenes einzelnen Geschmacksurteils als angemessenes Exempel dasjenige ist, worüber die Urteilenden miteinander streiten könnten. Hierin sind also die Meinungsverschiedenheit und Unstimmigkeiten bei der ästhetischen Beurteilung zu lokalisieren (Vgl.,KU,§8,214-215).

anderes als eine allgemeine Stimme hinsichtlich des Wohlgefallens am Schönen **postuliert wird**. Diese in der ästhetischen Beurteilung den anderen Urteilenden zugeschriebene allgemeine Stimme ist nur eine **Idee** (Vgl.,KU,§8,216). Eine Idee aber, die den Charakter einer bloßen Fiktion insofern eben *nicht* hat, als jedes Subjekt, das ein einzelnes Geschmacksurteil fällt, **in der Tat dieser Idee gemäß urteilt**. Kant zufolge wird dies im einzelnen Geschmacksurteil eben durch die Verwendung des Terminus "**Schönheit**" bzw. "**schön**" ausgedrückt (Vgl.,KU,§8,216). Diese Charakterisierung der in jedem einzelnen Geschmacksurteil vorausgesetzten allgemeinen Stimme bzw. des **sensus communis** als Idee muß näher erörtert werden[334].

Wir hatten im vorigen Paragraph darauf hingewiesen, wie Kant zufolge die Vernunft aufgrund ihrer Natur gewisse Fragen stellt, "...die sie aber nicht beantworten kann, denn sie übersteigen alles Vermögen der menschlichen Vernunft" (**KrV**,AVII). Diese Spannung innerhalb der Vernunft charakterisiert sich einerseits durch den legitimen Gebrauch von Grundsätzen im Laufe der Erfahrung, andererseits aber zugleich durch die illegitime Erweiterung des Gebrauchs derselben Prinzipien über die Grenzen der Erfahrung hinaus. Aufgrund dieser konstitutiven Spannung versucht die Vernunft, jede Bedingung wiederum als bedingt anzusehen und so das Bedingte auf das Unbedingte zurückzuführen. Dieses Unbedingte kann aber nicht in der empirischen Welt der Erscheinungen, sondern lediglich in den Dingen an sich angetroffen werden. Dieses Unbedingte ist eben dasjenige, was die Vernunft dazu treibt, über die Grenze der Erfahrung und aller Erscheinungen hinauszugehen. Bei diesem Aufstieg zum Unbedingten, zu weiter von der Erfahrung entfernten Bedingungen verwickelt sich die Vernunft in Dunkelheiten und Widersprüche, die die Kritik auflösen soll. Aufgabe der Kritik ist es, einerseits den Gebrauch der Grundsätze, mit denen die spekulative Vernunft über die Grenzen der Erfahrung hinausgeht, auf den Bereich der Sinnlichkeit zu beschränken und, andererseits, zu zeigen, daß "...es einen schlechterdings notwendigen praktischen Gebrauch der reinen Vernunft (den moralischen)" gibt, "in welchem sie [d.i. die Vernunft, GL] sich unvermeidlich über die Grenzen der Sinnlichkeit erweitert" (**KrV**,BXXV). Dadurch läßt sich die Freiheit -und mit ihr die gesamte Ethik- ohne Widerspruch denken. So sagt Kant zusammenfassend:

"Ich kann also Gott, Freiheit, und Unsterblichkeit zum Behuf des notwendigen praktischen Gebrauchs meiner Vernunft nicht einmal annehmen, wenn ich nicht

---

[334]Diesbezüglich darf man nicht den Titel des §20 der **Kritik der Urteilskraft** übersehen: "Die Bedingung der Notwendigkeit, die ein Geschmacksurteil vorgibt, ist die *Idee* eines Gemeinsinnes" (Hervorhebung von GL).

der spekulativen Vernunft zugleich ihre Anmaßung überschwenglicher Einsichten benehme, weil sie sich, um zu diesen zu gelangen, solcher Grundsätze bedienen muß, die indem sie in der Tat bloß auf Gegenstände möglicher Erfahrung reichen, wenn sie gleichwohl auf das angewandt werden, was nicht ein Gegenstand der Erfahrung sein kann, wirklich dieses jederzeit in Erscheinung verwandeln, und so alle praktische Erweiterung der reinen Vernunft für unmöglich erklären. Ich mußte also das Wissen aufheben, um zum Glauben Platz zu bekommen..." (KrV,BXXX).

Hierzu hat G. Krüger zu Recht bemerkt, daß die Sache der alten Metaphysik nach der Kritik immer noch erhalten bleibt. "**Es soll nur klar werden, daß man um Gott, Schöpfung, Freiheit und Unsterblichkeit nicht in bloß "theoretischer" unbeteiligter Weise wissen kann**", sagt Krüger "[...] Das ist die "praktische Absicht" in der die theistische Metaphysik weiter möglich bleibt und (nach Kant) bleiben muß"[335]. Eben hier wird der Charakter bzw. die Funktion der **Ideen** verständlich. Die **transzendentale Analytik** hat gezeigt, daß der Verstand, dessen reinen Begriffe und transzendentalen Grundsätze die Quelle der Erfahrung -ihrer Form nach- ist. Hinzu kommen aber die Ideen. Kraft der Ideen kann eine absolute Vollständigkeit, die nie in der gemäß den reinen Verstandesbegriffen artikulierten Erfahrung angetroffen werden kann, gedacht werden. Die Ideen gehören also nicht zum Verstand, sondern eher zur **Vernunft**, die wie oben gesagt über den objektiv erfahrungsbezogenen Verstand hinausgeht. Die Ideen scheinen zunächst Begriffe von erkennbaren Gegenständen zu sein. So scheint das Unbedingte zuerst -als dasjenige, das die Totalität der Bedingungen umfaßt und worauf sich die Ideen beziehen, interpretiert- ein Gegenstand der Erkenntnis zu sein. Wie wir bereits gesehen haben, liefert aber die Kantische Analyse der Antinomien der Vernunft den Nachweis dazu, daß die Ideen keine Begriffe von Objekten sein können. In ihrem die Erfahrung überschreitenden, transzendenten Gebrauch erweisen sich die Ideen als widerspruchsvoll, illusorisch. Sie können aber als oberster Punkt der Verarbeitung und Systematisierung des schon verstandesmäßig bestimmten Erfahrungsmaterials aufgefaßt werden. Sie besitzen also eine **heuristische** Funktion, der in der Wirklichkeit nichts entspricht bzw. entsprechen kann. In dieser Hinsicht haben sie keinen **konstitutiven**, sondern eher einen bloßen **regulativen Gebrauch**, kraft dessen die von der theoretischen Vernunft gelieferten Erkenntnisse auf das Unbedingte hin orientiert werden können. Unter dem Gesichtspunkt ihres **regulativen** Gebrauchs betrachtet,

---

[335]Krüger,1967,11.

haben die Vernunftideen also bloß eine **appelative** und **heuristische** Bedeutung. "So fängt alle menschliche Erkenntnis mit Anschauungen an, geht von da zu Begriffen, und endigt mit Ideen", sagt Kant hierzu an einer bekannten Stelle der **Kritik der reinen Vernunft** (KrV,A702/B730). Die Ideen projektieren ein Ziel für die Erkenntnis, ohne daß dieses Ziel jemals vollständig erreicht werden kann. Sie entwerfen eine systematische Einheit der Erkenntnis, die sich als keine vorhandene, sondern eher als eine "projektierte Einheit" erweist (Vgl.,KrV,A647/B675). Dasjenige, was hier meines Erachtens hervorgehoben werden sollte, ist, daß die Ideen der Vernunft keinen **konstitutiven** Gebrauch haben. Sie können also keinen Gegenstand in der Erfahrung bestimmen bzw. erkennen lassen. Wenn man diese Ideen konstitutiv gebraucht, werden die Ideen **transzendent** und verfällt man in Antinomien, Paralogismen und derartige Fehlschlüsse, die die Kritik in der **Transzendentalen Dialektik** aufgestellt, ihrer Struktur bzw. ihrem Ursprung nach erklärt und dann aufgelöst hat. In ihrem **theoretischen** Gebrauch sind die Ideen also bloß **regulativ**. Im **praktischen** Gebrauch zeigen sie aber eine **konstitutive** Funktion -so hebt Kant die konstitutive Funktion der Idee der Freiheit für die Erfahrung hervor, auf die sie angewandt wird, weil sich die Erfahrung hier nicht auf dasjenige, was der Fall in der empirischen Welt **ist**, sondern eher auf dasjenige, was gemäß der Idee der Freiheit sein **soll** bezieht. Im **praktischen** Bereich[336] also wird der Gebrauch der Vernunftideen insofern **immanent**, als sie

---

[336]Mit der Bezeichnung "**praktisch**" beziehe ich mich im Kantischen Sinne auf den Bereich der Willensbestimmung und der menschlichen Handlungen insofem als diese durch Prinzipien, die nicht aus Natur-, sondern eher aus Freiheitsgesetzen herkommen, bestimmt sind. In demselben Sinne hat Kant diese Bezeichnung bereits seit der **Dissertatio** verwendet:

"Theoretisch betrachten wir etwas, sofern wir nur auf das achten, was einem Seienden zukommt, praktisch aber, wenn wir das erwägen, was ihm durch Freiheit innewohnen sollte" (D,§9,Anmerkung).

Ähnlich charakterisiert Kant diesen und andere damit assoziierten Ausdrücke in der **Kritik der reinen Vernunft**:

"Ich begnüge mich hier, die theoretische Erkenntnis durch eine solche zu erklären, wodurch ich erkenne, was da ist, die praktische aber, dadurch ich mir vorstelle, was dasein soll. Diesemnach ist der theoretische Gebrauch der Vernunft derjenige, durch den ich a priori (als notwendig) erkenne, daß etwas sei; der praktische aber durch den a priori erkannt wird, was geschehen solle" (KrV,A633/B661).

Zu diesen Urteschreidungen siehe § 3. dieser Arbeit.

sich wirkungsfähig dazu erweisen, Handlungen bzw. Handlungsverlaufe in Gang zu setzen, Gegenstände hervorzubrigen, die diesen Ideen entsprechen. Eben auf diese Weise wird die Vernunft **praktisch**. Durch deren Einfluß auf den menschlichen Willen kann sie nicht nur bloße Sachverhalte, sondern sogar eine Welt gemäß ihren Ideen hervorzubringen, wobei die auf diese Weise hergestellte Welt eine innere Vollständigkeit, Ordung und systematische Einheit erhalten kann (Vgl.,KpV,135-136). So hatte Kant hierzu bemerkt, daß die Ideen als Leitprinzipien zur Gestaltung bzw. zur Umgestaltung der sinnlichen Erfahrung verstanden werden können. So sagt er in der **Kritik der reinen Vernunft** folgendes:

"Plato bediente sich des Ausdrucks *Idee* so, daß man wohl sieht, er habe darunter etwas verstanden, was nicht allein niemals von den Sinnen entlehnt wird, sondern welches so gar die Begriffe des Verstandes, mit denen sich Aristoteles beschäftigte, weit übersteigt, indem in der Erfahrung niemals etwas damit Kongruierendes angetroffen wird. Die Ideen sind bei ihm Urbilder der Dinge selbst, und nicht bloß Schlüssel zu möglichen Erfahrungen, wie die Kategorien. Nach seiner Meinung flossen sie aus der höchsten Vernunft aus, von da sie der menschlichen zu Teil geworden..." (KrV,A313/B370).

Und weiter unten nocht deutlicher:

"Plato fand seine Ideen vorzüglich in allem was praktisch ist, d.i. auf Freiheit beruht..." (KrV,A314/B371).

Er fährt so fort:

"Denn es ist gleichwohl alles Urteil, über den moralischen Wert oder Unwert, nur vermittelst dieser Idee möglich; mithin liegt sie jeder Annäherung zur moralischen Vollkommenheit notwendig zum Grunde..." (KrV,A315/B372).

So fürht er das folgende Beispiel an:

"Eine Verfassung von der größten menschlichen Freiheit nach Gesetzen, welche machen, daß jedes Freiheit mit der anderen ihrer zusammen bestehen kann [...] ist doch wenigstens eine notwendige Idee, die man nicht bloß im ersten Entwurfe einer Staatsverfassung, sondern auch bei allen Gesetzen zum Grunde legen muß, und wobei man anfänglich von den gegenwärtigen Hindernissen abstrahieren muß, die vielleicht nicht sowohl aus der menschlichen Natur unvermeidlich entspringen mögen, als vielmehr aus der Vernachlässigung der echten Ideen bei der Gesetzgebung [...] Ob nun gleich das letztere [d.i., die Übereinstimmung der wirklichen politischen Ordnungen zur Idee einer Verfassung von der größten menschlichen Freiheit nach Gesetzen, GL] niemals zu Stande kommen mag, so ist die Idee doch ganz richtig, welche dieses Maximum zum Urbilde aufstellt, um nach demselben die gesetzliche Verfassung der Menschen der möglich größten Vollkommenheit immer näher zu bringen" (KrV,A316-7/B373-4).

Nach dieser kurzen Erinnerung an die Kantische Auffassung der "Ideen" komme ich auf den **sensus communis** bzw. dessen Charackter als Idee zurück. Der **sensus communis** kann insofern als Ideen charakterisiert werden, als er niemals in der empirischen Erfahrung angetroffen werden kann. Er verhält sich eher als eine nicht wirklich existierende Idee, auf die sich jedes einzelne Subjekt aber in seinem Geschmacksurteil als dessen Möglichkeitsbedingung bezieht. Deswegen kann man den **sensus communis** als eine **regulative Idee** verstehen. In dieser Richtung charakterisiert Kant die Idee eines **sensus communis** gelegentlich ebenfalls als ein **Postulat**[337]. Demzufolge, genauso wie wenn man eine moralische Entscheidung trifft oder ein bestimmtes Handlungsverlauf wählt, handelt man unter der Voraussetzung der Freiheit,

---

[337]Man muß darauf hinweisen, daß in der **Kritik der praktischen Vernunft** ein Postulat der reinen praktischen Vernunft als ein theoretischer, als solchen aber nicht erweislicher Satz, so fern er einem a priori unbedingt geltenden praktischen Gesetze unzertrennlich anhängt, verstanden worden war (Vgl.,KpV,122). Da machte Kant zunächst darauf aufmerksam, daß ein "Postulat" in diesem Zusammenhang nichts mit dem Postulat in dessen **mathematischen** Gebrauch zu tun hat. Diesbezüglich erinnert L.W. Beck uns daran, daß man unter ein "mathematisches Postulat" zur Zeit Kants einen unbeweisbaren technisch-praktischen Satz verstand, der wiederrum die Regel der Synthesis zu einem Gegenstand der Anschauung enthält, wenn die Möglichkeit des Gegenstands a priori bekannt ist. Noch deutlicher gesagt, sind die **mathematischen** Postulate nichts anderes als die apriorischen Regeln für die Konstruktion mathematischer Gegenstände in der Anschauung (Vgl.,Beck,1960, 232 uff.). Hingegen ist ein Postulat in der Philosophie die auf einem allgemeinen Gesetz basierende Behauptung, daß ein Gegenstand möglich oder wirklich ist. Hierin muß man zwischen einer **Hypothese** und einem **Postulat** unterscheiden. So z.B. wird Y **hypothetisch** angenommen, wenn es eine mögliche Erklärung für X liefert. Dagegen wird Y **postuliert**, wenn a priori feststeht, daß Y die notwendige Bedingung ist, unter der X als auch nur möglich erkannt werden kann. So betrachtet, könnte man sagen, daß ein Postulat eine "notwendige Hypothese" ist. Anders aber als eine bloße Hypothese läßt sich ein Postulat durch neue Erkenntnisse bzw. Erfahrungen weder ergänzen noch korrigieren. Als Beispiel hierfür kann man an die Existenz Gottes denken, die von Kant selbst als ein Postulat angeführt wird. Demgemäß muß man die Existenz Gottes deshalb postulieren, weil die Sittlichkeit notwendig und Gott seinerseits eine notwendige Bedingung der Sittlichkeit ist. So scheinen die Postulate eher die Bedeutung von Einsichten und nicht von moralischen Imperativen zu besitzen. Zugleich aber insistiert Kant darauf , daß sie insofern keine bloße Fiktionen sind -wie eine pragmatische Interpretation derselben es wollte-, als sie eine **praktische** Existenz besitzen. Ihr Dasein wird keineswegs durch eine Anschauung bewiesen -wie im Fall der empirischen Gegenstände der Naturwissenschaften- sondern eher **durch das Faktum des Sittengesetzes**. Die Postulate deuten also auf daseiende Gegenstände aber nicht in der empirischen, sondern in der **moralischen** Welt hin. So -und in dieser Hinsicht mußte man im voraus aufmerksam darauf machen, daß Kant den Ausdruck "Postulat" gelegentlich ziemlich frei verwendet und daß er seine Auflistung derselben sogar von Stelle zu Stelle ändert (siehe hierzu Beck,1960,239)- bezieht sich Kant auf diese Postulate im sechsten Abschnitt des zweiten Buches der **Kritik der praktischen Vernunft**. Der Abschnitt trägt eben den Titel "Über die Postulate der reinen praktischen Vernunft überhaupt". Dazu sagt er folgendes:

1) Alle diese Postulate gehen vom **Grundsatz der Moralität** aus, der wiederrum nicht ein Postulat, sondern eher ein **Gesetz** ist, durch welches die Vernunft unmittelbar den Willen bestimmt (Vgl.,KpV,132);

2) Kant zufolge sind die Postulate der reinen praktischen Vernunft folgende:

    a) das der **Unsterblichkeit**, das aus der praktisch notwendigen Bedingung der Adäquatheit der Dauer zur Vollständigkeit der Erfüllung des moralischen Gesetzes herkommt;

    b) das der **Freiheit** als Kausalität eines Wesens, das einer intelligiblen Welt angehört. Dieses Postulat stammt sowohl aus der notwendigen Voraussetzung der Unabhängigkeit von der Sinnenwelt als auch aus der Voraussetzung des Vermögens der Bestimmung des Willens eines derartigen Wesens nach dem Gesetze einer intelligiblen Welt und, schließlich, genauso wird die Idee eines **sensus communis** vorausgesetzt, wenn man ein Geschmacksurteil fällt. Das einzelne Geschmacksurteil signalisiert also eine für jedermann gültige Beurteilung, die diesem Urteil als dessen Möglichkeitsbedingung, als der legitime Grund für dessen Anspruch auf allgemeine Gültigkeit zugrundeliegt. Dabei sucht man weder einen faktischen Beifall noch eine zufällige Einwilligung zu einem bloß privaten Gefühl bzw. einer privaten Einschätzung, sondern eher die Zustimmung dazu, daß das gefallene einzelne Geschmacksurteil nicht eine bloße willkürliche Meinung oder ein privater Einfall, sondern vielmehr ein legitimes Urteil ist, das eine allgemeine Gültigkeit beansprucht. So gesehen, weist eine ästhetische Beurteilung sowohl im Fall der Naturschönheit als auch im Fall der Kunstschönheit auf diesen so aufgefaßten **sensus communis** hin, allein kraft dessen das einzelne Geschmacksurteil eine universale Einigung legitim verlangen kann: hier bringt der Urteilende also ein Gefühl, ein Wohlgefallen, ein Urteil zum Ausdruck, die gemeinsam mitgeteilt sind und über jede räumliche oder zeitliche Grenze hinausgehen. So wird das einzelne Geschmacksurteil von vornherein in eine ursprüngliche und unauflösbare Beziehung zu den wirklichen und potentiellen Urteilen anderer Subjekte gesetzt, wo sich diese letzten als

---

c) das des Dasein Gottes, das aus der Notwendigkeit der Bedingung zu einer intelligiblen Welt abstammt, damit diese Welt das höchste Gut eben durch die Voraussetzung des höchsten selbständigen Guts, d.i. des Dasein Gottes, werden kann (Vgl., KpV,132).

3) Kant zufolge führen diese Postulate der **praktischen** Vernunft zu denjenigen Begriffen, die die **theoretische** bzw. **spekulative** Vernunft als Aufgaben bloß problematisch ausdrückten, aber nicht auflösen konnte. Nun aber sieht deshalb alles anders aus, weil man derartige Postulate der reinen praktischen Vernunft denjenigen von der theoretischen Vernunft gedachten aber unbestimmten Begriffe eine Bedeutung derart beimessen können, daß sich das, was sich unter der Betrachtung der theoretischen Vernunft als transzendent gezeigt hatte, nun im **praktischen** Bereich als **immanent** erweisen kann:

"Denn wir erkennen zwar dadurch weder unserer Seele Natur, noch die intelligibele Welt, noch das höchste Wesen, nach dem, was sie an sich selbst sind, sondern haben nur die Begriffe von ihnen im praktischen Begriffe des höchsten Guts vereinigt, als dem Objekte unseres Willens, und völlig a priori, durch reine Vernunft, aber nur vermittelst des moralischen Gesetzes, und auch bloß in Beziehung auf dasselbe, in Ansehung des Objekts, das es gebietet. Wie aber auch nur die Freiheit möglich sei, und wie man sich diese Art von Kausalität theoretisch und positiv vorzustellen habe, wird dadurch nicht eingesehen, sondern nur, daß eine solche sei, durchs moralische Gesetz und zu dessen Behuf postuliert. So ist es auch mit den übrigen Ideen bewandt, die nach ihrer Möglichkeit kein menschlicher Verstand jemals ergründen, aber auch, daß sie nicht wahre Begriffe sind, keine Sophisterei der Überzeugung, selbst des gemeinsten Menschen, jemals entreißen wird" (KpV,133).

4) Diese Postulate der praktischen Vernunft sind keine theoretischen Dogmata, sondern Voraussetzungen in notwendig **praktischer** Rücksicht, die, wenn gleich die theoretische Erkenntnis nicht erweitern, den **Ideen** der spekulativen **Vernunft** im allgemeinen durch deren Beziehung auf das **Praktische** doch eine objektive Realität zugeben, so daß die theoretische Vernunft auf diese Weise Begriffe ausdrücken kann, die sie sonst hinsichtlich ihrer Möglichkeit nicht einmal legitim behaupten könnte (Vgl., KpV,132).

Richtschnur für jenes erweisen und zu dessen Korrektur dienen. Innerhalb dieser ursprünglichen Beziehung und Zusammengehörigkeit zu den Urteilen der anderen Subjekte erhebt sich der einzelne Urteilende zu einem allgemeinen Standpunkt, der alle anderen wirklichen und potentiellen Urteilenden, über räumliche und zeitliche Grenzen hinaus, umfasst bzw. umfassen kann. Dabei kommt also eine Abwägung des einzelnen Geschmacksurteils zustande, wo das einzelne Urteil nicht so sehr auf gegenwärtige und private Gefühle bzw. Urteile, sondern eher auf ein von jedermann mitgeteiltes Gefühl, auf ein ursprünglich gemeinsames Urteil, d.i. auf einen **sensus communis**, bezogen wird. So könnte man sagen, daß ab dem Moment, wo ein Subjekt ein Geschmacksurteil fällt, eine Grundvoraussetzung der Formulierung dieses Urteils, egal wie bewußt oder unbewußt, vorliegen soll, nämlich die, daß man in Gemeinsamkeit mit den anderen urteilt. Auf diese Weise erweist sich das einzelne Urteil als eine Art Bestätigung des **sensus communis**. Das Wohlgefallen bzw. die Lust am Schönen ist also allein unter Rückgriff auf diesen allgemeinen Standpunkt zu verstehen, der von jedem einzelnen Subjekt vorausgesetzt wird, wenn er sein einzelnes Geschmacksurteil fällt und in seiner Beurteilung die Urteile jeder anderen Subjekte virtuell eingeschlossen bzw. umgefaßt werden. So lassen sich jene Stellen im Kantischen Text verstehen, wie "der Geschmack ist gesellig" (Rx,702) oder "das Urteil des Geschmacks ist ein gesellschaftliches Urteil" (Rx,743) oder "Geschmack hat man, wenn das, was einem gefällt, allen gefällt, oder, schließlich, "Es rührt uns alles mehr, was wir in Gesellschaft empfinden. Wir empfinden sozusagen auch für die übrigen...Das ganze Leben erweitert sich in guter Gesellschaft" (Rx,763). Dabei geht es meines Erachtens um ein und dasselbe Motiv, nämlich um die ursprüngliche Bezogenheit des Geschmacks, der Urteilskraft und der Gesellschaft zueinander, und dies besagt, daß der Geschmack bzw. die ästhetische Beurteilung sich nur innerhalb der Gesellschaft herausbildet, konstituiert und entwickelt. Hierzu sagt Kant in der **Anthropologie** folgendes: "Der Geschmack geht auf Mitteilung der Lust in der Vorstellung eines Gegenstandes [...] sofern sie **gesellschaftlich** ist. Für sich selbst wird sich niemand geschmackvoll kleiden oder ausputzen" (A,241. Unterstreichung von GL). Die ästhetische Beurteilung bezieht sich also auf eine Lust am Schönen, die von vornherein "eine Lust in Gemeinschaft mit Andern" ist[338]. Ein ästhetisches Urteil kann nichts anderes als ein Geschmacksurteil über das Schöne **unter den Menschen** sein, so daß ein einzelner Mensch, der auf einer einsamen Insel immer allein gelebt hätte, nur höchstens einen mehr oder weniger

---

[338] Auf eine ähnliche Weise drückt sich Kant in den **Reflexionen** aus, wenn er darauf insistiert, daß der Geschmack nicht aus dem bloßen Genuß, "...sondern in der Einstimmung unserer Empfindsamkeit mit anderer ihrer" besteht (Rx,721). Der Geschmack basiert also auf keinem bloß privaten Genuß, sondern auf dem "...Beifall wegen Allgemeinheit" (Rx,710). So wird der Geschmack als "...das Vermögen, allgemeingültig zu wählen" verstanden (Rx,1850). Er ist also ein Vermögen der **gesellschaftlichen** Beurteilung äußerer Gegenstände in der Einbildungskraft (Vgl.,A,241).

raffinierten **Appetit**, niemals aber einen **ästhetischen Geschmack** entwickeln könnte[339]. So interpretiert, könnte man sagen, daß die ganze Sphäre der urteilenden Subjekte, die gesamte Menschheit sich als eine virtuelle Präsenz in ein einzelnes Geschmacksurteil widerspiegeln bzw. projektierten. Das Geschmackurteil bringt also eine "**transzendentale Soziabilität**" (Lebrun) zum Ausdruck. Wie Lebrun hierzu treffend sagt: "Wenn auch ohne die anderen und sogar gegen sie beurteilend, urteile ich nicht, und das ist das Wesentliche, ohne die Idee des Anderen. Es ist eben diese Idee, und nicht mein Gefühl, was ich über die Meinungen der faktischen anderen hinwegsetze" (Lebrun,1970,359). Diese Beurteilung innerhalb der Sphäre der Totalität der urteilenden Subjekte stellt das einzelne Urteil in Beziehung zu einer **idealen** Gemeinschaft der Urteilenden, die sich sogar der **faktischen** Gemeinschaft entgegensetzen kann. Dies scheint das Geflecht herauszubilden, in dem sich die ästhetische Beurteilung als deren transzendentale Voraussetzung von vornherein abspielt. Hierbei beginnt das andere urteilende Subjekt, sich als identisch und zugleich als verschieden mir gegenüber zu konstituieren. So scheint Kant selbst, sich ausgesprochen zu haben:

"Für sich allein würde ein verlassener Mensch auf einer wüsten Insel weder seiner Hütte, noch sich selbst ausputzen, oder Blumen aufsuchen, noch weniger sie pflanzen, um sich damit auszuschmücken; sondern nur in Gesellschaft kommt es ihm ein, nicht bloß Mensch, sondern auch nach seiner Art ein feiner Mensch zu sein (der Anfang der Zivilisierung): denn als einen solchen beurteilt man denjenigen, welcher seine Lust andern mitzuteilen geneigt und geschickt ist, und den ein Objekt nicht befriedigt, wenn er das Wohlgefallen an demselben nicht in Gemeinschaft mit andern fühlen kann. Auch erwartet und fordert ein jeder die Rücksicht auf allgemeine Mitteilung von jedermann, gleichsam als aus einem ursprüngliche Vertrage, der durch die Menschheit selbst diktiert ist; und so werden freilich anfangs nur Reize, z.B. Farben, um sich zu bemalen [...] oder Blumen, Muschelschalen, schönfarbige Vogelfedern, mit der Zeit aber auch schöne Formen [...] die gar kein Vergnügen, d.i. Wohlgefallen des Genusses bei sich fühlen, in der Gesellschaft wichtig und mit großem Interesse verbunden: bis endlich die auf den höchsten Punkt gekommene Zivilisierung daraus beinahe das Hauptwerk der verfeineten Neigung macht, und Empfindungen nur so viel gehalten werden, als sie sich allgemein mitteilen lassen; wo denn, wenn gleich

---

[339] So sagt Kant: "Geschmack bezieht sich auf Gesellschaft und Mitteilung mit andern ohne diese wäre es bloß Wahl für den Appetit" (A,240).

die Lust, die jeder an einem solchen Gegenstande hat, nur unbeträchtlich und für sich ohne merkliches Interesse ist, doch die Idee von ihrer allgemeinen Mitteilbarkeit beinahe unendlich vergrößert" (KU,§41,297-298).

Als allgemein mittgeteiltes Gefühl, als in jedem einzelnen Geschmacksurteil implizit vorausgesetzte allgemeine Zustimmung aller anderen Urteilenden bringt der **sensus communis** nichts anderes zum Ausdruck als die Anerkennung der Mitmenscheit als eine Art Struktur a priori der ästhetischen Urteile. Kurz gesagt, wie Lebrun treffend ausgedrückt hat, in der ästhetischen Beurteilung, wo auf den ersten Blick sich das ästhetisch genießende Subjekt sich am deutlichsten über sich selbst zurückzuziehen schien, erhebt es -eher im Gegenteil- einen Anspruch auf eine allgemeine Intersubjektivität, eine Forderung zur Errichtung einer Gemeinschaft mit den anderen Urteilenden[340]. So betrachtet, erfolgt die Zurückweisung des Urteils anderer Subjekte keineswegs kraft eines anderen entgegengestellten bloß privaten Urteils, sondern vielmehr unter Rekurs auf ein ideales Urteil bzw. auf eine im einzelnen Urteil verkörperte allgemeine Stimme, von der sich der Urteilende, der sich dieser Zustimmung verweigert, ausschließt. Diese implizite Berufung auf den **sensus communis** fordert also die Anerkennung aller anderen Urteilenden als Subjekte, deren Geschmacksurteile ebenfalls gegen den Hintergrund dieser allgemeinen Zustimmung als deren implizite Voraussetzung formuliert werden. Hier geht es also, wie Kant selber sagt, um eine Art von ursprünglichem Vertrag, der von jedem Subjekt vorausgesetzt werden muß, wenn er ein einzelnes Geschmacksurteil fällt. So faßt sich das Subjekt als ein Vertragschließender auf, der eben eine Art ästhetischen Vertrag, einen Pakt über jede individuelle oder egoistische Willkür hinweg schließt, so daß er dabei das Allgemeine und das Besondere in seinem einzelnen Urteil miteinander vermittelt, zugleich versöhnt und dadurch sich seine einzelne Stimme zugleich als eine allgemeine Stimme erweisen kann. Eben in diese Richtung muß jene Kantische Bemerkung interpretiert werden, derzufolge unter dem Terminus **sensus communis** die Idee einer Urteilskraft, die in ihrer Reflektion das Urteil aller anderen in Betracht zieht, verstanden wird, so daß dadurch das einzelne Urteil sich am idealen Urteil der gesamten menschlichen Vernunft orientiert und an es hält, und dabei der Täuschung entgeht, die sich aus der Annahme subjektiver und partikularer Bedingungen ergibt, als ob sie objektiver und allgemeiner wären, der Täuschung also, die damit droht, das Urteil auf den engsten Partikularismus bzw. Subjektivismus zu reduzieren und zu begrenzen, und dadurch das Subjekt in die beschränkteste Grenze seiner Privatheit

---

[340]Vgl.,Lebrun,1970,359.

unweigerlich einzuschließen. In diesem Sinne muß man also die zweite Maxime des **sensus communis** verstehen: "an der Stelle jedes anderen denken", die Maxime der **erweiterten** Denkungsart, derzufolge das Subjekt mit einer erweiterten Denkungsart dasjenige ist, welches sich über jene privaten, subjektiven Bedingungen der Beurteilung, in denen andere eingeschlossen bleiben, hinwegsetzt, und dadurch sowohl über die Urteile anderer als auch über seine eigene Urteile von einem allgemeinen Standpunkt her reflektieren kann. Dieser allgemeine Standpunkt kann wiederum nicht auf eine andere Weise bestimmt werden, als wenn der einzelne Urteilende sich in den Standpunkt anderer versetzt, dann zu seinem eigenen zurückkommt, in ein nie aufzuhörendes Hin- und Herkommen von den anderen zu sich selbst und umgekehrt, wo er ständig zwischen seinem Standpunkt und dem der anderen, d.i. zwischen dem Besonderen und dem Allgemeinen, in seiner ästhetischen Beurteilung vermittelt (Vgl.,KU,§ 40,294-295). Deshalb betrachtet Kant den **sensus communis** als den spezifisch menschlichen Bestandteil, d.i. als das, was dem Menschen zum Menschen macht[341]. So verstanden, hängen vom **sensus communis** die Mitteilbarkeit, die Gemeinschaft zwischen den Menschen und somit die Möglichkeit, mit den anderen, mit dem Anderen zu leben, ab. Demzufolge könnte sich die Menschheit, wie bereits gesagt, nicht nur vermittelst eines mitgeteilten Ideals der Rationalität im praktischen Handeln oder im theoretischen Erkennen vereinigen, sondern auch durch eine Kultur des mitgeteilten Gefühls, des **sensus communis**, des guten Geschmacks[342]. Die menschlichen Gefühle können also anhand der ästhetischen Beurteilung im Rahmen einer Art Kultur des Geschmacks verfeinert und kultiviert, erhoben und veredelt werden, so daß das gesellschaftliche Leben dadurch zivilisiert wird. So betrachtet, macht diese Kultur des gemeinsam mittgeteilten ästhetischen Genusses, d.i. eine Kultur der ästhetischen Gemeinschaft, einen Teil der Konstitution, Behauptung und Aufrechterhatung einer Menschheit,

---

[341]Hier sei auf die bereits zitierte Stelle zu verweisen, wo Kant die Humanität einerseits als "das allgemeine Teilnehmungsgefühl" und andererseits als das Vermögen, "sich innigst und allgemein mitteilen zu können", interpretiert. Zusammen verbunden und genommen konstituieren diese zwei Eigenschaften die "der Menschheit angemessene Geselligkeit", wodurch "sie sich von der tierischen Eingeschränktheit unterscheidet" (KU, §60,355).

[342]Hierzu muß Friedrich Schiller selbstverständlich deshalb erwähnt werden, weil er derjenige gewesen ist, der eine ähnliche Idee angedeutet hat, als er darauf insistierte, daß eine mitgeteilte Kultur des ästhetischen Genusses die beste Basis für eine Vereinigung der Menschheit ausmachen könnte. Diesbezüglich ist es im Zusammenhang mit unserer Diskussion auffallend, eine Stelle in Schillers **Über die ästhetische Erziehung des Menschen in einer Reihe von Briefen** (1795) anzutreffen, wo er sich auf den **sensus communis** explizit bezieht, wenn er die Funktion des Gemeinsinns mit dem Postulat der Selbstverwirklichung der Menschheit durch eine ästhetisch-praktische Vernunft in Verbindung setzt. So sagt er im 27. Brief folgendes:

"Aus den Mysterien der Wissenschaft führt der Geschmack unter den offenen Himmel des Gemeinsinns heraus und verwandelt das Eigentum der Schulen in ein Gemeingut der ganzen menschlichen Gesellschaft" (Schiller,BÄE,668).

in der sich die einzelnen Subjekte über deren Privatheit bzw. Partikularismus hinwegsetzen können, und dadurch das Zusammenleben mit den anderen ermöglichen[343]. Hier geht es also um eine Kultur des mitgeteilten Gefühls, des ästhetischen Geschmacks, die neben der moralischen Kultur dem Zusammenleben der Menschheit als dessen Möglichkeitsbedingung zugrundeliegen. Eben in diesem Sinne würde ich vorschlagen, die Kantische These, derzufolge die Schönheit ein Symbol der Sittlichkeit ist, zu interpretieren, eine These, die als Schluß der transzendentalen Deduktion der Geschmacksurteile aufgestellt wird:

"Nun sage ich: das Schöne ist das Symbol des Sittlichguten; und auch nur in dieser Rücksicht (einer Beziehung, die jedermann natürlich ist, und die auch jedermann andern als Pflicht zumutet) gefällt es, mit einem Anspruche auf jedes andern Beistimmung..."(KU,§59,353).

Ähnlich spricht sich Kant in einem Brief an Reichardt aus:

"Ich habe mich damit begnügt, zu zeigen, daß ohne sittliches Gefühl es für uns nichts Schönes oder Erhabenes geben würde, daß sich eben darauf der gleichsam gesetzmäßige Anspruch auf Beifall bei allem, was diesen Namen führen soll, gründe und daß das Subjektive der Moralität in unserem Wesen, welches unter dem Namen des sittlichen Gefühls unerforschlich ist, dasjenige sei, worauf, mithin nicht auf objektive Vernunftbegriffe, dergleichen die Beurteilung nach moralischen Gesetzen erfordert, in Beziehung, urteilen zu können, Geschmack sei..."(K, Brief an Reichardt vom 15-X-1790).

Kant zufolge wird sowohl in der **ästhetischen** als auch in der **moralischen** Beurteilung vom partikularen Standpunkt eines privaten Subjekts abstrahiert und in eine allgemeine

---

[343] Vgl. hierzu Hampshire,1989,151. Ähnlich bemerkt R. Brandt, daß in der **Kritik der Urteilskraft** die Kunst und die Kultur Mittel zur Mitteilbarkeit und Sozialität sind (Vgl., Brandt,1989,187-8).

intersubjektive Perspektive gesetzt. Wie bereits mehrfach gesagt, setzt die Formulierung eines Geschmacksurteils, als deren Möglichkeitsbedingung, eben dieses Abstrahieren von einem bloß partikularen Wohlgefallen voraus[344]. Wie in der **ästhetischen** wird auch in der **moralischen** Beurteilung unter Rücksicht und Einbeziehung wirklicher und möglicher Subjekte, über bloß private bzw. individuelle Überzeugungen hinweg, beurteilt[345]. Wie die ästhetische Beurteilung unter deren ursprünglichen Bezogenheit auf den **sensus communis**, erfolgt die moralische Beurteilung ebenfalls unter impliziten Rekurs auf die Mitmenscheit. Andernfalls könnten die Verbindlichkeiten gegenüber den anderen niemals moralisch gerechtfertigt werden und somit wären sie niemals als Verpflichtungen zu verstehen. Deshalb drückt sich Kant in der **Metaphysik der Sitten** so aus:

"Denn alles moralisch-praktische Verhältnis gegen Menschen ist ein Verhältnis derselben in der Vorstellung der reinen Vernunft,d.i. der freien Handlungen nach Maximen, welche sich zur allgemeinen Gesetzgebung qualifizieren, die also nicht selbstsüchtig (ex solipsismo prodeuntes) sein können. Ich will jedes anderen Wohlwollen (benevolentiam) gegen mich; ich soll also auch gegen jeden anderen wohlwollend sein. Da aber alle andere außer mir nicht alle sein, mithin die Maxime nicht die Allgemeinheit eines Gesetzes an sich haben würde, welche doch zur Verpflichtung notwendig ist: so wird das Pflichtgesetz des Wohlwollens mich als Objekt desselben im Gebot der praktischen Vernunft mit begreifen: nicht, als ob ich dadurch verbunden würde, mich selbst zu lieben (denn das geschieht ohne das unvermeidlich, und dazu gibt's also keine Verpflichtung),

---

[344]Vgl. §§ 8.1. und 8.2. dieser Arbeit.

[345]Diesbezüglich ist bemerkenswert, wie Kant die zweite Art der Vorstellung des kategorischen Imperativs in der **Grundlegung zur Metaphysik der Sitten** einführt:

"Wenn es denn also ein oberstes praktisches Prinzip, und in Ansehung des menschlichen Willens, einen kategorischen Imperativ geben soll, so muß ein solches sein, das aus der Vorstellung dessen, was notwendig für jedermann Zweck ist, weil es Zweck an sich selbst ist, ein objektives Prinzip des Willens ausmacht, mithin zum allgemeinen praktischen Gesetze dienen kann. Der Grund dieses Prinzips ist: die vernünftige Natur existiert als Zweck an sich selbst. So stellt sich notwendig der Mensch sein eigenes Dasein vor; so fern ist es also ein subjektives Prinzip menschlicher Handlungen. So stellt sich aber auch jedes andere vernünftige Wesen sein Dasein, zufolge eben desselben Vernunftgrundes, der auch für mich gilt, vor; also ist es zugleich ein objektives Prinzip, woraus, als einem obersten praktischen Grunde, alle Gesetze des Willens abgeleitet werden müssen"(G,428-429).

sondern die gesetzgebende Vernunft, welche in ihrer Idee der Menschheit überhaupt die ganze Gattung (mich also mit) einschließt..." (MS,451).

Im moralischen Bereich wird also insofern beurteilt, als der Urteilende sich in die gesamte Sphäre der Urteilenden setzt, d.i., als Teil der Menschheit betrachtet und sie sozusagen virtual in seine Beurteilung mit einschließt. Die moralischen Forderungen richten sich an anderen, die in unsere moralische Beurteilungen von vornherein mit einbezogen werden. So kann man verstehen, inwiefern die Kultivierung des Geschmacks, d.i. einer Kultur des **sensus communis**, zugleich eine Entfaltung, einer Verkörperung einer moralischen Einstellung im Kantischen Sinne sein kann. So verstanden, drücken die Geschmacksurteile über das Wohlgefallen am Schönen eine Erfahrung dessen aus, was den Kern der Moralität im eigentlichen Sinne ausmacht. Die schöne Form kann also in letzter Konsequenz als das Symbol einer möglichen allgemeinen Gemeinschaft betrachtet werden[346].

In diesem Paragraph habe ich den Charakter der Allgemeinheit der ästhetischen Urteile auf die unter den Rekurs auf den **sensus communis** in ihnen implizit formulierte Intersubjektivität hin ausführlicher betrachtet. Diese subjektive bzw. intersubjektive Allgemeinheit wird von Kant zum einen als eine Möglichkeitsbedingung der Geschmacksurteile und zum anderen als eine Idee oder, noch genauer gesagt, als eine regulative Idee, interpretiert. Um diese These verständlich zu machen, habe ich den Charakter bzw. die Funktion der Ideen in der Kantischen Philosophie kurz angesprochen. Dabei wurde klar, daß die im Geschmacksurteil aufgrund dessen Bezogenheit auf den **sensus communis** implizit beanspruchte intersubjektive Allgemeinheit eine **soziale, praktische**, meinetwegen **ethische** Dimension des Geschmacks insofern

---

[346]Wie die moralische Beurteilung ist mein Geschmacksurteil über das Schöne ein Ausdruck dieses **sensus communis**, der widerum als die Urteilskraft verstanden wird, die in deren Reflexion die Beurteilung nicht nur jedes anderen **wirklichen**, sondern auch sogar jedes anderen **möglichen** Subjekts in Betracht zieht und Rücksicht darauf nimmt, so daß die sich daraus ergebende Beurteilung auf der ganzen Menschenvernunft basieren kann -wie Kant es übrigens im §40 der **Kritik der Urteilskraft** erläutert hat. Die Erfahrung, die auf diese Weise das Subjekt der ästhetischen Beurteilung macht, weist also darauf hin, daß der ästhetische Genuß nur innerhalb einer Gemeinschaft mit den anderen Urteilenden zustandekommen kann. Das singulare Subjekt der ästhetischen Beurteilung erkennt die anderen und deren Urteile an und bezieht sie in dessen Beurteilung mit ein. So kann es sich zugleich in das Allgemeine, d.h. in den allgemeinen Standpunkt der gesamten Menschenvernunft, versetzen, und in diesem Sinne zum Allgemeinen werden. Da hören sowohl der Anspruch des einzelnen urteilenden Subjekts auf Allgemeinheit als auch die im Geschmacksurteil postulierte subjektive Allgemeinheit auf, irreal, unsinnig bzw. willkürlich zu sein (Vgl., Lebrun,1970,386).

aufweist, als in der ästhetischen Beurteilung das einzelne Urteil bzw. der Urteilende in einen nicht objektiven, sondern eher intersubjektiven Raum von vornherein miteinbezogen bzw. gesetzt werden, so daß dabei sich nichts anderes als die Errichtung einer intersubjektiven Gemeinschaft der Urteilenden überhaupt letztlich ankündigt, zu der die Anerkennung der Intersubjektivität, der Mitmenschheit, die folglich als eine Art Struktur a priori der ästhetischen Beurteilung angesehen werden kann, von vornherein konstitutiv gehört. So spricht Kant von einem ursprünglichen ästhetischen Vertrag, kraft dessen der Geschmack eine Kultur der Intersubjektivität, der Möglichkeit des Zusammenlebens mit den anderen, mit dem Anderen, zum Ausdruck bringt. So habe ich mich darauf bezogen, daß die intersubjektive Dimension, die Kants Analyse des **sensus communis** zufolge der **ästhetischen** Beurteilung als deren Möglichkeitsbedingung innewohnt, ebenfalls für die **moralische** Beurteilung konstitutiv ist. *Anders* aber -und dies scheint mir sehr wichtig zu sein- als die **moralische** Beurteilung bleibt die **ästhetische** Beurteilung im Horizont der Kantischen Analyse des Geschmacksurteils an die **empirische** Dimension des urteilendes Subjekts von vornherein gekoppelt[347]. Deshalb weist der **sensus communis** als Errichtung einer intersubjektiven Gemeinschaft in der ästhetischen Beurteilung auf die Möglichkeit hin, durch eine ästhetische Kultur des Geschmacks, die moralische Einstellung voranzutreiben und zu fördern, weil genauso wie die moralische, die ästhetische Beurteilung ebenfalls nur unter der Voraussetzung einer intersubjektiven bzw. allgemeinen Perspektive und deren Erweiterung erfolgen kann - und dies wurde bereits von Kant selbst in der Maxime des **sensus communis** bzw. in der Maxime der erweiterten Denkungsart mit Nachdruck akzentuiert. Dies erfolgt aber -und ich bestehe auf die Relevanz dieser These- anders als in der **moralischen** Beurteilung eben aufgrund der Berücksichtigung der **empirischen** Ebene, auf der sich die ästhetische Beurteilung mit dem wirklichen Subjekt, das die ästhetische Erfahrung als solche austrägt, in dessen konkrete Erscheinung konfrontiert und es berücksichtigt. Nun will ich dem Charakter dieser intersubjektiven Gemeinschaft im Kantischen Texten weiter nachgehen. Diesbezüglich kann die sogenannte Religionsschrift einen vornehmlichen Zugriff bzw. einen unschätzbaren Beitrag zu dieser Frage leisten.

---

[347] Vgl. hierzu § 9. dieser Arbeit.

§ 13. Die Intersubjektivität und die Errichtung einer gemeinsamen Welt.

Wichtige Bemerkungen zum Sinn und zum Charakter einer intersubjektiven Gemeinschaft bei Kant sind in dessen Religionsschrift anzutreffen. Zu einem besseren Verständnis solcher Bemerkungen muß man zuerst ein Paar Wörter zur Kants Religionsauffassung überhaupt sagen. In Übereinstimmung mit einer Grundansicht der Aufklärung hat Kant seine Moralphilosophie zu einer **Religionsphilosophie** ausgearbeitet. Die in der **Transzendentalen Dialektik** vorgeführte Auflösung der metaphysischen Kosmotheologie hat keinen Platz mehr für Gott innerhalb der Metaphysik freigelassen. Deshalb sind der Gottesbegriff und die religiösen Fragen überhaupt vornehmlich im Rahmen der **Ethik** zu lokalisieren und zu entfalten. So charakterisiert Kant im ersten Teil des vierten Stücks seines Werks **Die Religion innerhalb der Grenzen der bloßen Vernunft** die Religion folgendermaßen:

"Religion ist (subjektiv betrachtet) das Erkenntnis aller unserer Pflichten als göttlicher Gebote" (RV,153).

Hier geht es also darum, den Gottesbegriff und die gesamte Religionsphilosophie aus der traditionellen Metaphysik herauszuführen und dann sie im Bereich der Moralität zu rekonstruieren und darauf zu gründen. So spricht Kant in der **Kritik der reinen Vernunft** von einer **"Moraltheologie"** (KrV,B842) -im Gegensatz sowohl zu einer **spekulativen**, als auch zu einer **transzendentalen** oder zu einer **natürlichen** Theologie- und in der **Kritik der Urteilskraft** von einer **"Ethikotheologie"** -so lautet der Titel vom §86 in der **Kritik der Urteilskraft** "Von der Ethikotheologie". Demnach ist Gott nicht als ein Gegenstand einer möglichen theoretischen Erkenntnis, sondern eher als ein unausweiliches Postulat der reinen praktischen Vernunft aufzufassen[348].

---

[348]Einer der Biographen Kants, Borowski, hat bereits darauf hingewiesen, daß der Verfasser der **Kritik der reinen Vernunft** der theologischen Überlegungen bzw. Fragen keine große Aufmerksamkeit geschenkt zu haben scheint. Borowski zufolge war das Allgemeinwissen Kants in diesem Bereich auf die 1742-1743 von Kant selbst belegten Veranstaltungen des pietistischen Theologen Schultz beschränkt. Wichtiger zum

Verständnis zu Kants religionsphilosophischen Ansichten ist eher der Einfluß sowohl von Stapfers **Grundlegung zur wahren Religion** und **Sittenlehre**, die Kant, Hadom zufolge, für die vernünftigste und methodisch beste Darlegung der christlichen Dogmatik erklärt habe (Vgl.,Bohatec,1938,28 uff.), als auch vom alten Katechismus **Grundlegung der christlichen Lehre** (1732-1733), den Kant genau durchlas (Borowski,1814,79 uff.). Dies bestätigt die Ansicht Hollmanns, wonach der Königsberger Pietismus eine entscheidende Nachwirkung auf Kants Religionsschrift ausgeübt habe. Dafür weist er auf die theologischen Ausdrücke hin, die in diesem Werk vorkommen: peccatum originarium, Sündenfall, Wiedergeburt, Stand der Erniedrigung Christi, sichtbare und unsichtbare, streitende und triumphierende Kirche, Berufung, Genugtuung, Erwählung, der Ausgang des Geistes von Vater und Sohn, Dreieinigkeit, usw. (Vgl.,Bohatec,1938,23). B. Erdmann seinerseits hebt ebenfalls einen pietistischen Einfluß hervor, der nicht auf die Vorlesungen Franz Albert Schultz zurückzuführen sei, sondern vielmehr "fast ausschließlich" auf die akademischen Vorlesungen und Schriften Martin Knutzens, eines Schülers von Schultz (Vgl.,Bohatec,1938,20). Auch Erdmann kommt auf das Ergebnis, daß "das Christentum, das Kant in seinen religiösen Schriften vor Augen hatte, der pietistischen Auffassung desselben am nächsten steht" (Erdmann, B., **Martin Knutzen und seine Zeit**, zit. in Bohatec,1938,21). Ein anderer Kommentator, H. Rust (**Kant und das Erbe des Protestantismus**, Gotha,1928), seinerseits besteht darauf, daß Kant protestantische Theologen der damaligen Zeit, wie Michaelis (**Dogmatyk**) und den oben bereits erwähnten Stapfer gelesen habe. Immerhin betont Rust, daß die Kenntnisse Kants zur Exegese und zur systematischen Theologie eher begrenzt und knapp im Vergleich zu denen zur Anthropologie und Religionsgeschichte gewesen seien. Seine Kenntnisse gingen Rust zufolge nicht so weit weg über die seiner Zeitgenossen. Besonders erwähnenswert ist Kants Unwissen über fast alle Reformatoren. Höchstens habe er laut Rust eine Lektüre des **Kleinen Katechismus** Luthers, der dem vom Kant am meistens benützten preußischen Kathechismus beilag (Vgl., dazu Bohatec,1938,19 uff., und Bruch,1968,106). Über solche philologischen, wenn gleich für ein angemessenes Verständnis der Kantischen Argumentation notwendigen Fragen bzw. Streitigkeiten unter den Spezialisten hinaus ist es aber doch wichtig, den Ort der Kantischen Religionsschrift genauer zu bestimmen. Dazu scheint mir die Ansicht E. Troeltschs besonders einleuchtend zu sein. Er besteht darauf, daß die **Religion innerhalb der Grenzen der bloßen Vernunft** einen Kompromiß bzw. Koalitionsversuch darstellt zwischen drei verschiedenen Arten Theologen, nämlich: erstens, einer rein wissenschaftlichen, zweitens, einer rein kirchlich positiven und, schließlich, drittens, der Verbindung einer innerhalb der Moralität umgestalteten Religionsphilosophie mit Theologie, wobei diese durch jene durch und durch erhellt, deduziert, geregelt und verstanden werden sollte (Vgl., Troeltsch,1904,42 uff.).

Dem oben Gesagten zufolge ist also nicht zu befremden, daß einige Interpreten Kant als der Gründer dessen bezeichnet haben, was wir heute als **"Religionsphilosophie"** kennen (So z.B., Reardon,1988,ix). Diesbezüglich macht Reardon darauf aufmerksam, daß Theologen wie Paul Tillich die zentrale Bedeutung der Kantischen Religionsphilosophie für die Theologie im XIX. Jahrhundert bereits hervorgehoben haben (Vgl., Reardon,1988,178). Hierzu muß man bemerken, daß die Erziehung Kants in pietistischem Milieu stattfand. Eine der Hauptfiguren des deutschen Pietismus, Phillipp Jakob Spenner (1635-1705), hatte in seinem Buch **Pia Desideria** (Frankfurt,1675) darauf insistiert, daß das Wort Gottes in das Herz der Menschen eindringen sollte. Bemerkenswert ist es hier aber, daß Spenner zufolge die Religion mehr mit dem moralischen Handeln, als mit der bloßen Theorie zu tun hatte. In einer ähnlichen Richtung preiste der Pietismus die Rolle der Religion nicht so sehr als eine intellektuelle Suche, sondern eher als eine geistige Erweiterung im Bereich des moralischen Handelns. So insistierte der Pietismus darauf, daß die Bedeutung bzw. der Wert der Chistenheit vor allem in deren praktischen Ethik lag. Ungeachtet der Tatsache, daß Kants Erziehung unter dem entscheidenden Einfluß des Pietismus stand, ist aber klar, daß er sich in der Linie der aufklärerischen Tradition und deren manchmal radikalen Kritik an der Religion, die mit dem Aberglauben und dem Fanatismus gleichgesetzt worden war, verstand. Diesbezüglich sollte man bloß an jene Stelle, die als Fußnote in der Vorrede zur ersten Auflage der **Kritik der reinen Vernunft** steht, heranführen. Da heißt es:

"Unser Zeitalter ist das eigentliche Zeitalter der Kritik, der sich alles unterwerfen muß. Religion, durch ihre Heiligkeit, und Gesetzgebung, durch ihre Majestät, wollen sich gemeiniglich derselben entziehen. Aber alsdenn erregen sie gerechten Verdacht wider sich, und können auf unverstellte Achtung nicht Anspruch machen, die die Vernuft nur demjenigen bewilligt, was ihre freie und öffentliche Prüfung hat aushalten können" (KrV,AXI).

Der Kantische Begriff[349], der dem in der **Kritik der Urteilskraft** nicht wirklich entwickelten, aber doch angedeuteten Begriff einer **ästhetischen Gemeinschaft** am nächsten steht, ist der in der **Religion innerhalb der Grenzen der bloßen Vernunft** vorgelegte und analysierte Begriff einer **"sichtbaren Kirche"**. Die "sichtbare Kirche" stellt zunächst das moralische Reich Gottes auf der Erde dar[350]. Es ist bereits darauf hingewiesen worden, daß Kant in dessen Religionsschrift

---

Nichtsdestoweniger war Kant der Ansicht, daß die christliche Lehre bzw. die Religion anhand einer Umformulierung, die durch die moralische Vernunft abgegeben und mit dieser letzten verträglich werden könnte, wieder aufgestellt werden könnte und sollte. So gesehen, war es laut Kant möglich, nur auf der Basis der Moralität das Dasein Gottes für die Vernunft wieder verständlich und vertretbar zu machen. Die Rechtfertigung des Daseins Gottes war also möglich nur in Bezug auf das moralische Bewußtsein. Demzufolge war nicht die theoretisch-spekulative, sondern allein die **praktische** Vernunft dasjenige, was die Theologie verständlich machen und dabei teilweise rehabilitieren könnte. Die theologischen Fragen hatten also nicht mit der Erweiterung der Erkenntnis über das, was **ist**, zu tun, sondern vielmehr mit dem, was man machen **sollte**. So interpretiert, ist die Kantische Religionsphilosophie bzw. Theologie, nicht so sehr als eine spekulative Theologie, sondern eher als eine **moralische Theologie** zu charakterisieren (Vgl., KrV,A814/B842).

[349] Siehe hierzu Lebrun,1970.

[350] Diesbezüglich soll man den Begriff "Kirche" im Auge behalten. Das deutsche Wort **"Kirche"** und der dazu entsprechende lateinische Ausdruck **"ecclesia"** ("herausgerufene Versammlung") stammen vom griechischen **kurikon** ab, das "das Haus Gottes" oder "zum Herrn gehörend" bedeutet. In ihrer ursprünglichen Bedeutung bezeichnet **"Kirche"** die Gemeinschaft von (oder der) an Jesus Christus Glaubenden (lat. **"communio fidelium"**). Im Neuen Testament erwirbt dieser Begriff die dreifache Bedeutung von Hausgemeinde (häusliche Versammlung), von örtlicher Gemeinde (so z.B. in Ausdrücke wie "die Kirche von Korinth") und, schließlich, von universaler Gemeinde, wobei in deren Gebrauch diese drei Bedeutungen ineinander übergehen. Gelegentlich wird der Ausdruck "Kirche" im Singulär derart benützt, daß er eine **normative** Komponente als die weltweit verbreitete Gemeinschaft der an Jesus Christus Auferstehung Glaubenden und Getauften gewinnt, die das Wort Gottes hören und sich um seinen Tisch versammeln. So gesehen bezieht sich "Kirche" auf die heilige Gemeinschaft der Erlösten, die sowohl die Gesamtkirche als auch die räumlich begrenzte singuläre Gemeinschaft, eventuell auch die durch den Gottesdienst vereinigte Gemeinde umfaßt. In seiner Bibelübersetzung hatte Luther der Gemeinde eine zentrale Bedeutung zugewiesen. Durch diesen Ausdruck hatte er versucht, das im **Neuen Testament** aufgetretene lateinische Wort **"ecclesia"** auf Deutsch wiederzugeben. Dabei scheint ein enges Verhältnis zwischen **"Kirche"** und **"Gemeinde"** zu bestehen. Die Gemeinde stellt die Gemeinsachft des Volks Gottes insofern dar, als dieses als Kirche allgemein verbreitet war. So verstanden, ist die Kirche eben in der Gemeinde im Vollmaß zu verwirklichen. In einer derartigen Gemeinschaft sollte sich die durch Gott ermöglichte Vereinigung der Menschen über deren partikulären Ziele hinaus und trotz deren faktischen individuellen Unterschiede zeigen. Deshalb besteht eine wesentliche Aufgabe der Gemeindeleitung eben darin, die Individuen in eine derartige Beziehung zueinander zu setzen, daß sie imstande sein können, sich zu Diensten anderer Mitmenschen zu stellen, und zwar nicht nur im Bereich des inneren Lebens, sondern auch vor allem im Bereich des alltäglichen bzw. beruflichen und sozialen Lebens. Hierin wird aber klar, daß der Begriff "Gemeinde" bzw. "Gemeinschaft" die gemeinschaftsbezogene Schwierigkeiten in sich selbst insofern austrägt, als im Alten bzw. Neuen Testament ein Geflecht von Gemeindevorstellungen -mal als Haus, mal als Familie, mal als Volk- bestehen. So könnten einige Kriterien zur Bestimmung der Gemeinde z. B. das Örtliche der Mitteilung eines gemeinsamen Lebensraums, das Geistige der Verkündigung des Evangeliums in Wort und Sakrament usw. sein. Über konzeptuelle Probleme hinweg wird dabei jedoch deutlich, daß die Kirche als eine Gemeinschaft ebenso hinsichtlich ihres Wesens wie bezüglich ihres Ziels betrachtet werden kann. Sie kann eine Art geistiges Analogon jener Bindung, die die Familie Figur zusammenhält, liefern. So verstanden, ist die Kirche -und dies ist entscheidend für das Thema dieses Paragraphen- letztlich nichts anderes als die Errichtung und Erweiterung einer intersubjektiven Gemeinschaft. Hierbei ist klar -und dies ist wieder besonders wichtig für unsere Betrachtungen- , daß, so interpretiert, die Kirche sich konstitutiv innerhalb einer eschatologischen Spannung von vornherein befand: sie war nicht von dieser Welt

seine Überlegungen im zweiten Teil dieser Abhandlung und gemäß seinem ethischen Ansatz unter das Gesichtspunkt des **Individuums**, im dritten aber unter die Perspektive der **Gemeinschaft** gestellt habe. Auf diese Weise wäre die von vornherein intersubjektive Perspektive der Gemeinschaft in der Kantischen Reflexion deutlich aufgetreten[351]. So hätte sich eine entscheidende und folgenreiche Wende bzw. Verschiebung der Perspektive des Kantischen moralischen Ansatzes vollzogen. Diese Wende ist von einem beträchtlichen Teil der Kommentatoren und Spezialisten zur Kantischen Religionsphilosophie hervorgehoben worden. So ist Albert Schweitzer beispielsweise einer der ersten gewesen, der diese Verschiebung akzentuiert hat, kraft derer die Gemeinschaft einen Vorrag gegenüber dem einzelnen Individumm erwirbt und dadurch im Mittelpunkt der moralischen Betrachtungen rückt[352]. Diese Verschiebung war aber in vorangelegten Werken Kants implizit bereits angedeutet. So hatte er beispielsweise dem Terminus **"moralischer Welt"** eine besondere Bedeutung in der **Kritik der reinen Vernunft** zugesprochen. Da war die moralische Welt als die Welt verstanden, insofern als diese mit den sittlichen Gesetzen übereinstimmt. So aufgefaßt, besagt die "moralische Welt" laut Kant eine Welt, die nach der Freiheit der vernünftigen Wesen sein kann und nach den notwendigen Gesetzen der Sittlichkeit sein soll. Die moralische Welt drückt also eine **praktische Idee** aus, die, wenn gleich unverwirklicht, doch einen Einfluß auf die Sinnenwelt ausüben kann und soll. Eine derartige Idee bringt Kant zufolge zum Ausdruck "...ein corpus mysticum der vernünftigen Wesen in ihr [d.i. in der Sinnenwelt, GL], so fern deren freie Willkür unter moralischen Gesetzen sowohl mit sich selbst, als mit jedes anderen Freiheit durchgängige systematische Einheit an sich hat" (KrV,A808/B836). In der **Grundlegung zur Metaphysik der Sitten** hat Kant eine solche Idee mit der Autonomie des Willens in Beziehung gesetzt und in der dritten Formulierung des kategorischen Imperativs im Rahmen einer eher am einzelnen Individuum und dessen Innerlichkeit orientierte Ethik ausdrücklich artikuliert (Vgl. G,433 uff.). Dies führte zu einem Begriff, dem gemäß jedes vernünftige Wesen sich derart verstehen sollte, daß alle Maximen seines Willens als allgemein gesetzgebend betrachtet werden könnten. Dieser Begriff war der Begriff eines **Reichs der Zwecke**. Dieser Begriff weist laut Kant aber auf -und hier scheint sich die in der Religionsschrift mit Nachdruck vollzogene Wende hin zu einer Intersubjektivität anzudeuten- eine systematische Verbindung der Menschen bzw. der vernüftigen Wesen gemäß moralischen Gesetzen hin. Demgemäß sollte jedes vernünftige Wesen unter dem moralischen Gesetz stehen, nach dem jedes derselben sich selbst und alle

---

(Johannes,17,14-16) und doch war eben diese Welt der Ort, wo sie sich als Kirche im oben erläuterten Sinne konstituieren und legitimieren mußte.

[351] Vgl. hierzu z..B. Bruch,1968.

[352] Vgl., Schweitzer,1899, 185 uff. und Troeltsch,1904,29-31.

andere niemals bloß als Mittel, sondern jederzeit zugleich als Zweck an sich selbst behandeln sollte. Von hier aus sollte eine systematische Verbindung der vernünftigen Wesen durch gemeinschaftliche moralische Gesetze entspringen, die Kant, wie gesagt, als **Reich der Zwecke** bezeichnet, das wiederrum freilich ein **Ideal** ausdrückt (Vgl., G,433 uff.). Unter der dank dieses Reichs der Zwecke eingeführten Betrachtung nimmt jedes handelnde Subjekt einen gemeinsamen Stand der Gesetzgebung ein, kraft dessen jedes Subjekt zum Bürger eines **moralischen Staates**, also des Reichs der Zwecke, wird. Hierin erweisen sich sowohl der gesetzgeberische Wille der Gemeinschaft der praktisch handelnden Subjekte als auch die Zwecke, die solche Subjekte erzielen, als etwas von vornherein gemeinsames[353]. So betrachtet ,ist dieses Reich der Zwecke nichts anderes als die Eröffnung einer praktischen Welt, würde Kant sagen, eines gemeinsamen Handlungsraumes, sage ich meinetwegen, der sowohl durch gemeinschaftliche bzw. allgemeingültige moralische Gesetze als auch durch gemeinsam mitgeteilte Zwecke ermöglicht wird. Innerhalb dieses gemeinsamen Handlungsraumes erschließen sich die handelnden Subjekte nicht mehr als bloße Mittel bzw. Objekte, sondern als Zweck bzw. Subjekte, Mitmenschen zueinander und eben dadurch eröffnen sie eine praktische Welt, d.h. jene "moralische Welt", auf die Kant sich in der **Kritik der reinen Vernunft**, wie oben gesagt, bezogen hatte. Hier geht es also um die Gestaltung einer moralischen Gemeinschaft, die letztlich auf der gegenseitigen Anerkennung der gemäß moralischen Gesetzen handelnden Subjekten als Gesetzgeber und dadurch als gleichgestellte Glieder dieser gemeinsamen Welt zueinander beruht[354]. Im Reich der Zwecke werden also die handelnden Subjekte sozusagen dazu aufgefordert, ihre jeweiligen Maximen nicht nur in der **privaten** Perspektive, sondern ebenfalls zugleich in der Perspektive jedes anderen handelnden Subjekts überhaupt zu wählen und dementsprechend zu handeln. "Die Maxime soll dann als allgemeines Gesetz tauglich sein, das von den Personen als "Bürgern" der moralischen Welt (Reich der Zwecke) gestiftet wurde und **für** sie allgemeingültig ist. Die Maxime müßte als solches Gesetz gedacht werden können, welches für alle gilt und zugleich auch von allen gegeben werden könnte", sagt Kaulbach hierzu[355]. Zusammenfassend könnte man sagen, daß das Reich der Zwecke die Idee einer

---

[353] Vgl.,Kaulbach,1988,86 uff..

[354] Vgl.,Kaulbach,1988,88 uff. Kaulbach selber sagt hierzu zu Recht:

> "Zu bemerken ist, daß Kant unter dem Worte: "Reich" eine politisch-moralische Gemeinschaft versteht, in welcher sich die Personen in gegenseitiger Anerkennung und Achtung ihres absoluten Wertes, ihrer moralischen Autarkie, d.h. ihrer **Würde** zueinander verhalten" (Kaulbach,1988, 206. Hervorhebung von Kaulbach).

[355] Kaulbach,1988,102.

moralischen Gemeinschaft im oben erläuterten Sinne bedeutet, in welcher sich die handelnden Subjekte ihre Stellung als Personen gegenseitig anerkennen und sich unter dieser Perspektive als gleichgestellte bzw. gleichberechtigte Menschen zueinander verhalten und gemeinsam handeln. Deshalb kann in der **Kritik der praktischen Vernunft** der Begriff eines Reichs der Zwecke in Beziehung zum Begriff des Reichs Gottes gesetzt werden. Dieser letzte Begriff bedeutet eine Darstellung der Welt, in der jedes vernünftige Wesen unter dem sittlichen Gesetze steht, so daß die Natur einerseits und die Sitten andererseits nicht mehr fremd zueinander sind, sondern harmonisch miteinander übereinstimmen, und zwar dank eines heiligen Urhebers, der dies ermöglicht (Vgl.,KpV,128-129)[356].

---

[356] In den **Reflexionen** verknüpft Kant diese Ansichten mit dem Augustinischen Motiv des **Gottesstaates** in **De civitate dei**:

> "Der **mundus intelligibilis** als ein Gegenstand der Anschauung ist eine bloße (unbestimmte) Idee; aber als ein Gegenstand des praktischen Verhältnisses unserer Intelligenz zu Intelligenzen der Welt überhaupt und Gott als dem praktischen Urwesen derselben ist er ein wahrer Begriff und bestimmte Idee: **Civitas dei**"(Rx,4349).

Dieses Augustinische Motiv war in der deutschen philosophischen Tradition von Leibniz in dessen **Discours de métaphysique** (1684-1686) bereits angedeutet worden. Dort heißt es an einer Stelle so:

> "Mais pour faire juger par des raisons naturelles, que Dieu conservera tousjours non seulement nostre substance, mais encor nostre personne, c'est à dire le souvenir et la connoissance de ce que nous sommes (quoyque la connoissance distincte en soit quelques fois suspendue dans le sommeil et dans les defaillances), il faut joindre la moral à la Metaphysique; c'est à dire il ne faut pas seulement considerer Dieu comme le principe et la cause de toutes les choses et de tous les Estres, mais encore comme chef de toutes les personnes ou substances intelligentes, et comme le Monarque absolu de la plus parfaite cité ou république, telle qu'est celle de l'univers composée de tous les esprit ensemble, Dieu luy meme estant aussi bien le plus accompli de tous les Esprits, qu'il est le plus grand de tous les Estres" (Leibniz,DM,35).

In demselben Sinne ist bemerkenswert der Satz, mit dem Leibniz den Paragraph §36 dieser Abhandlung anfängt:

> "Dieu est le monarque de la plus parfaite republique composée de tous les esprits, et la felicité de cette cité de Dieu est son principal dessein" (Leibniz,DM,36).

Leibniz zufolge hatte das Evangelium Jesus Christus die Betrachtungsweise der menschlichen Angelegenheiten radikal verändert und uns das Himmelreich bzw. den volkommenen Geisterstaat, der im eigentlichen Sinne den Namen des **Gottesstaates** verdient, kennenlernen lassen:

In der **Religion innerhalb der Grenzen der bloßen Vernunft** spricht Kant ebenfalls von einer **ethisch-bürgerlichen Gesellschaft** bzw. einem **ethischen gemeinen Wesen** -im Gegensatz zur **rechtlich-bürgerlichen Gesellschaft**. Jene kann als eine Verbindung der Menschen unter öffentlichen Tugendgesetzen betrachtet werden[357]. Kant zufolge kann eine derartige Gemeinschaft innerhalb eines politischen Gemeinwesens existieren und sogar von den gesamten Mitgliedern dieser letzten gebildet sein. Hierin geht es aber -und das ist das Grundmerkmal der ethisch-bürgerlichen Gesellschaft als ethisches Gemeinwesen verstanden- um einen **ethischen Staat**, d.h. ein Reich der Tugend, des guten Prinzips, "wovon", laut Kant, "die Idee in der menschlichen Vernunft ihre ganz wohl gegründete objektive Realität hat (als Pflicht, sich zu einem solchen Staate zu einigen), wenn es gleich subjektiv von dem guten Willen

---

"...son Evangile [von Jesus Christus, GL] a changé entierement la face des choses humaines; il nous a donné à connoistre le Royaume des cieux ou cette parfaite Republique des Esprits qui mérite le titre de cité de Dieu..." (Leibniz,DM,37).

Diese Frage wird in den letzten Paragraphen der **Monadologie** wieder aufgegriffen. Dort ist die Rede davon, daß die Geister -im Unterschied zu den Seelen als lebendigen Spiegeln bzw. Abbildern des Universums der Geschöpfe (**"les Ames en general sont de miroirs vivans ou images de l'univers des créatures"**)- Spiegel der Gottheit (**"les Esprits sont encore des images de la Divinité meme"**) selbst sind. Gerade deswegen könnten die Geister in eine Art Gesellschaft mit Gott (**"les Esprits sont capables d'entrer dans une Manière de Societé avec Dieu"**) so eintreten, daß das Ganze der gesamten Geister den Gottesstaat, den möglichst vollkommensten Staat unter dem vollkommensten der Monarchen bilden sollte (**"...que l'assemblage de tous les Esprits doit composer la Cité de Dieu, c'est à dire le plus parfait état, qui soit possible sous le plus parfaite des Monarques"**) (Vgl.,Leibniz,M,83 uff.). Dieser Gottesstaat sollte nach Leibniz eine **moralische** Welt in der **natürlichen** Welt sein, d.h. die Errichtung einer vollkommenen Harmonie zwischen dem Reich der Wirkursachen (**causa efficiens**) und dem der Zweckursachen (**causa finalis**), also zwischen dem **physischen Reiche der Natur** und dem **moralischen Reiche der Gnade**, kurz und gut der Punkt, auf dem die Seligkeit Gottes basieren sollte:

"86. Cette cité de Dieu, cette Monarquie véritablement universelle, est un Monde morale, dans le Monde Naturel, et ce qu'il y a de plus élevé et de plus divin dans les ouvrages de Dieu: et c'est en lui que consiste véritablement la gloire de Dieu, puisqu'il n'a en auroit point, si sa grandeur et sa bonté n'étoient pas connües et admirées par les esprits; c'est aussi par rapport à cette cité divine, qu'il a proprement de la Bonté, au lieu que sa Sagesse et sa Puissance se monstrent partout.

87. Comme nous avons établi ci-dessus une Harmonie parfaite entre deus Regnes Naturels, l'un des causes Efficientes, l'autre des Finales, nous devons remarquer ici encore une autre harmonie entre le regne Physique de la Nature et le regne Moral de la Grace, c'est à dire entre Dieu consideré comme Architecte de la Machine de l'univers, et Dieu consideré comme Monarque de la cité divine des Esprits" (Leibniz,M,86-87 uff.).

[357] Bohatec zufolge wird der Einfluß Stapfers an solchen Stellen deutlich. Stapfer hatte bereits unterschieden, zwischen einer **"weltlichen, bürgerlichen"** und einer **"heiligen, geistigen"** Gesellschaft, wobei allein die letztere mit dem Reich Gottes und der Kirche identifiziert werden konnte (Vgl.,Bohatec,1938,405).

der Menschen nie gehofft werden könnte, daß sie zu diesem Zwecke mit Eintracht hinzuwirken sich entschließen würden" (RV,94-95). Eine **ethische Gemeinschaft** ist also diejenige, in der die Menschen nicht unter Zwangsgesetze, sondern eher unter Gesetzen der Tugend, vereinigt werden. So befinden sich die Menschen als politische Bürger in einer bereits existierenden politischen Gemeinschaft nach Kant in einer Art **ethischem** Naturzustand[358]. Demzufolge kann eine Gesellschaft als Staat **rechtlich** bzw. **juristisch** konstituiert sein und zugleich in einem **ethischen** Naturzustand bestehen. Die **ethische** bürgerliche Gesellschaft ist also nicht so sehr aufgrund der Bemühungen partikularer Individuen mit dem Zweck der Verwirklichung ihrer eigenen moralischen Vollkommenheit zu erreichen bzw. zu errichten, sondern eher kraft der Vereinigung der Individuen in eine Totalität mit demselben Ziel, nämlich dem gemeinsamen Guten. So betrachtet, ist die Assoziierung einzelner Individuen unter anerkannten rechtlichen Gesetzen zwar eine hinreichende Basis für die Errichtung einer **politischen** Gesellschaft bzw. einen Staat. Weder das individuelle Subjekt noch eine derartige Verbindung verschiedener Individuen innerhalb eines Staates können aber eine hinreichende Grundlage für eine **ethische** bürgerliche Gesellschaft und den ethischen Imperativ, der einer solchen Gesellschaft als deren Basis innewohnt, liefern. Damit diese ethische Gesellschaft zustandekommen kann, sollen die partikulären Individuen einer öffentlichen Gesetzgebung unterworfen sein, so daß die Gesetze, unter der sie in dieser Gesellschaft miteinander verbunden sind, als die Gesetze eines gemeinsamen Gesetzgebers betrachtet werden und so allgemein gelten können. In einer **ethischen** Gesellschaft bezwecken die Gesetze also die Forderung der **Moralität** der Handlungen der Individuen, die in einer derartigen Gesellschaft beheimatet sind. Dies bezieht sich auf die inneren Absichten bzw. Vorsätze der Individuen und deren Achtung vor dem **moralischen** Gesetz -im Unterschied zu den öffentlichen **rechtlichen** Gesetzen im eigentlichen Sinne, die bloß an der Unterstützung der **Legalität** der Handlungen, d.i. am externen

---

[358]Diese **ethische Gesellschaft** bzw. dieses **ethische Gemeinwesen** wird also als ein Universum zwischen den Menschen unter bloßen Tugendgesetzen bestimmt. Wie Kant hierzu klar sagt, kann man eine derartige **ethische** Gesellschaft insofern als **ethisch-bürgerliche Gesellschaft** betrachten, als deren Gesetze **öffentlich** sind. Als ein **ethischer Gesellschaftszustand** unterscheidet sie sich von einem **ethischen Naturzustand**. Zugleich aber ist sie nicht mit einem **juristischen** bzw. **rechtlichen** bürgerlichen Zustand zu verwechseln. Demzufolge gibt es hier zwei Naturzustände und zwei bürgerliche Zustände, jeweils **ethisch** und **rechtlich** bzw. **bürgerlich**, deren Grundmerkmale nicht unbedingt miteinander übereinstimmen. Der **juristische** bzw. **rechtliche** Naturzustand ist ein Zustand des fortdauernden Kriegs aller gegen allen, wie Hobbes es bereits charakterisiert hatte. Hingegen ist der **ethische** Naturzustand laut Kant ein Zustand des ununterbrochenen Angriffs des Bösen gegen das gute Prinzip, so daß daraus eine universelle Perversion entspringt, die sich trotz der Existenz von durch einen guten Willen geleiteten Individuen durchsetzen kann. Der Übergang vom **juristischen** bzw. **rechtlichen** Naturzustand zum **rechtlichen bürgerlichen Zustand** wird durch die Errichtung einer **rechtlichen** Ordnung von Verbindlichkeiten, d.i. von Gesetzen, zustandegebracht. Derartige Gesetze sind von sich selbst aber laut Kant keineswegs imstande einen **ethischen bürgerlichen** Zustand herzustellen, denn dieser letzte bedarf eines ethischen Gesetzes, das auf die Absicht des handelnden Subjekts und dessen Achtung vor dem

Handlungsvollzug gemäß rechtlichen Gesetzen, orientiert sind und eben dadurch eine **rechtliche** bürgerliche Gesellschaft ermöglichen. So erklärt, könnte man die **ethische** Gesellschaft als "...ein Volk unter göttlichen Geboten, d.i. als ein Volk Gottes, und zwar nach Tugendgesetzen" (RV,99-100).

Es ist eben in der Diskussion über die oben angesprochenen Probleme, daß Kant die Unterscheidung zwischen einer **unsichtbaren** Kirche, d.i. der Kirche als Gemeinschaft der Heiligen **(communio sanctorum)**, und einer **sichtbaren** Kirche, d.h. der empirischen Kirche, einführt, eine Unterscheidung, die Stapfer vor Kant bereits vorweggenommen hatte[359]. Diesbezüglich ist bereits darauf hingewiesen worden, inwiefern eine derartige Unterscheidung vom Hintergrund der Entzogenheit des Reichs Gottes her verstanden werden könnte. Zusammenfassend läßt sich diese Grundansicht folgendermaßen ausdrücken: Jesus verkündete das Kommen des Reichs Gottes -gekommen aber ist die Kirche. Dies bringt "...sowohl die urchristliche wie die nachchristlich-moderne Enttäuschung darüber zum Ausdruck, daß sich statt der Gottesherschaft Menschenherrschaft etablierte, statt Moralität Legalität, statt des Waltens des Geistes Gottes sich ein religiöses Rechtsinstitut durchsetzte, das äußeren und inneren Zwang ausübt"[360]. Anhand des Begriffs einer **wahren, sichtbaren** Kirche versucht Kant, dieser Kritik entgegenkommend, zu zeigen, daß es ebenfalls einen **ethisch** und religiös **wahren** Begriff der Kirche gibt[361]. Dadurch erwirbt die Idee der Kirche eben in dem Maße eine **normative** Bedeutung, wie das Reich Gottes ausgeblieben ist. So könnte man den Grundgedanken Kants Rechtfertigung des Kirchenbegriffs und Unterscheidung zwischen einer **sichtbaren** und einer **unsichtbaren** Kirche in den IV-VII Abschnitten der ersten Abteilung des dritten Stücks seiner Religionsschrift folgendermaßen formulieren: da es nicht möglich ist, ein ethisches Gemeinwesen, die die gesamte Menschheit umfaßt, hier und jetzt, mit einem Schlage zu

---

ethischen Gesetz bzw. vor dem kategorischen Imperativ hinweist, wobei dies wiederum nie durch eine bloße **rechtliche** Verbindlichkeit bzw. durch die bloße **Legalität** erzielt bzw. gewährleistet werden kann.

[359] So heißt es bei Stapfer:

> "Wir verstehen durch die inwendige (unsichtbare) Kirche die Gesellschaft der wahren Gläubigen und Unterthanen des Reichs Christi. Die unsichtbare Kirche sind diejenige Glieder, welche vor den Augen der Welt verborgen sind. Sichtbar ist die Kirche, wenn sie den Namen des Heylands öffentlich bekennt, und den öffentlichen Gottesdienst nach der Ordnung Christi und der ersten Kirche frey ausüben kann. Die auswendige Kirche ist diejenige Gestalt, welche die wahre Kirche vor den Augen der Menschen hat; die inwendige ist diejenige Gestalt, welche die wahre Kirche vor den Augen Gottes hat" (Stapfer, zit. in Bohatec,1938,411).

[360] Wimmer,1990,197.

[361] Vgl. hierzu Wimmer,1990 a.a.O.

gründen, weil die wirklich existierenden Menschen nicht dazu bereit sind, muß dieses Ziel schrittweise in vorläufigen kirchlichen Gemeinschaften von den Bereitwilligen allmählich erreicht werden[362]. So lassen sich die Kantischen Bestimmungen der unsichtbaren bzw. sichtbaren Kirche besser verstehen. Eine **ethische** Gesellschaft unter einer göttlichen moralischen Gesetzgebung macht nach Kant die Grundbestimmung einer **Kirche** aus, die nie Gegenstand einer möglichen Erfahrung werden kann und eben deshalb als eine "**unsichtbare** Kirche" zu interpretieren ist. Diese letzte wiederum ist eine bloße Idee der Vereinigung aller rechten Menschen unter der göttlichen moralischen Weltregierung, "wie", fügt Kant hinzu, "sie jeder von Menschen zu stiftenden zum Urbild dient" (RV,101). Im Unterschied hierzu ist die **wahre, sichtbare** Kirche "...die wirkliche Vereinigung der Menschen zu einem Ganzen, das mit jenem Ideal [also mit dem von der unsichtbaren Kirche vorgelegten Ideal] zusammenstimmt" (RV,101). Die wahre sichtbare Kirche laut Kant ist also diejeinge, die das moralische Reich Gottes auf der Erde insofern darstellt, als dieses Ideal in die **wirkliche** menschliche Gesellschaft umgesetzt werden kann bzw. soll. Sie leistet also eine Art **Vermittlung** zwischen der **idealen** unsichtbaren Kirche bzw. der Gemeinschaft unter moralischen Gesetzen und deren Verkörperung bzw. Verankerung in der **wirklichen** menschlichen Gesellschaft durch die sichtbare Kirche, so daß jene aufhören kann, ein leeres Ideal, ein weltloser Imperativ zu sein.

Kant listet unter den gemäß der Haupteinteilung der Kategorien vorgelegten Charakteristika dieser **wahren, sichtbaren** Kirche zwei Kennzeichen, die im Rahmen dieser Arbeit von besonderer Bedeutung sind, auf. Erstens die **Allgemeinheit** und folglich die **numerische Identität** einer derartigen Kirche. Demzufolge muß die wahre sichtbare Kirche in sich eine Anlage zur Allgemeinheit derart enthalten, daß, wenn gleich diese Kirche aufgrund der Meinungsverscheidenheit geteilt ist, sie alles zum Trotz zugleich gemäß bestimmten Grundsätzen, die sie gegen jede Art Sektenspaltung bereitstellen, errichtet ist. Hier muß aber klar sein, daß, obwohl diese Interpretation aufgrund Kants Analyse gemäß den vier Einteilungshinsichten der Kategorientafel berechtigt zu sein scheint, es nicht darum geht, diese Allgemeinheit als eine bloße **quantitative** zu verstehen, sondern eher als eine **qualitative**, d.i. als eine Allgemeingültigkeit im Sinne praktisch moralischer Rationalität. Kant selbst formuliert diese Ansicht im ersten Abschnitt von **Der Streit der Fakultäten** deutlich: "Allgemeinheit für einen Kirchenglauben zu fordern (catholicismus hierarchicus), ist ein Widerspruch, weil unbedingte Allgemeinheit Notwendigkeit voraus setzt, die nur da statt findet, wo die Vernunft selbst die Glaubenssätze hinreichend begründet, mithin diese nicht bloße Statute sind. Dagegen hat der reine Religionsglaube rechtmäßigen Anspruch auf Allgemeingültigkeit (catholicismus

---
[362]Vgl., a.a.O.,197.

rationalis)" (SF,49-50). So werden wir zum zweiten Kennzeichen dieser wahren, sichtbaren Kirche geführt, nämlich deren **Beschaffenheit** bzw. **Qualität**. Dies besagt die Vereinigung dieser Kirche unter aus der Achtung vor dem moralischen Gesetzt hergeleiteten Triebfedern über jede Art Aberglauben hinweg (Vgl.,RV,102 uff.). Die Analyse der sichtbaren Kirche gemäß den zwei Hinsichten -d.i. nach deren Quantität bzw. Qualität- zeigt also auf, daß die sichtbare Kirche nichts anderes als die **öffentliche** Verbindung der Menschen zu einem einzigen Gemeinwesen unter allgemeingültigen ethischen Gesetzen ist. So verstanden, ist diese öffentliche, sichtbare Vereinigung der Menschen zu einer umfassenden ethischen Gemeinschaft die vollkommene Verwirklichung des moralischen Ideals. Die sichtbare Kirche besagt also eine öffentliche Vereinigung der Menschen unter Moralitätsgesetze, obwohl dieser Zusammenhang zwischen der Sichtbarkeit und der Öffentlichkeit von Kant selber, man muß zugeben, nicht deutlich genüg hervorgehoben worden ist. Man muß also darauf hinweisen, daß ein Spannungsverhältnis zwischen der sichtbaren bzw. wahren und der unsichtbaren Kirche bzw. dem Reich Gottes insofern besteht, als zum einen sich die **unsichtbare Kirche** der **sichtbaren Kirche** gegenüber als eine **regulative Idee** verhält, die durch die letzte nie vollständig erzielt bzw. in deren Wirklichkeit umgesetzt werden kann. Zum anderen aber läßt sich die unsichtbare Kirche nichts anders als eben durch die sichtbare Kirche darstellen. So sagt Kant, daß die sichtbare Kirche das Reich Gottes "darstellt" bzw. daß sie dessen "Repräsentantin" ist(Vgl.,RV,101-102). Sichtbare und unsichtbare Kirche sind zwar unterschieden, zugleich aber gehören sie zusammen. Sie verweisen wechselseitig aufeinander. Ohne die sichtbare Kirche würde die Unsichtbare zu einer bloßen Fiktion, der jede konkrete Darstellung entzogen ist. Ohne die unsichtbare Kirche fehlt der Sichtbaren jeder normative Maßstab zur Beurteilung ihres moralischen Charakters.

Gemäß den Grundansichten seiner Moraltheologie setzt Kant die **wahre** bzw. **sichtbare** Kirche mit der **ethischen** Gesellschaft in parallele Beziehung zueinander. Sowohl die sichtbare Kirche als auch die ethische Gesellschaft bringen jene ideale Norm der vereinigten Subjekte zum Ausdruck. Auf diese ideale Norm bezieht sich ebenfalls, wie bereits gesehen, der **sensus communis**. Die sichtbare Kirche und der **sensus communis** werden gleichermaßen durch den Anspruch animiert und durchzogen, jenen ürsprünglichen Kontrakt bzw. jenen sozialen Pakt (**contractus originarius o pactum sociale**) als Koalition jedes privaten Subjekts bzw. partikulären Privatwillens in einer Gesellschaft zu einer intersubjektiven Gemeinschaft bzw. zu einem gemeinschaftlichen und öffentlichen Willen zu errichten, zu bewahren und aufrechtzuerhalten[363], und dies als die einzige Weise, das Zusammenleben in einer fortdauernden Gesellschaft zu garantieren und zu sichern, wo die Verhältnisse zwischen ihren Mitgliedern zueinander nicht nur nach rechtlichen, sondern auch nach moralischen Prinzipien konstituiert und artikuliert sind.

Nun fasse ich zusammen. In diesem Paragraph habe ich versucht, den Kantischen Überlegungen über die Intersubjektivität noch weiter nachzugehen. Darüber haben uns das dritte bzw. vierte Stück der Religionsschrift grundlegende Hinweise gegeben. Dort wird die Frage nach der Voraussetzung, Errichtung und Erweiterung einer intersubjektiven Gemeinschaft unter den Figuren einer ethischen Gesellschaft bzw. einer sichtbaren Kirche angesprochen. Auffallend war hier, zu bemerken, wie sich eine besonders wichtige und folgenreiche Verschiebung bzw.

---

[363]In diesem Punkt wären die Kantischen Ansichten in eine Tradition, die auf Rousseau zurückverfolgt werden kann, zu lokalisieren. Wie man weiß, hatte Rousseau von einem Gesellschaftsvertrag (**contrat social**) gesprochen. Damit hatte er sich auf jenen Vertrag bezogen, kraft dessen sich jedes partikuläre einzelne Subjekt gegenüber anderen Menschen verpflichtet, so daß dadurch nicht nur dessen eigene individuelle Existenz und erfolgreiche Erreichung seiner privaten Ziele gesichert bzw. garantiert werden können, sondern auch das Zusammenleben mit den anderen, also der Staat selbst, möglich werden. Die Erreichung bzw. Schließung eines derartigen Vertrags bedürfen laut Rousseau unter anderem einer grundlegenden Bedingung, nämlich der Anerkennung eines **allgemeinen** Willens (**volonté generale**) als des höchsten normativen Prinzips aller positiven Gesetzgebung, als der obersten Regel, von der her die Kriterien der Gerechtigkeit abgeleitet werden sollen, also als letzter Legitimationsgrundlage aller öffentlichen Gesetze. Dasjenige, was Rousseau als allgemeinen Willen bezeichnet, ist also etwas, was sich überhaupt nicht mit den Wünschen einzelner Individuen identifiziert. Er liegt über der privaten Willkür und den afektiven bzw. emotionalen Neigungen und Leidenschaften. Deshalb muß der **allgemeine** Wille zunächst von dem **partikulären** Willen prinzipiell unterschieden werden. Als Individuum muß jeder partikuläre Mensch einen partikulären Willen, der unter Umständen räumlich und zeitlich -d.i. von Land zu Land und von Epoche zur Epoche- anders ist, besitzen. Hier geht also um einen Willen, der **partikulären** Interessen unterworfen und durch **subjektive** Betrachtungen hinsichtlich des privaten Glücks beispielsweise bedingt ist. Aus der bloßen Hinzufügung verschiedener partikulärer Willen könnte ja zwar ein Wille von **allen** (**volonté de tous**) entspringen. Anders als der an partikuläre Interessen orientierte partikuläre Wille ist dieser "Wille von allen" zwar eine Art Summe partikularer Willen. Im Unterschied dazu aber ist der **allgemeine** Wille durch eine **ethische** Beschaffenheit gekennzeichnet, nämlich durch das **gemeinsame Interesse**, der ihm zugrunde liegt und zu dem er zugleich konstitutiv bestrebt ist. Anders als der **partikuläre** Wille, die den privaten Vorzügen, den partikulären Präferenzen von Natur aus zugeneigt ist, ist der **allgemeine** Wille an der Gleichheit orientiert (Vgl.,Rousseau, CS,II,I). So wird verständlich, wie Rousseau die **Tugend** in seinem Artikel zur "Politischen Ökonomie" der **Encyclopédie** charakterisiert: "Die Adäquatheit des **partikulären** Willen zum **allgemeinen** Willen". Rousseau zufolge sollte sich der allgemeine Wille als das Prinzip erweisen, das den Staat leiten und aufrechterhalten sollte. Der allgemeine Wille muß die Quelle der Regel zu dem Gerechten und der Gesetze überhaupt sein. Diese "himmlische Stimme" der Gesetze ist also dafür zuständig, jedem Bürger die Vorschriften und Gebote der öffentlichen Vernunft zu verkünden und anzuordnen. Diese himmlische Stimme des allgemeinen Willens, insofern als sie sich durch Gesetze ausdrückt, würde also den Bürgern lehren, gemäß den Maximen ihrer eigenen Urteile und in Übereinstimmung damit zu handeln. So verstanden, ist laut Rousseau die politische Gesellschaft, der Staat als solcher, überhaupt nicht auf die bloße Summe verschiedener Individuen zu reduzieren, die sich an der Verfolgung ihrer eigenen privaten Interessen und Ziele orientieren. In einem so interpretierten Staat mußte das einzelne Individuum, das partikuläre Subjekt eher so verstanden werden, daß es sich innerhalb dieses auf dem Prinzip bzw. unter der Leitung des allgemeinen Willens basierenden Staats derart erweitert, daß es bzw. dessen Perspektive die Totalität anderer Subjekte umfaßt und dadurch es sich nicht mehr als privates Subjekt, als einzelnes Ich (**moi**), sondern eher als ein gemeinsames, allgemeines Ich (**moi commun**) erweisen kann.

265

Wende der Kantischen Moralphilosophie von der Perspektive eines isolierten privaten Subjekts her, hin zu einer intersubjektiven Gemeinschaft ankündigt und teilweise vollzieht. Diese Wende war in den drei kritischen Werken zerstreut, ansatzweise angedeutet worden. So wird sie in der **Kritik der reinen Vernunft** beispielsweise vermittelst des Terminus "moralischer Welt" als "corpus mysticum der vernünftigen Wesen" angespielt. Noch deutlicher tauchte dieselbe Ansicht in der **Kritik der praktischen Vernunft** bzw. in der **Grundlegung zur Metaphysik der Sitten** als das "Reich der Zwecke" auf. Zuerst als eine intersubjektive Gemeinschaft unter moralischen Gesetzen aufgefaßt, konnte sich der Begriff des "Reichs der Zwecke" dann so erweitern -und hier greife ich Ansichten, die bereits in § 10.2. dieser Arbeit vorgelegt und entwickelt worden waren, auf- als die Erschließung einer intersubjektiv gemeinsamen praktischen Welt unter allgemeingültige moralische Gesetze. Eine solche Welt war also als eine auf der Gemeinsamkeit der Zwecke der Subjekte basierende Welt anzusehen, in der sich die Subjekte nicht nur als bloße Mittel bzw. Objekte, sondern auch als Zweck zueinander verhalten und so sich zueinader als Subjekte als solche anerkennen. In einer derartigen Welt -und hier kommt die Maxime der erweiterten Denkungsart bzw. des **sensus communis** wieder zum Ausdruck- formulieren und wählen die Subjekte ihre jeweiligen Maximen nicht nur aus ihrer privaten Perspektive aus, sondern ebenfalls zugleich vom Standpunkt jedes anderen handelnden Subjekts überhaupt. Hier geht es nach Kant also um die Errichtung einer idealen ethischen Gesellschaft, die in einem spannungsvollen Verhältnis zu der wirklichen rechtlich-politischen Gesellschaft steht. Eben hier ist der Begriff einer "sichtbaren Kirche" zu situieren. Sie deutet auf eine intersubjektive Gemeinschaft, die als eine wirkliche und zugleich unendlich approximative Gemeinschaft gegenüber der idealen ethischen Gemeinschaft -d.h. gegenüber der "unsichtbaren Kirche"- verstanden wird. Hierin zeichnet sich ein konstitutives Spannungsverhältnis zwischen der sichtbaren bzw. wahren und der unsichtbaren Kirche bzw. dem Reich Gottes deutlich ab, denn zum einen verhält sich die unsichtbare Kirche der sichtbaren Kirche gegenüber als eine regulative Idee, die durch die letzte nie vollständig erzielt werden kann. Zum anderen aber läßt sich die unsichtbare Kirche durch nichts anderes als eben durch die sichtbare Kirche darstellen -und in dieser Hinsicht könnten wir sagen, daß die sichtbare Kirche als eine Art **Exempel** der idealen Norm einer unsichtbaren Kirche interpretiert werden könnte[364]. Dazu sagt Kant selbst, daß die sichtbare Kirche das Reich Gottes darstellt. Sichtbare und unsichtbare Kirche sind also zwar unterschieden, zugleich aber gehören sie deshalb zusammen, weil, zum einen, ohne die sichtbare Kirche die unsichtbare zu einer bloßen Fiktion würde, der jede konkrete Darstellung entzogen wäre, zum anderen aber, ohne die unsichtbare Kirche der Sichtbaren jeder normative Maßstab zur Beurteilung ihres moralischen Charakters fehlte. So interpretiert leistet die sichtbare

---

[364]Vgl. dazu § 11.2. dieser Arbeit.

Kirche eine Art Vermittlung zwischen der wirklichen und der idealen Gemeinschaft, kraft deren diese letzte in der wirklich existierenden menschlichen Gesellschaft verankert wird und dadurch aufhört, ein leeres Ideal, ein weltloser Imperativ zu sein. Die sichtbare Kirche bringt also zwei wesentliche Merkmale zum Ausdruck, die für unsere Diskussion besonders wichtig waren: zum einen die in der Kantischen Philosophie ansatzweise intendierte Intersubjektivität -diesmal als öffentliche Verbindung der Menschen zu einem einzigen Gemeinwesen-, zum anderen die Verankerung dieser Intersubjektivität in der wirklich existierenden Welt. Die sichtbare Kirche drückt letztlich also jene ideale Norm des **Gemeinsinns** bzw. **sensus communis** als der vereinigten Subjekte in deren Beurteilung und moralischen Handeln wieder aus. Ihr sind die Grundansicht und der Anspruch eigen, jenen ursprunglichen sozialen Pakt als Vereinigung der privaten Subjekte bzw. der partikulären Privatwillen in einer Gesellschaft zu einer intersubjektiven Gemeinschaft bzw. zu einem gemeinschaftlichen und öffentlichen Willen, d.i. zu einem Staat, unter prinzipiellem Ausschluß der illegitimen Gewaltausübung zu errichten, zu bewahren und aufrechtzuerhalten. Auf diese Weise werden wir von der Ethik bis hin zur Rechtsphilosophie bzw. zur politischen Philosophie geführt.

Schlußbetrachtung.

Zu Beginn der vorliegenden Arbeit wurde darauf hingewiesen, daß der Ursprung der neuzeitlichen Ästhetik im Rahmen des Aufkommens und der Entfaltung des Individualitäts- bzw. Subjektivitätsproblems in der abendländischen Philosophie erkannt werden sollte[365]. Zur Zeit ihrer Entstehung erwies sich die Ästhetik zunächst als eine Lehre vom Geschmack. Das Erlebnis des Geschmacks konstituierte das ästhetische Subjekt, das wiederum eine grundlegende Voraussetzung der neuzeitlichen ästhetischen Reflexion ausmacht. Weder unter die objektive Allgemeinheit der Gesetze der Naturwissenschaften subsumiert noch in der Unterordnung unter die abstrakten Gesetzen der Ethik oder des Rechtes verstanden, zeigte sich das Subjekt im Bereich der Ästhetik als *individuelles* und *konkretes* Subjekt -und zwar sowohl als Schöpfer als auch als genießender Betrachter. Die **Kritik der Urteilskraft** analysiert derartige Probleme in enger Verknüpfung mit denen der Autonomie des Ästhetischen. Entgegen einer der Hauptlinien der ästhetischen Reflexion in der Neuzeit, die dem Werkbegriff einen nachdrücklichen Vorrang gegeben und dabei das Kunstwerk als eine Art Träger der Wahrheit interpretiert hat, hält sich der Kantische Ansatz bloß an die von der *ästhetischen Erfahrung* ausgehende *Wirkung*, die auf das Bewußtsein des Subjekts ausgeübt wird, ohne zusätzliche ontologische Voraussetzungen machen zu müssen. Hierdurch wurde insbesondere auf die Hyposthase eines substanziellen Werkbegriffs emphatisch verzichtet. So konnte der Kantische Ansatz den Grundstein zu einer Reflexion abgeben, die sowohl der Autonomie der Kunst als einem Grundmerkmal der Moderne als auch dem wirklichen Verlaufe der kunstlerischen Tätigkeit im XX. Jahrhundert, insbesondere dem der Avantgarde, gerecht werden kann[366].

---

[365]Die von Kant im Rahmen der ästhetischen Urteilskraft analysierte Kritik des Geschmacks und die im Horizont der Kritik der teleologischen Urteilskraft entwickelte Lehre des Organischen sollten also auf eine Art Oberbegriff zurückgeführt werden, der beide in ihrer Zusammengehörigkeit umfaßt, nämlich: auf den der *Individualität*. Kant selber weist wiederholt darauf hin, daß weder das Schöne noch der lebendige Organismus sich unter Rekurs auf allgemeine Gesetze verstehen lassen. Sie lokalisieren sich auf jenem Bereich des Besonderen, dem die *reflektierende* Urteilskraft gerecht zu werden versucht. Erst im Verlaufe des XIX. Jahrhunderts wird sich herausstellen, daß vom Besonderen und vom Individuellen nur ein *historisches* Wissen möglich ist. So kann man verstehen, daß die historische Erkenntnis, die zu Beginn des XVIII. Jahrhunderts als zweitrangig galt, im Laufe des XIX. Jahrhunderts zu einer Wissenschaft allmählich avanciert. Die moderne Geschichtsschreibung hat in diesem Sinne ihre Wurzeln in der Behandlung des Individualitätsproblems. Deshalb wurde bemerkt, daß der Bereich, zu dem die Beschäftigung mit dem Besonderen und dem Individuellen letztlich geführt hat, der der *cognitio historica* gewesen ist. Deshalb haben wir unter Rückgriff auf eine Bemerkung Bäumlers behauptet, daß die Ästhetik als die Vorläuferin der Geschichtswissenschaft mit Recht angesehen werden könnte (Vgl., §§ 1.3. und 1.4. dieser Arbeit).

[366]Siehe hierzu §§ 2., 2.1., 2.2. und 2.3. dieser Arbeit.

Die Kantische Analyse wird von der Grundansicht durchzogen, daß die ästhetische Erfahrung und das an sie gebundene Wohlgefallen sich in Urteilen ausdrücken lassen. Auf diese Weise konnte man den Sinn der Kantischen Analyse so formulieren, daß es dabei darum geht, aufzuklären, was es bedeutet, ein Urteil der Art "x ist **schön**", also ein *Geschmacksurteil*, zu fällen. Das Kantische Unternehmen zeigte sich also als eine **transzedendentale** Erläuterung derartiger Urteile, d.h. als eine Untersuchung über diejenigen Bedingungen der Möglichkeit, die vorausgesetzt und erfüllt werden sollen, um ein Geschmacksurteil fällen zu können. Eine so konzipierte Analyse des Geschmacksurteils bildete den zentralen Kern der "Analytik des Schönen" in der "**Kritik der Urteilskraft**. Im § 2.3. dieser Arbeit hatte ich aber darauf hingewiesen, daß die von Kant so durchgeführte Analyse der ästhetischen Erfahrung bzw. des Geschmacksurteils nicht rein, nicht autonom zum Ausdruck kommt. Sie ist mit anderen Gedanken, Thesen und Überlegungen vermischt, die ihre Klarheit und ihre argumentative Kraft eher beeinträchtigen als begünstigen. Sowohl die Exposition der Analyse des ästhetischen Urteils als auch dessen Begründung treten in einen Zusammenhang auf, in dem die Ästhetik mit einer gewissen Teleologie und diese letzte wiederum mit einem systematischen Anliegen zusammenhängt, das die Kantische Philosophie wesentlich charakterisiert. Hierzu sollte man sich kurz vergegenwärtigen, an welchem Ort die **Kritik der Urteilskraft** entstanden ist und sich artikuliert hat.

Die Frage nach einer möglichen Ausdehnung der transzendentalen Deduktion der Verstandesbegriffe bzw. der Kategorien auf jene *besonderen* Naturgesetze, die in der ersten Kritik als nicht vollständig ableitbar charakterisiert worden waren (Vgl., KrV,B165), scheint den späteren Kant besonders intensiv beschäftigt zu haben. Im Nachlaßwerk wird dieser Frage im Rahmen des Übergangs von der Naturmetaphysik bzw. von den metaphysischen Anfangsgründen zur Physik nachgegangen. Ähnlich wie in der **Kritik der Urteilskraft** spricht Kant hier von einer „Kluft" zwischen den *allgemeinen* Prinzipien und deren Realisierung bzw. deren Anwendung *in concreto*. Diese Beschäftigung mit der Anwendungsproblematik, mit dem Problem der *besonderen* Gesetze, mit der Frage nach der "Gesetzlichkeit des *Zufälligen*" (Marc-Wogau), also nach dem *Zufälligen* und dem *Besonderen* und zugleich nach dem Bedürfniss nach deren Systematisierung und Vereinheitlichung, durchzieht ebenfalls die ganze **Kritik der Urteilskraft**. Diese Frage deutete, sagte ich, auf ein von Kant selber eingesehenes Manko in der Transzendentalphilosophie hin, das eben durch die **Kritik der Urteilskraft** gedeckt werden sollte. So habe ich daran erinnert, wie Kant selber in der **Ersten Fassung** der Einleitung in die **Kritik der Urteilskraft** dazu bemerkte, daß die transzendentale Gesetzgebung der Natur durch den reinen Verstand weder die Natur als ein System nach *besonderen* empirischen

Gesetzen noch die systematische Verknüpfung der Erscheinungen -und somit die Erfahrung als einen systematischen Zusammenhang- erklären konnte. Die systematische Einheit der Mannigfaltigkeit der besonderen empirischen Gesetze und mithin die Einheit der Natur gemäß dieser Gesetze sollte Kant zufolge deswegen vorausgesetzt werden, weil die Einheit der Natur im Raum und Zeit einerseits und die Einheit der möglichen Erfahrung für das Subjekt andererseits letztlich als einerlei begriffen werden sollten (Vgl., KU,EF,IV,208-210). Hierzu bedurfte man also eines transzendentalen Prinzips, das folgendermaßen ausgedrückt werden konnte: die *besonderen* empirischen Gesetze sollten zu einer ähnlichen Einheit gebracht und betrachtet werden wie die Einheit der *allgemeinen* Gesetze des reinen Verstandes, "...als ob gleichfalls ein Verstand (wenn gleich nicht der unsrige) sie zum Behuf unserer Erkenntnisvermögen, um ein System der Erfahrung nach besonderen Naturgesetzen möglich zu machen, gegeben hätte" (KU,E,IV,180-181). Folglich sollte man es als ein transzendentales Prinzip bzw. als eine transzendentale Voraussetzung betrachten, daß die unbegrenzte Mannigfaltigkeit der besonderen empirischen Gesetze und die Verschiedenheit der besonderen Formen in der Natur durch die Ähnlichkeit und Subsumtion derselben unter andere, allgemeinere Gesetze, zu einer Einheit der Erfahrung als System gebracht werden können.

Das im oben erläuterten Sinne verstandene Prinzip der *reflektierenden Urteilskraft*, mit dem diese reflektierende Urteilskraft die Natur ihren besonderen, empirischen Gesetzen nach systematisieren bzw. vereinheitlichen kann, war nichts anderes als das Prinzip der *Zweckmäßigkeit der Natur*. Dieses Prinzip der Zweckmäßigkeit der Natur betraf zunächst eine Betrachtung der Natur in Ansehung der Mannigfaltigkeit ihrer besonderen Gesetze und zielte darauf ab, jene oben exponierte Aufgabe zu lösen, nämlich "...aus gegebenen Wahrnehmungen einer allenfalls unendliche Mannigfaltigkeit empirischer Gesetze enthaltenden Natur eine zusammenhängende Erfahrung zu machen" (KU,E,V,184-185). Im Gegensatz sowohl zur *praktischen* Zweckmäßigkeit eines Willens, der zum Handeln bestimmt ist, war diese Zweckmäßigkeit Kant zufolge bloß *formal*, weil sie nur das rein Formale der Zusammenstimmung einer Mannigfaltigkeit zur Einheit betrachtet, ohne sie durch Begriffe theoretisch, objektiv zu bestimmen. Diese Zweckmäßigkeit war ferner *subjektiv*, weil sie kein Verhältnis zu den Objekten der Erfahrung, sondern lediglich eine Beziehung der Natur zum Subjekt zum Ausdruck brachte. Dieses Prinzip der Zweckmäßigkeit der Natur war, schließlich, als ein *regulatives Prinzip* der reflektierenden Urteilskraft für deren Reflexion über die Natur aufzufassen, dank dessen diese letzte, ja die Erfahrung überhaupt als ein kohärenter und einheitlicher Zusammenhang gedacht werden konnte.

Im Horizont des oben dargestellten systematischen Zusammenhangs der Kantischen Philosophie kam deutlich hervor, daß die zentrale Kategorie, die die ganze **Kritik der Urteilskraft** durchzieht und als solches kohärent strukturiert, die der *Zweckmäßigkeit* war. Im Ganzen betrachtet, ist die **Kritik der Urteilskraft** sowohl in den der " Kritik der *ästhetischen* Urteilskraft" als auch in den der " Kritik der *teleologischen* Urteilskraft" gewidmeten Teilen als eine systematische Behandlung der *formalen Zweckmäßigkeit* in der **Kunst** -und so wäre die "Kritik der ästhetischen Urteilskraft" zu lesen- und in der **Natur** -und in diese Richtung ist die "Kritik der teleologischen Urteilskraft" zu interpretieren- zu verstehen. Der Zweckmäßigkeitsbegriff und das zusammengehörende Problem der Teleologie sind also die Schlüßelbegriffe der Analyse, die in diesem Werk durchgeführt wird. So hat Kant die Doppelbeziehung des *ästhetischen* Lustgefühls auf jeweils zwei Modalitäten der Zweckmäßigkeit ausführlich erörtert, nämlich, einerseits als Zweckmäßigkeit der *Objekte* im Rahmen der *teleologischen* Urteilskraft und anderseits als Zweckmäßigkeit des *Subjekts* in Ansehung der Gegenstände ihrer Form bzw. ihrer Unform nach im Horizont der *ästhetischen* Modalität der reflektierenden Urteilskraft. Innerhalb dieser letzten *subjektiven* Zweckmäßigkeit bzw. der *ästhetischen* Figur der reflektierenden Urteilskraft machte Kant eine zusätzliche Differenzierung zwischen einer *inneren* subjektiven Zweckmäßigkeit, aufgrund derer sich das ästhetische Urteil als Urteil über das *Schöne* artikuliert, und einer *äusseren* subjektiven Zweckmäßigkeit, die "aus einem Geisteisgefühl" beurteilt wird und das *Erhabene* umfaßt. Diesem Doppelunterschied zufolge mußte die Kritik der ästhetischen Urteilskraft in zwei Hauptteile zerfallen, nämlich einerseits in eine *Analytik des Schönen* und anderseits in eine *Analytik des Erhabenen* (Vgl., hierzu KU,E,VII,192). Demnach war klar, daß die ästhetischen Einsichten der **Kritik der Urteilskraft** für Kant als eine Art Sonderform der *formalen Zweckmäßigkeit* bzw. der *Zweckmäßigkeit ohne Zweck* zu interpretieren waren. Die Behandlung der Zweckmäßigkeit artikulierte sich hier wiederum, wie bereits gesagt, im Rahmen einer systematischen Bemühung der Kantischen Philosophie. Diebezüglich wurde gezeigt, wie der **Kritik der Urteilskraft** jene Aufgabe zugesprochen wurde, eine Verknüpfung zwischen dem Erkenntnisvermögen und dem Begehrungsvermögen, dem Verstande und der Vernunft, der Natur und der Freiheit herzustellen und auf diese Weise jene " unübersehbare Kluft" zwischen dem Gebiet der *Naturbegriffe* -unter der *theoretischen* Gesetzgebung des *Verstandes* und nur auf das sinnliche Feld der *Erscheinungen* bezogen- und dem Gebiete des *Freiheits*begriffs - wo die *Vernunft* sich als die *praktische* gesetzgebende Instanz erweist, deren Feld das übersinnliche Feld der *Dinge an sich* ist-, zu schließen. So wurden die *praktische Zweckmäßigkeit* und die im oben erläuterten Sinne verstandene *Zweckmäßigkeit der Natur,* die die Natur so darstellt, *als ob* sie nicht nur für einen bloß *technischen* Eingriff in sie, sondern vor allem für das *moralische Handeln* eingerichtet worden wäre, durch die Leistung der reflektierenden Urteilskraft in Verknüpfung miteinander gesetzt und in deren Übereinstimmung zueinander betrachtet[367]. Die durch die **Kritik der Urteilskraft** angestrebte Einheit der Natur bzw. der Erfahrung blieb zugleich aber prinzipiell unvollständig, unerreichbar. In diesem Sinne ist darauf hingewiesen worden, daß diese Zweckmäßigkeit im Horizont einer *Als-Ob Betrachtung* verankert ist[368]. Eine derartige Betrachtung funktioniert als transzendental-notwendiges Prinzip der Vernunft für die reflektierende Urteilskraft, das es ermöglicht, den Ideen eine praktische Realität allein in *moralischer* Hinsicht zu sichern. Derzufolge könne man theoretisch die Wirklichkeit von Gott und von der Freiheit beispielsweise zwar nicht beweisen. Man sollte aber so handeln, *als ob* sie wirklich wären. So werden die Natur und das moralische Handeln auf eine Weise angesehen, als ob sie von Zwecken bestimmt wären, die sich *in the long run* zusammentreffen und miteinander übereinstimmen würden. Diese mit der Teleologie und mit der Einheit zwischen Natur und Moralität, theoretischer und praktischer Vernunft zusammenhängenden Fragen -für sich selbst sehr wohl ein wichtiges Thema- sind aber

---

[367] Dies kommt im § 59 besonders prägnant zum Ausdruck. Wie man weiß, trägt dieser Paragraph als Titel "Von der Schönheit als Symbol der Sittlichkeit". Da heißt es so:

"Nun sage ich: das Schöne ist das Symbol des Sittlichguten; und auch nur in dieser Rücksicht (einer Beziehung, die jedermann natürlich ist, und die auch jedermann andern als Pflicht zumutet) gefällt es, mit einem Anspruche auf jedes andern *Beistimmung*, wobei sich das Gemüt zugleich einer gewissen Veredlung und Erhebung über die bloße Empfänglichkeit einer Lust durch Sinneneindrücke bewußt ist, und anderer Wert auch nach einer ähnlichen Maxime ihrer Urteilskraft schätzet. Das ist das Intelligibele, worauf [...] der Geschmack hinaussieht, wozu nämlich selbst unsere oberen Erkenntnisvermögen zusammenstimmen, und ohne welches zwischen ihrer Natur, verglichen mit den Ansprüchen, die der Geschmack macht, lauter Wiedersprüche erwachsen würden. In diesem Vermögen sieht sich die Urteilskraft nicht, wie sonst in empirischer Beurteilung einer Heteronomie der Erfahrungsgesetze unterworfen: es gibt in Ansehung der Gegenstände eines so reinen Wohlgefallens ihr selbst das Gesetz, so wie die Vernunft es in Ansehung des Begehrungsvermögens tut; und sieht sich, sowohl wegen dieser innern Möglichkeit im Subjekte, als wegen der äußern Möglichkeit einer damit übereinstimmenden Natur, auf etwas im Subjekte selbst und außer ihm, was nicht Natur, auch nicht Freiheit, doch aber mit dem Grunde der letzteren, nämlich dem Übersinnlichen verknüpft ist, bezogen, in welchem das theoretische Vermögen mit dem praktischen, auf gemeinschaftliche und unbekannte Art, zur Einheit verbunden wird" (KU,§59,353-354).

In derselben Richtung konnte jene nachgelassene Reflexion Kants interpretiert werden, wo er behauptet:

"Die schönen Dingen zeigen an, daß der Mensch in die Welt passe" (Rx,1820a).

[368] Siehe hierzu § 5. dieser Arbeit.

meines Erachtens unabhängig von den äthetischen Fragen, mit denen sich Kant in der **Kritik der Urteilskraft** beschäftigt. Diese letzten Fragen und Probleme sollen also von deren Verflechtung mit der Teleologieproblematik abgelöst werden, damit die ästhetische Erfahrung frei und autonom analysiert werden kann.

Im Laufe der Kantischen Analyse ist ebenfalls aufgefallen, daß sich die Kantische Ästhetik unter Rückgriff auf zwei Leitbegriffe entfaltet, nämlich den des *Schönen* und den des *Erhabenen*. Diese Begriffe treten aber in den zeitgenössischen Debatten um ästhetische Fragen in eine umfassendere Begriffskonstellation, die sich mindestens seit der Überwindung der klassischen Ästhetik angekündigt hat und eine Infragestellung der Vorherrschaft des Schönen bzw. des Erhabenen innnerhalb der bis dahin vom Kanon des Klassischen stark geprägten ästhetischen Reflexion bedeutete. Stattdessen ist inzwischen klar geworden, daß sich die Ästhetik mit einer Mannigfaltigkeit von Qualitäten und verschiedenen Beurteilungsarten auseinandersetzen soll, die sich nicht auf die Kategorien des Schönen oder des Erhabenen im eigentlichen Sinn dieser Termini reduzieren lassen. Demzufolge kann eine Erläuterung des ästhetischen Urteils, die sich ausschließlich auf die obigen zwei Prädikate konzentriert, heutzutage nicht mehr angemessen für eine zeitgemäße ästhetische Reflexion sein[369].

Der Kantische Ansatz hat sich als besonders fruchtbar und adäquat hinsichtlich der radikalen Infragestellung des Kunstwerkbegriffs, die die moderne Kunst vollzogen hat, erwiesen. Wie schon gesagt, liegt der Ausgangspunkt des Kantischen Ansatzes nicht mehr in einem emphatischen Kunstwerkbegriff, sondern vielmehr in der *ästhetischen Erfahrung*. Anders gesagt, ist die Kantische Ästhetik keine *Werk*ästhetik, sondern eine *Wirkungs*ästhetik, die angesichts der durch die moderne Kunst vollzogenen bzw. tendierten Auflösung des traditionellen Werkbegriffs angemessen zu sein schien. Die Avantgarde aber -und hier nahm ich einige Grundansichten prominenter zeitgenössischer Essayisten, Kunstkritiker und Philosophen auf- ist heute bereits historisch. Die postavargandistische Kunst des XX. Jahrhunderts hat die Kunstwerkkategorie teilweise restauriert und zugleich erweitert. Ein wichtiges Resultat hieraus für die ästhetische Reflexion liegt eben darin, daß eine umformulierte bzw. erweiterte Kunstwerkkategorie eingeführt werden muß. Dies legt wiederum offen, inwiefern die verschiedenen Ebenen des Kunstwerks, des Kunstproduzenten und des Weltbezuges der Kunst in der Kantischen Analyse ausgeklammert worden sind. Die philosophische Reflexion über die Kunst wird also deutlich eingeengt, wenn in ihr nur die ästhetische Erfahrung thematisiert wird. Nun kommt es eher darauf an, die Kunstphilosophie in einen umfassenderen

---

[369] Siehe hierzu § 2.3. dieser Arbeit.

Rahmen zu stellen, wo Weltbezug und Subjektbezug, Kunstproduzent und Kunstrezipient, Kunstwerk und ästhetische Wirkung in deren Zusammenspiel und in deren Spannung zueinander betrachtet und analysiert werden.

Trotz der oben erwähnten Probleme behält die Kantische Analyse, wie bereits gesagt, ihre Bedeutung und Relevanz in mindestens dreierlei Hinsicht. Erstens: sie wird so durchgeführt, daß sie der Eigentümlichkeit der *ästhetischen* Erfahrung, ihrer Autonomie und Irreduzibilität gegenüber der *theoretischen* bzw. der *moralischen* Erfahrung im Horizont -sei es der Wissenschaft oder der Ethik- gerecht wird. Zweitens: gerade durch ihre Wendung zur ästhetischen Erfahrung bietet die Kantische Analyse einen philosophischen Rahmen zur Erhellung einer wesentlichen Bestimmung des ästhetischen Phänomens überhaupt, nämlich der der ästhetischen Wirkung bzw. der des rezipierenden Subjekts. Drittens: durch die in ihr vollzogene Verknüpfung zwischen ästhetischer Erfahrung, ästhetischem Wohlgefallen und ästhetischen Urteilen wird in der Kantischen Reflexion eine spannungsvolle Beziehung zwischen Ästhetik und Rationalität angedeutet, die sich als ein wirksames Motiv in der zeitgenössischen Debatte über die Ästhetik erwiesen hat.

Die Frage nach der Bedeutung und den Möglichkeitsbedingungen des Geschmacksurteils machte, wie bereits gesagt, den zentralen Aspekt der "Analytik des Schönen" aus. Hierin versuchte Kant, die verschiedenen Momente des Geschmacksurteils aufzudecken und theoretisch darzustellen, wobei diese Momente nach Anleitung der logischen Funktionen zu urteilen bzw. den vier schon in der **Kritik der reinen Vernunft** zur Analyse der **theoretischen** Urteile behandelten Momenten, nämlich: Quantität, Qualität, Relation, Modalität entdeckt wurden. Im ersten Moment nach der *Qualität* wurde das Wohlgefallen am Schönen und dessen Beurteilung als ein reines, freies und uninteressiertes Wohlgefallen dargestellt[370]. Im zweiten Moment der Analyse des Geschmacksurteils nach dessen *Quantität* wurde erklärt, wie die Interesselosigkeit und die entsprechende Freiheit des Wohlgefallens am Schönen und dessen Beurteilung als der Grund der Allgemeingültigkeit derselben betrachtet werden konnte. Im Unterschied zu der Allgemeingültigkeit der erkenntnistheoretischen oder der praktischen Urteile erwies sich die Allgemeinheit des Geschmacksurteils aber als eine bloß *subjektive Allgemeinheit*. Hierzu wurde insbesondere darauf aufmerksam gemacht, daß eine allgemeine Mitteilungsfähigkeit des Gemütszustandes als die subjektive Bedingung, also als der Grund des Geschmacksurteils angesehen werden sollte. Dieser Gemütszustand wiederum wurde als ein

---

[370] Vgl., hierzu §§ 8.1., 8.1.1. und 8.1.2. dieser Arbeit.

besonderes Verhältnis der Vorstellungskräfte bzw. als ein freies Spiel von Einbildungskraft und Verstand zueinander charakterisiert, in dem die entsprechende Vorstellung auf die Erkenntnis überhaupt bezogen wird[371]. Im dritten Moment der Analyse gemäß der *Relation* des Geschmacksurteils zu dem Zweckbegriff wurden die Spannungsverhältnisse bzw. die Unterschiede zwischen dem Wohlgefallen am Schönen und dem Wohlgefallen am Guten anhand des Zweckmäßigkeitsbegriffs näher betrachtet. Hierbei stellte sich heraus, daß die ästhetische Zweckmäßigkeit und die praktische Zweckmäßigkeit eines nach Prinzipien der Vernunft handelnden praktischen Willens deutlich differieren. Die ästhetische Zweckmäßigkeit war eher als eine "Zweckmäßigkeit ohne Zweck" bzw. als eine "Zweckmäßigkeit nach der Form" anzusehen[372]. Schließlich wurde die Notwendigkeit bzw. die Allgemeinheit des Geschmacksurteils im vierten Moment der Analyse des Geschmacksurteils nach der *Modalität* des Wohlgefallens am Schönen erklärt. Da wurde festgestellt, daß, über jedes private Subjekt hinaus, das Geschmacksurteil einen Anspruch auf allgemeine bzw. notwendige Gültigkeit für jeden Urteilenden legitim erheben kann, und zwar trotz der Tatsache, daß sich dieses Urteil weder als ein Erkenntnisurteil durch Begriffe noch als ein reiner praktischer Satz artikuliert bzw. versteht. Das Geschmacksurteil hat ein subjektives Prinzip a priori, das den Grund für seine Allgemeingültigkeit hinreichend erklärt. Dieser Grund wird von Kant durch den Terminus **sensus communis** ausgedrückt[373]. Hierin zeigte sich die zentrale Rolle, die Kant dem **sensus communis** in der "Analytik des Schönen" zuerkannt zu haben scheint.

Der **sensus communis** trat in der "Analytik des Schönen" zunächst als eine allgemeine Bezeichnung für die subjektiven Bedingungen hervor, die die Formulierung jedes Geschmacksurteils jederzeit voraussetzen soll. Später wurde er unter Rekurs auf die Maxime der erweiterten Denkungsart genauer bestimmt. Dann wurde er als diese ursprüngliche Bezogenheit des einzelnen Geschmacksurteils zu der Gesamtheit der wirklichen und potentialen Urteile jedes anderen urteilenden Subjekts erklärt, wobei es sich herausstellte, wie das urteilende Subjekt durch seine einzelne Beurteilung, durch sein *besonderes* Geschmacksurteil das *Allgemeine* erreichen kann, indem es sich an die gesamte Sphäre der Urteilenden anschließt, und zwar ohne sich auf objektive, allgemeine Gesetze bzw. Begriffe stützen zu müssen. Dabei wurde eher der Zustimmung anderer Urteilender und dem Verhältnisse zu anderen Subjekten, die sowohl in der erkenntnistheoretischen, logischen als auch in der

---

[371]Siehe hierzu § 8.2. dieser Arbeit.

[372]Vgl., dazu § 8.3. dieser Arbeit.

[373]Siehe hierzu § 8.4 dieser Arbeit.

praktischen Beurteilung teilweise ausgeblendet worden waren, in der ästhetischen Beurteilung eine wesentliche Rolle zugewiesen. Die ästhetische Beurteilung wies also sowohl im Fall der Naturschönheit als auch im Fall der Kunstschönheit auf diesen so aufgefaßten **sensus communis** hin, allein kraft dessen das einzelne Geschmacksurteil eine universale Einigung legitim erlangen bzw. verlangen kann: hier bringt der Urteilende also ein Gefühl, ein Wohlgefallen, ein Urteil zum Ausdruck, die gemeinsam mitgeteilt sind und über jede räumliche oder zeitliche Grenze hinausgehen. So wird das einzelne Geschmacksurteil von vornherein in eine ursprüngliche und unauflösbare Beziehung zu den wirklichen und potentiellen Urteilen anderer Subjekte so gesetzt, daß sich diese letzten als Richtschnur für jenes erweisen und zu dessen Korrektur dienen. Dabei kommt also eine Abwägung des einzelnen Geschmacksurteils zustande, wo das einzelne Urteil nicht so sehr auf gegenwärtige und private Gefühle bzw. Urteile, sondern eher auf ein von jedermann mitgeteiltes Gefühl, auf ein ursprünglich gemeinsames Urteil, d.i. auf einen **sensus communis**, bezogen wird. Das Geschmackurteil bringt also eine Art *"transzendentale Sozialibität"* (Lebrun) zum Ausdruck. Die im **sensus communis** gemeinte subjektive bzw. intersubjektive Allgemeinheit wird von Kant zum einen als eine *Möglichkeitsbedingung* der Geschmacksurteile und zum anderen als eine *Idee* oder, noch genauer gesagt, als eine *regulative* Idee, interpretiert. Dabei wurde klar, daß die im Geschmacksurteil aufgrund dessen Bezogenheit auf den **sensus communis** implizit beanspruchte Allgemeinheit eine in diesem Sinne *intersubjektive, soziale* Dimension des Geschmacks aufwies. In der ästhetischen Beurteilung wird das einzelne Urteil bzw. der Urteilende in einen nicht so sehr objektiven, sondern eher intersubjektiven Raum von vornherein derart miteinbezogen bzw. gesetzt, daß sich dabei nichts anderes als die Errichtung einer intersubjektiven Gemeinschaft der Urteilenden überhaupt letztlich ankündigt, zu der die Anerkennung der Intersubjektivität konstitutiv gehört. So spricht Kant von einem ursprünglichen ästhetischen Vertrag kraft dessen der Geschmack eine Kultur der Intersubjektivität, der Möglichkeit des Zusammenlebens mit den anderen, zum Ausdruck bringt[374]. Der **sensus**

---

[374]Diesbezüglich sagt Kant in einer höchst erwähnenswerten Bemerkung in der **Kritik der Urteilskraft** folgendes:

> "Für sich allein würde ein verlassener Mensch auf einer wüsten Insel weder seine Hütte, noch sich selbst ausputzen, oder Blumen aufsuchen, noch weniger sie pflanzen, um sich damit auszuschmücken; sondern nur in Gesellschaft kommt es ihm ein, nicht bloß Mensch, sondern auch nach seiner Art ein feiner Mensch zu sein (der Anfang der Zivilisierung): denn als einen solchen beurteilt man denjenigen, welcher seine Lust andern mitzuteilen geneigt und geschickt ist, und den ein Objekt nicht befriedigt, wenn er das Wohlgefallen an demselben nicht in Gemeinschaft mit andern fühlen kann. Auch erwartet und fordert ein jeder die Rücksicht auf allgemeine Mitteilung von jedermann, gleichsam als aus einem usrsprünglichen Vertrage, der durch die Menschheit selbst diktiert ist" (KU,§41,297-298).

communis schien so auf diese Weise eine Relevanz zu besitzen, die über die Grenzen des Ästhetischen hinauswies[375]. Die für das Geschmacksurteil wesentlich konstitutive Selbstversetzung, kraft derer sich das einzelne urteilende Subjekt in die gesamte Sphäre der urteilenden Subjekte als Möglichkeitsbedingung für die Formulierung dessen Geschmacksurteils versetzt, ist letztlich nicht nur ein Phänomen im Bereich des bloß ästhetischen Gefühls. Sie kündigt letztlich nichts anders als die Stiftung einer gemeinsamen Beurteilung an, die über die begrenzte, private Perspektive eines einzelnen Subjekt hinausweist. Noch deutlicher gesagt: der **sensus communis** ist die Erschließung einer gemeinsamen ästhetischen Erfahrung bzw. Beurteilung, die Eröffnung einer gemeinsam mitgeteilten Welt überhaupt, wo die Subjekte sich ursprünglich aufeinander beziehen. Kurz und gut: der **sensus communis** ist die *Erschließung einer öffentlichen, gemeinsamen Erfahrung überhaupt, die Stiftung eines gemeinsamen Weltverständnisses*, das sich keineswegs lediglich auf die ästhetische Erfahrung bzw. Beurteilung einschränkt, sondern sich durch die menschliche Erfahrung bzw. Beurteilung überhaupt hindurchzieht und sie als deren Möglichkeitsbedingung umfaßt. Der **sensus communis** ist also die von uns gemeinsam mitgeteilte Erfahrung, die die Eröffnung einer öffentlichen, gemeinsamen Welt ermöglicht, die die Menschen als eine einheitliche bzw. gemeinsame Welt erfahren, zu der sie allgemeingültige Urteile formulieren und über die sie sich untereinander verständigen können. Der **sensus communis** ist also die Erschließung eines öffentlichen, gemeinsamen Weltverständnisses, das durch dessen Offenheit, Unabgeschlossenheit wesentlich charakterisiert ist und wo Einheit und Vielheit, Singularität und Pluralität, Dissens und Konsens, Eigensinn und Gemeinsinn aufeinander verweisen und ständig miteinander vermittelt werden.

---

[375]Dazu sei auf die bereits zitierte Stelle in §22 der **Kritik der Urteilskraft** zu verweisen:

"...ob es in der Tat einen solchen Gemeinsinn, als konstitutives Prinzip der Möglichkeit der Erfahrung gebe, oder ein noch höheres Prinzip der Vernunft es uns nur zum regulativen Prinzip mache, allererst einen Gemeinsinn zu höheren Zwecken in uns hervorzubringen; ob also Geschmack ein ursprüngliches und natürliches, oder nur die Idee von einem noch zu erwerbenden und künstlichen Vermögen sei, so daß ein Geschmacksurteil, mit seiner Zumutung einer allgemeinen Beistimmung, in der Tat nur eine Vernunftforderung sei, eine solche Einhelligkeit der Sinnesart hervorzubringen, und das Sollen, d.i. die objektive Notwendigkeit des Zusammenfließens des Gefühls von jedermann mit jedes seinem besondern, nur die Möglichkeit hierin einträchtig zu werden, bedeute, und das Geschmacksurteil nur von Anwendung dieses Prinzips ein Beispiel aufstelle: das -sagt Kant- wollen und können wir hier noch nicht untersuchen, sondern haben für jetzt nur das Geschmacksvermögen in seine Elemente aufzulösen, und sie zuletzt in der Idee eines Gemeinsinns zu vereinigen" (KU,§22,240).

Eingangs dieser Arbeit hatte ich darauf hingewiesen, daß einer der Vorteile der Kantischen Analyse der ästhetischen Erfahrung darin lag, von dem Subjekt, das die Kunsterfahrung durchführt und austrägt, auszugehen. Die Kantische Analyse rückte das *empirische* Subjekt der ästhetischen Erfahrung -im Gegensatz zu einem überzeitlichen, oder, genauer gesagt, *transzendentalen* Subjekt- in den Mittelpunkt ihrer Betrachtung. Auf die Erörterung des **sensus communis** übertragen, bedeutete diese Grundeinstellung der Kantischen Analyse, daß sich die Behandlung des **sensus communis** im Kantischen Text an einer Zwischenstellung zwischen einer *transzendentalen* und einer *empirischen* Ebene artikuliert und entfaltet. Die Erörterung des **sensus communis** bewegt sich also zwischen einer transzendentalen und einer empirischen Ebene frei, ohne daß die Differenzen zwischen denselben immer deutlich von Kant selber markiert werden. Auf der *transzendentalen* Ebene ist der **sensus communis** als eine Bezeichnung für den Grund des Geschmacksurteils, der wiederum in einem allen Urteilenden gemeinsam mitgeteilten Gefühl liegt, das auf der Zweckmäßigkeit ohne Zweck und auf dem durch sie hervorgerufenen freien Spiel der Erkenntniskräfte basiert, aufzufassen. Auf der *empirischen* Ebene wird dem **sensus communis** eine wichtige Rolle in der Kantischen Analyse zugewiesen, deren Umfang und Auswirkungen sich im Bereich der Anthropologie und der Ethik als besonders relevant erweisen. Ein eindeutiges Zeichen hierfür lag darin, daß Kant den **sensus communis** sogar als die eigentlich menschliche Eigenschaft bezeichnet und dadurch den Weg ebnet, um an eine durch die Kultur des Geschmacks vereinigte Menschheit zu denken[376]. Hierzu macht Kant aufschlußreiche Bemerkungen wie: "Das Geschmack ist gesellig" (Rx,702), "das Urteil des Geschmacks ist ein gesellschaftlich Urteil" (Rx,743)", "Geschmack hat man, wenn das, was einem gefällt, allen gefällt", oder: "Es rührt uns alles mehr, was wir in Gesellschaft empfinden. Wir empfinden sozusagen auch für die übrigen...Das ganze Leben erweitert sich in guter Gesellschaft" (Rx,763), usw. Hier wird klar, daß es eine enge Beziehung zwischen Geschmack, Urteilskraft und Gesellschaft gibt oder, anders formuliert, daß der Geschmack und die Urteilskraft überhaupt sich auf die anderen urteilenden Subjekte -und dies

---

[376]So merkt Kant in der **Anthropologie** folgendes an:

"Also hat der ideale Geschmack eine Tendenz zur äußeren Beförderung der Moralität"

Und unten noch weiter:

"Auf diese Weise könnte man den Geschmack Moralität in der äußeren Erscheinung nennen" (A, 243-244).

ist unter dem Terminus "Gesellschaft" verstanden- ursprünglich beziehen. Demzufolge kann die Menschheit nicht nur mittels eines allen gemeinsamen Ideals der praktischen Rationalität des Handelns oder der auf den modernen Naturwissenschaften bzw. den objektiven, logischen, theoretischen Beurteilung begründeten Rationalität vereinigt werden, sondern auch durch eine Kultur des mitgeteilten Gefühls, durch eine Kultur des Geschmacks. Das Geschmacksurteil bringt also eine ganz besondere Erfahrung dessen zum Ausdruck, was den Kernpunkt der Moralität ausmacht und deren Auswirkungen in andere Bereiche -z.B. dem der Politik oder des Rechtes- allerdings nicht übersehen werden dürfen. Eben auf diese Weise weist der **sensus communis** bei Kant eine *praktische*, oder, noch präziser gesagt, eine *moralische* bzw. *politische* Dimension auf, denn er gründet und bewährt einen öffentlichen Raum des gemeinsamen Handelns. So betrachtet, kann der **sensus communis** den Probierstein einer *praktischen* Philosophie im weitesten Sinne des Wortes, und insbesondere der Grundlegung des *Politischen* als solchen insofern ausmachen, als es im politischen Bereich letztlich um die Frage geht, *wie Handlungen verschiedener einzelnen Subjekte miteinander harmonisiert werden können, so daß daraus eine Einheit des Handelns möglich wird und so dadurch ein gemeinsamer Handlungsraum, ein intersubjektiv gültig gemeinsamer Sinn für die Mitgestaltung des öffentlichen Lebens gestiftet werden können*. Aufgrund dieser Bezogenheit auf den **sensus communis** erweist sich das Handeln jedes einzelnen Subjekts mit dem Entstehen, Bestehen und Fortbestehen eines gemeinsam mit anderen Subjekten mitgeteilten bzw. mitgestalteten öffentlichen Raums, der sich wiederum nicht nur als den unhintergefragten Hintergrund jedes einzelnen Handelns, sondern ebenfalls zugleich als dessen Möglichkeitsbedingung erweist. So kann der **sensus communis** als dasjenige verstanden werden, worauf letztlich ein öffentliches Gemeinwesen basiert und dank dessen diese aufrechterhalten werden kann.

Diesen Fragen versuchte ich in der *Religionsschrift* nachzugehen. Dort wird die Frage nach der Voraussetzung, Errichtung und Erweiterung einer intersubjektiven Gemeinschaft unter den Figuren einer „ethischen Gesellschaft" bzw. einer „sichtbaren Kirche" angesprochen. Auffallend war, zu bemerken, wie sich eine besonders wichtige und folgenreiche Verschiebung bzw. Wende der Kantischen Moralphilosophie von der Perspektive eines isolierten privaten Subjekts her hin zu einer intersubjektiven Gemeinschaft in dieser Schrift ankündigte und teilweise vollzog. Die Termini der "sichtbaren Kirche" bzw. der "unsichtbaren Kirche" wiesen in dieser Hinsicht eine besondere Bedeutung auf. Sie deuteten auf eine innerhalb einer konstitutiven Spannung situierten intersubjektiven Gemeinschaft, die als "sichtbare Kirche" als eine wirkliche und zugleich unendlich approximative Gemeinschaft gegenüber der idealen ethischen Gemeinschaft -d.h. gegenüber der "unsichtbaren Kirche"- verstanden wird. Hierin zeichnete sich ein konstitutives Spannungsverhältnis zwischen der „sichtbaren" und der „unsichtbaren" Kirche deutlich ab, denn zum einen verhält sich die „unsichtbare Kirche" der „sichtbaren Kirche" gegenüber als eine regulative Idee, die durch die letzte nie vollständig erzielt werden kann. Zum anderen aber läßt sich die „unsichtbare Kirche" durch nichts anderes als durch die „sichtbare Kirche" darstellen. "Sichtbare" und "unsichtbare" Kirche sind also zwar unterschieden, zugleich aber gehören sie deshalb zusammen, weil, zum einen, ohne die sichtbare Kirche die Unsichtbare zu einer bloßen Fiktion würde, der jede konkrete Darstellung entzogen wäre, zum anderen aber, ohne die unsichtbare Kirche der Sichtbaren jeder normative Maßstab zur Beurteilung ihres moralischen Charakters fehlte. So interpretiert, leistete die „sichtbare Kirche" eine Art Vermittlung zwischen der *wirklichen* und der *idealen* Gemeinschaft, kraft deren diese letzte in der wirklich existierenden menschlichen Gesellschaft verankert wird und dadurch aufhört, ein leeres Ideal, ein weltloser Imperativ zu sein. Die „sichtbare Kirche" bringt also zwei wesentliche Merkmale zum Ausdruck, die für unsere Diskussion besonders wichtig waren: zum einen die in der Kantischen Philosophie ansatzweise intendierte *Intersubjektivität* -diesmal als öffentliche Verbindung der Menschen zu einem einzigen Gemeinwesen-, zum anderen die Verankerung dieser Intersubjektivität in der wirklich existierenden Welt. Die sichtbare Kirche drückt letztlich also jene ideale Norm des **Gemeinsinns** bzw. **sensus communis** als die ideale Norm der vereinigten Subjekte in deren Beurteilung und moralischem Handeln wieder aus. Ihr sind die Grundansicht und der Anspruch eigen, jenen ursprünglichen sozialen Pakt als Vereinigung der privaten Subjekte bzw. der partikularen Privatwillen in einer Gesellschaft zu einer intersubjektiven Gemeinschaft bzw. zu einem gemeinschaftlichen und öffentlichen Willen, also zu einem Staat zu errichten, zu bewahren und aufrechtzuerhalten. Auf diese Weise werden wir von der Ästhetik zu der Ethik und von hier aus hin zur Rechtsphilosophie bzw. zur politischen Philosophie geführt.

Abschließend wäre dreierlei zum Kantischen **sensus communis** zu sagen. Erstens: der Rückgriff auf den **sensus communis** im durch diese Arbeit hindurch ausgeführten und erläuterten Sinne ermöglicht uns, die transzendentale Subjektivität, die das Kantische Unternehmen, insbesondere dessen Ethik entscheidend prägt, umzuformulieren. Der bloß innerliche Ansatz der Kantischen Ethik könnte durch den **sensus communis** und dessen ursprüngliche Bezogenheit auf die *Intersubjektivität* umstrukturiert werden. Dies scheint mir eine folgenreiche Wende vor allem im Bereich der praktischen Philosophie zu sein. Auf diese Weise könnten die einsame Prüfung der Handlungsmaximen, die jedes einzelne Subjekt *in foro interno* vornimmt, genauso wie die innere moralische Gesinnung, die Achtung vor dem Gesetzt und das

Faktum der Vernunft als jenes unmittelbare Bewußtsein des formalen Sittengesetzes (Vgl.,KpV,A55/56), die eine zentrale Stelle in der Kantischen Ethik einnehmen, durch die Einführung der im **sensus communis** intendierten Intersubjektivität deshalb aufgehoben werden, weil dieser letzte eine allen Subjekten gemeinsame, oder genauer gesagt, eine intersubjektive Dimension von vornherein konstitutiv aufweist. Hinzu muß noch gedacht werden, daß als Erschließung einer öffentlichen, gemeinsamen Welterfahrung bzw. als Stiftung eines gemeinsamen Weltverständnisses aufgefaßt, der **sensus communis** nicht nur eine Möglichkeitsbedingung der ästhetischen Erfahrung bzw. der ästhetischen Beurteilung, sondern zugleich ebenfalls als eine Grundvoraussetzung der moralischen und sogar der politischen Beurteilung legitim betrachtet werden kann. So interpretiert, könnte der **sensus communis** den Schlüssel zu einer *praktischen* Philosophie bieten[377].

Zweitens: der **sensus communis** wird von Kant gelegentlich als eine Art fühlende bzw. rein geistige Versetzung in den anderen Subjekten betrachtet. So könnte der Kantische **sensus communis** in Richtung des von Smith, Burke und Hume entwickelten Sympathiebegriffs interpretiert oder im Rahmen einer Einfühlungstheorie ausgearbeitet werden. Hier würde der **sensus communis** als eine Art Sympathiegefühl bzw. als eine aufgrund der Kongenialität errichtete intersubjektive Brücke aufgefaßt, mit deren Hilfe das einzelne Subjekt mit anderen Subjekten auf der Basis eines gemeinsam mitgeteilten Gefühls bzw. Gemütszustandes verknüpft würde, der sich wiederum der Reflexion bzw. der Vernunft prinzipiell entziehen würde. Entgegen den philosophischen Bestrebungen, die die Kantische Reflexion durchziehen und konstitutiv charakterisieren, würde der **sensus communis** auf diese Weise im Horizont eines mehr oder weniger psychologischen Rahmens verstanden, der zwar eine geistige bzw. gefühlmäßige auf einer Art seelischen Sympathie basierende Intersubjektivität, aber nicht jene allgemeine, universelle Mitteilbarkeit in der Beurteilung erklären könnte, um die es Kant eigentlich geht. Kant selber scheint aber, sich gegen eine derartige Interpretation gewehrt zu haben. Hierzu besteht er zunächst darauf, daß jede Art psychologische Betrachtung zum genaueren Verständnis des **sensus communis** deshalb irrelevant ist, weil sich dieser eher auf eine transzendantale Basis der Beurteilung bezieht. Er liegt also fern von jeder Betrachtung im Horizont der Psychologie. Der **sensus communis** bringt keineswegs ein intimes Mitfühlen bzw. eine Sympathie mit den anderen Subjekten zum Ausdruck. Vielmehr besagt er eine *Beurteilung*,

---

[377] Als ein gelungenes Beispiel hierfür sei es hier an die im Herbssemester 1970 Kant-Vorlesung an der New School of Social Research in New York durchgefürteh Überlegungen Hannah Arendts (Arendt, H., **Lectures on Kants political Philosophy**, edited and with an interpretative Essay by Ronald Beiner, University of Chicago Press, 1982) hinzuweisen.

die jedes andere Subjekt in sich potentiell umfaßt. Diesbezüglich scheint mir die Tatsache von großer Bedeutung zu sein, daß Kant seine Analyse der ästhetischen Beurteilung und folglich des **sensus communis** auf der Ebene ihrer sprachlichen *Artikultation in Urteilen* durchgeführt hat. Damit hat er meines Erachtens den Weg dahin geebnet, den **sensus communis** unter Rückgriff auf Urteile und somit auf die Sprache zu erläutern. Auf diese Weise könnte der Kantische **sensus communis** in Verbindung mit zeitgenössischen Reflexionen gesetzt werden, innerhalb derer die durch die Sprache vermittelte Intersubjektivität eine zentrale Rolle spielt[378]. In diesem Sinne hat zum Beispiel Hans Georg Gadamer zu Recht betont, daß die Sprache nicht nur ein Mittel, ein Medium unter anderen sei; vielmehr steht sie in besonderer Beziehung zur potentiellen Gemeinsamkeit der Vernunft, die sich kommunikativ aktualisiert[379]. In der Sprache wird also klar, was jenseits des Bewußtseins eines isolierten Individuums wahr ist. Dies besagt, daß die Sprache sich nicht auf die Ebene eines einsamen und an sich selbst orientierten Bewußtseins bezieht, sondern eher auf die Ebene einer *intersubjektiven* Struktur kraft deren das "Ich" zu einem "Wir" wird. Kurzum: Die Sprache ist der Ort, wo sich die durch den **sensus**

---

[378]Hierin denke ich an eher verschiedene philosophischen Richtungen von dem Peirceschen Pragmatismus bis hin zur Gadamerschen Hermeneutik, über die dialogische Philosophie Ebners und Bubers, die Cassirersche Philosophie der Symbolischen Formen, die im Gefolge von Wittgenstein im angelsächsischen Bereich entwickelte Sprachpragmatik, die Apelsche Transzendentalpragmatik, die Habermasche Theorie des kommunikativen Handelns, usw. Zum Einbeziehen der Sprache in den Rahmen der Kantischen Philosophie ist zumal an jene Grundthese Hammans hinzuweisen, nach der die Synthese der phänomenischen Welt vor der Unterscheidung zwischen Verstand und Sinnlichkeit innerhalb der Sprache schon realisiert sei. Deshalb hätte Hamman zufolge der Kantischen Kritik der Vernunft eine Kritik der Sprache vorangehen sollen (Vgl., Hamann, J.G., **Metakritik über den Purismum der Vernunft** (1784) in Hamann, J.G., **Schriften zur Sprache**, Einleitung und Anmerkungen von J. Simon, Suhrkamp, 1967, S. 221 uff.). In eine ähnliche Richtung gehend, hat Humboldt darauf aufmerksam gemacht, daß die Sprache den Zugang zur Erkenntnis der Welt ausmache. Fern ab von der einsamen Subjektivität des einzelnen Individuums sei die Sprache nach Humboldt der Ort, wo sich die Wahrheit erschließt. In diesem Jahrhundert könnte man etwa an E. Cassirer denken, der der symbolischen Vermittlung eine wesentliche Rolle als Möglichkeitsbedingung der Weltordnung bzw. -erkenntnis zugewiesen hat. In dessen **Philosophie der symbolischen Formen** (1923) hat Cassirer die symbolische bzw. zeichengebundene Funktion der transzendentalen Synthese der Apperzeption hinzugefügt. Damit hat er eine Transformierung des transzendentalen Kantianismus vorgenommen und den Weg zu einer "Philosophy in a new key" vorbereitet (Vgl.,Apel,K.O., **Transformation der Philosophie**, Bd. I. Sprachanalyse, Semiotik, Hermeneutik. Suhrkamp, 1973). Andere Denker wie der bereits erwähnte Peirce haben diese Transformierung radikalisiert, indem er nicht mehr das isolierte Subjekt der Erkenntnis, sondern eher die auf der Basis der sprachlichen Vermittlung aufgebaute Intersubjektivität in den Mittelpunkt der philosophischenÜberlegungen gestellt wurde. So wird das Kantische Bewußtsein überhaupt durch die intersubjektiven Beziehungen der Forschungsgemeinschaft ersetzt. Deshalb hatte Peirce von einem *logischen Sozialismus* gesprochen, wovon aus sich eine *Transformation der Philosophie* vollziehen könnte, die den apriorischen Solipsismus ersetzen könnte. Auf diese Weise scheint das sogenannte *Paradigma der Sprache* zu einer radikalen Umformulierung der Kantischen Transzendentalphilosophie geführt zu haben, die die transzendentale Subjektivität zu einem unnötigen Zusatz zum System der Bedingungen, Kategorien und Regeln der Sprache gemacht hat (Vgl., Habermas, J. Nachwort von 1973 zu **Erkenntnis und Interesse** in Habermas, J., **Erkenntnis und Interesse**, Dritte Auflage, Suhrkamp, 1975, S. 411-412).

[379]Gadamer, H.G., **Klassische und philosophische Hermeneutik**, in Gadamer, H.G. **Gesammelte Werke**, Bd. 2, Hermeneutik II, J.C.B. Mohr (Paul Siebeck) Tübingen, 1986, S.111.

communis intendierte Intersubjektivität als solche erst konstituiert und artikuliert. Dies ist der Grund, weshalb die Sprache ihr eigentliches Wesen im Dialog, im Gespräch, als hermeneutische Übung wechselseitigen Verstehens völlig ausdrückt[380].

Drittens: der **sensus communis** und die durch ihn intendierte Intersubjektivität bleiben letztlich dem Rahmen einer eher formellen Betrachtung insofern verhaftet, als in dem Kantischen Ansatz nicht jene Welt thematisiert wird, in der sich die urteilenden Subjekte als in ihrem unhintergehbaren Horizont von vornherein befinden und in der ihre Beurteilung als solche möglich wird[381]. Ferner könnte diese Kritik so erweitert werden, indem man der Kantischen Betrachtung vorwirft, insbesondere die Welt der bestehenden Institutionen und deren konstitutive Rolle, also die lebensweltlichen Zusammenhänge, innerhalb deren sich die urteilenden Subjekte konstitutiv befinden und allein innerhalb deren sie ihre Beurteilung bzw. ihr Handeln als solches erst formulieren bzw. artikulieren können, ausgeblendet zu haben. Demgemäß bleiben der **sensus communis**, die in ihm formulierte erweiterte Denkungsart, die ihm eigene potentiell universelle Beurteilung, die von ihm gemeinte Erschließung einer gemeinsamen Erfahrung radikal abgekoppelt von der geschichtlichen Situation, also von den lebensweltlichen, substantiellen Zusammenhängen, in denen sich die Subjekte von Hause aus befinden, mit ihren tradierten Normen und Institutionen, usw[382]. Die Deckung eines derartigen Defizits würde zu einer überaus spannenden und folgenreiche Auseinandersetzung der Kantischen Philosophie mit anderen philosophischen Ansätze führen, die eben von diesen Fragen ausgegangen sind und sie in den Mittelpunkt ihrer Betrachtung grundsätzlich gestellt haben.

---

[380]So drückt sich Gadamer selber aus:

"Die Welt ist derart der gemeinsame, von keinem betretene und von allen anerkannte Boden, der alle verbindet, die miteinander sprechen. Alle Formen menschlicher Lebensgemeinschaft sind Formen von Sprachgemeinschaft, ja mehr noch: sie bilden Sprache. Denn die Sprache ist ihrem Wesen nach die Sprache des Gesprächs" (Gadamer,WM,450).

[381] Vgl., Heidegger,M. **Sein und Zeit** (1927), Erster Abschnitt, Drittes Kapitel. **Die Weltlichkeit der Welt,** §§ 14 uff., in Heidegger, M., **Gesamtausgabe**, I. Abteilung: Veröffentlichte Schriften 1914-1970, Bd. 2, **Sein und Zeit,** Vittorio Klostermann, Frankfurt am Main, 1977.

[382]Vgl., Hegel, G.W.F., **Grundlinien der Philosophie des Rechts**, §§ 142 uff.

BIBLIOGRAPHIE

A. Primärliteratur zu Kant.

Kant, I.

Gesammelte Schriften, Herausgegeben von der Königlich Preussischen Akademie der Wissenschaften, Berlin, 1902 ss. 29 Bde. Zitiert durch die folgenden Abkürzungen und die der Akademie Ausgabe entsprechenden Seitennummerierung[*].

A

Anthropologie in pragmatischer Hinsicht im Band VII.

D

De Mundi sensibilis atque intelligibilis forma et principiis. Dissertatio im Band II.

DO

Was heißt: sich im Denken orientieren? im Band VIII.

G

Grundlegung zur Metaphysik der Sitten im Band IV.

K

Korrespondenz in Bände X, XI, XII und XIII.

---

*Die einzige Ausnahme der in dieser Arbeit aus dem Kantischen Korpus zitierten Werke ist die **Vorlesung über Ethik**. Siehe unten **Eine Vorlesung Kants über Ethik**.

KU

Kritik der Urteilskraft im Band V. Zitiert durch KU, Paragraphennummerierung und dann Seitennummerierung. Im Fall der Einleitung wird der Buchstabe E mit der entsprechenden Paragraphenummer hinzugefügt.

KU,EF

"**Erste Fassung**" der *Einleitung* in die **Kritik der Urteilskraft** im Band XX. Zitiert durch KU,EF, Paragraphennummerierung durch romische Zählen- und dann Seitennummerierung.

KrV

Kritik der reinen Vernunft im Band III (Zweite Auflage) und IV (Erste Auflage).

KpV

Kritik der praktischen Vernunft im Band V.

L

Logik im Band IX. Zitiert durch L und dann Seitennummerierung nach der Akademie-Ausgabe.

MS

Die Metaphysik der Sitten im Band VI.

P

Prolegomena zu einer jeden künftigen Metaphysik, die als Wissenschaft wird auftreten können im Band IV.

RV

Die Religion innerhalb der Grenzen der blossen Vernunft im Band VI.

Rx

Reflexionen in Bände XIV (Reflexionen zur Mathematik, Physik, Chemie und physische Geographie), XV (Reflexionen zur Anthropologie), XVI (Reflexionen zur Logik), XVII (Reflexionen zur Metaphysik I), XVIII (Reflexionen zur Metaphysik II) y XIX (Reflexionen zur Moralphilosophie Rechtsphilosophie und Religionsphilosophie). Zitiert durch Rx und dann die Nummer derReflexion in der Akademie Ausgabe.

SF

Der Streit der Fakultäten im Band VII der Akademie-Ausgabe.

VE

Eine Vorlesung Kants über Ethik im Auftrage der Kantsgesellschaft. Herausgegeben von Paul Menzer, Pan Verlag, Rolf Heise, Berlin 1929.

B. Hilfsmittel

Cooper, D. (Ed.)

A Companion to Aesthetics, Blackwell Companions to Philosophy, Basil Blackwell, Cambidge, Mass., 1992.

Drehsen, V./ Häring H./ Kuschel, K-J./ Siemers, H.

Wörterbuch des Christentums, Gütersloher Verlagshaus Gerd Mohn, Benziger Verlag, Zürich, 1988.

Edwards, P. (Hrsg.)

    The Encyclopedia of Philosophy, 8 Bde., Macmillan Company & The Free Press, New York, 1967 ff.

Eisler, R.

    Wörterbuch der Philosophischen Begriffe. Historisch quellenmässig bearbeitet von Dr. Rudolf Eisler, Vierte völlig neubearbeitete Auflage, E.S. Mittler & Sohn, Berlin, 1930.

Eisler, R.

    Kant=Lexikon. Nachschlagewerk zu Kants Sämtlichen Schriften/Briefen und Handschriftlichem Nachlass, Georg Olms Verlagsbuchhandlung Hildesheim, 1961.

Enciclopedia Filosofica.

    Elaborata per il Centro di Studi Filosofici di Gallarate, G.C. Sansoni Editore, Firenze, 1967.

Encyclopédie Philosophique Universelle.

    Publié sous la direction d'André Jacob, Presses Universitaires de France, Paris, 1989.

Galling, K. (Hrsg.)

    Die Religion in Geschichte und Gegenwart. Handwörterbuch für Theologie und Religionswissenschaft, 6 Bde. und Registerband, 3. völlig neu bearbeitete Auflage, J.C.B. Mohr (Paul Siebeck), Tübingen, 1957.

Grimm, J./Grimm, W.

    Deutsches Wörterbuch, Verlag von S. Hirzel, Leipzig, 1873.

Handbuch philosophischer Grundbegriffe.

Hrsg. von H. Krings, H.M. Baumgartner und Chr. Wild. 6 Bde., München, 1973 f.

Henckmann, W./Lotter, K. (Hrsg.)

Lexikon der Ästhetik, Beck, München, 1992.

Kluge, F.

Etymologisches Wörterbuch der deutschen Sprache, 22. Auflage unter Mithilfe von Max Bürgisser und Bernd Gregor völlig neu bearbeitet von Elmar Seebold, Walter de Gruyter, Berlin, New York, 1989.

Kohlschmidt, W./ Mohr, W. (Hrsg.).

Reallexikon der deutschen Literaturgeschichte. Begründet von Paul Merker und Wolfgang Stammler. Zweite Auflage. Neu bearbeitet und unter redaktioneller Mitarbeit von Klaus Kanzog sowie Mitwirkung zahlreicher Fachgelehrter, Walter de Gruyter & Co., Berlin, 1965 uff.

Liddell, H.G. and Scott, R.

A Greek-English Lexicon. Compiled by Henry George Liddell and Robert Scott, revised and augmented throughout by Sir Henry Stuart Jones with the Assistance of Roderick McKenzie and with the cooperation of many scholars. With a Supplement (1968), Neudruck von der neunten Auflage (1940), Oxford at the Clarendon Press, Oxford, 1992.

The Oxford English Dictionary, prepared by J.A. Simpson and E.S.C. Weiner, Clarendon Press, Oxford (Second Edition), 1989.

Paulys Realencyclopädie der classischen Altertumswissenschaft. Neue Bearbeitung. Begonnen von Georg Wissowa. Unter Mitwirkung zahlreicher Fachgenossen. Herausgegeben von Wilhelm Kroll und Karl und Karl Mittelhaus, Alfred Druckenmüller Verlag, Stuttgart, 1939.

Pfeifer, W.

Etymologisches Wörterbuch des Deutschen. Erarbeitet im Zentralinstitut für Sprachwissenschaft, Berlin, unter der Leitung von Wolfgang Pfeifer, Akademie Verlag, Berlin, 1993^2.

Rahner, K./Höfer, J. (Hrsg.).

Lexikon für Theologie und Kirche, Begründet von Dr. Michael Buchberger, Zweite, völlig neu bearbeitete Auflage, Verlag Herder, Freiburg, 1962.

Ratke, H.

Systematisches Handlexikon zu Kants 'Kritik der reinen Vernunft' , Leipzig, 1929, Hamburg, 1965.

Ritter, J. (Hrsg.).

Historisches Wörterbuch der Philosophie, bisher 9 Bde., Schwabe: Basel/Stuttgart, 1971 ff. Es wird zitiert durch Ritter, 1971, und dann die Band- bzw. Spaltennummer.

Schmid, C.C.E.

Wörterbuch zum leichtern Gebrauch der Kantischen Schriften, 1798, neu. hrsg. v. N. Hinske, Darmstadt, 1980.

Schneiders, W. (Hrsg.).

Lexikon der Aufklärung. Deutschland und Europa, C.H. Beck'sche Verlagsbuchhandlung (Oskar Beck), München, 1995.

Wiener, P. (Ed.)

Dictionary of the History of Ideas. Studies of Selected Pivotal Ideas, Charles Scribner's Sons, New York, 1967.

C. Sekundärliteratur.

Adickes, E.

Kants Systematik als systembildender Factor, Mayer & Müller, Berlin, 1887.

Kant und die Als-Ob Philosophie, Fr. Frommanns Verlag (H. Kurtz), Stuttgart, 1927.

Adorno, Th.

PNM

Philosophie der neuen Musik (1948) in Adorno, Th., Gesammelte Schriften, Bd. 12, Hrsg. von Rolf Tiedemann und Gretel Adorno, Suhrkamp, Frankfurt am Main, 1972. Es wird zitiert durch Adorno, PNM und dann die Seitennummerierung nach dieser Ausgabe.

MM

Minima Moralia (1951) in Adorno, Th., Gesammelte Schriften, Hrsg. von Rolf Tiedemann, Band 4, Suhrkamp, Frankfurt am Main, 1980. Es wird zitiert durch Adorno, MM und dann die Seitennummerierung nach dieser Ausgabe.

ÄT

Ästhetische Theorie (1970) in Adorno, Th., Gesammelte Schriften, Bd. 7, Hrsg. von Rolf Tiedemann und Gretel Adorno, Suhrkamp, Frankfurt am Main,

1972. Es wird zitiert durch Adorno, AT und dann die Seitennummerierung nach dieser Ausgabe.

Adorno, Th./Horkheimer, M.

DA

Dialektik der Aufklärung (1944) in Horkheimer, M., Gesammelte Schriften, Bd. 5, herausgegeben von Gunzelin Schmid Noerr, Fischer Taschenbuch Verlag. Zitiert durch Adorno/Horkheimer,DA und dann die Seitennummer.

Allison, H. A.

Kant's Transcendental Idealism. An Interpretation and Defense, Yale Univ. Press, New Haven and London, 1983.

Apel, K.O.

Die Idee der Sprache in der Tradition des Humanismus von Dante bis Vico, Bouvier Verlag, Bonn, 1963.

Aristoteles

De Anima (Dt. Ü. von Olof Gigon in Aristoteles. Vom Himmel. Von der Seele. Von der Dichtkunst, Artemis Verlag, Zürich, 1950).

Auerbach, E.

Mimesis. Dargestellte Wirklichkeit in der abendländischen Literatur, 1946, Bern², 1952.

Bartuschat, W.

Zum systematischen Ort von Kant's Kritik der Urteilskraft, Frankfurt, 1972.

Baudelaire, Ch.

Théophile Gautier in Baudelaire, Ch. **Oeuvres Complètes**, Texte Établi, présenté et annoté par Claude Claude Pichois, Gallimard, Bibliothèque de la Pléiade, 1976.

La peintre de la vie moderne, in Oeuvres Completes, Paris, Gallimard, 1950.

Baumgarten, A.G.

Meditationes philosophicae de nonnullis ad poema pertinentibus (1735) herausgegeben von K. Aschenbrenner und W.B. Holther mit englischer Übersetzung und mit lateinischem Text (1954). Es wird zitiert durch Baumgarten, Meditationes und dann die Paragraphenummer.

Theoretische Ästhetik. Die grundlegenden Abschnitte aus der Aesthetica (1750/58). Übersetzt und herausgegeben von Hans Rudolf Schweizer, Lateinisch-Deutsch, 2. durchgesehene Auflage, Felix Meiner Verlag, Hamburg, 1988. Es wird zitiert durch Theoretische Ästhetik, und dann die Paragraphenummer.

Metaphysik in Metaphisica, Reprografischer Nachdruck der Ausgabe von Halle (1779). Georg Olms Verlagsbuchhandlung, Hildesheim, 1963. Es wird zitiert durch Baumgarten, Metaphysik und dann die Paragraphenummer.

Bäumler, A.

Das Irrationalitätsproblem in der Äesthetik und Logik des 18. Jahrhunderts bis zur Kritik der Urteilskraft, Wissenschaftliche Buchgesellschaft, Darmstadt, 2. Auflage, 1967.

Beck, L.W.

A Commentary on Kant's Critique of Practical Reason, University of Chicago Press, 1960. Dt. Ü. von Karl-Heinz Ilting, Kants."Kritik der praktischen Vernunft". Ein Kommentar, Wilhelm Fink Verlag, München, 2. unveränderte Auflage,1985.

Benjamin, W.

Der Surrealismus. Die letzte Momentanaufnahme der europäischen Intelligenz in Benjamin, W., **Gesammelte Schriften**, Band II-1, Hrsg. von Rolf Tiedemann und Hermann Schweppenhäuser, Suhrkamp Verlag, Frankfurt am Main, 1980.

Berkeley, G.

***Three Dialogues between Hylas and Philonus* in Bd. I. von The Works of George Berkeley**. Ed. by George Sampson, London, George Bell & Sons, 1897. Es wird zitiert durch Berkeley, DHP, und dann die Seitennummer nach dieser Ausgabe.

Bloch, E.

PH

Das Prinzip Hoffnung (1959), In fünf Teilen (3 Bände) in Bloch, E., **Werkausgabe** in sechzehn Bänden. Mit einem Ergänzungsband, Suhrkamp, Frankfurt am Main. Zitiert als Bloch, PH und dann Band- bzw. Seitennummer.

GU

Geist der Utopie (Zweite Fassung) (1962) in Bloch, E., **Werkausgabe** in sechzehn Bänden. Mit einem Ergänzungsband, Suhrkamp, Frankfurt am Main. Zitiert als Bloch, GU und dann Seitennummer.

Blumenberg, H.

Kosmos und System in Studium Generale X, (1957), SS. 61-80.

Die Legitimität der Neuzeit, Zweite Auflage, Frankfurt am Main, Suhrkamp Verlag, 1988.

"'Nachahmung der Natur'- Zur Vorgeschichte des schöpferischen Menschen" in Blumenberg, H., **Wirklichkeit in denen wir leben**, Reclam, Stuttgart, 1981.

Böhm, H.

Das Schönheitsproblem bei G.F. Meier, Akademische Verlagsgesellschaft m.b.H., Leipzig, 1926.

Bohatec, J.

Die Religionsphilosophie Kants in der "Religion innerhalb der Grenzen der bloßen Vernunft", Hoffmann und Campe Verlag, Hamburg, 1938.

Bohrer, K.H.

Plötzlichkeit. Zum Augenblick des ästhetischen Scheins, Frankfurt am Main, Suhrkamp Verlag, 1981.

Borinski, K.

Baltasar Gracián und die Hofliteratur in Deutschland, Halle, 1894.

Borowski, L.E.,

Darstellung des Lebens und Charakters Immanuel Kants, (1814) in **Immanuel Kant. Sein Leben in Darstellung von Zeitgenossen. Die Biographien von L.E. Borowski, R.B. Jachmann und E.A. Ch. Wasianski**, Hrsg. von Felix Gross, Wissenschaftliche Buchgesellschaft, Darmstadt, 1993.

Brandt, R.

"*The Deductions in the Critique of Judgement*" in Förster,E. (Ed.), **Kant's Trascendental Deductions. The three '*Critiques*' and the '*Opus Postumum*'**, Stanford University Press, Stanford, California, 1989.

Bruch, J.L.

La Philosophie religieuse de Kant, Aubier, Editions Montaigne, 1968.

Bruno, G.

Eroici Furori (Von den heroischen Leidenschaften), Übersetzt und herausgegeben von Christiane Bacmeister mit einer Einleitung von Ferdinand Fellman, Felix Meiner, Hamburg. Zitiert durch Giordano Bruno,Eroici Furori, I,1.

Bubner, R.,

"*Über einige Bedingungen gegenwärtiger Ästhetik*" (1973) in Bubner, **Ästhetische Erfahrung**, Suhrkamp Verlag, Frankfurt am Main, 1989.

Buck, G.

"***Kants Lehre vom Beispiel***", in Archiv für Begriffsgeschichte. Begründet von Erich Rothacker, Bd. 11, 1967, S.148-183.

Hermeneutik und Bildung, München, 1981 (Kritische Information, 100).

Bürger, P.

Theorie der Avantgarde, Suhrkamp, Frankfurt am Main, 1974.

Burckhardt, J.

Die Kultur der Renaissance in Italien. Ein Versuch, (Erste Auflage, 1860), zweite von Burckhardt durchgesehene Auflage, 1869), herausgegeben und mit einer Einführung von Walter Rehm, Philipp Reclam Jun., Stuttgart, 1987. Es wird zitiert mit Burckhardt,1869.

Cassirer, E.

Die Philosophie der Aufklärung, J.C.B. Mohr (Paul Siebeck), Tübingen, 1932.

Die platonische Renaissance in England und die Schule von Cambridge, B. G. Teubner, Leipzig/Berlin, 1932.

Cassirer, H.W.

Commentary on Kant's "Critique of Judgement", 1938, Reprint London, Methuen, 1970.

Cicero

De Oratore, Dt.Ü. von Harald Merklin in Marcus Tullius Cicero, Über den Redner, Philipp Reclam Jun. Stuttgart, 2. durchgesehene Auflage, 1981. Es wird zitiert durch Cicero, De Oratore und dann die Buch- bzw. die Paragraphenummer.

Cohen, H.

Kants Begründung der Ästhetik, Ferd. Dümmlers Verlagsbuchhandlung, Berlin, 1889.

Collingwood, R.G.

The Principles of Art, Oxford University Press, Oxford, 1938.

Conze, W.

Artikel „Arbeit" in **Geschichtliche Grundbegriffe. Historisches Lexikon zur politisch-sozialen Sprache in Deutschland**, Hrsg. v. O. Brunner, W. Conze, R. Koselleck, Klett-Cotta, Stuttgart, 1972 ff.

Cohen, T.

"Why Beauty Is a Symbol of Morality" in Guyer, P., Cohen, T. (Hrsg.)., **Essays in Kant's aesthetics**, University of Chicago Press, Chicago, 1982, S. 221-237.

Crawford, D.W.

Kant's Aesthetic Theory, The University of Wisconsin Press, 1974.

"Kant's Theory of Creative Imagination" in Guyer, P., Cohen, T. (Hrsg.). **Essays in Kant's aesthetics**, Ebd., S. 151-179.

Croce, B.

Estetica come scienza dell'expressione e linguistica generale, Bari, 1902.

Crusius, Chr. A.,

Entwurf der notwendigen Vernunftwahrheiten, wiefern sie den zufälligen entgegengesetzt werden (1753) in Crusius, Chr. A., Die philosophischen Hauptwerke (herausgegeben von G. Tonelli), Bd. II, Georg Olms Verlagsbuchhandlung, Hildesheim, 1964.

Chenu, M.D.

„*Antiqui, moderni*", in Revue des sciences philosophiques et théologiques 17 (1928), S.82-94.

Descartes, R.

Oeuvres en 12 Volumes, publiées par Ch. Adam et P. Tannery (1897-1910), Léopold Cerf Imprimeur et Éditeur, Paris Vrin, Paris.

Elliot, R.K.

"*The unity of Kant's Critique of Judgement*", in British Journal of Aesthetics, 8 (1968).

Förster,E. (Hrsg.)

Kant's Trascendental Deductions. The three '*Critiques*' and the '*Opus Postumum*', Stanford University Press, Stanford, California, 1989.

Foucault, M.

Les Mots et les choses, Gallimard, 1966 (dt.Ü. von Ulrich Köppen, Die Ordnung der Dinge, Frankfurt am Main, Suhrkamp Verlag, 1973). Es wird zitiert nach der deutschen Ausgabe.

Frank, M.

Einführung in die frühromantische Ästhetik. Vorlesungen, Frankfurt am Main, Suhrkamp Verlag, 1989.

Freund, W.

Modernus und andere Zeitbegriffe des Mittelalters, Köln, Graz, 1957.

Friedrich, H.

Die Struktur der modernen Lyrik, Hamburg, Rowohlt, 1956.

Gadamer, H-G.

Wahrheit und Methode. Grundzüge einer philosophischen Hermeneutik, Erste Auflage, J.C.B. Mohr, Tübingen, 1960 in Gadamer, Hans-Georg, **Gesammelte Werke**, Bd. I, J.C.B. Mohr (Paul Siebeck), Tübingen, 1990. Es wird zitiert durch WM. Seitennummerierung nach der Ausgabe der Gesammelte Werke.

"Kunst und Nachahmung" (1967) in Gadamer, Hans-Georg, **Gesammelte Werke, Bd. 8, Ästhetik und Poetik I: Kunst als Aussage**, J.C.B. Mohr (Paul Siebeck), Tübingen, 1993, SS. 25-36. Seitennummerierung nach der Ausgabe der Gesammelte Werke.

Garve, Chr.

Einige Betrachtungen über die allgemeinsten Grundsätze der Sittenlehre (1798).

Gehlen, A.

"Freiheit Heute" in Gehlen, A. **Gesamtausgabe**, Hrsg. von Karl-Siegbert Rehberg, Bd. VII, Vittorio Klostermann, Frankfurt, 1978, S.365-373.

Geiger, M.

"Beiträge zur Phänomenologie des ästhetischen Genußes". In Jahrbuch für Philosophie und phänomenologische Forschung, Bd. I, 2 (1913), S. 567-684.

Goethe, J.W.

Erste Bekanntschaft mit Schiller (1794) in Goethe, J.W., **Werke**, herausgegeben im Auftrage der Großherzogin Sophie von Sachsen, Abt. I-IV. 133 Bde in 143 Teilen, Weimar: H. Böhlau, 1887-1919, Bd. 36, SS. 246-252.

Gottsched, J.C.

Versuch einer critischen Dichtkunst (1730; Leipzig, 1751), in Gottsched, J.Ch., Ausgewählte Werke, herausgegeben von Joachim Birke und Brigitte Birke, Sechster Band, Erster Teil, Walter de Gruyter, Berlin-New York, 1968 uff.

Gumbrecht, H.U.

"Modern" in Geschichtliche Grundbegriffe. Historisches Lexikon zur politisch-sozialen Sprache in Deutschland. Herausgegeben von Otto Brunner, Werner Conze und Reinhart Koselleck, Band 4, Klett Cotta, 1978, SS.93-131.

Guyer, P.

Kant and the claims of taste, Harvard University Press, 1979.

"Pleasure and Society in Kant's Theory of Taste" in Guyer, P., Cohen, T. (Hrsg.), Essays in Kant's aesthetics, Ebd., S. 21-55.

Habermas, J.

"Die Moderne -ein unvollendetes Projekt" (1980) in Habermas, J., Kleine Politische Schriften (I-IV), Suhrkamp Verlag, Frankfurt am Main, 1981, SS. 444-463.

Hampshire, S.

"The social spirit of Mankind" in Förster,E. (Hrsg.), Kant's Trascendental Deductions. The three *'Critiques'* and the *'Opus Postumum'*, Ebd., S. 145-156.

Hegel, G.W.F.

Vorlesungen über die Ästhetik, 3. Bde. in Hegel, G.W.F. Werke (Auf der Grundlage der Werke von 1832-1845 neu editierte Ausgabe. Redaktion Eva

Moldenauer und Karl Markus Michel), Suhrkamp, Frankfurt am Main. Es wird zitiert mit Hegel, Ästhetik dann Band- und Seite(n)nummer.

Heidegger, M.,

Der Ursprung des Kunstwerkes, in Heidegger, M., **Gesamtausgabe, I. Abteilung: Veröffentlichte Schriften 1914-1970, Bd. 5, Holzwege**, Vittorio Klostermann, Frankfurt am Main, 1977. Es wird zitiert durch Heidegger UK und anschließend die Seitennumer.

Henrich, D.

"Beauty and Freedom: Schiller's Struggle with Kant's Aesthetics" in Guyer, P., Cohen, T. (Hrsg.), **Essays in Kant's aesthetics**, Ebd., S.237-257.

"Kant's Notion of a Deduction and the Methodological Background of the first Critique" in Förster,E. (Hrsg.), **Kant's Trascendental Deductions. The three *Critiques* and the *Opus Postumum***, Ebd., SS. 29-46.

„*Theorieformen modemer Kunsttheorie*" in Henrich, D. und Iser, W., **Theorien der Kunst**, Suhrkamp Verlag, Frankfurt am Main, 1982, SS. 11-32.

"Kunstphilosophie und Kunstpraxis. Ein Interview mit Florian Rötzer" in Kunstforum International, Bd. 100, April/Mai 1989, SS.162-179.

Herder, J.G.

Aelteste Urkunde des Menschengeschlechts. Zweiter Band, welcher den Vierten Theil enthält (1776) in Herder, J.G., **Herders Sämtliche Werke**, herausgegeben von Bernhard Suphan, Bd. 7, Weidmannsche Buchhandlung, Berlin, SS. 1-172.

Vom Erkennen und Empfinden der menschlichen Seele. Bemerkungen und Träume (1778) in Herder, J.G., **Herders Sämtliche Werke**, herausgegeben von Bernhard Suphan, Bd. 8, Weidmannsche Buchhandlung, Berlin.

Höffe, O.

> **Immanuel Kant**, C.H. Beck Verlag, München, 3., durchgesehene Auflage, 1992.

Home, H.

> **Elements of Criticism 1-3**, Edinburgh, 1762.

Horaz

> **Ars Poetica** in Horaz, **Sämtliche Werke**, (Lateinisch und Deutsch. Nach Kayser, Nordenflycht und Burger. Herausgegeben von Hans Färber) Ernst Heimeran Verlag München, 1960.

Horstmann, R.P.

> "Why must there be a transcendental deduction in Kant's *'Critique of Judgement'*?" in Förster,E. (Hrsg.), Kant's Trascendental Deduction. The three *'Critiques'* and the *'Opus Postumum'*, Ebd., S. 157-176.

Huizinga, J.

> **Das Problem der Renaissance. Renaissance und Realismus**, (Erste Auflage, 1920). Übersetzung aus dem Niederländischen von Werner Kaegi und mit einer Einführung von Wessel E. Krul, Verlag Klaus Wagenbach, Berlin, 1991. Es wird zitiert mit Huizinga, 1920.

> **Homo Ludens. Vom Ursprung der Kultur im Spiel**, (Erste Auflage, 1938). Übersetzung aus dem Niederländischen von H. Nachod und mit einem Nachwort von Andreas Flitner, Rowohlt Taschenbuch Verlag, Reinbeck bei Hamburg, 1956.

Hume, D.

> **A Treatise of Human Natur**, London, 1739-1740, hrsg. von Green und Grose, (London 1909).

Jähnig, D.

Schelling. Die Kunst in der Philosophie, 2 Bde., Verlag Günther Neske, Pfullingen, 1966.

Jauss, H.R.

"Literarische Tradition und gegenwärtiges Bewußtsein der Modernität" in Jauss, H.R., **Literaturgeschichte als Provokation**, Erste Auflage, Frankfurt am Main, Suhrkamp Verlag, 1970, S. 11-66.

Ästhetische Erfahrung und literarische Hermeneutik, Suhrkamp Taschenbuch Wissenschaft, Frankfurt am Main, 1991.

Jean Paul

Vorschule der Ästhetik (1804) in **Jean Pauls Sämtliche Werke (Historisch-Kritische Ausgabe)**, herausgegeben von der Preussischen Akademie der Wissenschaften, Erste Abteilung, Elfter Band.

Jolles, A.

"Die literarischen Travestien Ritter/Hirt/Schelm" in Blätter für deutsche Philosophie (1932-33).

Kaulbach, F.

Immanuel Kants *"Grundlegung zur Metaphysik der Sitten"*. Interpretation und Kommentar, Wissenschaftliche Buchgesellschaft, Darmstadt,1988.

Kleger, H.

"Common sense als Argument. Zu einem Schlüsselbegriff der Weltorientierung und politischen Philosophie", Erster Teil, Archiv für Begriffsgeschichte. Begründet von Erich Rothacker, Band XXX, Bouvier Verlag, Bonn, 1986-1987, SS. 192-223.

"*Common sense* als Argument. Zu einem Schlüsselbegriff der Weltorientierung und politischen Philosophie", Zweiter Teil, Archiv für Begriffsgeschichte. Begründet von Erich Rothacker, Band XXXIII, Bouvier Verlag, Bonn, 1990, SS. 22-59.

Knoche, U.

"*Cicero: Ein Mittler griechischer Geisteskultur*" in Maurach, G. (Hrsg.), **Römische Philosophie**, Wissenschaftliche Buchgesellschaft, Darmstadt, 1976.

Koller, H.

Die Mimesis in der Antike. Nachahmung, Darstellung, Ausdruck, 1954.

Koselleck, R.

'*Neuzeit*' *Zur Semantik moderner Bewegungsbegriffe* in Koselleck, R. **Vergangene Zukunft. Zur Semantik geschichtlicher Zeiten**, Erste Auflage, Frankfurt am Main, Suhrkamp, 1989, S. 300-348.

Krüger, G.

Philosophie und Moral in der Kantischen Kritik, 2e. Auflage, J.C.B. Mohr (Paul Siebeck) Tübingen, 1967.

Kulenkampff, J.

Kants Logik des ästhetischen Urteils, Vittorio Klostermann, Frankfurt am Main, 1978.

Lautréamont

Poésies in Lautréamont, **Oeuvres Complètes**, Textes établis, présentes et annotés par Pierre Olivier Walzer, Gallimard, Bibliothèque de la Pléiade, 1970, SS. 253-292.

Lebrun, G.

> Kant et la fin de la Metaphysique. Essai sur la "*Critique de la faculté de Juger*", Librairie Armand Colin, Paris, 1970.

Lehmann, G.

> *Kants Nachlaßwerk und die „Kritik der Urteilskraft"*, Berlin, 1939. Neu abgedrückt in Lehmann, G. **Beiträge zur Geschichte und Interpretation der Philosophie Kants**, Walter de Gruyter, Berlin, 1969. Es wird zitiert nach dem ersten Abdruck.

Leibniz, G.W.

> **Deutsche Schriften**. Reprographischer Nachdruck der Ausgabe von Berlin, 1838, herausgegeben von G.E. Guhrauer (1838-1840), 2 Bde., Georg Olms Verlagsbuchhandlung, Hidesheim 1966.

DM

> **Discours de métaphysique** in **Philosophische Schriften**, Bd.I. Herausgegeben und übersetzt von Hans Heinz Holz, Insel Verlag, Zweite Auflage, 1986. Es wird zitiert durch Leibniz, DM und dann die Paragraphenummer.

M

> **Monadologie** in **Philosophische Schriften,** Bd.I. Herausgegeben und übersetzt von Hans Heinz Holz, Insel Verlag, Zweite Auflage, 1986. Es wird zitiert durch Leibniz, M und dann die Paragraphenummer.

Marc-Wogau, K.

> **Vier Studien zu *Kants Kritik der Urteilskraft***, Uppsala-A.-B. Lundequistska Bokhandeln/Leipzig-Otto Harrassowitz, 1938.

Martini, F.

„Modern, Die Moderne" in **Reallexikon der deutschen Literaturgeschichte.** Begründet von Paul Merker und Wolfgang Stammler. Zweite Auflage. Neu bearbeitet und unter redaktioneller Mitarbeit von Klaus Kanzog sowie Mitwirkung zahlreicher Fachgelehrter. Herausgegeben von Werner Kohlschmidt und Wolfgang Mohr. Zweiter Band L-O, Berlin 1965, Walter de Gruyter & Co. S.391 ff.

Meier, G.F.

Anfangsgründe aller schönen und Wissenschaften, Halle,1748-1750. Es wird zitiert durch Meier, Anfangsgründe und dann die Band- bzw. Paragraphenummer.

Betrachtungen über die Schranken der menschlichen Erkenntnis, Halle, 1755. Es wird zitiert durch Meier, Betrachtungen und dann die Paragraphenummer.

Menke-Eggers, Ch.

Die Souveränität der Kunst, Suhrkamp, Frankfurt am Main 1988.

Michaelis, Ch. F.

Entwurf der Aesthetik als Leitfaden bei akademischen Vorlesungen über Kant's Kritik der ästhetischen Urteilskraft, Augsburg bey Georg Wilhelm Friedrich Späth, 1796.

Michelet, J.

Histoire de France, VII Part Histoire de France au seizième siècle. Renaissance (1855).

Mittelstraß, J.

Neuzeit und Aufklärung-Studien zur Entstehung der neuzeitlichen Wissenschaft und Philosophie, Walter de Gruyter, Berlin/New York, 1970.

Nietzsche, F.

Die Geburt der Tragödie in Nietzsche, F., **Sämtliche Werke. Kritische Studienausgabe**, herausgegeben von G. Colli und M. Montinari, Bd., I, Deutscher Taschenbuch Verlag/Walter de Gruyter, München/Berlin/Ney York, 1967 ff. Es wird zitiert durch Nietzsche,GT, und anschließend Seitennumer.

Nachgelassene Fragmente (1887-1889) in Nietzsche, F., **Sämtliche Werke. Kritische Studienausgabe**, Ebd.,Bde. VII bis XIII. Es wird zitiert durch Nietzsche, NF, anschließend Datum des Fragmentes und des jeweiligen Bandes- und Seitennumer in dieser Ausgabe.

Panofsky, E.

Early Netherlandisch Painting, Cambridge, 1933.
Idea. Ein Beitrag zur Begriffsgeschichte der älteren Kunsttheorie, 7. unveränderte Auflage der zweiten Auflage (Princeton,1959), Wissenschaftsverlag Volker Spiess, Berlin, 1993.

Paton, H.J.

Kant's Metaphysics of Experience. A Commentary on the first half of the "*Kritik der reinen Vernunft*', 2 Bde., Humanities, London, 1936.

Paz, O.

El Arco y la Lira, Fondo de Cultura Económica, Mexiko, 1956. Es wird zitiert nach der deutschen Ausgabe in Paz, O., **Der Bogen und die Leier. Poetologischer Essay** (Übersetzung aus dem Spanischen von Rudolf Wittkopf), Suhrkamp Verlag, Frankfurt, 1983.

"Presencia y Presente: Baudelaire crítico de arte" (1967) in **Essays II**. Aus dem Spanischen von Carl Heupel und Rudolf Wittkopf, Suhrkamp Verlag, Frankfurt am Main, 1980.

Perelman, Ch.

"Le Raisonnement practique" en Klibansky, R. (Ed.)., **Contemporary Philosophy**, Firenze, La Nuova Italia Editrice, 1968.

Perelman, Ch./Olbrechts-Tyteca, L.

> Traité de l'Argumentation. La Nouvelle Rhétorique, Editions de L'Université de Bruxelles, 1958.

Philonenko, A.

> "*Kant et la philosophie biologique*" en Henrich, D. et.al. **L'Heritage de Kant**, Beauchesne Editeur, Paris, 1982, SS. 63-81.

> **L'Oeuvre de Kant**, 2 Bde., Librairie Philosophique J. Vrin, Paris, 1988.

Pico della Mirandola, G.

> **De hominis dignitate (Über die Würde des Menschen)**, Zweisprachige (Lateinisch/Deutsch Ausgabe, Übersetzt von Norbert Baumgarten. Herausgegeben und Eingeleitet von August Buck, Felix Meiner, Hamburg. Zitiert durch Pico della Mirandola, De hominis dignitate und Seitennummerierung nach der Meiner Ausgabe.

Platner, E.

> **Philosophische Aphorismen** (1776-1782), 2e. Auflage, Leipzig, 1793-1800).

Pust, H.

> "*Common sense bis zum Ende des 18. Jahrhunderts*" in **Europäische Schlüsselwörter**, Bd, 2. München,1964, SS. 92-140.

Reardon, B.

> **Kant as philosophical Theologian**, Barnes & Noble Books, Totowa, New Jersey, 1988.

Reid, Th.

An Inquiry into the Human Mind, on the Principles of Common Sense (1764). (NA: Edinburgh, Bell & Bradfute, 1810).

Essays on the Intellectual Powers of Man, (Edinburgh,1785) (NA: MIT Press, 1969).

Philosophical Works, Georg Olms, Verlagsbuchhandlung, Hildesheim, 1967.

Riedel, M.

Metaphysik und Metapolitik, Suhrkamp, Frankfurt am Main, 1975.

Ritter, J.

Landschaft (1963) zuerst erschienen in "Schriften der Gesellschaft zur Förderun der Westfälischen Wilhelms-Universität zu Münster, Heft 54, Münster, 1963. Jetzt neu aufgelegt in Ritter, J., **Subjektivität. Sechs Aufsätze**, Suhrkamp Verlag, Frankfurt am Main, 1974. Es wird zitiert durch Ritter,1963 mit der Seitennummerierung der Suhrkampausgabe.

Rousseau, J.J.

Du Contrat Social; ou, principes du droit politique (1754) in Rousseau, J. J. Oeuvres Complètes, Vol. III, Edition publiée sous la Direction de Bernard Gagnebin et Marcel Raymond, Editions Gallimard, Bibliothèque de la Pléiade, Paris, 1969. (Es wird zitiert durch Rousseau,CS, und dann die Buch- bzw. Kapitelnummer).

Emile ou de l'éducation (1762) in Rousseau, J. J. Oeuvres Complètes, Vol. V, Edition publiée sous la Direction de Bernard Gagnebin et Marcel Raymond, Editions Gallimard, Bibliothèque de la Pléiade,Paris, 1969.

Eintrag zu *"Economie ou Oeconomie (Moral & Politique)* in **Encyclopedie ou Dicctionnaire Raisonné des Sciences, des Arts et des Métiers,** Mis en ordre & publiée par M. Diderot et M. D'Alembert, Tome Cinquième, Paris, 1751-1780. Nouvelle Impression en facsimilé de la première édition de 1751-1780 bei Friedrich Fromman Verlag (Günther Holzboog), Stuttgart-Bad Cannstatt,1966, Bd. 5, SS. 337-349.

Rüfner, V.

"*Homo secundus Deus-Eine geistesgeschichtliche Studie zum menschlichen Schöpfertum*" in Philosophisches Jahrbuch, 63, (1955), S. 248-291.

Rust, H.

Kant und das Erbe des Protestantismus, Gotha,1928.

Scruton, R.

Art and Imagination. A Study in the philosophy of mind, Methuen & Co. Ltd., London, 1974.

Schelling, F.W.J.

System des transcendentalen Idealismus (1800) in Schelling, F.W.J., **Sämtliche Werke**, hreausgegeben von K.F.A. Schelling (1856-1861). Zitiert durch STI.

Schiller, F

Über die ästhetische Erziehung des Menschen in einer Reihe von Briefen in Schiller, F., **Sämtliche Werke**, hrsg. v. Gerhard Fricke und Herbert G. Göpfert, Carl Hanser Verlag, München, 1959, Lizenzausgabe 1989 für die Wissenschaftliche Buchgesellschaft, Darmstadt, 1989. Es wird zitiert durch Schiller, BÄE, und dann die Seitennummer nach dieser Ausgabe.

Schlapp, O.

Kants Lehre vom Genie und die Entsstehung der Urteilskraft, Vandenhoek & Ruprecht, Göttingen, 1901.

Schopenhauer, A.

Die Welt als Wille und Vorstellung in Schopenhauer, A., **Sämtliche Werke**, herausgegeben von A. Hübscher, Wiesbaden, 1966, Bd. II und III. Zitiert wird durch WWV, anschließend Band- und Seitennummer.

Schulz, W.

Metaphysik des Schwebens. Untersuchungen zur Geschichte der Ästhetik, Verlag Günther Neske, Pfullingen, 1985.

Schweitzer, A.

Religionsphilosophie Kant's. Von der *Kritik der reinen Vernunft* bis zur *Religion innerhalb der Grenzen der bloßen Vernunft*, Freiburg i.B., Leipzig und Tübingen, J.C.B. Mohr (Paul Siebeck), 1899.

Seel, M.

Die Kunst der Entzweiung, Suhrkamp, Frankfurt am Main, 1985.

Eine Ästhetik der Natur, Surhkamp, Frankfurt am Main, 1991.

Shaftesbury, A. A.

"*Sensus communis; an essay on the freedom of wit and humor*" in **Characteristics of Men, Manners, Opinions, Times, etc.**, Vol. I. Edited, with an Introduction and Notes, by John M. Robertson, Gloucester, Mass., 1963. Es wird zitiert durch Shaftesbury, CM, und dann die Band- bzw. Seitennummer nach dieser Ausgabe.

Solger, K.W.F.

Erwin. Vier Gespräche über das Schöne und die Kunst (1815), Fink, München, 1971.

Vorlesungen über Ästhetik (hrsg. von K.W.L. Heyse), Brockhaus, Leipzig, 1829.

Strawson, P.

The Bounds of Sense. An Essay on Kant's *Critique of pure reason*, London Methuen, 1973 (dt. Die Grenzen des Sinns. Ein Kommentar zu Kants *Kritik der reinen Vernunft*, Königstein/Ts, 1981). Es wird zitiert nach der deutschen Ausgabe.

Tatarkiewicz, W.

History of Aesthetics, 3 Vols., 1970, Mouton-PWN-Polish Scientific Publishers, The Hague-Paris-Warsawa, 1970.

Taylor, Ch.

"Kant's Theory of Freedom" in Taylor, Ch., Philosophy and the Human Sciences. Philosophical Papers, Bd. II, Cambridge University Press, Cambridge, 1985, SS.318-337.

Thomasius, Chr.,

Einleitung zu der Vernunftlehre (1691). Mit einem Vorwort von W. Schneiders, Georg Olms Verlagsbuchhandlung, Hildesheim, 1968. Es wird zitiert durch Thomasius, Einleitung zu der Vernunftlehre und dann die Paragraphenummer.

Troeltsch, E.

"Das Historische in Kants Religionsphilosophie", in Kantstudien, Bd.IX, Verlag von Reuther & Reichard, Berlin, 1904, SS.21-155.

Vaihinger, H.

Kommentar zur *Kritik der reinen Vernunft*, 2 Bde., Stuttgart, Bd. I:1881, Band II:1892.

Die Philosophie des Als Ob. System der theoretischen, praktischen und religiösen Fiktionen der Menschheit aufgrund eines idealistischen Positivismus (1911), Verlag von Reuther & Reichard, Berlin, Zweite durchgesehene Auflage 1913. Es wird zitiert nach dieser Ausgabe.

Vico, G.

Opere (A cura di Fausto Nicolini), Riccardo Ricciardi Editore, Milano-Napoli, 1953.

NT

De Nostri Temporis Studiorum Ratione in Vico, G., **Opere** a Cura di Fausto Nicolini, Riccardo Ricciardi Editore, Milano-Napoli S. 168-242. Ich habe mich der Übersetzung von Walter Otto (Wissenschaftliche Buchgesellschaft, Darmstadt,1984) bedient. Es wird zitiert durch Vico, NT und dann die Seitennummer nach der italienischen Ausgabe.

SN

Principj di Scienza Nuova, en Vico, G., **Opere**, a Cura di Fausto Nicolini, Riccardo Ricciardi Editore, Milano-Napoli, S. 367-905. Ich habe mich der Übersetzung von Vittorio Hösle und Christoph Jermann (Felix Meiner Verlag, Hamburg, 1990) bedient. Es wird zitiert durch Vico, SN, und dann die Paragraphenummer.

Vollrath, E.

Die Rekonstruktion der politischen Urteilskraft, Ernst Klett Verlag, Stuttgart, 1977.

Weber, M.

"Wissenschaft als Beruf" (1919) in Weber M., **Gesammelte Aufsätze zur Wissenschaftslehre**, herausgegeben von J. Winckelmann, J.C.B. Mohr (Paul Siebeck) Tübingen, 1922, (Siebte Auflage, 1988).

Gesammelte Aufsätze zur Religionssoziologie, Bd. 1. Tübingen, Max Niemeyer Verlag, 1964.

Wellershoff, D.

Die Auflösung des Kunstbegriffs, Suhrkamp Verlag, Frankfurt, 1976.

Wellmer, A.

Wahrheit, Schein, Versöhnung in Friedeburg, L./Habermas, J. **Adorno-Konferenz**, Suhrkamp, Frankfurt am Main 1983.

Wieland, W.

Die aristotelische Physik. Untersuchungen über die Grundlegung der Naturwissenschaft und die sprachlichen Bedingungen der Prinzipienforschung bei Aristoteles, Vandenhoeck & Ruprecht, Göttingen, 1962.

Wimmer, R.

Kants kritische Religionsphilosophie, Walter de Gruyter, Berlin-New York, 1990.

Wolff, Ch.

Vernünftige Gedanken von Gott, der Welt und der Seele des Menschen, auch allen Dingen überhaupt, (Erste Auflage: Halle, 1720), in **Gesammelte Werke**, Bde. II und III, herausgegeben von Ch. A. Corr, Georg Olms Verlagsbuchhandlung, Hildesheim, 1983.

Psychologia empirica in **Schriften**, Bd. V (Erste Auflage: 1732).

Zammito, J. H.

The Genesis of Kant's *'Critique of Judgement'*, The University of Chicago Press, Chicago, 1992.

Zimmermann, H. D.

Vom Nutzen der Literatur, Suhrkamp, Frankfurt 1977.

Zimmerman, R.

"Kant: The Aesthetic Judgement" in Wolff, R.P., **Kant. A Collection of Critical Essays**, Macmillan, London-Melbourne, 1968, S. 385-406.

Peter Lang · Europäischer Verlag der Wissenschaften

Martina Plümacher

Identität in Krisen

Selbstverständigungen und Selbstverständnisse der Philosophie in der Bundesrepublik Deutschland nach 1945
Frankfurt/M., Berlin, Bern, New York, Paris, Wien, 1995. 455 S.
Philosophie und Geschichte der Wissenschaften. Studien und Quellen.
Herausgegeben von Hans Jörg Sandkühler und Pirmin Stekeler-Weithofer.
Bd. 30
ISBN 3-631-48719-3   br. DM 108.–*

Ist Philosophie eine Wissenschaft? Welchen Status hat ihr Wissen und das Philosophieren gegenüber den „positiven" Wissenschaften? Fragen nach der Rolle der Philosophie im universitären Lehr- und Forschungszusammenhang und ihrem Verhältnis gegenüber den empirischen Wissenschaften sind seit Anfang des 19. Jahrhunderts ins Zentrum der philosophischen Identitätsbestimmung gerückt. Diese Studie verfolgt die Selbstverständnisdiskussion der Philosophie in der Bundesrepublik Deutschland nach 1945 in einer Auseinandersetzung mit philosophiehistorischen Traditionen sowie bildungs- und wissenschaftspolitischen Zielsetzungen und wissenschaftstheoretischen Debatten. Sie verdeutlicht, daß Probleme der Identitätsbestimmung wesentlich aus philosophischen Problemen mit der Konzeption empirischer Wissenschaft erwachsen.

Aus dem Inhalt: Philosophische Identitätsfindung im Spannungsverhältnis zwischen neuhumanistischem Bildungsverständnis, Wissenschafts- und Philosophieideal des Deutschen Idealismus sowie der auf Abgrenzung gegenüber empirischer Naturwissenschaft bedachten Philosophie der Geisteswissenschaften · Wandlung der Zielsetzungen im Zuge der wissenschaftlich-technischen Revolution · Positivismusstreit · Annäherungen zwischen geisteswissenschaftlich-hermeneutischer und analytisch-wissenschaftstheoretischer Philosophie · Probleme philosophischer Identitätsbestimmung

Frankfurt/M · Berlin · Bern · New York · Paris · Wien
Auslieferung: Verlag Peter Lang AG
Jupiterstr. 15, CH-3000 Bern 15
Telefon (004131) 9402131
*inklusive Mehrwertsteuer
Preisänderungen vorbehalten